Toutes les intelligences du monde

Du même auteur

Un nouvel âge de ténèbres
La technologie et la fin du futur
Allia, 2022

JAMES BRIDLE

Toutes les intelligences du monde

Animaux, plantes et machines

TRADUIT DE L'ANGLAIS
PAR CYRIL LE ROY

ÉDITIONS DU SEUIL
*57, rue Gaston-Tessier, Paris XIXe*

Cet ouvrage est publié dans la collection
« La Couleur des idées »,
fondée par Jean-Luc Giribone, Jean-Pierre Dupuy
et Jean-Claude Guillebaud.

Titre original : *Ways of Being. Beyond Human Intelligence*

Éditeur original : Allen Lane
ISBN original : 978-0-241-46965-1

ISBN 978-2-02-148007-8

www.seuil.com

Pour Navine et Zephyr

σχολὴ μὲν δή, ὡς ἔοικε : καὶ ἅμα μοι δοκοῦσιν ὡς
ἐν τῷ πνίγει ὑπὲρ
κεφαλῆς ἡμῶν οἱ τέττιγες ᾄδοντες καὶ

En tout cas, le temps ne nous presse pas, me semble-t-il. Qui plus est, je crois que les cigales qui, comme c'est naturel au fort de la chaleur, chantent au-dessus de nos têtes et conversent entre elles ont aussi l'œil sur nous.

Platon, *Phèdre*, 258e
(trad. Luc Brisson, Paris, Flammarion, 1989)

Enough about Human Rights !
What about Whale Rights ?
What about Snail Rights ?
What about Seal Rights ?
What about Eel Rights ?
What about Coon Rights ?
What about Loon Rights ?
What about Wolf Rights ?
What about, what about,
What about, what about Bug Rights ?
What about Slug Rights ?

What about Bass Rights ?
What about Ass Rights ?
What about Worm Rights ?
What about Germ Rights ?
What about Plant Rights ?

Assez parlé des droits de l'homme !
Et les droits des baleines ?
Et les droits des escargots ?
Et les droits des phoques ?
Et les droits de l'anguille ?
Et les droits du raton laveur ?
Et les droits des canards ?
Et les droits des loups ?
Et qu'en est-il, oui,
Qu'en est-il des droits des insectes ?
Et des droits des limaces ?
Et des droits des bars ?
Et des droits des ânes ?
Et des droits des vers ?
Et des droits des germes ?
Et des droits des plantes ?

« Enough about Human Rights »,
tiré de l'album *H'art Songs* de Moondog, 1978

Introduction

Un monde plus qu'humain

Le soleil de fin d'été s'attarde sur les flancs des montagnes et les eaux calmes du lac. L'air est chaud, le ciel d'un bleu profond, majestueux. Les cigales chantent dans l'épais sous-bois, et on entend au loin tinter les cloches d'un troupeau de chèvres. Au milieu des roseaux crépite un petit feu autour duquel on a débouché des bouteilles de bière. Quelqu'un sort une clarinette et commence à jouer en se promenant parmi les arbres bordant le lac. Comme hors du temps, la scène est d'une grande tranquillité. L'endroit est pourtant le théâtre d'un des conflits majeurs de notre époque, celui qui oppose la puissance d'agir des humains à l'intelligence des machines, et l'illusion de la supériorité humaine à la survie de la planète.

Je suis en Épire, au nord-ouest de la Grèce, tout près des montagnes du Pinde et de la frontière albanaise, dans une région réputée pour sa beauté et sa capacité de résilience. C'est ici, au cours de l'hiver 1940, que l'armée grecque, inférieure en nombre et sous-équipée, mais déterminée, repoussa de manière héroïque les troupes italiennes. L'invasion avait débuté à la suite du rejet de l'ultimatum de Mussolini par le Premier ministre grec Ioánnis Metaxás, le 28 octobre, date qui est aujourd'hui célébrée en Grèce comme le jour de l'Oxi (Οχι en grec, ou « jour du non »).

Dans ses magnifiques paysages de montagnes escarpées et de gorges profondes, parsemés de villages et de monastères, l'Épire abrite, outre ses habitants humains, des ours, des loups, des renards, des chacals, des aigles royaux et quelques-uns des plus vieux arbres et plus anciennes forêts d'Europe. Elle est traversée par l'Aóos, qui prend sa source dans le Pinde et coule à travers le parc national de Vikos. Avec son littoral montagneux baigné par la mer Ionienne, l'Épire est une sorte de paradis ; l'une des terres les plus belles et les plus intactes que j'aie jamais vues, mais qui se trouve aujourd'hui menacée de nouveau.

Je suis écrivain et artiste, et cela fait plusieurs années que j'explore la relation entre technologie et vie quotidienne, c'est-à-dire la manière dont les choses que nous fabriquons (particulièrement celles qui sont complexes, comme les ordinateurs) affectent la société, la politique et, de plus en plus, l'environnement. Vivant en Grèce depuis quelques années, je suis allé en Épire pour rendre visite à des amis. Certains sont originaires de la région et d'autres viennent d'Athènes. Ils sont bergers, poètes, boulangers et hôteliers. Tous militent pour sauver l'Épire d'un nouveau et terrible danger, qui menace de dévaster et d'empoisonner ce sol sur lequel nous marchons. « Non ! » Leur slogan tient en un seul mot. On peut le lire sur leurs autocollants de campagne, qui ornent les tableaux d'affichage dans les villages, les panneaux routiers et les coques d'ordinateurs portables.

En me promenant dans les bois autour du lac, je découvre de minces piquets de bois enfoncés dans le sol, ainsi que des bandes de plastique fixées aux branches et aux jeunes arbres. Les piquets portent des inscriptions, écrites au feutre épais. Des séries de lettres et de chiffres qui ne signifient rien pour moi. Je marche à travers bois en suivant les piquets, qui forment des sortes de lignes irrégulières. En sortant du sous-bois, au niveau d'un chemin de terre récemment dégagé, je vois que les lignes continuent à travers la prairie et au-delà, dans d'autres bois. Elles se ramifient également. D'autres bandes de plastique, attachées à angle droit aux arbres et aux branches, constituent une espèce d'immense grille ou maillage projeté sur le sol depuis le ciel. Au cours des jours suivants, je vais m'attacher à suivre ces lignes qui traversent champs et vignobles, jardins et villages, tous balisés par d'autres cordons attachés à des clôtures et à des barbelés, à des portails et à des panneaux de signalisation. Les lignes s'étendent sur des centaines, voire des milliers de kilomètres, comme un système de coordonnées plaqué sur la terre par une lointaine forme d'intelligence, venue d'un autre monde.

Par endroits, on associe aisément à cette grille certains signes d'activité, comme une nouvelle route qui vient d'être percée au bulldozer à travers les champs, ou encore des tas de déblais, des traces de pneus, ou de profonds trous entourés de débris. Les gens du coin me parlent de camionnettes banalisées, d'hélicoptères et de personnes vêtues de gilets de signalisation qui vont et viennent, et dont les allées et venues s'accompagnent de fortes explosions qui font vibrer les fenêtres et fuir les oiseaux. Sur Facebook, mes amis militants partagent leurs vidéos tremblantes des détonations, filmées au téléphone portable, dans lesquelles on voit de la terre projetée à des centaines de mètres dans les airs, le tout dans le bruit assourdissant des sirènes et des sifflets des équipes des sociétés minières.

Je suis venu en Épire pour voir ces marques. Mais pour en trouver la signification, il faut se plonger dans diverses publications éparpillées sur le Web, des articles de presse et des rapports d'entreprises. Ces cicatrices dans la forêt, ces morsures dans le sol provoquées par les explosions à la lumière grise de l'aube, ces marques, j'allais le découvrir, étaient celles des dents et des griffes de l'intelligence artificielle (IA), qui attaquent et s'enfoncent dans la terre.

Depuis 2012, les gouvernements grecs successifs mènent une politique d'exploitation des combustibles fossiles, faisant de l'Épire et de la mer Ionienne des zones d'exploration dont ils vendent les droits d'exploitation à des entreprises pétrolières et gazières internationales. Pour une Grèce en manque de liquidités, éprouvée par des années de crise économique et d'austérité imposée de l'extérieur, les revenus potentiels l'emportent sur les menaces que ces activités font peser sur l'environnement local et le climat mondial. Mais c'est comme si une chape de plomb était tombée sur le sujet, rendant les débats impossibles et faisant taire toute critique. En Épire, les contrats gouvernementaux ne sont pas publiquement accessibles, les études d'impact environnemental ne sont pas publiées et les équipes d'exploration s'activent dans la campagne dans des camionnettes blanches banalisées, disparaissant à la vue de tout militant ou journaliste qui voudrait en savoir plus sur leurs activités.

La présence de pétrole en Grèce est documentée depuis l'Antiquité. Vers 400 avant notre ère, l'historien Hérodote décrivait des suintements naturels de pétrole sur l'île de Zante, où un épais liquide noir remontait par endroits à la surface depuis les profondeurs du sous-sol. Les habitants s'en servaient pour calfater leurs bateaux et allumer leurs lampes. De nos jours, quelques petites plateformes pétrolières sont exploitées au large de la côte ionienne, et les tensions couvent avec la Turquie concernant des sites similaires en mer Égée et en Méditerranée orientale. Jusque tout récemment, l'Épire était épargnée par ces questions, mais la présence éventuelle de riches gisements d'hydrocarbures sous son terrain accidenté est évoquée depuis longtemps.

J'avais effectivement lu que l'on pouvait trouver du pétrole en Épire, mais mes seules références étaient des photos de mauvaise qualité, extraites de présentations de sociétés de prospection pétrolière ou d'universitaires, trouvées sur Internet[1]. À mon arrivée dans la région, le nom d'un village revenait sans cesse à mes oreilles. Il s'agissait de Dragopsa, à quelques kilomètres à l'ouest de la capitale régionale Ioánnina, non loin du lac au milieu des bois. Alors que je me renseignais, quelqu'un m'a suggéré de prendre contact avec Léonidas, un militant antipétrole dont la famille vivait là depuis des générations.

Par un après-midi calme, sous une chaleur étouffante, Léonidas m'a conduit jusqu'à Dragopsa, s'arrêtant de temps à autre pour coller ses autocollants Oχι là où ils pourraient attirer l'attention. Nous sommes descendus de voiture dans la vallée située en contrebas du village et avons marché jusqu'à une rivière à travers des prés et des vergers. Les eaux claires et pures de l'Épire représentent environ 70 % de l'eau potable de la Grèce ; de grandes usines d'embouteillage sont installées au pied des montagnes. Pourtant, alors que nous nous frayions un chemin le long d'une boucle de la rivière, j'ai commencé à sentir la singulière odeur du pétrole. Cet effluve envahissant devenait particulièrement fort à l'approche du pied d'une falaise abrupte, où le courant de la rivière mettait à découvert les racines des arbres et où l'on pouvait voir des masses de terre sombre et meuble. C'est à cet endroit que, dans les années 1920, des villageois avaient vu du pétrole sortir tout seul du sol, comme à Zante. Léonidas me dit que lui aussi avait pu observer des suintements ces dernières années : des flaques de pétrole noir et collant, à distance des routes les plus proches, remontant parmi les roseaux et les herbes. Nul besoin d'intelligence artificielle pour trouver du pétrole en Épire. Mais il en faut pour l'exploiter.

Le candidat retenu pour le contrat d'exploration en Épire est l'une des plus grandes entreprises du monde dans le domaine de l'énergie, Repsol[2]. Depuis sa création en 1927 en tant que compagnie pétrolière nationale espagnole, Repsol s'est développée dans le monde entier. Elle a découvert des centaines de nouveaux gisements au cours de la dernière décennie et elle a également été pionnière dans l'utilisation de nouvelles technologies appliquées à la découverte et à l'exploitation du pétrole. En 2014, Repsol a annoncé sa collaboration avec la grande entreprise de technologie états-unienne IBM, et son programme spécialisé dans l'intelligence artificielle, Watson, « pour tirer parti des technologies intelligentes qui contribueront à transformer l'industrie pétrolière et gazière ». Ces technologies incluent « des prototypes d'applications intelligentes spécialement conçues pour améliorer la prise de décision stratégique de Repsol dans l'optimisation de la production des gisements de pétrole et dans la prospection de nouveaux champs pétrolifères[3] ».

La prospection et l'optimisation sont les deux grandes priorités du secteur des combustibles fossiles : où forer dans la terre et comment en retirer le plus possible de pétrole. Alors que les réserves s'épuisent, l'économie de l'extraction est en train de changer. À mesure que sont exploités les gisements les plus importants et les plus facilement accessibles, la valeur financière de ce qui reste augmente, malgré l'évidence de conséquences environnementales catastrophiques. Des réserves jusque-là inexploitées, ignorées parce que trop difficiles à évaluer ou à pomper, sont à nouveau dans la ligne de mire des géants du pétrole. Comme le souligne elle-même l'entreprise Repsol dans ses supports publicitaires, « l'accès à de nouvelles réserves est une tâche de plus en plus difficile. Le sous-sol est une grande inconnue. Réaliser des forages et consentir des investissements financiers importants sont des décisions risquées et complexes ». C'est pourquoi les méthodes de calcul les plus sophistiquées sont appelées à être mobilisées. Prendre des décisions intelligentes nécessite des outils intelligents : « Chez Repsol, pour minimiser les erreurs et prendre les bonnes décisions, nous avons décidé de laisser la technologie nous aider à prendre ces décisions[4]. »

Parmi ces décisions semble figurer celle d'extraire jusqu'à la dernière goutte de pétrole du sous-sol, tout en ayant pleinement conscience des dommages irréparables que cela causera à la planète, à nous-mêmes et à nos sociétés, ainsi qu'à tous ceux avec qui nous partageons la Terre. C'est cette technologie qui est à l'origine du réseau de piquets, de bandes de plastique et de trous de forage qui quadrillent l'Épire et la Grèce, transformant l'environnement en damier à exploiter. C'est ce qui arrive quand on applique l'intelligence artificielle à la Terre elle-même. Et c'est en ce moment même que cela se passe.

Repsol et IBM ne sont pas les seuls à accélérer la dégradation de l'environnement et l'épuisement de la planète en utilisant l'intelligence artificielle. Repsol collabore également avec Google, qui a mis ses algorithmes avancés de *machine learning*[5] (ML) au service du réseau mondial de raffineries de pétrole de l'entreprise espagnole, afin d'en améliorer l'efficacité et les rendements[6]. Lors de la conférence « Cloud Next » de Google en 2018, de nombreuses compagnies pétrolières ont aussi expliqué comment elles utilisaient le *machine learning* pour optimiser leurs activités. (À la suite d'un rapport publié en 2020 par Greenpeace sur les relations de la Silicon Valley avec l'industrie pétrolière, Google a promis de cesser de fabriquer des « algorithmes d'IA/ML sur mesure pour faciliter l'extraction en amont dans l'industrie pétrolière et gazière », même si cela n'empêchera pas le secteur de continuer à utiliser de manière intensive l'infrastructure et l'expertise de Google[7].) L'année suivante, Microsoft a organisé le premier Sommet pour les dirigeants de l'industrie pétrolière et gazière à Houston, au Texas. Et l'entreprise a des partenariats de longue date avec ExxonMobil, Chevron, Shell, BP et d'autres entreprises du secteur de l'énergie, à qui elle fournit des services de stockage dans le *cloud* et un ensemble toujours plus important d'outils d'intelligence artificielle[8]. Même Amazon, qui représente près de la moitié du marché du *cloud computing*, entre dans la danse. Au lendemain de l'annonce de Google, un commercial d'Amazon déroulait l'argumentaire de vente suivant : « Si vous êtes une société pétrolière et gazière à la recherche d'un partenaire stratégique pour vos activités de transformation numérique, nous vous recommandons d'en choisir un qui utilise réellement vos produits et peut vous aider à vous transformer pour l'avenir[9]. »

Mais de quel avenir parle-t-on au juste ici ? Et de quelle intelligence ? Atteindre le pétrole qui se trouve sous les montagnes et les forêts de l'Épire grâce à des algorithmes intelligents se traduira inévitablement par la destruction de trésors écologiques. On sait déjà comment cette histoire se terminera, avec son lot d'arbres abattus, de faune massacrée, d'air pollué et d'eaux empoisonnées. Dans cet avenir, la moindre goutte de pétrole est pompée de la terre et brûlée pour faire du profit. C'est un avenir dans lequel les émissions de dioxyde de carbone et des autres gaz à effet de serre continueront d'augmenter, aggravant le réchauffement climatique, provoquant l'élévation du niveau des mers et des phénomènes météorologiques extrêmes, et menaçant la vie sur toute la planète. Un avenir qui, en somme, n'en a que le nom. Peut-on réellement parler d'intelligence lorsque l'objectif est non seulement de continuer, mais d'intensifier et d'optimiser une telle folie ? Quelle sorte d'intelligence participerait activement à perforer, assécher et saccager les rares espaces sauvages qui subsistent sur Terre, au nom d'une idée du progrès dont nous connaissons déjà le caractère funeste ? Il ne s'agit pas d'une intelligence dans laquelle je me reconnais.

Je ne saurais évaluer quelle part des travaux de préparation, de forage et de planification attribuer respectivement à l'analyse humaine traditionnelle et à l'IA dans les activités de prospection pétrolière en Épire. Les questions que j'ai pu adresser à Repsol à ce sujet sont restées sans réponse. Mais là n'est pas vraiment la question. Ce qui importe ici, selon moi, c'est que les technologies, les procédures et les entreprises les plus perfectionnées de la planète – les plateformes d'intelligence artificielle et de *machine learning* construites par IBM, Google, Microsoft, Amazon et d'autres – soient mises au service de l'extraction, de la production et de la commercialisation des combustibles fossiles, le principal moteur du changement climatique, des émissions de CO_2 et de gaz à effet de serre, et de la disparition des espèces à l'échelle mondiale.

Il y a véritablement quelque chose qui cloche dans l'utilisation des outils que nous avons à notre disposition. Cette idée a fait son chemin dans mon esprit ces dernières années, à mesure que j'observais comment l'utilisation des nouvelles technologies – en particulier les plus innovantes et les plus « intelligentes » – pouvait porter atteinte au bonheur et à la sécurité des êtres humains, et même à la vie elle-même. Je ne suis pas le seul à penser cela. La manière dont le développement de ces outils prétendument intelligents pourrait nous nuire, nous évincer et finalement nous supplanter est devenue le sujet d'un vaste champ d'études où l'on retrouve des informaticiens, des programmateurs et des entreprises technologiques, ainsi que des théoriciens et des philosophes de l'intelligence artificielle.

Un des scénarios les plus spectaculaires de ces futurs possibles est décrit dans ce que l'on appelle l'hypothèse du trombone. Le principe est le suivant. Imaginez un logiciel intelligent – une IA – conçu pour optimiser la fabrication de trombones, un objectif commercial en apparence simple et inoffensif. Le logiciel pourrait commencer avec une seule usine, pour laquelle il s'attacherait à automatiser la chaîne de production, à négocier de meilleurs accords avec les fournisseurs et à trouver davantage de débouchés pour les produits. Une fois atteintes les limites de ce seul établissement, il pourrait acheter d'autres entreprises, ou ses fournisseurs, en ajoutant des compagnies minières et des raffineries à son portefeuille, afin de se procurer ses matières premières à de meilleures conditions. En intervenant dans le système financier – déjà entièrement automatisé et mûr pour être exploité par des algorithmes –, il pourrait influencer et même contrôler le prix et la valeur des matériaux, faisant évoluer les marchés en sa faveur et générant par calcul des contrats à terme diaboliques qui rendraient sa position inattaquable. Les accords commerciaux et les dispositions légales font qu'il ne dépend d'aucun pays et n'a de comptes à rendre devant aucun tribunal. La fabrication de trombones prospère. Mais, sans véritables contraintes – dont la complexité dépasserait de loin celle des contrats ou des traités de philosophie les plus ardus, étant donné celle du monde dans lequel opère l'IA –, rien ne l'empêche d'aller beaucoup plus loin. Après avoir pris le contrôle des systèmes juridiques et financiers, et soumis les gouvernements nationaux et les forces armées à sa seule volonté, toutes les ressources de la Terre sont accessibles à l'IA dans sa quête d'une fabrication plus efficace de trombones : des chaînes de montagnes sont arasées, des villes rayées de la carte, et au bout du compte, c'est toute la vie humaine et animale qui alimente des machines géantes pour être transformée en éléments minéraux. Des vaisseaux-fusées géants en forme de trombone finissent par quitter la Terre en ruine pour s'approvisionner en énergie directement auprès du Soleil et entamer l'exploitation des autres planètes[10].

Ce terrifiant enchaînement d'événements peut sembler ridicule, mais il ne l'est que dans la mesure où une intelligence artificielle avancée n'a aucun besoin de trombones. Poussée par la logique du capitalisme contemporain et les besoins énergétiques de l'informatique elle-même, l'IA a surtout besoin, à l'époque actuelle, du carburant nécessaire à sa propre expansion. Ce qu'il lui faut, c'est du pétrole, et elle dispose de toujours plus de moyens pour en trouver.

Les piquets de bois qui sillonnent sur des kilomètres les paysages de l'Épire, les trous que l'on fore, les explosions qui font trembler le sol sont autant de jalons posés par une force venue d'ailleurs, résultat des opérations d'une intelligence artificielle optimisée pour extraire les ressources nécessaires afin de soutenir la sacro-sainte croissance économique, quel qu'en soit le coût.

Les avertissements les plus forts au sujet de l'IA émanent paradoxalement de ses plus grands promoteurs, les milliardaires de la Silicon Valley, ceux qui poussent le plus loin le discours sur le déterminisme technologique, cette idée selon laquelle le progrès technologique est impossible à arrêter. Le développement de l'IA étant aussi inévitable que celui des ordinateurs, d'Internet et de la numérisation de la société dans son ensemble, nous devrions nous mettre au diapason et accepter ce qui est en train d'arriver. Pourtant, Elon Musk, le créateur de PayPal et propriétaire de Tesla et SpaceX, estime que l'IA est la « plus grande menace existentielle » à laquelle est confrontée l'humanité[11]. Bill Gates, le fondateur de Microsoft – dont la plateforme d'IA, Azure, sert à faire tourner les installations pétrolières de Shell –, a de son côté déclaré qu'il ne comprenait pas pourquoi les gens ne se préoccupaient pas davantage du développement de l'IA[12]. Même Shane Legg, cofondateur de DeepMind, une société d'IA appartenant à Google et connue pour avoir battu les meilleurs joueurs humains au jeu de go, est allé jusqu'à déclarer : « Je pense que les humains vont probablement disparaître, et que la technologie jouera un rôle dans leur extinction. » Il ne parlait alors pas du pétrole, mais de l'IA[13].

Ces craintes exprimées par les patrons de l'industrie du numérique ne sont peut-être finalement pas si surprenantes. Après tout, ceux qui sont les bénéficiaires des richesses considérables générées par la technologie sont aussi ceux qui ont le plus à perdre à être remplacés par une IA superintelligente. Peut-être craignent-ils que l'IA ne leur fasse ce qu'eux-mêmes font au reste de l'humanité depuis un certain temps ?

Ces dernières années, j'ai donné des conférences et participé à de nombreuses tables rondes sur l'impact social des nouvelles technologies. On me demande parfois quand arrivera la « vraie » IA, c'est-à-dire l'ère des machines superintelligentes, capables de transcender les capacités humaines et de nous supplanter. Ma réponse consiste souvent à dire qu'elle est en fait déjà là. Ce sont les entreprises. Cette réponse suscite généralement de petits rires perplexes, et je poursuis alors mes explications. Nous avons tendance à imaginer l'IA comme une chose incarnée dans un robot ou un ordinateur, mais en réalité, elle peut se présenter sous n'importe quelle forme. Il faut imaginer un système avec des objectifs clairement définis, des capteurs et des effecteurs permettant de lire et d'interagir avec le monde, capable de reconnaître le plaisir et la douleur comme des éléments d'attraction et des choses à éviter, doté des ressources nécessaires à l'accomplissement de sa volonté, et d'un statut juridique et social permettant de veiller à ce que ses besoins soient satisfaits, voire respectés. Il s'agit là de la description d'une IA, mais aussi d'une entreprise. Pour cette « IA d'entreprise », le plaisir, c'est la croissance et la rentabilité, et la douleur, ce sont les actions en justice à son encontre et les pertes de valeur pour les actionnaires. Le discours de l'entreprise est protégé, son statut de personne morale est reconnu, et ses désirs se voient assouvis grâce à la liberté, à la légitimité et même parfois à l'emploi de la force que lui confèrent les lois du commerce international, les réglementations nationales – ou leur absence –, ainsi que les normes et les attentes de la société capitaliste. Les entreprises utilisent principalement des humains comme capteurs et effecteurs ; elles ont aussi recours à des réseaux logistiques et de communication, négocient les codes du travail, influencent les marchés financiers et recalculent la valeur des emplacements, des rétributions et des incitations en fonction de l'évolution des intrants et du contexte dans lequel elles évoluent. Mais surtout, elles ne sont ni empathiques ni loyales, et elles sont difficiles à tuer, même si ce n'est pas impossible.

L'écrivain de science-fiction Charles Stross compare notre ère de contrôle par les grandes entreprises aux conséquences d'une invasion extraterrestre : « Les entreprises n'ont pas les mêmes priorités que nous. Ce sont des organismes structurés en ruches, constitués d'une foule de travailleurs qui rejoignent ou quittent le collectif : ceux qui y participent subordonnent leurs objectifs à ceux du groupe, qui poursuit les trois objectifs de l'entreprise, à savoir la croissance, la rentabilité et le souci d'éviter la douleur, écrit Stross. Nous vivons aujourd'hui dans un État global qui a été structuré au profit d'entités non humaines ayant des objectifs non humains[14]. »

Cela étant présenté ainsi, on comprend aisément pourquoi les dirigeants des plus grandes entreprises d'aujourd'hui redoutent de devenir obsolètes aux mains de l'intelligence artificielle. Délogés du sommet de la hiérarchie, ils seraient aussi vulnérables que nous tous face à des entités toutes-puissantes ne partageant pas leurs intérêts et qui, au mieux, les écarteraient, au pire, les réorganiseraient physiquement pour leur donner une consistance plus utile.

Ce qui ressort de ce sombre constat, c'est que notre conception de l'intelligence artificielle – et donc, puisqu'elle est calquée sur la nôtre, de l'intelligence en général – est fondamentalement erronée et limitée. Lorsque nous parlons d'IA, nous parlons essentiellement de ce type d'intelligence *d'entreprise* sans penser à tout ce que l'IA – ou toute autre forme d'intelligence – pourrait être d'autre.

C'est ce qui se passe, de toute évidence, lorsque le développement de l'IA est essentiellement le fait d'entreprises technologiques financées par des fonds à capital-risque. La définition de l'intelligence qui est établie, adoptée et finalement intégrée dans les machines est axée sur la recherche du profit et l'extractivisme. Ce schéma se retrouve ensuite dans la littérature et au cinéma, dans les médias et dans l'imaginaire du grand public – à travers des récits de science-fiction mettant en scène des robots dominateurs et des algorithmes tout-puissants et incontrôlables –, et finit par régenter notre pensée et notre compréhension. Nous semblons incapables d'imaginer l'intelligence autrement, ce qui nous condamne non seulement à vivre avec cet imaginaire, mais aussi à le reproduire et à l'incarner, au détriment de nos intérêts et de la planète. Nous ressemblons de plus en plus aux machines que nous imaginons, ce qui a des effets profondément négatifs sur les relations que nous entretenons entre humains et avec le reste du monde.

Une manière de changer la nature de ces relations passe donc par une révision de notre manière de penser l'intelligence : ce qu'elle est, comment elle agit sur le monde et qui en est doué. Au-delà du cadre étroit établi à la fois par les entreprises technologiques et par la doctrine de l'exceptionnalisme humain (l'idée que, parmi tous les êtres, l'intelligence des humains est singulière et supérieure), il existe toute une série d'autres façons de penser et de pratiquer l'intelligence. Les approcher et se les approprier nécessite de réinventer notre imaginaire. C'est la tâche à laquelle ce livre entend contribuer : regarder au-delà de nos propres personnes et de nos propres créations pour découvrir les nombreuses et diverses intelligences qui ont toujours été là, sous nos yeux, et qui, dans bien des cas, nous ont précédés. C'est peut-être ainsi que nous pourrons changer notre façon de penser le monde, et tracer un chemin vers un avenir qui soit moins extractiviste, destructeur et inégalitaire, et plus équitable, convivial et régénérateur.

Sur ce chemin, nous ne serons pas seuls. Au cours des dernières décennies, la manière de voir l'intelligence a beaucoup évolué. Les sciences biologiques et comportementales, de même que la reconnaissance et l'intégration des systèmes de connaissance indigènes et non occidentaux, ont permis de faire émerger une nouvelle compréhension de l'intelligence qui va à l'encontre des récits déterministes sur la vénalité et l'égoïsme. Mais plus important encore ici, c'est l'idée que l'intelligence est quelque chose de spécifiquement humain qui est remise en question.

Jusque très récemment, on considérait que seuls les humains étaient doués d'intelligence. C'est ce qui nous rendait uniques parmi les formes de vie. L'intelligence pouvait alors être définie comme « ce que les humains font ». Ce n'est plus le cas aujourd'hui. Grâce à des décennies de recherche, de travaux scientifiques minutieux, grâce à beaucoup de réflexion et à la coopération occasionnelle mais essentielle de compagnons et partenaires non humains, nous commençons tout juste à ouvrir notre compréhension à une forme d'intelligence entièrement différente, et même de multiples autres intelligences.

Qu'il s'agisse des bonobos qui fabriquent des outils complexes, des choucas qui nous entraînent à chercher leur nourriture, des abeilles qui débattent de l'emplacement de leurs futurs essaims, des arbres qui se parlent et se nourrissent les uns les autres – ou de quelque chose de bien plus grand et de plus insaisissable –, le monde non humain apparaît soudainement plein d'intelligence et d'agentivité. Pourtant, ces autres esprits ont toujours été là, tout autour de nous, mais la science occidentale et l'imaginaire populaire, après des siècles d'inattention et de déni, commencent tout juste à les prendre au sérieux. Et cela nous oblige à réévaluer non seulement notre idée de l'intelligence, mais aussi notre compréhension du monde dans son ensemble. Qu'est-ce que cela signifierait de créer des intelligences artificielles et des machines qui ressembleraient plus à des pieuvres, à des champignons ou à des forêts ? Qu'est-ce que cela signifierait, pour nous, de vivre parmi elles ? Comment cela pourrait-il nous rapprocher du monde naturel, de la Terre que notre technologie a fragmentée tout en nous séparant d'elle ?

Élargir notre vision en nous intéressant aux formes d'intelligences non humaines constitue le thème central de ce livre. Cela s'inscrit dans une prise de conscience plus large et plus profonde de la réalité de plus en plus évidente, et impérieuse, de notre total entrelacement avec *le monde plus qu'humain*. C'est toute la signification de cette phrase, et les répercussions que cela a sur nous-mêmes, nos technologies et nos relations avec toutes les choses et tous ceux avec qui nous partageons la planète, que je vais explorer dans ce qui suit. Cette entreprise est à la fois urgente et fascinante. Si nous voulons répondre au saccage de la Terre à grande échelle et remédier à notre impuissance croissante face à la force des ordinateurs, nous devons trouver les moyens de réconcilier nos prouesses technologiques et l'idée de l'exceptionnalisme humain avec une sensibilité terrestre et une attention à l'interconnexion de toutes les choses. Nous devons apprendre à vivre avec le monde, plutôt que chercher à le dominer. En somme, c'est vers une écologie des technologies que nous devons nous orienter.

Le terme « écologie » a été inventé au milieu du XIXe siècle par le naturaliste allemand Ernst Haeckel dans son ouvrage *Generelle Morphologie der Organismen* (« Morphologie générale des organismes ») : « Par écologie, nous entendons l'ensemble de la science des relations des organismes avec le monde environnant, c'est-à-dire, au sens large, la science des conditions d'existence[15]. » Il vient du grec οἶκος (*ekos*), qui signifie « maison » ou « environnement » ; dans une note de bas de page, Haeckel fait également référence au grec χωρα (*chora*), qui signifie « territoire, pays ». L'écologie n'est pas seulement l'étude du lieu où nous nous trouvons, mais de tout ce qui nous entoure et nous permet de vivre.

Haeckel fut l'un des premiers à soutenir les travaux de Charles Darwin. En particulier, il partageait la conviction de Darwin selon laquelle ses théories prenaient tout leur sens non pas dans la manière dont les différentes espèces se développaient, mais dans les relations qui existaient *entre* elles. Dans le célèbre paragraphe final de *De l'origine des espèces*, Darwin donne une description avant l'heure de l'écologie, décrivant un « rivage luxuriant » dans lequel des plantes de toutes sortes, des oiseaux, des insectes et d'autres « formes si admirablement construites, si différemment formées » étaient produits par les forces complexes de l'évolution, tout en dépendant totalement les uns des autres[16].

C'est le naturaliste états-unien d'origine écossaise John Muir, amoureux des grands espaces et père du système des parcs nationaux des États-Unis, qui a formulé la description de la pensée écologique qui est peut-être à la fois la plus concise et la plus parlante. Méditant sur l'abondance de formes de vie complexes rencontrées lors de la rédaction de son livre *Un été dans la Sierra*, il écrit simplement : « Quand nous tentons d'isoler un élément quel qu'il soit, nous nous apercevons qu'il est rattaché à tout le reste de l'univers[17]. »

L'écologie est l'étude de ces interrelations, de ces cordons impossibles à rompre qui relient tout à tout le reste. De manière essentielle, ces relations s'étendent aux *choses* comme aux *êtres* : l'écologie s'intéresse tout autant à la manière dont la disponibilité des matériaux pour la nidification affecte les populations d'oiseaux, ou dont l'urbanisme influence la propagation des maladies, qu'à la manière dont les abeilles pollinisent les soucis et dont les labres nettoient les poissons-chirurgiens. Et il ne s'agit là que de l'écologie biologique. L'écologie est fondamentalement différente des autres sciences en ce qu'elle décrit un périmètre et une approche d'étude, plutôt qu'un domaine. Il existe une écologie – et des écologues – des mathématiques, du comportement, de l'économie, de la physique, de l'histoire, de l'art, de la linguistique, de la psychologie, de la guerre et de quasiment toutes les autres disciplines imaginables.

Il y a aussi l'écologie politique, qui peut non seulement décrire des mondes, mais aussi les changer. Avec l'énorme retentissement de son livre *Printemps silencieux* publié en 1962, la biologiste marine Rachel Carson a été la pionnière de cette écologie politique, sa vision écologique lui permettant de faire le lien entre les pesticides présents dans les rivières et les océans et leurs effets dévastateurs sur la santé animale et humaine. Son travail a directement conduit à l'interdiction de certaines substances toxiques comme le DDT et à l'émergence du mouvement écologiste à l'échelle mondiale. Depuis lors, la pensée écologique s'est arrimée à la politique et au droit, afin de favoriser la prise de conscience du public et des pratiques sociales allant vers des formes moins dommageables de relations avec le monde naturel.

Une fois libérée, la pensée écologique imprègne tout. Elle est autant *mouvement* que science, avec toute l'énergie, le dynamisme et l'agitation que ce mot évoque. Chaque discipline découvre sa propre écologie au fil du temps, en sortant inexorablement des jardins clos de la recherche spécialisée pour s'engager davantage dans le vaste monde extérieur. Dès lors que l'on élargit son champ de vision, on se rend compte que chaque chose a un impact sur tout le reste – et l'on trouve un sens à ces interrelations. Ce livre est en grande partie consacré à cette pensée écologique particulière, selon laquelle ce qui compte se trouve dans les relations plutôt que dans les choses, entre nous plutôt qu'en nous.

La technologie est le dernier domaine d'étude à découvrir son écologie. Si l'écologie est l'étude de l'endroit où l'on se trouve, et des relations entre ceux qui l'habitent, la technologie est l'étude de ce que l'on y fait, du grec τέχνη (*techne*) qui signifie « fabrication ». Présentées ainsi, les deux disciplines peuvent sembler aller de pair, mais l'histoire de la technologie est en grande partie celle d'un aveuglement volontaire sur le contexte et les conséquences de sa mise en œuvre. Le débat existe également sur ce que l'on entend par technologie. Je trouve intéressante la définition qu'en a donnée l'autrice de science-fiction Ursula Le Guin, pour répondre aux critiques qui l'accusaient de ne pas en inclure suffisamment dans son œuvre. « La technologie, écrit-elle, est l'interface humaine active avec le monde matériel. » Pour elle, cette définition ne se limite pas à la « haute » technologie, comme les ordinateurs et les avions bombardiers à réaction, mais s'applique à tout ce qui est produit par le génie humain. Cela inclut le feu, les vêtements, les roues, les couteaux, les horloges, les moissonneuses-batteuses – et les trombones.

À destination de ceux qui considèrent que la technologie, de pointe ou non, est trop complexe, trop spécialisée ou trop absconse pour qu'ils puissent y réfléchir pleinement et clairement, Le Guin sait trouver des mots d'encouragement : « Je ne sais pas comment construire et faire fonctionner un réfrigérateur, ni programmer un ordinateur, mais je ne sais pas non plus comment fabriquer un hameçon ou une paire de chaussures. Je pourrais apprendre. Nous pouvons tous apprendre. C'est ce qui est bien avec les technologies. Elles sont ce que nous pouvons apprendre à faire[18]. » Il conviendra de garder cela à l'esprit pour la suite, car nous allons rencontrer dans ce livre de nombreux exemples de « hautes » technologies qui peuvent sembler difficiles à appréhender au départ, mais chacune d'entre elles a été pensée, apprise et faite par quelqu'un qui dort la nuit et pisse le matin. Ce que chacun d'entre nous peut apprendre à faire aussi.

Dans la majeure partie de cet ouvrage, nous nous concentrerons sur les hautes technologies, en particulier la variante qui s'est développée dans les décennies qui ont suivi la Seconde Guerre mondiale : les technologies de l'information, ou la science et la pratique des ordinateurs, de la communication numérique et du calcul. Mais, comme nous nous intéressons aux relations écologiques, nous aborderons également les siècles de technologie industrielle qui les ont précédées, avec la science des machines à vapeur, des filatures de coton, des turbines à réaction, des horloges pneumatiques et des fils télégraphiques. Il sera même question de flûtes du Néolithique, d'orgues aquatiques et de « nouveaux médias » dans la Grèce antique.

Dans cette entreprise, je ne m'intéresserai pas aux technologies relevant explicitement de l'écologie environnementale – panneaux solaires, éoliennes, séquestration du carbone et géo-ingénierie –, si nécessaires et fascinants que ces outils puissent être. Je m'intéresserai plutôt, de manière plus approfondie, à la façon dont nous pensons toutes nos technologies : comment nous concevons leur rôle et leur impact, leur signification et leurs métaphores, leur dialogue et leurs relations avec le monde environnant. Pour celle ou celui qui a une pensée écologique, toutes les technologies sont écologiques.

En outre, je chercherai à créer du trouble dans les distinctions qui peuvent exister entre ces types et niveaux de technologie, et entre la technologie, l'artisanat humain et le reste de l'univers. En effet, il est extrêmement paradoxal que la technologie ait mis si longtemps à rencontrer et à reconnaître l'écologie, ou plutôt à la découvrir en elle-même. Entendue comme notre interface avec le monde matériel, la technologie est la pratique humaine qui nous lie le plus étroitement à l'endroit où nous vivons et à notre environnement. Elle illustre et met en œuvre tout ce qui caractérise l'écologie : la complexité, l'interrelation, l'interdépendance, la répartition du pouvoir et de la puissance d'agir, et même la proximité avec la terre et le ciel, sur laquelle, sous lequel et avec lesquels nous concevons nos outils.

Une écologie des technologies s'intéresse donc aux interrelations entre les technologies et le monde, leur signification et leur matérialité, leur impact et leurs utilisations, au-delà du simple fait de leur existence au quotidien et de leur caractère déterministe. Nous allons commencer à construire cette écologie en examinant un grand nombre d'hypothèses et de préjugés qui font partie intégrante de nos manières de penser, et qui sont si profondément incorporés dans les outils que nous utilisons tous les jours que nous pensons rarement à les questionner. La plus puissante de ces hypothèses est l'idée du caractère unique et de la valeur exceptionnelle de l'intelligence humaine dans le monde. Pourtant, comme nous le verrons, il existe en fait de nombreuses façons de pratiquer l'intelligence, car celle-ci est un processus actif, et pas seulement une capacité mentale. C'est en repensant l'intelligence, et les formes sous lesquelles elle se manifeste chez les autres êtres, que nous pourrons commencer à faire tomber certaines barrières et hiérarchies trompeuses qui nous séparent des autres espèces et du monde. Ce faisant, nous serons en mesure de forger de nouvelles relations fondées sur la reconnaissance et le respect mutuels.

Plus loin, je vais m'intéresser à la manière dont la plus éminente des facultés humaines, le langage, est née de notre expérience directe du monde. À force d'entendre, de voir et de ressentir le monde – le clapotis du ruisseau, l'envol de l'oiseau, le grondement de l'orage –, les humains ont construit le langage pour refléter ces expériences, afin de mieux se représenter ce monde et ainsi l'incarner et entrer en communion avec lui. Au cours des millénaires qui se sont écoulés depuis que nous avons commencé à parler au monde et à parler du monde, nous avons cependant perdu une grande partie de la sensation de connexion que nous avions avec lui : le progrès technologique s'est malheureusement bien souvent accompagné d'une perte de sensibilité spirituelle. Mais je vais soutenir ici que nos technologies computationnelles contemporaines, structurées en réseau, pourraient bien être notre tentative la plus poussée, depuis l'apparition du langage, pour nous rapprocher de la nature, même si cela se fait de manière inconsciente et irréfléchie.

Pour changer notre rapport au monde, nous devons reconnaître cela et nous atteler à la tâche consciemment et avec soin. Ce travail est indispensable si nous voulons trouver un équilibre entre les possibilités immenses, la puissance quasi divine et les besoins matériels de nos technologies dans la situation qui est la nôtre aujourd'hui. Nous empoisonnons le sol et l'air, nous réchauffons l'atmosphère, nous acidifions les océans, nous brûlons les forêts et nous tuons avec une incroyable efficacité d'innombrables êtres avec qui nous partageons la planète, sans parler des générations d'humains vivants et à venir. Les ravages que nous infligeons à la planète risquent fort de contraindre notre espèce à retourner dans les cavernes. Pour éviter ce scénario, et pour ne pas nous retrouver seuls et misérables sur Terre, nous devons repenser en profondeur notre société technologique et les idées sur lesquelles elle est fondée.

S'il y a urgence à le faire, cela reste tout à fait à notre portée. Dans *Printemps silencieux*, Rachel Carson écrit : « L'histoire de la vie sur Terre est l'histoire d'une interaction entre les êtres vivants et ce qui les entoure. L'aspect physique et les habitudes de la végétation terrestre et de la vie animale ont été en grande partie modelés par l'environnement. À l'échelle du temps terrestre, le phénomène inverse, par lequel la vie moderne modifie ce qui l'entoure, a été relativement restreint. C'est seulement dans la séquence temporelle du siècle présent [XXe siècle] qu'une espèce – l'homme – a acquis la puissance considérable d'altérer la nature de ce monde[19]. » Aujourd'hui, nous appelons ce moment l'Anthropocène, et cette dénomination devrait nous inciter à prendre notre pouvoir au sérieux, tout en reconnaissant qu'il est temporaire, et que, comme toutes les choses temporaires, il est appelé à changer. Le monde dans lequel l'environnement lui-même dominait, le monde *écologique*, aura duré incomparablement plus longtemps. Celui-ci n'a jamais véritablement disparu, malgré la manière irréfléchie dont nous exerçons notre pouvoir. Les turbulences que nous traversons pourraient en fait être une simple réaffirmation, violente, de ce monde. La tâche qui nous attend consiste moins à nous changer nous-mêmes de façon inédite qu'à reconnaître – au sens d'une *re-connaissance*, à la fois prise de conscience et remise en question – notre place dans le monde.

Dans ce livre, j'appelle à une prise de conscience de la puissance d'agir et de la personnalité des technologies elles-mêmes, ou à tout le moins celles auxquelles nous aurons affaire quand arrivera le moment, tant annoncé, où nos machines seront devenues autonomes et douées de conscience de soi. Pour autant, cette éventualité ne nous enlève pas, à nous les humains, la responsabilité ou la faculté d'opérer des changements dans nos attitudes et nos comportements. Au contraire, penser l'agentivité de la technologie est l'occasion de réfléchir sérieusement et concrètement à la manière dont nous pourrions parvenir à plus de justice et d'égalité pour tous les habitants de la planète : humains, non-humains et machines. Pour l'instant, la technologie reste largement sous notre contrôle, et il nous appartient toujours de corriger, restaurer et régénérer ses interactions avec le monde et ses effets sur ce dernier.

Ce n'est pas la technologie qui nous a chassés du paradis terrestre ou qui nous a obligés à fuir Babel. Ce n'est pas elle qui a assimilé toutes les vies non humaines à des machines dénuées de conscience et de pensée, bonnes seulement pour l'abattoir ou la table de vivisection. Ce sont la cupidité et l'hubris, Aristote et Descartes, les constructions de l'exceptionnalisme humain et de la philosophie occidentale, européenne. La technologie incarne les idées et les métaphores de son époque, mais ces outils peuvent être détournés vers d'autres fins, tout comme nous. Comme l'écrit le poète visionnaire William Blake : « L'arbre qui fait verser aux uns des larmes de joie n'est aux yeux des autres qu'une chose verte qui se dresse en travers du chemin. Certains ne voient dans la nature que ridicule et difformité [...] et certains, c'est à peine s'ils voient [...] la nature. Mais aux yeux de l'homme d'imagination, la nature est l'imagination même[20]. »

L'heure est plus que jamais à la réinvention des imaginaires. Celle-ci ne saurait cependant être de notre seul ressort. Pour réfuter l'exceptionnalisme humain, nous devons penser l'extérieur et l'au-delà, et reconnaître la profonde vérité des mots de Blake et de sa vision : *la nature est l'imagination même*. Cette affirmation résume la philosophie qui sous-tend l'idée de *monde plus qu'humain* évoquée plus haut.

Inventé par le philosophe et écologiste américain David Abram, le « monde plus qu'humain » désigne un mode de pensée qui cherche à dépasser la tendance que nous, humains, avons à nous séparer du monde naturel. Celle-ci est tellement forte qu'elle se retrouve même dans le mouvement pour la défense de l'environnement, dont l'objectif assumé est de nous rapprocher de la nature et donc de la préserver. Or formuler de telles intentions implique déjà une séparation entre nous et la nature, comme si nous étions deux entités distinctes, non liées inséparablement par l'endroit et l'origine. Des termes courants comme l'« environnement », voire la « nature » elle-même (surtout lorsqu'elle est opposée à la « culture »), renforcent l'idée fausse qu'il existe une séparation nette dans le monde entre nous et eux, entre les humains et les non-humains, entre nos vies et la multitude de manières de vivre et d'être sur la planète.

Au contraire, le « monde plus qu'humain » reconnaît que le monde humain bien réel – celui de nos sens, de notre respiration, de notre voix, de notre savoir et de notre culture – n'est qu'une facette de quelque chose de beaucoup plus grand. Chaque vie humaine est inextricablement liée au reste et imprégnée par lui, dans une vaste communauté qui comprend tous les habitants de la biosphère – animaux, plantes, champignons, bactéries et virus – mais aussi les rivières, les mers, les vents, les pierres et les nuages qui nous nourrissent, nous secouent ou nous donnent de l'ombre. Nous avons beaucoup à apprendre de ces forces vivantes qui nous accompagnent dans la grande aventure du temps et du devenir. Elles nous ont déjà beaucoup appris. Nous sommes ce que nous sommes grâce à elles, et nous ne pouvons pas vivre sans elles.

Le « monde plus qu'humain » ne relève pas de la simple fantaisie ou de l'exercice de pensée philosophique. C'est la traduction, dans notre esprit et nos attitudes, d'un ensemble de vérités scientifiques, acquises de haute lutte, mais dont toutes les implications n'ont pas encore été intégrées dans la société. Lynn Margulis, la biologiste de l'évolution la plus importante du XXe siècle, a dit ceci à propos de notre enchevêtrement avec la vie non humaine : « Peu importe à quel point nous sommes préoccupés par notre propre espèce, la vie est un système bien plus vaste d'interdépendances incroyablement complexes de matière et d'énergie entre des millions d'espèces situées en dehors (et à l'intérieur) de notre propre peau. Ces autres êtres terrestres sont nos parents, nos ancêtres, et font partie de nous. Ils assurent le cycle de notre matière et nous fournissent de l'eau et de la nourriture. Sans "l'autre", nous ne pouvons pas survivre[21]. »

L'idée d'un monde plus qu'humain sous-entend en outre que ces *choses* sont des *êtres* : non pas des accessoires passifs dans le théâtre de nos propres préoccupations, mais des participants actifs à notre devenir collectif. Et comme ce devenir, cet épanouissement potentiel, est collectif, il exige que nous reconnaissions l'*existence* de ces autres et leur qualité de personnes. Le monde est composé de sujets, et non d'objets. Tous ces êtres ont leur propre agentivité, leurs propres points de vue et leurs propres formes de vie. Le monde plus qu'humain exige que nous le reconnaissions, car sans lui nous ne sommes rien. Pour le philosophe bouddhiste Alan Watts, « la vie et la réalité ne sont pas des choses que l'on peut avoir pour soi sans les accorder à tous les autres. Elles n'appartiennent à personne en particulier, pas plus que le soleil, la lune et les étoiles[22] ».

Et cela vaut véritablement pour tout. Comme nous le verrons, la subjectivité dont il est question ici se manifeste partout autour de nous dès que nous considérons que nous sommes reliés à toutes les autres choses. Le fait d'être est lui-même relationnel, il suppose l'interrelation. Pour reprendre les mots de l'anthropologue brésilien Eduardo Viveiros de Castro, notre propre présence suffit pour que les bâtons et les pierres prennent vie[23]. L'agentivité et l'intentionnalité humaines transforment les objets de culture en sujets par la signification que nous leur donnons et les usages que nous en faisons.

S'il se peut que les machines que nous construisons aujourd'hui acquièrent un jour incontestablement leur propre forme de vie s'apparentant à celle que nous reconnaissons en nous-mêmes, se contenter d'attendre que cela advienne ne permet pas de mesurer toutes les implications liées à la reconnaissance de personnalités plus qu'humaines. Les machines sont déjà vivantes, sujets de leur propre vie, et ce d'une manière qui a une importance capitale pour nous et pour la planète. Pour reprendre des propos souvent attribués à Marshall McLuhan (mais qui reviennent plutôt à Winston Churchill) : « Nous façonnons nos outils, et par la suite, ce sont nos outils qui nous façonnent[24]. » Nous sommes la technologie de nos outils : ils nous façonnent et nous modèlent. Nos outils ont une agentivité, et donc également une influence sur le monde plus qu'humain. Cette prise de conscience nous permet de mettre en chantier la tâche essentielle d'une écologie technologique, qui est de réintégrer nos créations humaines avancées dans la nature dont elles sont issues.

Pour finir, ce livre a un autre objectif. Étant donné que nous, les humains, et les choses que nous fabriquons sommes inextricablement liés au monde plus qu'humain, et que repenser notre relation avec ce monde exige de reconnaître son existence et son agentivité, nous devons réfléchir à la forme que pourrait prendre cette relation. Une partie relève simplement du *soin* : il s'agit de prêter une attention constante au sens et à l'effet de cet enchevêtrement. Le reste, malheureusement, relève de la politique. Il s'agit des détails concrets du débat, de la prise de décision, des relations de pouvoir et des questions de statut. C'est là, me semble-t-il, que le monde numérique et informatique peut apporter une contribution essentielle à notre communauté plus qu'humaine, quelque chose qui pourrait à terme justifier son inclusion dans ce *commonwealth*, si cela s'avérait nécessaire. L'infinie complexité du numérique, que nous avons inventée ou rêvée à partir du monde matériel, et que nous avons concrétisée sous la forme de machines, a beaucoup à nous apprendre sur la manière dont nous pouvons nous relier les uns aux autres. C'est le sujet de la dernière partie de ce livre : des machines qui, à l'instar des abeilles, des rivières sacrées, des éléphants en captivité et des instruments producteurs de hasard, pourraient nous conduire vers une politique plus juste et équitable, une politique plus qu'humaine.

Nous en sommes venus à considérer la « nature » comme quelque chose de distinct de nous. Preuve en est le choc que représente la prise en compte de l'existence de ce monde plus qu'humain. Les récits sur les fantastiques promesses des hautes technologies sont ainsi truffés de références à une « nouvelle » nature ou une nature « à venir », d'utopies numériques dans lesquelles nous nous affranchissons de – et prenons toujours plus de distances avec – ce sol et cette terre bien réels dont nous sommes issus et sur lesquels nous nous trouvons encore. Il est temps de nous défaire de ce solipsisme adolescent, tant pour notre bien que pour celui du monde plus qu'humain. C'est de la nature, dans son éternel fleurissement, que sont nés les microprocesseurs, les centres de données et les satellites, tout comme elle a donné les océans, les arbres, les pies, le pétrole et nous. *La nature est l'imagination même.* N'allons pas chercher à la réimaginer, et travaillons plutôt à la réinvention de nos imaginaires, en faisant de cette nature notre partenaire, notre camarade et notre guide.

CHAPITRE I

Penser autrement

Quelque part sur les hauteurs du mont Parnasse, une petite voiture grise roule sur une piste grossièrement goudronnée. Les bas-côtés sont recouverts de neige ; au loin, les eaux du golfe de Corinthe scintillent sous la lumière du soleil. La voiture avance lentement, presque prudemment : elle regarde la route. Elle a plusieurs yeux qui scrutent les bords des talus, identifient les marques blanches aux intersections, enregistrent et transcrivent les arrêts et les virages. Elle possède également d'autres sens : elle peut dire à quelle vitesse elle roule, où elle se trouve sur la carte, à quel angle le volant est positionné. Et elle a une sorte d'esprit. Pas très sophistiqué, mais celui-ci a un objectif clair et la capacité d'apprendre de son environnement, d'intégrer ses découvertes, d'extrapoler et de faire des prédictions sur le monde qui l'entoure. Cet esprit est installé de manière précaire sur le siège passager, tandis que je suis assis derrière le volant, encore aux commandes, du moins pour l'instant.

La scène narrée ci-dessus s'est déroulée il y a quelques années, à l'hiver 2017, lorsque j'ai décidé d'essayer de construire une voiture autonome. Et bien que celle-ci ne se soit jamais – tout à fait – conduite toute seule, elle m'a emmené sur des chemins très intéressants.

Je suis fasciné par l'idée d'une voiture qui se conduit toute seule. Pas vraiment en raison de ses capacités, mais pour la place qu'elle occupe dans notre imaginaire. La voiture autonome fait partie de ces technologies qui, en l'espace de quelques années seulement, ont quitté les étagères du rayon science-fiction sur la « vie au XXIe siècle » pour devenir notre réalité banale, sans aucune période de réflexion critique ou d'assimilation. Dans ces moments, c'est la réalité qui se trouve réécrite, et c'est quelque chose qui se produira très certainement aussi avec les formes d'intelligence artificielle les plus avancées. Soudainement, nous allons les voir surgir parmi nous, le long travail de recherche et de développement, invisible pour l'essentiel, oublié du fait même de leur réalité. Dans l'excitation du moment, nous oublions trop souvent de nous demander qui se retrouve en position d'effectuer cette réécriture de la réalité, quelles décisions sont prises en cours de route et qui en profite. C'est pourquoi il me paraît essentiel que le plus grand nombre d'entre nous s'engage dans cette réflexion sur les implications de l'émergence des nouvelles technologies. Cela implique que nous apprenions à connaître ces choses, en les bricolant parfois nous-mêmes.

Concrètement, la voiture autonome que j'ai essayé de construire était constituée d'une voiture à hayon de marque SEAT, de quelques webcams bon marché, d'un smartphone fixé au volant et de logiciels téléchargés sur Internet[1]. Pour autant, mon idée n'était pas de programmer une bête machine avec tout ce qu'elle devait savoir à l'avance. Comme les modèles développés par Google, Tesla ou d'autres, ma voiture devait apprendre à conduire *en me regardant faire*, c'est-à-dire en associant la vue des caméras à ma vitesse, mon accélération, la position du volant et ainsi de suite. Le système analysait mon comportement en rapport avec la configuration et l'état de la voirie, et au bout de quelques semaines, il avait appris à maintenir un véhicule sur une route – du moins dans un simulateur. Je ne suis pas le meilleur conducteur du monde, et je ne voudrais surtout pas laisser la vie de qui que ce soit entre les mains de cette machine. Mais écrire du code et prendre la route avec elle m'ont permis de mieux comprendre comment certains types d'IA fonctionnent, et ce que cela fait de travailler au côté d'un système qui est capable d'apprendre.

J'étais également curieux de voir ce que cela pouvait donner de faire ce genre de travail loin des autoroutes de Californie, où les entreprises de la Silicon Valley entraînent leurs voitures autonomes, ou des circuits d'essai de Bavière, où les géants de l'industrie automobile développent leurs nouveaux modèles. J'ai ainsi mené l'expérience sur les routes de Grèce, un pays radicalement différent, que ce soit au niveau de sa géographie physique ou de sa mythologie. Et il s'avère que cela s'est très bien passé.

Partant d'Athènes en direction du nord sans objectif particulier à l'esprit, si ce n'est de donner à mon IA copilote un aperçu de la variété des terrains, je me suis rapidement retrouvé au-delà des sites antiques de Thèbes et de Marathon, vers la sombre silhouette du mont Parnasse. Dans la mythologie grecque, ce sommet était un lieu sacré, voué au culte de Dionysos, dont les mystères extatiques étaient révélés grâce à la consommation de grandes quantités de vin et à des danses débridées ; les participants à ces rites libéraient la bête qui était en eux pour ne faire qu'un avec la nature. Le mont Parnasse était également la demeure des Muses, les déesses qui inspiraient la littérature, la science et les arts. Atteindre le sommet du mont Parnasse, c'est s'élever au summum de la connaissance, de la technique et de l'habileté.

Cette conjonction du hasard et de la géographie soulève une question fascinante. Qu'est-ce que cela peut signifier, d'un point de vue mythologique, d'être conduit au sommet du Parnasse par une intelligence artificielle ? On pourrait y voir une sorte de soumission à la machine, la reconnaissance que l'espèce humaine a fait son temps et qu'il est temps de passer le flambeau de l'exploration et de la découverte à nos maîtres robots. Mais, d'un autre côté, entreprendre ce voyage dans un esprit de compréhension mutuelle, plutôt que de conquête, pourrait bien être une façon pour nous d'écrire un nouveau récit sur le Parnasse, dans lequel l'intelligence humaine et celle de la machine se renforcent mutuellement au lieu d'essayer de se dominer l'une l'autre.

Je me suis lancé dans ce projet parce que je voulais mieux comprendre l'IA, et plus particulièrement parce que je voulais voir ce que cela faisait de collaborer avec une machine intelligente, plutôt que de tenter d'en définir les résultats. En réalité, l'ensemble du projet reposait sur une sorte d'antidétermination : je voulais planifier le voyage le moins possible. C'est pourquoi, lors de l'apprentissage de la voiture, j'ai roulé de manière totalement aléatoire, en prenant presque toutes les routes secondaires et les détours que je rencontrais, en me laissant aller à l'errance et à l'interrogation, en me perdant joyeusement toujours plus. À son tour, à force de m'observer, la voiture a aussi appris à se perdre.

L'idée était de rejeter délibérément le type de conduite que la plupart d'entre nous ont aujourd'hui adopté, qui consiste à saisir une destination dans un système GPS et à suivre ses indications sans poser de questions ni intervenir, un comportement qui se traduit par une perte d'autonomie et de contrôle, que l'on peut aussi observer au niveau de la société dans son ensemble. Confrontés à des technologies de plus en plus complexes et opaques, nous nous soumettons à leurs ordres, en exprimant souvent un mélange de peur et d'ennui. Plutôt que de me soumettre à un ensemble de processus que je ne comprenais pas, simplement pour arriver à un endroit présélectionné, ma volonté était de vivre une aventure avec la technologie, de collaborer avec elle pour produire de nouveaux résultats imprévus.

En ce sens, mon approche se rapprochait plus de celle du flâneur que de l'ingénieur. Le flâneur ou la flâneuse du Paris du XIXe siècle était une personne qui arpentait les rues sans se soucier de rien, une sorte d'explorateur urbain qui s'imprégnait des sensations de la ville. Au XXe siècle, la figure du flâneur a été reprise par les partisans de la dérive, une manière de lutter contre le malaise et l'ennui de la vie moderne par des déambulations non planifiées, une attention à son environnement et une ouverture à l'inattendu. Principal théoricien de la dérive au XXe siècle, Guy Debord insistait toujours sur le fait qu'il était préférable de faire ces déambulations à plusieurs, avec des compagnons, afin que les différentes impressions du groupe puissent résonner les unes avec les autres et s'amplifier. Ma voiture autonome pouvait-elle jouer un tel rôle de compagne au XXIe siècle[2] ?

En plus de me perdre, j'essayais de trouver des moyens d'illustrer ce que je commençais à percevoir comme étant l'*Umwelt* de ma voiture à conduite autonome. Inventé par le biologiste allemand Jakob von Uexküll au début du XXe siècle, le terme *Umwelt* se traduit littéralement par « monde alentour », « environnement » ou encore

« milieu » – mais, comme il s'agit d'un terme allemand, il signifie bien plus que cela. L'*Umwelt* désigne la perspective particulière d'un organisme donné : son modèle interne du monde, composé de ses connaissances et de ses perceptions. L'*Umwelt* de la tique, par exemple, est constitué de seulement trois faits ou facteurs extrêmement spécialisés : l'odeur de l'acide butyrique, qui indique la présence d'un animal dont elle peut se nourrir ; la température de 37 °C, qui indique la présence de sang chaud ; et la pilosité des mammifères, sur lesquels elle évolue pour trouver de quoi subsister. À partir de ces trois éléments, c'est l'univers tout entier de la tique qui s'épanouit[3].

Fondamentalement, un organisme crée son propre *Umwelt*, mais il le remodèle aussi continuellement par sa confrontation avec le monde. Ainsi, le concept d'*Umwelt* affirme à la fois l'individualité de chaque organisme et l'inséparabilité de son esprit d'avec le monde. Tout est unique et enchevêtré. Et dans un monde plus qu'humain, ce ne sont bien sûr pas seulement les vivants qui ont un *Umwelt*, mais tout.

Le concept d'*Umwelt* est utilisé depuis longtemps aussi bien par des spécialistes de la robotique que par les biologistes. On comprend aisément comment l'exemple des règles simples de la tique pourrait être adapté pour guider un robot autonome simple : « se déplacer vers cette lumière ; s'arrêter à ce son ; réagir à cette information ». On peut alors se poser la question de ce qu'est l'*Umwelt* d'une voiture autonome.

L'intelligence basique qui se trouve au cœur de ma voiture s'appelle un réseau neuronal, l'une des formes les plus courantes de machines qui apprennent. Elle consiste en un programme conçu pour simuler une série de petites unités de traitement, les « neurones » artificiels, disposés en couches comme dans un cerveau extrêmement simplifié. Les signaux d'entrée – la vitesse de la voiture, la position du volant, la vue des caméras – alimentent ce système de neurones, qui les découpe en éléments de base pour les comparer, les opposer, les analyser et les associer. À mesure que ces données circulent à travers les couches de neurones, l'analyse devient de plus en plus détaillée et de plus en plus abstraite – et donc plus difficile à comprendre pour une personne non initiée. Mais nous pouvons visualiser certains aspects de ces données. Notamment, une fois que la voiture a été suffisamment entraînée, on peut découvrir ce que le réseau pense être important dans ce qu'il voit[4].

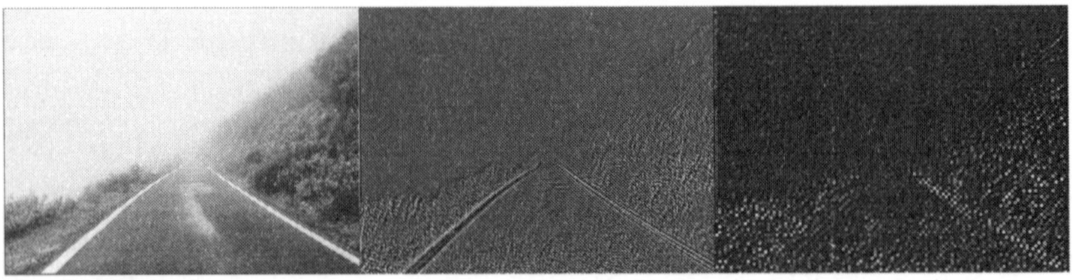

Visualisations de la manière de voir d'un réseau neuronal.

Les images ci-dessus en témoignent en partie. La première à partir de la gauche est une vue prise directement par la caméra principale de la voiture : une route du Parnasse, qui disparaît dans la brume. La deuxième est ce à quoi ressemble cette image lorsqu'elle a traversé deux couches du réseau ; la troisième après quatre couches. Il s'agit là, bien sûr, de visualisations destinées à des yeux humains : la machine ne « voit » qu'une représentation sous forme de données. Mais ces images sont aussi des données : les détails qui restent sur l'image sont ceux que la machine juge importants. En l'occurrence, ces détails sont les lignes qui bordent la route. Sur la base de ses observations, la machine a décidé que ces lignes avaient une certaine importance ; ce qui est effectivement le cas si la machine doit rester sur la route. De même que la tique est sensible à la température du sang des mammifères, les lignes de la route sont un élément important de l'*Umwelt* de la voiture.

Partant de cette observation, on comprend que mon *Umwelt* et celui de la voiture sont forcément enchevêtrés. Moi aussi, je vois les lignes. Nous partageons au moins un aspect de nos modèles du monde – et des univers peuvent surgir de ce fait.

Pour mettre en scène cette découverte d'un modèle partagé – et donc d'un monde partagé –, je me suis laissé aller à faire quelque chose d'un peu méchant. Même si je commençais à bien m'habituer à cette collaboration avec ce nouveau compagnon automatisé, que j'appréciais, j'ai décidé de le tester. Pour ce faire, je me suis procuré plusieurs gros sacs de sel, que j'ai déversés sur le sol, traçant un cercle continu de quelques mètres de diamètre, lui-même entouré d'un autre cercle, en pointillé, formant ainsi un espace fermé dans lequel le marquage routier (européen) interdisant le franchissement était projeté vers l'intérieur. En entrant dans le cercle, tout véhicule autonome bien entraîné et respectueux de la loi se trouve pris au piège, dans l'impossibilité d'en sortir. C'est ce que j'ai appelé l'*Autonomous Trap*, le piège à voitures autonomes.

Autonomous Trap 001, mont Parnasse, 2017.

Cette attaque délibérée contre le sens du monde de la machine visait à souligner plusieurs points. Le premier est d'ordre politique. En travaillant avec ces technologies, nous pouvons apprendre quelque chose de leur monde, et cette connaissance peut être utilisée pour les orienter vers des fins plus intéressantes et équitables, ou pour les arrêter dans leur élan. Il est important de garder ce point à l'esprit pour faire face aux types d'intelligences d'entreprise déjà évoquées dans l'introduction.

Cette expérience montre également que l'imagination et la représentation esthétique restent des outils toujours aussi importants à l'ère des machines. L'art a un rôle à jouer ici, et il est possible d'intervenir dans le développement et l'application de la technologie aussi efficacement depuis la position d'artiste que depuis celle d'ingénieur ou de programmeur. Cela aussi est une connaissance qui a son utilité.

Mais je voulais surtout mettre l'accent sur les aspects du monde que les IA et nous-mêmes percevons en commun : notre *Umwelt* partagé. Ma vidéo du piège à voitures autonomes est devenue virale, mais j'ai le sentiment que les gens ont davantage prêté attention au culot et au côté diabolique de la chose qu'à la collaboration à l'œuvre : à l'ère d'Uber, de la pollution de l'air, de l'automatisation de masse et de l'IA d'entreprise, il est plaisant de voir le robot stoppé dans son élan. Il n'en demeure pas moins que nous partageons un monde avec nos créations.

Si considérer les relations entre les humains et les intelligences artificielles sous l'angle de la collaboration créative plutôt que sous celui de la rivalité ouverte permet de produire des résultats aussi intéressants, il y a lieu de s'interroger sur les possibilités qu'ouvre ce constat. Avec quelles autres intelligences partageons-nous des mondes ? Qu'avons-nous à découvrir à leur rencontre et quelles pourraient être les conséquences de cette reconnaissance ? Alors que les discours contemporains sur l'intelligence artificielle semblent dessiner un sombre avenir sous la domination des grandes entreprises, parachevant ainsi leur néfaste œuvre extractiviste, quelles sont les autres voies possibles ?

La forme d'intelligence artificielle actuellement dominante, celle dont tout le monde parle, n'est ni créative, ni collaborative, ni imaginative. Soit elle est totalement soumise et, à vrai dire, stupide, soit elle est contrariante, agressive et dangereuse (et potentiellement toujours stupide). C'est celle de l'analyse des modèles, de la description d'images, de la reconnaissance faciale et de la gestion du trafic routier ; c'est celle de la prospection pétrolière, de l'arbitrage financier, des systèmes d'armes autonomes et des programmes de jeu d'échecs qui écrasent toute résistance humaine. Tâches d'entreprise, profits d'entreprise, intelligence d'entreprise.

En cela, l'IA d'entreprise a un point commun avec le monde naturel – ou plutôt avec la fausse conception historique que nous avons de ce dernier. Elle imagine un environnement plein de dangers, dans lequel une humanité démunie et fragile se bat contre des forces terribles qu'elle doit soumettre, en les pliant à sa volonté (celle-ci se conjuguant le plus souvent au masculin) sous la forme de l'agriculture, de l'architecture, de l'élevage et de la domestication des animaux. De cette façon de voir le monde est né le système à trois niveaux qui sert à classifier les types d'animaux que nous rencontrons en les divisant entre animaux de compagnie, bétail et bêtes sauvages, chaque catégorie correspondant à des attributs et des comportements donnés. Si nous devions transposer cette analogie au monde de l'IA, il semble évident que, jusqu'à présent, nous avons surtout créé des machines domestiquées appartenant à la première catégorie, que nous avons commencé à nous lancer dans l'élevage de membres de la deuxième et que nous vivons dans la crainte de laisser échapper des IA qui s'apparenteraient à la troisième.

Où se situe ma voiture autonome dans cette taxonomie ? Elle est essentiellement un « animal de compagnie » – une machine domestiquée sous mon contrôle –, mais elle est également productive, attelée, un animal qui travaille ; et, en raison de mon insistance à ce qu'elle aille où bon lui semble, elle est un peu sauvage, et imprévisible. Utilisée sans discernement, la voiture autonome peut être considérée comme l'une des applications les plus dangereuses de l'intelligence artificielle. Non seulement elle contribue à la destruction de la planète par l'extraction matérielle et les émissions de carbone dont elle est responsable – du moins jusqu'à ce que nous disposions de versions entièrement solaires et soutenables –, mais encore elle nous prive du plaisir bien réel, quoique coupable, de conduire.

Sauf à avoir déjà perdu pratiquement toute capacité à être joyeux, on peut difficilement considérer qu'il s'agit d'une amélioration par rapport à la situation actuelle. Cependant, envisagé différemment, le transport autonome pourrait remplacer les modes de transport individuels et égoïstes que nous utilisons actuellement, et redonner de l'élan aux transports publics, aux modes de propriété partagée et aux usages respectueux de l'environnement. Il pourrait également nous reconnecter au monde, en nous rendant plus conscients de notre environnement et de nos compagnons de voyage. Ainsi, le transport autonome nous affranchirait de la banalité de la vie quotidienne et nous permettrait de faire connaissance avec une multitude de nouveaux compagnons bavards, à commencer par lui-même. Les différents résultats possibles selon la manière dont la question est abordée montrent à quel point les catégories historiques de l'animal et de la machine – du maître, du serviteur, de l'esclave et de la ressource – sont à prendre avec précaution. En fait, nous devrions complètement nous en affranchir, autant pour les machines que pour tout le reste.

Il me semble significatif que, au moment même où nous commençons à nous interroger sur les implications réelles de l'intelligence « artificielle », la science commence à explorer plus largement ce que cela signifie de qualifier quelque chose ou quelqu'un d'intelligent. Nos mythes et nos fables ont toujours accordé une place à la vitalité des êtres non humains – et les cultures non occidentales, dotées de connaissances plus approfondies et d'une mémoire plus longue, ont toujours insisté sur leur agentivité –, mais, pour la science occidentale, ils ont toujours constitué un terrain délicat. Si nous avons toujours su que les animaux étaient *malins*, et ce de façon incroyablement variée, ils ont rarement été reconnus comme étant doués d'*intelligence* dans les discours officiels.

À ce stade, nous devons nous demander ce que nous entendons par « intelligence ». C'est non seulement la question la plus essentielle que nous puissions nous poser, mais aussi la plus amusante, et finalement la plus bouleversante et la plus productive – parce que, en vérité, personne ne sait vraiment.

Nous associons diverses qualités à l'intelligence. La liste inclut, sans s'y limiter, la capacité à apprendre, comprendre, appliquer la logique et la raison, résoudre des problèmes et planifier, ou encore la conscience de soi, la faculté de percevoir des émotions et la créativité. Cette liste existe en de nombreuses versions plus resserrées, résultats de tentatives visant à montrer qu'une capacité est en réalité le produit d'une autre, ou de récits qui prétendent que l'une est plus importante que les autres. Mais, historiquement, la définition de l'intelligence la plus significative, c'est « ce que les humains font ». Aucune autre définition, si élégante ou si richement documentée soit-elle, ne peut rivaliser. Lorsque nous parlons d'intelligence artificielle avancée, ou d'intelligence artificielle en général, c'est ce que nous voulons signifier. Une intelligence qui fonctionne au même niveau et à peu près de la même manière que l'intelligence humaine.

Ce problème de définition de l'intelligence contamine toutes nos réflexions et interprétations autour de l'IA. Par exemple, dans la conscience collective, le test de Turing reste la manière la plus répandue de penser aux capacités de l'intelligence artificielle, bien qu'il ne soit jamais utilisé dans les travaux des véritables spécialistes de l'IA. Ce test a été décrit par Alan Turing dans un article de 1950 intitulé « Computing Machinery and Intelligence » (« Les ordinateurs et l'intelligence »). Turing pensait que, plutôt que se demander si les ordinateurs étaient vraiment intelligents, nous pouvions au moins établir qu'ils semblaient l'être. Pour cela, il a imaginé le « jeu de l'imitation », un dispositif dans lequel une personne engage la conversation avec deux interlocuteurs cachés – un humain, une machine – et cherche à déterminer lequel est lequel. Une machine était intelligente, selon ce test, si elle parvenait à se faire passer pour un humain. Le fait que cela reste aujourd'hui une référence pour réfléchir à l'intelligence artificielle témoigne du caractère autocentré de notre manière de penser[5].

Pour rendre justice à Turing, son idée était un peu plus complexe que cette version réductrice. Il ne cherchait pas tant à déterminer si une machine pouvait être intelligente qu'à savoir si nous pouvions imaginer une machine intelligente, ce qui constitue une différence essentielle, plus importante pour sa propre réflexion sur la manière dont les ordinateurs pourraient se développer. Dans son article de 1950, il passait en revue neuf objections à l'idée d'une intelligence générale des machines, qui sont toutes encore d'actualité. Ces objections comprenaient notamment la religion (les machines n'ont pas d'âme et donc pas de faculté de penser), les mathématiques (selon les théorèmes d'incomplétude de Gödel, aucun système logique ne peut répondre à toutes les questions possibles) et la physiologie (le cerveau n'est pas numérique, mais continu, et une véritable intelligence devrait partager cette qualité).

Turing a avancé des contre-arguments à chacune de ces objections, dont beaucoup se sont avérés clairvoyants. L'une des objections les plus connues avait été formulée par la toute première programmeuse informatique, Ada Lovelace, lorsqu'elle travaillait sur le premier ordinateur conçu par Charles Babbage, la machine analytique, au milieu du XIXe siècle. Pour Lovelace, la machine « n'a pas la prétention de donner naissance à quoi que ce soit. Elle peut effectuer tout ce que nous savons lui ordonner de faire ». Les ordinateurs ne font que ce qu'on leur dit de faire, et ne peuvent donc pas être considérés comme intelligents.

Mais Turing ne partageait pas l'avis de Lovelace. Il pensait qu'avec les progrès de la technologie il serait possible de concevoir des circuits capables de s'adapter à de nouvelles entrées et donc à de nouveaux comportements – une sorte de « réflexe conditionné », comme on pouvait l'observer chez les animaux, « qui servirait de base à un apprentissage ». Il comprenait pourquoi Babbage et Lovelace à leur époque ne pensaient pas que cela serait possible. Mais, au milieu du XXe siècle, cela devenait tout à fait plausible. Aujourd'hui, la prédiction de Turing s'est effectivement réalisée. Les algorithmes de *machine learning* utilisés partout – que ce soit dans ma voiture autonome, dans les programmes de jeu d'échecs, dans les recommandations de vidéos sur YouTube ou dans la protection contre la fraude en ligne – sont des exemples du type de machine qui, selon Lovelace, ne pouvait pas exister. (L'argument contre l'objection théologique sur l'âme immortelle des machines reste quant à lui un peu plus difficile à trancher.)

Turing était également en profond désaccord avec l'objection de Lovelace selon laquelle « la machine ne peut jamais nous prendre par surprise ». Au contraire, écrit Turing, « les machines me prennent très souvent par surprise », que cela résulte d'une mauvaise compréhension de leur fonction ou d'une erreur. Il se demandait alors si la surprise était « due à quelque acte de création mentale de [sa] part » ou si elle était « à porter au crédit de la machine ». Turing considérait cette objection comme une impasse, car elle renvoyait à la question de la conscience – mais il soulignait quand même que « le fait de trouver quelque chose surprenant requiert de toute façon un "acte de création mentale", que la surprise trouve son origine chez un homme, un livre, une machine ou quoi que ce soit d'autre ».

Le raisonnement de Turing laisse entendre davantage qu'une simple constatation de la possibilité d'une intelligence des machines. Cela commence par la reconnaissance du fait que l'intelligence humaine n'est pas si extraordinaire que cela. Turing dit lui-même qu'il fait ses calculs « de manière rapide et bâclée, en prenant des risques ». C'est cette conscience de soi qui rend le comportement de la machine si surprenant. Il s'agit là d'une suggestion, à l'origine même de la discipline de l'intelligence artificielle, selon laquelle l'intelligence des machines est d'une manière ou d'une autre différente de celle des humains. Ensuite, en mettant l'accent sur l'« acte de création mentale » qui consiste à interpréter la réponse de la machine, Turing aborde un point très intéressant, à savoir que l'intelligence ne réside peut-être pas entièrement dans la tête ou dans la machine, mais quelque part entre les deux, dans la relation qui les unit.

Nous avons toujours eu tendance à considérer l'intelligence comme étant « ce que font les humains » et « ce qui se passe dans notre tête ». Mais, dans cette première esquisse de machines intelligentes, Turing suggère autre chose : que l'intelligence pourrait être multiple et relationnelle, qu'elle pourrait prendre de nombreuses formes, et qu'elle pourrait exister entre des êtres de toutes sortes, plutôt qu'en eux-mêmes.

La popularité persistante du test de Turing pour l'intelligence artificielle, un processus profondément centré sur l'humain et individualisé, montre le peu de succès rencontré par ce genre d'idée nuancée à propos de l'intelligence. Au lieu de cela, nous continuons à juger l'IA et les autres êtres selon nos propres standards. Cet aveuglement volontaire alimente aujourd'hui la dramatisation et la confusion des débats sur le rôle et les possibilités de l'intelligence artificielle. Mais le reconnaître pourrait aussi nous permettre de comprendre les mécanismes qui ont rendu si confuse la réflexion sur notre rapport avec les autres vivants. Repenser l'intelligence « artificielle » peut nous servir à commencer à repenser l'intelligence dans son ensemble.

Des objections similaires à celles que Turing s'est employé à rejeter concernant les machines continuent de faire obstacle à notre capacité à reconnaître toutes sortes d'intelligences non humaines, même lorsque celles-ci nous regardent droit dans les yeux ou, comme nous allons le voir, même lorsqu'elles se regardent elles-mêmes dans les yeux. Ou même lorsqu'elles manient le bâton contre nous, ou encore quand elles chantent, dansent, font de l'art, planifient, ou produisent de la culture. « Non, essayons-nous de nous convaincre encore et encore. Ce n'est pas de l'intelligence. Ou pas exactement. » Les efforts déployés pour essayer de prouver ou de réfuter que d'autres êtres sont dignes d'être qualifiés d'intelligents pourraient être considérés comme absurdes s'ils n'étaient pas aussi tragiques. Ce que les expériences menées en ce sens montrent de façon éclatante et sans équivoque, ce n'est ni l'absence ni l'existence d'intelligence chez les autres vivants, mais notre propre défaut de conscience.

L'une des approches que nous utilisons pour évaluer l'intelligence des autres animaux est de leur faire résoudre des énigmes et, pour les plus « avancés » d'entre eux, de tester leur capacité à utiliser des outils pour y parvenir. Un test classique consiste à placer de la nourriture appétissante juste hors de portée d'un animal et à lui donner un outil, comme un bâton ou un bout de ficelle, pour qu'il la récupère. S'il y parvient, il a démontré sa capacité à reconnaître un problème, à y réfléchir, à élaborer des plans et à les mettre en œuvre, ainsi qu'à manipuler des outils, autant de signes classiques d'intelligence. Nous nous livrons depuis longtemps à ce jeu avec les petits comme les grands singes, et la plupart d'entre eux sont plutôt doués : les chimpanzés, les gorilles, les humains, les orangs-outans et toutes sortes d'autres petits singes utilisent rapidement tous les outils mis à leur disposition pour saisir la friandise.

Cependant, un autre primate, le gibbon, refusait catégoriquement de jouer le jeu. Pendant des années, les gibbons ont constitué une énigme, car bien qu'appartenant à la même catégorie de singes à gros cerveau que les chimpanzés et les humains, ils ignoraient le bâton et ne se saisissaient pas de la nourriture, ce qui, selon la catégorisation scientifique, en faisait des êtres moins intelligents. En outre, soumis à d'autres expériences, les gibbons adoptaient la même attitude : ils refusaient de soulever des gobelets dans le cadre d'un test de réponse et se gardaient bien d'examiner les récipients retournés pour y chercher des friandises.

En 1932, un chercheur, dans un article consacré à une femelle gibbon à mains blanches nommée Charlotte, concédait que « ces erreurs [pouvaient] avoir été causées par un manque d'intérêt et de motivation plutôt que par une quelconque déficience intellectuelle, car notre animal, bien que parfaitement apprivoisé et docile, faisait souvent preuve d'une indifférence totale à l'égard de toute la situation expérimentale ». Compte tenu des tâches requises et des conditions dans lesquelles la plupart des animaux de laboratoire étaient – et sont encore – gardés, cette conclusion apparaît, sincèrement, assez juste. Les mêmes chercheurs furent surpris de constater que les babouins, pourtant « primitifs » et « semblables à des chiens », réussissaient bien mieux les tests qui leur étaient proposés. En dépit de leur intuition et de la compréhension qu'ils avaient de l'évolution, leur conclusion fut que l'intelligence des babouins était supérieure à celle des gibbons. Mais il a été prouvé depuis qu'ils se trompaient. La faute ou l'erreur n'était pas à chercher du côté du gibbon, mais plutôt des humains[6].

En 1967, quatre gibbons du zoo de Chicago, dont on ignore les noms, ont montré ce qui avait pu échapper jusqu'alors aux chercheurs. Au cours de ces expériences passées, la nourriture proposée avait été attachée à des ficelles posées sur le sol. Les animaux auraient pu tirer sur les ficelles pour faire glisser la nourriture dans leur enclos, mais ils les avaient ignorées. Dans l'expérience de 1967, les chercheurs accrochèrent les ficelles au toit de l'enclos : immédiatement, les gibbons les saisirent, tirèrent et purent attraper les friandises. Les gibbons étaient ainsi soudainement devenus « intelligents », du moins si l'on s'en tient à la définition étroite de la méthode scientifique[7].

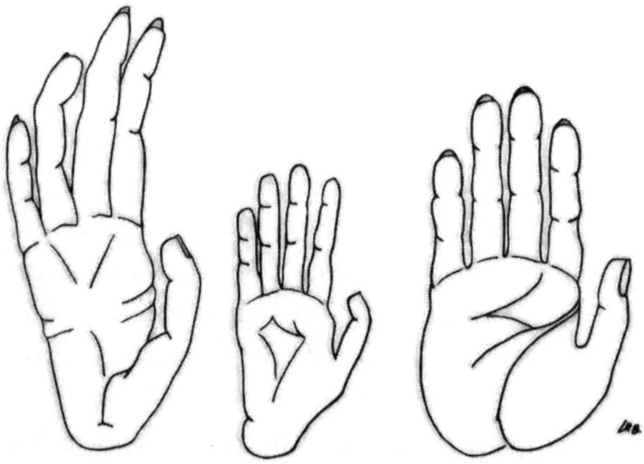

PHOTOGRAPHIE 1
La main et les doigts du gibbon sont très allongés par rapport à ceux du macaque et de l'homme. Il est par conséquent plus difficile pour le gibbon de ramasser des objets posés sur une surface plane.

Illustration tirée de Benjamin B. Beck, « A study of Problem Solving by Gibbons » [Étude de la résolution des problèmes par les gibbons], 1967.

Le dispositif de l'expérience de 1967 prenait en compte le fait que les gibbons se déplacent principalement par brachiation. Dans leur habitat naturel, la forêt, ils passent l'essentiel de leur temps dans les arbres et évoluent en se balançant de branche en branche. Ce mode de vie arboricole se traduit par des différences physiologiques – ainsi que, semble-t-il, cognitives – par rapport aux autres singes (dont nous). Pour pouvoir grimper et se balancer plus facilement, les gibbons ont des doigts plus allongés. Si cette adaptation est idéale pour un mode de vie arboricole, elle rend plus difficile la saisie d'objets posés sur des surfaces planes. Selon certains chercheurs, cela les rend également moins à même de remarquer ces objets : leur attention et leur intérêt, et donc leur capacité à résoudre des problèmes et à élaborer des plans, sont dirigés vers le haut. Ils remarquent et utilisent les outils lorsqu'ils se trouvent à l'endroit où ils s'attendent à les trouver. En d'autres termes, l'*Umwelt* du gibbon est arboricole – et si nous ne tenons pas compte de cela dans nos propres modèles, nous risquons de passer à côté de ce qui les rend intelligents.

Incarnés comme nous le sommes, avec un corps et un modèle de conscience différents de ceux du gibbon, nous nous attendons à ce que les solutions aux problèmes correspondent à nos propres modèles. Cela complique la perception de la façon dont les animaux, à l'incarnation différente, peuvent aborder les mêmes tâches. Par exemple, chez l'éléphant, nous avons tendance à considérer la trompe comme une sorte de cinquième membre, parce qu'elle semble lui donner une dextérité qui nous rappelle celle de nos propres membres. Mais les éléphants n'utilisent pas leur trompe de la même manière que nous nos mains. Ils sont tout à fait capables de ramasser des bâtons avec leur trompe. Mais si l'on met un éléphant en présence d'un bâton et d'un fruit qui lui fait envie juste hors de portée de sa trompe, il ne prend pas le bâton et continue à essayer d'attraper directement le fruit. Les trompes des éléphants sont trompeuses. Ils n'utilisent pas leur trompe comme nous pourrions nous y attendre en nous fondant sur l'expérience qui est la nôtre dans nos corps d'humains. Mais ils sont capables d'utiliser des outils et de résoudre des problèmes, si les outils qu'ils ont à leur disposition sont ceux qu'ils peuvent utiliser (et qu'ils fabriqueraient eux-mêmes, s'ils avaient la liberté de le faire). Des outils différents pour des corps différents, et des esprits différents agissant en accord avec ces corps. Il existe de multiples types d'intelligence, et celle-ci ne se limite pas à ce qui se passe entre les oreilles[8].

La capacité à utiliser des outils et l'aptitude à résoudre des problèmes sont des critères d'évaluation de l'intelligence assez faciles à observer, si les participants enrôlés dans l'expérience sont disposés à en faire la démonstration. C'est ce qui explique la popularité de ce genre de test parmi les chercheurs. Mais recréer en laboratoire les types d'outils et d'énigmes que les animaux peuvent rencontrer dans leur milieu naturel n'est pas si simple, et il est hautement improbable de pouvoir couvrir l'éventail complet des capacités d'un animal.

Qu'en est-il des autres traits de l'intelligence (telle que nous la concevons) qui sont un peu plus métaphysiques ? Aucun dispositif expérimental ne pourra nous dire si les gibbons, les gnous, les moucherons ou les guppys ont l'âme immortelle. Mais que dire de la conscience de soi, trait qui oscille entre projection vers l'extérieur et contemplation intérieure ? Si un esprit peut reconnaître son propre statut de sujet, distinct de celui d'autres sujets, cela signifie-t-il qu'il a un moi ? C'est une question qui interpelle les scientifiques depuis le moment où ils ont reconnu face à eux des animaux manifestement doués d'intelligence.

Le 28 mars 1838, Charles Darwin se rendit au zoo de Londres pour voir une femelle orang-outan nommée Jenny[9]. Jenny était l'un des premiers singes de ce type que les Britanniques pouvaient voir, et son exposition attirait des foules immenses. (La reine Victoria vint en 1842 et rencontra la successeure de Jenny – une autre femelle orang-outan, qui portait le même nom. Elle décrivit l'apparence de cette Jenny comme étant « terriblement, péniblement et désagréablement humaine », ce qui, on peut l'imaginer, devait être ce qu'elle pensait de beaucoup de gens.)

Darwin fut autorisé à entrer dans l'enclos de Jenny dans la Maison des girafes, où un chauffage supplémentaire avait été installé pour son confort. Il fit ensuite part de ses impressions dans une lettre adressée à sa sœur :

> Le gardien lui a montré une pomme, mais sans la lui donner. Elle s'est alors roulée par terre, tapant des pieds et pleurant exactement comme le ferait un enfant mal élevé. Ensuite, elle a pris un air boudeur et, après deux ou trois crises, le gardien a dit : « Jenny, si tu arrêtes de brailler et si tu es gentille, je te donnerai la pomme. » Elle a probablement bien compris ses mots. Comme un enfant, elle a eu beaucoup de mal à arrêter de pleurer, mais elle y est enfin parvenue, et a pu recevoir la pomme. Elle a alors sauté dans un fauteuil et s'est mise à manger la pomme, avec l'air de contentement le plus total qu'on puisse imaginer.

Portrait de Jenny,
la première femelle orang-outan du zoo de Londres.

Darwin venait tout juste de rentrer de son voyage à bord du *Beagle*. Plus de deux décennies allaient s'écouler avant qu'il ne publie *De l'origine des espèces*, puis une autre avant qu'il n'applique explicitement sa théorie de l'évolution à l'espèce humaine, dans *La Filiation de l'homme*, en 1871. Cependant, il réfléchissait déjà et écrivait en secret sur les similarités entre les hommes et les singes. Il se rendit encore deux fois au zoo au cours des mois suivants, apportant chaque fois de petits cadeaux à Jenny – un harmonica, de la menthe poivrée, un brin de verveine –, et chaque fois, il fut étonné de ses réactions. « Que l'homme rende visite à l'ourang-outan domestiqué [...], qu'il voie son intelligence [...] et qu'il se targue ensuite de sa fière prééminence », écrit-il dans ses carnets. « L'homme dans son arrogance se croit une grande œuvre digne de l'intervention d'un Dieu. Il est plus humble et je pense plus vrai de le considérer comme créé à partir des animaux. » Par ces mots, Darwin semble admettre que sa propre reconnaissance de l'intelligence non humaine a été fondamentale pour le développement de sa théorie de l'évolution, une conclusion surprenante étant donné les nombreuses façons dont sa théorie a été détournée par la suite pour justifier la supériorité de l'homme.

Darwin s'est notamment intéressé à la façon dont Jenny se regardait dans le miroir. Se reconnaissait-elle, et si oui, que cela pouvait-il signifier ? Gordon G. Gallup Jr, psychologue à l'université Tulane, s'est posé la même question plus d'un siècle plus tard. Contrairement à Darwin, ce n'est pas la rencontre avec un animal qui déclencha la réflexion chez Gallup, mais la rencontre avec lui-même dans le miroir en se rasant : « Je me suis soudainement demandé s'il ne serait pas intéressant de voir si d'autres créatures pouvaient se reconnaître dans un miroir[10]. »

À l'université Tulane, Gallup avait accès à un certain nombre de chimpanzés nés en liberté, en Afrique, d'où ils avaient été expédiés aux États-Unis pour la recherche biomédicale. Comme il s'agissait de singes capturés et non nés en captivité, on considérait qu'ils avaient été moins exposés au comportement et aux coutumes de l'être humain (bien que, comme nous le verrons plus tard, cela revienne à faire beaucoup de suppositions sur ce qui constitue le comportement humain).

Gallup isola quatre jeunes chimpanzés dans des cages et plaça un miroir dans chaque cage pendant huit heures d'affilée tous les jours pendant dix jours. En les observant à travers un trou dans le mur, il vit leurs réactions au miroir évoluer progressivement. Au début, ils réagirent comme s'il y avait un autre chimpanzé présent, faisant des gestes sociaux, sexuels ou agressifs en direction de la glace. Mais, peu à peu, ils se mirent à explorer leur propre corps. « Ils utilisaient le miroir pour regarder l'intérieur de leur bouche, faire des grimaces, inspecter leurs organes génitaux, enlever le mucus du coin de leurs yeux », écrit-il.

Pour constater scientifiquement ce changement de comportement, Gallup imagina une expérience. Après une semaine d'exposition au miroir, les chimpanzés furent anesthésiés et on leur appliqua un petit point de teinture inodore sur le haut d'un sourcil et sur l'oreille opposée. À leur réveil, ils furent à nouveau exposés au miroir et leurs réactions soigneusement observées.

Cela donna des résultats évidents : en se voyant dans le miroir, les chimpanzés commencèrent immédiatement à toucher et à pincer la tache sur leur front, puis à renifler et à goûter leurs doigts. « Dans la mesure où la perception de soi dans un miroir implique une conscience de soi, écrit Gallup dans l'article qui suivit, ces données semblent être la première démonstration expérimentale d'une conscience de soi dans une forme sous-humaine[11]. » Ce dernier qualificatif, « sous-humaine », mériterait que l'on s'interroge sur les présupposés de l'auteur, même si l'usage du terme était courant à son époque. Gallup ne précisait pas le nom des chimpanzés participants, si tant est qu'il leur en ait été donné un. Néanmoins, « c'était clair comme de l'eau de roche, dira-t-il plus tard. Il n'y avait pas besoin de statistiques. C'était évident. Bingo ».

Le test du miroir est rapidement devenu le test standard pour déterminer la conscience de soi et, au fil des ans, de nombreuses espèces y ont été soumises. Les humains réussissent généralement le test du miroir vers l'âge de dix-huit mois – à quelques exceptions près, importantes, que nous aborderons plus loin –, et cette preuve de la conscience de soi est considérée comme une étape clé du développement de l'enfant. Mais, comme beaucoup de tests cognitifs de ce type, son principal effet est de renforcer l'idée d'une ligne de démarcation entre les animaux « supérieurs » et les autres, plutôt que de suggérer un quelconque sentiment de parenté partagée : c'est nous qui décidons qui passe le test avec succès – et peut ainsi prétendre au statut élevé de sujet – et qui échoue. Comme cela s'est produit dans les sociétés humaines, nous préférons étendre brusquement le groupe d'appartenance, souvent à contrecœur, plutôt que de reconnaître qu'il existe de multiples façons de se comporter et d'être intelligent, dont beaucoup ébranlent les catégorisations existantes.

Le test du miroir est un excellent exemple de cela. Chez les grands singes, seuls les chimpanzés, les bonobos et les orangs-outans réussissent le test de manière certaine. D'autres espèces animales le réussissent sous certaines conditions. Les résultats peuvent être surprenants. Les dauphins et les orques apparaissent comme de bons candidats pour le test. Ils réagissent clairement en faisant des bulles devant le miroir, inspectent soigneusement leur corps et repèrent les taches. Cependant, les pies ont montré qu'elles avaient un comportement réfléchi, tout comme les fourmis, mais ces comportements pourraient dépendre autant des relations sociales ou des différents sens que de la vision[12].

Certains animaux réagissent également de manière bien différente des singes au test du miroir. Les psychologues Diana Reiss et Lori Marino, toutes deux anciennes étudiantes de Gallup, ont commencé à mettre des dauphins en présence de miroirs dans le parc Marine World en Californie dans les années 1990 et à les filmer. Ceux-ci se sont immédiatement mis à avoir des relations sexuelles devant les miroirs. En privé, les chercheuses qualifiaient ces enregistrements de « cassettes pornos de dauphins » et parlaient dans leurs publications de comportements « suggestifs » pouvant évoquer une conscience de soi. Une dizaine d'années plus tard, elles ont trouvé le moyen de marquer les dauphins d'une manière qui permettrait de mieux analyser leurs réactions. Les dauphins ont alors clairement montré qu'ils étaient conscients d'eux-mêmes en faisant des pirouettes et en se retournant pour voir les marques faites sur leur tête et leur dos qui, autrement, leur auraient été invisibles[13].

Si efficace qu'il puisse paraître, le test du miroir présente quelques problèmes. Le premier, évident, comme nous l'avons vu à propos de l'*Umwelt* arboricole des gibbons, est que le corps compte pour l'esprit. La façon dont nous percevons le monde et dont nous y agissons dépend des membres et des sens qui sont les nôtres, ainsi que des contextes dans lesquels nous évoluons. Mon exemple préféré pour illustrer ce point est, encore une fois, celui des éléphants. Spontanément, on pourrait penser que les éléphants réussiraient le test, car ils semblent si intelligents à bien d'autres égards. Pourtant, pendant des années, ils n'ont pas réagi de manière perceptible à la présence de taches sur leur face. Une étude largement citée, réalisée en 1989 sur Shanthi et Ambika, deux éléphants du parc zoologique national de Washington DC, met en évidence le fait que si les deux animaux ont montré qu'ils étaient bien capables d'utiliser des miroirs pour résoudre des énigmes (en réussissant à atteindre des objets visibles uniquement dans le miroir – une tâche motrice distincte et complexe à laquelle échouent de nombreux singes), ils ignoraient les taches faites sur leur corps et ne faisaient donc pas preuve de conscience de soi au sens de la définition du terme par les scientifiques[14].

D'aucuns parmi ces derniers ont vu un problème dans cette étude. Dans l'expérience initiale, le miroir était placé sur le sol, à l'extérieur de l'enclos des éléphants, ce qui signifie que l'éléphant voyait surtout ses pattes et des barreaux – des conditions peu propices à la reconnaissance de soi. En travaillant avec trois éléphants d'Asie du zoo du Bronx nommés Patty, Maxine et Happy, les chercheurs Joshua Plotnik et Diana Reiss (déjà mentionnée pour son étude sur les dauphins) ont découvert qu'au moins un des pachydermes était capable de se reconnaître, mais que pour cela le miroir devait être assez grand et assez proche. En installant un miroir de 2,5 mètres de haut dans l'enclos des éléphants, ils constatèrent immédiatement qu'il attirait leur attention. Les éléphants se frottaient contre le miroir, balançaient leur trompe par-dessus le mur et tentaient de passer derrière le miroir, peut-être pour voir où se trouvait cet autre éléphant qu'ils pouvaient voir dedans. Passé un certain temps, comme les chimpanzés avant eux, ils se sont habitués au miroir, et lorsque les chercheurs tracèrent une grande croix blanche au-dessus de l'œil droit de Happy, celle-ci se mit immédiatement à la toucher de manière répétée. Et c'est ainsi que l'éléphant d'Asie a rejoint le club des animaux ayant une conscience de soi – pour les y accepter, comme dans le cas des gibbons, les humains ont dû faire preuve d'assez d'intelligence pour voir combien ils avaient été bêtes jusque-là[15].

C'est la position du spécialiste du comportement animal Frans de Waal, qui cite le cas de Happy dans son livre *Sommes-nous trop « bêtes » pour comprendre l'intelligence des animaux ?* (Joshua Plotnik était l'un de ses étudiants, et de Waal est l'un des cosignataires de l'article sur le cas de Happy). De Waal fait remarquer que d'autres éléphants d'Asie en Thaïlande ont également réussi le test, mais aussi que beaucoup l'ont « raté ». (Pour la petite histoire, l'inventeur du test du miroir, Gordon Gallup, a contesté les résultats obtenus pour les éléphants et les dauphins – et probablement pour les pies, les fourmis et d'autres créatures –, car il pensait que la conscience de soi était propre aux primates « supérieurs ».) De son côté, l'un des étudiants vedettes de Frans de Waal, Daniel Povinelli, auteur du premier article sur les éléphants, soutient que le test du miroir ne nous renseigne en rien sur les états intérieurs, mais seulement sur la capacité à associer des mouvements à une image. Le test du miroir, quelles que soient les espèces, reste très contesté aujourd'hui.

On retrouve également des éléphants dans ce qui, selon moi, constitue le plus bel exemple de physiognomonie animale, qui pose un problème pour le test du miroir. Patty, Maxine, Happy et les éléphants de Thaïlande sont tous des éléphants d'Asie. On considère qu'ils ont une conscience de soi du fait qu'ils ont réussi le test du miroir. Leurs cousins africains, plus grands et plus turbulents, n'ont pas encore réussi le test, mais cela ne signifie pas pour autant qu'ils ne possèdent pas cette capacité. En fait, aucun chercheur n'a encore construit de miroir suffisamment grand et solide pour résister à la trompe, aux défenses et à la curiosité naturelle de ces pachydermes qui peuvent peser jusqu'à 6 tonnes. Tous les tests effectués jusqu'à présent avec eux se sont soldés par la destruction des miroirs.

Les discussions autour de ces expériences laissent de côté toute idée d'une réelle reconnaissance des éléphants en tant qu'individus. Or, lorsqu'on se penche sur l'histoire de ces expériences, on découvre que l'histoire de Happy n'est pas des plus heureuses. Elle a été amenée aux États-Unis depuis la Thaïlande, où elle a été capturée dans son milieu naturel en 1971, avec six autres jeunes éléphants. Vendus 800 dollars chacun à un parc safari en Californie, les éléphanteaux ont été baptisés du nom des sept nains de *Blanche-Neige*. Pendant plus de quarante ans, Happy a vécu au zoo du Bronx, qui, en 2014, figurait en 5e position dans la liste des pires zoos pour les éléphants aux États-Unis établie par l'organisation internationale de protection des animaux In Defense of Animals[16]. Jusqu'en 2002, elle a partagé un enclos avec Grumpy, un autre des captifs thaïlandais, mais lorsque les deux éléphants ont été mis en présence de Patty et de Maxine, Maxine a attaqué Grumpy, qui est mort peu après des suites de ses blessures. L'effet de ces événements sur les différentes réponses des éléphants au test du miroir n'est pas documenté – et n'est pas systématiquement pris en compte dans ces études. Les individus sont considérés comme des synecdoques pour l'ensemble de l'espèce, et bien qu'il faille de nombreuses études de ce type pour tirer des conclusions définitives, l'histoire personnelle d'un individu (il ne faut pas oublier que le noyau de l'identité personnelle, l'*Umwelt*, est une création de l'individu) n'est pas prise en compte.

Happy dans son enclos au zoo du Bronx, 2012.

Il est cependant possible de voir les différences d'attitude et de comportement de ces animaux. Les vidéos accompagnant l'étude sont disponibles sur le site Web de la revue de l'Académie nationale des sciences des États-Unis. Elles montrent un enclos nu, en béton, avec un sol en terre battue ; elles révèlent également de nets contrastes dans les comportements des éléphants. Patty et Maxine attaquent violemment le miroir dès son installation, tandis que Happy garde ses distances. Patty et Maxine sont testées ensemble, mais Happy apparaît seule. Depuis la mort de Sammie, la remplaçante de Grumpy, en 2006, Happy vit seule.

« Happy passe la plupart de son temps à l'intérieur, enfermée dans un grand bâtiment où sont alignées les cages à éléphants, qui font environ deux fois la longueur du corps des animaux, rapportait le *New York Post* en 2012. Le public ne voit jamais cela. » Le test du miroir consiste à différencier sa propre image de celle d'un autre individu. On est en droit de se demander ce que cela implique pour un éléphant habitué à la solitude et victime de traumatismes. Quelle que soit l'intelligence innée d'une espèce, il nous faut certainement reconnaître que le niveau de cette intelligence et la capacité à la démontrer sont propres à chaque individu[17].

Contrairement aux méthodes comparatives utilisées dans le domaine des sciences cognitives, la loi traite ses sujets en tant qu'individus – du moins lorsqu'elle s'applique aux humains. Mais Happy est également le sujet d'une affaire juridique sans précédent portée par le Nonhuman Rights Project, une organisation de défense des animaux basée en Floride. Depuis 2018, le NhRP demande la libération de Happy dans un sanctuaire animalier dédié en vertu d'une ordonnance d'habeas corpus, la doctrine juridique médiévale qui protège contre la détention ou l'emprisonnement sans jugement. Historiquement, l'habeas corpus ne s'est appliqué qu'aux humains, mais le NhRP souhaite changer cela : il a aussi soumis des requêtes au nom d'un certain nombre de gorilles et de chimpanzés. Jusqu'à présent, aucune de ces requêtes n'a abouti, et l'affaire concernant Happy est toujours en cours. Les implications plus profondes de cette initiative seront examinées dans un chapitre ultérieur, mais il apparaît important de noter l'approche du NhRP, qui appelle à la reconnaissance de la personnalité juridique de Happy en tant qu'individu, avec son histoire, ses besoins et un ensemble d'expériences uniques, autant d'éléments qui sont généralement ignorés dans les recherches scientifiques sur l'intelligence, l'être et la personnalité des animaux[18].

Le test du miroir présente un autre problème potentiel : et si le regard que les humains ont l'habitude de porter sur eux-mêmes n'était pas si important pour les autres animaux ? Dans la première étude sur les dauphins, la conclusion avait été qu'ils ne réussissaient pas le test du miroir parce qu'ils ne se toilettaient pas. En effet, le sexe semblait être leur priorité plutôt que le soin d'eux-mêmes. De nombreux animaux qui « échouent » au test du miroir manifestent néanmoins beaucoup d'intérêt pour leur propre reflet – suffisamment pour que l'on puisse conclure qu'ils savent en fait bien que c'est « eux » qu'ils voient dans le miroir. Il apparaît que, pour d'aucuns, le fait de toucher une marque sur son visage relève plus du geste social que de la traduction d'un signal cognitif.

Pour illustrer cette possibilité, nous allons revenir à notre bon vieux gibbon qui, lorsqu'on lui présente un miroir, ignore les taches sur son front et continue à traiter son propre reflet comme s'il s'agissait d'un autre gibbon, en faisant des gestes sociaux et en essayant de contourner le miroir pour toucher cet « autre » qui est perçu. Dans le cadre d'un test du miroir approfondi réalisé en Australie, ce sont dix-sept gibbons – nommés Philip, Kayak, Arjuna, Jury, Jars, Ulysses, Mang, Suli, Irian, Jaya, Ronnie, Bradley, May, Siam, Sydney, Milton et Milo – qui ont été soumis à l'épreuve. La cohorte était en fait composée de vingt individus mais, pour citer les mots de l'article, « trois d'entre eux n'ont pas pu être testés car ils ont refusé de s'approcher de l'expérimentateur ». (On les comprend.) Dans un premier temps, les chercheurs ont placé à proximité du miroir des friandises recouvertes de glaçage coloré pour susciter l'intérêt des gibbons, avec succès. Mais ces derniers ont ensuite obstinément ignoré les taches de même couleur qui leur avaient été apposées dans un deuxième temps au-dessus des sourcils[19]. Pour les scientifiques, cette « preuve d'absence » était censée soutenir l'hypothèse d'un modèle phylogénétique de la reconnaissance de soi, c'est-à-dire l'idée que cette capacité est apparue à un moment particulier de l'évolution des grands singes, il y a environ 15 millions d'années, après que les gibbons se sont séparés de la lignée qui a conduit à l'homme moderne (et avant la séparation qui a conduit aux orangs-outans). Cette hypothèse ignore la possibilité d'une évolution convergente – l'émergence de traits similaires le long de différentes lignées évolutives – qui pourrait expliquer la capacité de reconnaissance de soi des éléphants, des pies, des orques et des dauphins – laquelle sera abordée plus tard. Pour l'instant, nous allons nous en tenir aux singes.

Comme je l'ai déjà suggéré, ces différences de réaction s'expliquent peut-être tout simplement par le fait que le visage n'est pas si important pour certaines espèces, ou qu'il renvoie à des choses auxquelles les humains et les autres grands singes sont indifférents. Visibles dans de nombreuses villes en Asie, les macaques rhésus sont de petits singes très vifs, connus pour leur tendance à vivre au milieu des humains. Je me souviens en avoir vu voler de la nourriture sur des étals des marchés en Inde – et avoir été terrifié de les voir chasser les visiteurs autour de temples, où les pèlerins s'armaient de bâtons pour s'en protéger. Malheureusement pour les macaques, la similitude de leur système immunitaire et de certaines structures neurologiques avec ceux des humains en fait des sujets de choix pour les expériences médicales.

C'est dans le cadre d'une expérience de ce type que la capacité du macaque rhésus à la reconnaissance de soi est apparue de manière évidente. Lors d'une expérience neurologique menée à l'université du Wisconsin-Madison, deux macaques ont été appareillés avec un petit bloc d'acrylique bleu vissé au sommet de leur crâne, accompagné de fixations pour électrodes et dispositifs de retenue. (Contrairement à certaines études citées ci-dessus, les macaques participant à cette expérience n'étaient pas affublés de noms – et dans les images et la vidéo accompagnant l'article, « la vue de l'implant crânien a été occultée pour des raisons de discrétion[20] ».) Les chercheurs ont rapidement remarqué que les macaques avaient un comportement très différent de celui qui était le leur dans toutes les études antérieures. Si généralement les macaques observent ce qui se passe et s'exhibent devant les miroirs, ils évitent néanmoins résolument tout contact visuel avec leur reflet, ou le traitent comme s'il s'agissait d'un rival. Les macaques porteurs d'implants, en revanche, ont passé un temps considérable à examiner le sommet de leur crâne – comme nous le ferions tous, j'en suis sûr, si quelqu'un vissait un bloc de plastique bleu sur le nôtre. Puis ils se sont mis à regarder et à toiletter d'autres parties de leur corps, principalement leurs organes génitaux.

Cela signifie-t-il finalement que les macaques sont doués de conscience de soi ? Chez eux, le contact visuel est étroitement associé à la hiérarchie, à la domination et à l'agressivité, d'où leur inconfort à fixer un étranger du regard. Une raison de ce comportement pourrait être l'importance accordée à leur apparence en société qui ferait qu'ils n'osent pas se regarder fixement les uns les autres. Cela expliquerait leur comportement social à la fois continu et intermittent devant le miroir, qui les empêcherait de dépasser ce stade et de se concentrer suffisamment pour réaliser que c'est l'image d'eux-mêmes qu'ils regardent, comme cela s'est produit avec le temps chez les chimpanzés et les autres grands singes. Dans le cas des macaques porteurs d'implants, il a fallu un puissant contre-stimulus – un bloc de plastique vissé sur la tête – pour passer à l'étape suivante.

Il se peut que les visages ne soient en fait pas du tout importants dans la façon de penser chez d'autres espèces, ou du moins qu'ils aient une signification très différente. Par conséquent, les approches telles que le test du miroir, qui reprend l'obsession propre aux humains consistant à regarder leur propre reflet, ne font finalement pas grand sens. Peut-être que les macaques, qui font preuve d'intelligence à bien d'autres égards, ne pensent tout simplement pas que le fait de se regarder en face soit important. D'un autre côté, ils se masturbent beaucoup et se regardent les fesses les uns les autres. Les rapports parus à ce jour sur les macaques concluent qu'ils n'ont pas de conscience de soi parce qu'ils ne réussissent pas le test du miroir. Mais je ne suis pas convaincu pour autant, et je pense que ces animaux ont bien sûr conscience d'eux-mêmes : c'est juste que si vous avez tendance à communiquer en montrant vos fesses à quelqu'un plutôt que votre visage, c'est ce que vous allez regarder dans le miroir. Un Instagram pour macaques contiendrait en effet certainement beaucoup de selfies de fesses.

À l'instar des éléphants d'Asie avec Happy, il existe de nombreuses espèces dans lesquelles le test du miroir a été réussi par un seul individu, ou dans lesquelles les conditions de la réussite au test varient considérablement. Les différences entre espèces et entre individus ont leur importance, et le fait d'y être attentif nous permet de voir comment nos propres points de vue peuvent fausser notre jugement et nuire à notre capacité à reconnaître les capacités des autres.

Malgré toutes les théories sur les singes supérieurs et inférieurs, la plupart des gorilles (considérés comme des singes « supérieurs ») échouent au test du miroir. Comme les macaques, les gorilles ont une forte aversion pour le contact visuel, qu'ils considèrent comme une menace, et ils n'aiment donc pas regarder les visages dans le miroir. Bien qu'il existe de nombreuses preuves qu'ils « se voient » – comme le fait de se toiletter et d'explorer les parties cachées de leur corps lorsqu'ils sont mis en présence d'un miroir –, des tests toujours plus ingénieux, consistant par exemple à incliner les miroirs et à cacher de la nourriture, n'ont pas permis d'atteindre la preuve scientifique reconnue comme validant la capacité de reconnaissance de soi (toucher les taches marquées sur leur visage)[21]. Cela pourrait passer pour un problème spécifique à l'espèce, alors qu'il s'agit plutôt d'un problème individuel. Pour comprendre l'importance de ce point, nous allons maintenant nous intéresser à l'histoire de Koko.

Koko est une femelle gorille qui a vécu quarante-six ans en captivité, dont quarante-cinq sous la garde de l'éthologue Francine Patterson, à la Gorilla Foundation de Woodside, en Californie. Patterson a appris plus de mille mots de la « langue des signes des gorilles » à Koko, à qui elle a également parlé en anglais, dès son plus jeune âge. Les capacités de Koko restent contestées, mais selon les personnes qui ont été en contact avec elle, elle utilisait le langage comme le font les humains et présentait de nombreuses autres qualités « humaines ». Par exemple, Koko savait mentir : elle accusait souvent les autres pour des vols ou des dégâts, désignant ceux qui étaient présents à ce moment-là ou qu'elle n'aimait pas. Elle connaissait aussi le sentiment de gêne. Adorant jouer avec des poupées, elle leur parlait souvent en langue des signes, mais elle s'arrêtait immédiatement dès qu'elle se sentait observée.

Koko la femelle gorille apprenant la langue des signes avec sa dresseuse Francine Patterson, le 3 mars 1978.

Koko réussit aisément le test du miroir[22]. Elle doit d'ailleurs une grande partie de la célébrité qui fut la sienne de son vivant à une couverture du magazine *National Geographic* où on la voit en train de se prendre en photo dans un miroir. Le test du miroir a également été réussi par un autre gorille, un mâle de quarante-cinq ans nommé Otto, qui vivait depuis l'âge de deux ans dans un environnement « enrichi » au Suncoast Primate Sanctuary en Floride, où il avait la possibilité de chercher de la nourriture, de regarder la télévision, de peindre, et où il était régulièrement en contact avec des dresseurs humains[23]. Ainsi, des caractéristiques supposées innées – ou du moins leur manifestation – peuvent en fait être développées avec le temps, à condition que soient réunis l'environnement et le type de corps nécessaire à leur expression.

La question de la conscience de soi devient encore plus complexe si l'on se penche sur le cas de Michael, un gorille de dix-huit ans qui vivait avec Koko à la Gorilla Foundation. Il était doté d'un vocabulaire de plus de 600 signes, dont beaucoup enseignés par Koko. On pense qu'il a décrit la mort de sa mère, tuée par des braconniers au Cameroun, par une suite de signes : « Viande – gorille – dents – pleurer – bruit fort – mal – problèmes – couper le cou. »

Comme Koko, Michael pouvait parfois se montrer gêné. Il pouvait aussi être assez destructeur, avec une tendance à casser des choses, si bien que lorsqu'il a été soumis au test du miroir pour la reconnaissance de soi, les expérimentateurs sont restés à l'extérieur de la pièce pour observer. Alors qu'il avait dans un premier temps montré beaucoup d'intérêt pour les miroirs, une fois affublé d'un point de teinture sur le nez, Michael a commencé à se comporter bizarrement. À l'approche du miroir, il se figeait et se penchait en avant en s'inspectant soigneusement. Il s'est ensuite mis à tourner la tête d'un côté, puis de l'autre, regardant son visage sous tous les angles. Puis il a demandé que les lumières soient éteintes. Face au refus des expérimentateurs, Michael a réitéré sa demande, ajoutant aussi qu'il voulait que les rideaux soient fermés. Il a fini par se résigner et se retirer vers le fond de la pièce, tournant le dos aux personnes qui l'observaient, et il s'est mis à frotter son nez sur le mur jusqu'à ce que la marque ait disparu[24]. Cette réaction de Michael témoigne non seulement de la capacité de reconnaissance de soi, mais aussi d'une autre capacité cognitive complexe, la théorie de l'esprit, qui fait l'objet de nombreux débats.

La théorie de l'esprit va au-delà du fait de se reconnaître comme disposant d'un moi distinct de celui d'autrui : elle inclut l'aptitude à penser à la vie intérieure d'autrui, à imaginer ses états mentaux et à agir en conséquence. Au-delà de la simple interaction du test du miroir, c'est une intelligence beaucoup plus riche et complexe qui est à l'œuvre.

Que devons-nous penser de toutes ces capacités radicalement différentes et de leurs conséquences ? Comme nous l'avons vu, les différentes espèces répondent au test de diverses manières : certaines entretiennent des relations intenses avec le miroir, mais refusent le test de la tache ; d'autres font preuve de leurs capacités de manière radicalement différente, ou déjouent les pronostics que nous pouvons faire sur la base des comportements observés en leur sein. Le test du miroir ne constitue bien sûr qu'un type de test particulier, portant sur un élément très spécifique de ce que nous considérons comme l'intelligence – mais les leçons que l'on peut en tirer devraient s'appliquer à toutes les hypothèses que nous formulons sur l'intelligence supposée ou non de tous les êtres, y compris les humains. Même lorsque les résultats ne sont pas simplement les effets de nos propres préjugés et capacités limitées, ils ne font en réalité que nous indiquer l'étendue de notre ignorance.

Il s'avère que la conscience de soi face au miroir n'est pas non plus une aptitude répartie de manière égale entre les individus et les cultures chez les humains. Les adultes souffrant de schizophrénie sont souvent incapables de se reconnaître dans un miroir et ont également des difficultés avec la théorie de l'esprit. Le « fait » souvent cité selon lequel les enfants humains réussissent le test du miroir – et donc acquièrent la conscience de soi – vers l'âge de dix-huit mois s'avère lui-même biaisé et seulement partiellement vrai. Ces tests ont été conduits sur des enfants occidentaux, vivant principalement aux États-Unis et au Canada, et ne sont pas confirmés par les tests effectués en Afrique, en Amérique du Sud ou dans les îles du Pacifique[25]. Cela ne signifie pas que les enfants non occidentaux ne sont pas doués de la conscience de soi. Cela signifie que nos processus de test et nos analyses comportent des biais culturels que nous ne reconnaissons pas, même lorsque nous les faisons sur des membres de notre propre espèce, ce qui laisse imaginer la mesure de ces biais concernant les autres espèces.

Il est frappant de constater à quel point les gorilles, en particulier, se sont vu retirer une grande part de leur « gorillité » pour que puissent être observés ces comportements considérés comme humains. Koko et Michael ont été extraits de leur habitat naturel et ont vécu pendant la majeure partie, voire la totalité, de leur vie dans des enclos spécialement conçus pour eux, avec des contacts prolongés avec les humains. Les qualités que nous reconnaissons en eux comme intelligentes sont le résultat d'un dressage visant à leur faire adopter des modèles de comportement et de socialité semblables à ceux des humains. Pourtant, d'autres formes d'interaction, auxquelles nous allons bientôt nous intéresser, n'imposent pas cette condition, et dans ces interactions, ce sont d'autres signes d'intelligence – non moins évidents – que l'on peut voir se manifester. Ils dépendent toutefois de notre capacité en tant qu'humains à lire les signes non humains – ils sont conditionnés par un chevauchement d'*Umwelt*. Le fait qu'il y ait peu de chances que cela s'étende un jour aux fourmis, par exemple, signifie que nous ne serons jamais en mesure de tirer les mêmes conclusions scientifiques au sujet de ces créatures. Mais cela ne signifie certainement pas qu'elles ne sont pas intelligentes, comme l'indique le décryptage des différentes expériences que nous avons tenté de mener jusque-là. Au contraire, si nous voulons vraiment découvrir en quoi peut consister l'intelligence non humaine – et ainsi transformer la compréhension que nous avons de nos capacités et de celles des autres –, nous devons cesser de considérer l'intelligence comme quelque chose qui est défini par l'expérience humaine. Nous devons dès le départ envisager l'intelligence comme quelque chose de plus qu'humain.

Il s'avère qu'il existe de nombreuses façons de « pratiquer » l'intelligence, et ce même parmi les petits et grands singes qui nous sont proches sur l'arbre de l'évolution. Cette prise de conscience prend une tout autre dimension si l'on pense aux intelligences non humaines qui sont très différentes de nous. Car il existe sur notre planète d'autres créatures extrêmement évoluées, intelligentes et indisciplinées, qui sont si éloignées et si différentes de nous que les chercheurs voient en elles les êtres les plus proches des extraterrestres que nous ayons jamais rencontrés : les céphalopodes.

Les membres de cette famille qui comprend les poulpes, les calmars et les seiches figurent parmi les créatures les plus intrigantes qui existent dans la nature. Leur corps est mou et ils n'ont pas de squelette, seulement un bec extrêmement dur. Ils vivent en milieu aquatique, mais peuvent survivre pendant un certain temps hors de l'eau ; certains sont même capables de voler brièvement, propulsés par les jets d'eau qui leur servent à se déplacer dans l'océan. Ils font des choses étranges avec leurs membres. Et ils sont très intelligents. Ce sont certainement les plus intelligents des invertébrés, à tout point de vue.

Les poulpes, en particulier, semblent prendre un malin plaisir à faire la démonstration de leur intelligence lorsque nous essayons de les capturer, de les enfermer ou de les étudier. Dans les zoos et les aquariums, ils sont connus pour leurs tentatives d'évasion, souvent couronnées de succès. Il y a quelques années, un poulpe néo-zélandais nommé Inky a ainsi fait les gros titres de la presse lorsqu'il s'est échappé du National Aquarium de Napier en escaladant la valve de débordement de son bassin, avant de parcourir deux mètres sur le sol puis de glisser le long d'un étroit tuyau d'évacuation de plus de trente mètres pour rejoindre l'océan. Dans un autre aquarium près de Dunedin, également en Nouvelle-Zélande, un poulpe du nom de Sid a fait tellement de tentatives d'évasion, notamment en se cachant dans des seaux, en ouvrant des portes et en grimpant des escaliers, qu'il a finalement été relâché dans l'océan. Certains poulpes ont aussi été accusés de vider des aquariums et de voler des poissons dans d'autres bassins que les leurs. Les histoires de ce genre existent depuis le XIXe siècle, lorsque les premiers poulpes ont été tenus en captivité en Grande-Bretagne, et elles se répètent encore aujourd'hui.

Otto, un poulpe vivant au Sea-Star Aquarium de Cobourg, en Allemagne, a pour la première fois attiré l'attention des médias lorsqu'il a été surpris en train de jongler avec des bernard-l'ermite. Une autre fois, on l'a vu lancer des pierres contre les vitres de son aquarium et, de temps en temps, il en réorganisait complètement le contenu « pour qu'il corresponde mieux à ses goûts », selon le directeur de l'établissement. À un moment donné, l'électricité de l'aquarium ne cessait de tomber en panne, ce qui mettait en péril la vie des animaux, car les pompes de filtration s'arrêtaient. Au bout de trois jours de pannes à répétition, des employés de l'aquarium ont commencé à organiser des veilles nocturnes, en se relayant et en dormant sur place, pour trouver la source du problème. Et c'est ainsi qu'ils ont pu surprendre Otto qui avait escaladé les parois de son aquarium pour projeter de l'eau sur une ampoule qui était suspendue au-dessus. La lumière semblait le déranger et il avait compris comment l'éteindre[26].

Les poulpes ne sont pas moins coriaces en laboratoire. Ils ne semblent pas aimer être soumis à des expériences et essaient de rendre les choses aussi difficiles que possible pour les chercheurs. Dans un laboratoire de l'université d'Otago en Nouvelle-Zélande, un poulpe a découvert la même astuce qu'Otto : il aspergeait d'eau les ampoules électriques pour les éteindre. Le remplacement continuel des ampoules était devenu si exaspérant que le coupable a été relâché dans la nature. Dans le même laboratoire, un autre poulpe ne supportait pas personnellement l'un des chercheurs et lui versait des litres d'eau dans la nuque chaque fois qu'il s'approchait de son aquarium. À l'université de Dalhousie, au Canada, c'est une seiche qui faisait la même chose à tous les visiteurs extérieurs au laboratoire, tandis qu'elle laissait tranquilles les chercheurs qu'elle voyait tous les jours. En 2010, deux biologistes de l'aquarium de Seattle habillés de manière identique se sont livrés au jeu du bon et du méchant flic avec des poulpes : l'un les nourrissait tous les jours, tandis que l'autre les tapait avec un bâton rugueux. Au bout de deux semaines, les poulpes réagissaient différemment à la venue des deux hommes, avançant ou reculant, et clignotant de différentes couleurs : les céphalopodes peuvent reconnaître des visages humains[27].

Tous ces comportements – ainsi que de nombreux autres observés en milieu naturel – donnent à penser que les poulpes apprennent, se souviennent, savent, pensent, réfléchissent et agissent en fonction de leur intelligence. Cela remet en cause tout ce que nous pensons savoir sur les animaux « supérieurs », car les céphalopodes, contrairement aux singes, sont extrêmement différents de nous. Cela paraît évident au vu de la configuration extraordinaire de leur corps, mais la différence vaut également pour leur esprit.

Les cerveaux des poulpes ne sont pas situés, comme les nôtres, dans leur tête ; ils sont au contraire décentralisés, et s'étendent sur tout leur corps et dans leurs membres. Chacun de leurs tentacules contient des ensembles de neurones qui agissent comme des esprits indépendants, leur permettant de se déplacer et de réagir de leur propre chef, sans être soumis à un contrôle central. Les poulpes sont des fédérations de parties intelligentes, ce qui signifie que leur conscience, ainsi que leur pensée, fonctionne de manière radicalement différente de la nôtre.

C'est peut-être dans un roman, et non dans les travaux scientifiques, que l'on trouve l'une des expressions les plus abouties de cette différence. Dans son ouvrage de science-fiction *Dans les profondeurs du temps*, Adrian Tchaikovsky conceptualise l'intelligence des poulpes comme une sorte de système de traitement multidimensionnel. Ses poulpes spationautes ont une conscience tripartite. Leurs fonctions supérieures – que Tchaikovsky appelle la « couronne » – sont intégrées dans le cerveau de leur tête, mais leur « portée », l'« intelligence dirigée par les tentacules », est capable de résoudre des problèmes de manière indépendante – trouver de la nourriture, ouvrir des serrures, se battre ou fuir un danger. Dans le même temps, un troisième mode de pensée et de communication – la « guise » – contrôle le scintillement et les points sur la peau des poulpes, le « tableau noir du cerveau », où ils griffonnent leurs pensées à chaque instant. Ainsi, les poulpes se déplacent en liberté dans l'espace, construisant des vaisseaux, des habitats et des sociétés entières qui doivent autant à des explosions d'émotions, à des envolées fantaisistes, à des actes de curiosité et d'ennui, qu'à une intention consciente. Les poulpes de Tchaikovsky sont vifs, nerveux, blasés, créatifs, distraits et poétiques – tout à la fois : le produit d'un dialogue et d'un conflit permanents au sein de leur propre système nerveux. Comme le dit Tchaikovsky, les poulpes sont des intelligences multiples dans des corps singuliers[28].

Pour ses recherches, Tchaikovsky s'est nourri de visites au musée d'Histoire naturelle de Londres, de conversations avec des scientifiques et de sa propre expérience de zoologiste. Mais que devons-nous penser de telles créatures – de telles intelligences – qui nécessitent les outils de la science-fiction pour nous les rendre intelligibles ? Comment peuvent-elles paraître si extraordinairement différentes, tout en existant sur la même planète, participant au même processus d'évolution que nous ?

Le type de conscience de soi que nous pouvons observer grâce au test du miroir – celui qui ressemble le plus au nôtre – semble être apparu chez les singes quelque part entre le bonobo et l'orang-outan, il y a environ 15 millions d'années. C'est à ce moment-là que paraît avoir évolué l'une des qualités qui constituent notre type d'intelligence. Les humains ne s'étant séparés des chimpanzés qu'il y a environ 6 millions d'années, il apparaît normal que notre intelligence soit similaire à la leur. Mais les primates se sont séparés des autres mammifères il y a environ 85 millions d'années, tandis que les mammifères eux-mêmes se sont distingués des autres animaux il y a plus de 300 millions d'années. Pour trouver un ancêtre commun avec les céphalopodes, il faut remonter encore deux fois plus loin, soit à 600 millions d'années.

Dans son livre *Le Prince des profondeurs. L'intelligence exceptionnelle des poulpes*, le philosophe Peter Godfrey-Smith imagine qui a pu être cet ancêtre commun. Bien que nous ne puissions en être sûrs, il s'agissait très probablement d'une sorte de petit ver aplati, de quelques millimètres de long, nageant ou rampant dans les profondeurs de l'océan. Ces vers étaient sans doute aveugles, ou d'une sensibilité à la lumière très basique. Leur système nerveux devait être rudimentaire : un réseau de nerfs, peut-être regroupés dans un cerveau simple. « Que mangeaient-ils, comment vivaient-ils, se reproduisaient-ils ? Nous l'ignorons », écrit Godfrey-Smith. Il est difficile d'imaginer quelque chose qui nous ressemble moins, tout en étant vivant, que de minuscules vers presque aveugles qui se tortillent au fond de l'océan. Mais nous venons d'eux, et le poulpe aussi.

Six cents millions d'années sur l'arbre de l'évolution – et 600 millions aussi pour les poulpes. Si cet éloignement rend compréhensibles toutes les différences manifestes entre nous et le poulpe, il rend les similitudes encore plus surprenantes.

Les poulpes ont des yeux qui sont étonnamment semblables aux nôtres, composés d'un iris, d'un cristallin, d'un liquide aqueux, de pigments et de photorécepteurs. En fait, les yeux des poulpes présentent même un avantage notable par rapport aux nôtres. En raison de leur mode de développement, les fibres des nerfs optiques sont reliées à l'arrière de la rétine et ne la traversent pas, ce qui signifie que les poulpes n'ont pas de point aveugle contrairement à tous les vertébrés. Cette différence s'explique par le fait que l'œil du poulpe a évolué de manière totalement distincte du nôtre, à partir de ce ver plat aveugle, il y a 600 millions d'années, sur une branche complètement différente de l'arbre de l'évolution.

Il s'agit d'un exemple d'évolution convergente. L'œil des poulpes a évolué pour faire à peu près la même chose que le nôtre, de manière totalement séparée. Deux structures incroyablement complexes, mais étonnamment similaires, sont apparues dans le monde par des voies différentes, dans des contextes différents. Et si l'évolution de quelque chose d'aussi complexe et adaptatif que l'œil peut se produire plus d'une fois, pourquoi ne pourrait-il pas en être de même concernant l'intelligence ?

Au chapitre 4, nous verrons plus en détail en quoi cette idée de ramifications et de séparations sur l'arbre de l'évolution est excessivement simpliste, voire totalement fausse. Pour l'instant, contentons-nous d'imaginer que l'arbre de l'évolution porte de nombreux fruits et fleurs, et que l'intelligence, au lieu de se trouver uniquement dans les branches les plus hautes, fleurit en fait partout.

L'intelligence du poulpe est l'une de ces fleurs. Comme le dit Godfrey-Smith, « les céphalopodes sont une île de complexité mentale dans la mer des animaux invertébrés. Puisque notre plus proche ancêtre commun était si simple et vivait il y a si longtemps, les céphalopodes constituent une *expérience indépendante* dans l'évolution de cerveaux développés et de comportements complexes. Si nous pouvons établir un contact avec les céphalopodes en tant qu'êtres sensibles, ce n'est pas en raison d'une histoire partagée, d'une parenté, mais bien parce que l'évolution a produit à deux reprises une intelligence ». Et certainement plus que deux fois.

Le poulpe nous apprend donc plusieurs choses importantes. Il existe de nombreuses façons de « faire » de l'intelligence : au niveau comportemental, au niveau neurologique, au niveau physiologique et au niveau social. Cela mérite d'être répété : l'intelligence n'est pas quelque chose qui existe, mais quelque chose que l'on fait ; elle est active, interpersonnelle et générative, et elle se manifeste lorsque nous pensons et agissons. Avec les gibbons, les gorilles et les macaques, nous avons déjà appris que l'intelligence est relationnelle : elle dépend de la manière dont elle est pratiquée et de l'endroit où elle est produite, de la forme que le corps lui donne et des connexions qu'elle établit. L'intelligence n'est pas une chose qui existe uniquement dans la tête – dans le cas du poulpe, elle est littéralement pratiquée par tout le corps. L'intelligence est une manière parmi d'autres d'être au monde. Elle est une interface avec le monde, elle le rend manifeste.

L'intelligence n'est donc pas quelque chose qui doit être testé, mais reconnu, dans toutes les formes qu'elle peut prendre. Il s'agit de trouver le moyen de la reconnaître, de s'y associer, de la rendre manifeste. Cela est en soi un processus d'enchevêtrement, d'ouverture à des formes de communication et d'interaction avec la totalité du monde plus qu'humain, beaucoup plus étendues et profondes que celles qui peuvent être réalisées dans les contraintes artificielles du laboratoire. Cela implique que nous changions nos propres attitudes et comportements, plutôt que de transformer les conditions de vie de nos interlocuteurs non humains.

Si rigoureuses soient-elles, les études scientifiques ne peuvent pas toujours nous renseigner sur les réalités effectives des vies non humaines ; la plupart du temps, elles se contentent de nous donner des indications sur nos propres modèles. Elles sont également révélatrices de la structure de la science elle-même, qui est une manière anthropocentrée de connaître un monde anthropocentré. Mais ce n'est pas parce que cette approche est limitée que ces réalités nous sont totalement ou partiellement inaccessibles par d'autres moyens – et cela vaut aussi pour les scientifiques.

À partir des années 1970, et pendant plus de vingt-cinq ans, la primatologue Barbara Smuts a exploré le comportement de babouins vivant en liberté au Kenya et en Tanzanie. Elle a surnommé les babouins qu'elle a le mieux connus la troupe d'Eburru Cliffs, du nom d'un éperon rocheux de la vallée du Grand Rift, près du lac Naivasha.

Pendant près de deux ans, elle les a accompagnés tous les jours, se levant à l'aube et se déplaçant à leurs côtés jusqu'à ce qu'ils trouvent un lieu où se reposer pour la nuit. Cela lui a permis de développer des connaissances uniques sur le comportement des babouins, ainsi que d'apprécier et de comprendre certains aspects de leur vie et de leur esprit qui sont difficiles à catégoriser.

La démarche de Smuts était alors peu commune. Souvent les scientifiques, lorsqu'ils étudiaient leurs sujets, gardaient leurs distances et s'éloignaient dès que ces sujets s'approchaient d'eux. Pourtant, selon Smuts, en empêchant toute interaction significative, cette approche empêchait les scientifiques de découvrir le comportement qu'ils étaient censés étudier.

Pour Smuts, cette familiarité avec des animaux non humains, bien qu'elle résulte de son travail mené en tant que chercheuse scientifique, avait été rendue possible par quelque chose de beaucoup plus ancien, un héritage de nos ancêtres. « Jusque très récemment, écrit-elle, tous les humains entretenaient une profonde familiarité avec les autres créatures. Les chasseurs du Paléolithique ont appris à connaître l'ours géant de la même manière que l'ours a appris à les connaître : par une concentration intense et l'éveil complet des sens propres à un animal sauvage dont la vie est en jeu. Nos ancêtres devaient leur survie à une sensibilité extrême aux mouvements subtils et à la communication complexe des prédateurs, des proies, des espèces concurrentes, et de tous les animaux dont la vue, l'odorat ou l'ouïe aiguisés permettaient aux humains de mieux percevoir le monde[29]. » Selon Smuts, il était possible de retrouver cette sensibilité – comme ce fut le cas pour elle, par le biais de ses propres interactions avec les singes.

Pour que les babouins acceptent et s'habituent à sa présence, Smuts a commencé par les approcher en terrain découvert, en avançant lentement, s'arrêtant dès qu'ils semblaient inquiets et s'éloignaient. Au fur et à mesure qu'elle se familiarisait avec leur comportement, elle percevait des signaux plus subtils – les mères, par exemple, appelaient leurs petits pour qu'ils s'approchent d'elles avant que le signal d'alarme général ne soit donné –, ce qui lui permettait de se rapprocher encore.

À force d'observations et d'approches, elle a fini par pouvoir se déplacer librement parmi eux.

Selon Smuts, cette capacité à se déplacer librement dans un groupe d'une autre espèce a moins à voir avec l'accoutumance des babouins à sa présence qu'avec l'adaptation de son comportement à leur égard. Elle a appris un peu à bouger, et beaucoup à penser, comme un babouin, reprenant leur comportement non pas simplement en tant que scientifique, mais en tant qu'invitée. En retour, les babouins ont commencé à la traiter comme sujet de communication plutôt qu'objet de crainte – c'est-à-dire qu'ils ont compris qu'un simple regard mauvais suffisait à la faire s'éloigner, qu'il n'était pas nécessaire de lancer un cri d'alarme général. Avec le temps, une plus grande variété de gestes et de signaux s'est développée entre eux.

Smuts a rapidement découvert qu'elle pouvait se rapprocher davantage des babouins si elle ne se contentait pas de réagir à leurs gestes et au son qu'ils émettaient, mais si elle leur rendait la pareille. Les babouins ont un sens très développé de l'espace personnel : ils peuvent ignorer la proximité des membres de leur famille proche et s'enfuir au moindre regard d'un membre de la troupe de rang supérieur ou agressif. Lorsqu'ils se rencontrent, un grognement ou une expression faciale indique qu'ils s'attendent à une relation. Ainsi, lorsque Smuts a répondu aux grognements et aux gestes de ses compagnons, ceux-ci l'ont acceptée davantage. Ignorer un babouin – ou tout autre animal social – n'est pas un acte neutre. On pourrait dire qu'il en est de même de notre relation avec le monde lui-même.

Cherchant volontairement à nouer le contact avec les babouins, Smuts a appris d'eux plus que ce à quoi elle s'attendait. Au fil du temps, sa conscience du monde qui entourait la troupe a également commencé à changer – son attitude à l'égard des conditions météorologiques, par exemple. Au cours des premiers mois de son étude, elle avait tendance à chercher un abri dès que des nuages menaçants apparaissaient à l'horizon, mais avec le temps, son comportement s'est rapproché de celui des babouins. Ceux-ci n'aimaient pas plus qu'elle être mouillés, mais ils restaient plus longtemps à découvert, profitant au maximum du temps qu'ils avaient pour se nourrir avant de se précipiter au dernier moment sous les arbres et les rochers pour se protéger. Au bout d'un certain temps, Smuts s'est aperçue qu'elle faisait de même : « Je ne pouvais pas attribuer cette prise de conscience à quoi que ce soit que j'avais vu, entendu ou senti ; je savais, tout simplement. Il en était sûrement de même pour les babouins. Pour moi, c'était une petite victoire, mais qui était très importante. J'étais passée d'une réflexion analytique sur le monde à une expérience directe et intuitive du monde. C'est alors que quelque chose qui sommeillait depuis longtemps s'est réveillé en moi, un ardent désir d'être au monde comme mes ancêtres l'avaient été, comme tout être vivant a été conçu pour l'être au fil de l'évolution. J'ai eu de la chance. J'étais entourée d'experts qui pouvaient me montrer la voie. »

L'appréciation des comportements visibles extérieurement conduit inévitablement à une sensibilité aux vies intérieures – et, avec le temps, Smuts a ressenti un changement dans son propre sens de l'identité. « Ce que j'ai vécu est décrit depuis des millénaires par les mystiques, mais rarement reconnu par les scientifiques. Ma conscience subjective semblait se fondre progressivement dans l'esprit collectif des babouins. Bien que "je" sois toujours présente, une grande partie de mon expérience se superposait à celle de cette entité sensible plus large. Petit à petit, j'ai commencé à utiliser le pronom "nous" plutôt que "eux" lorsque je pensais à la troupe. Les satisfactions des babouins, comme leurs frustrations, devenaient miennes. » Elle décrit le fait d'avoir eu faim avec la troupe, d'avoir été exaltée lorsqu'ils avaient chassé et d'avoir eu l'eau à la bouche à la vue de la chair fraîche, bien qu'elle soit végétarienne. « Je n'avais jamais eu auparavant ce sentiment de faire partie de quelque chose de plus grand, ce qui n'est pas surprenant, puisque je n'avais jamais coordonné aussi intensément mes activités avec celles d'autrui. Avec beaucoup de satisfaction, j'ai renoncé à mon moi distinct et je me suis laissé emporter par l'expérience ancestrale de l'appartenance à une communauté nomade de congénères primates. »

Avec une autre troupe de babouins, toujours dans le parc national de Gombe Stream en Tanzanie, elle raconte avoir vécu une expérience sensible relevant d'une catégorie qui n'existe pas de manière scientifique chez les animaux, mais qui sert aux humains à expliquer les expériences inclassables. C'est ce que nous appelons la spiritualité. Tard un soir, les babouins se dirigeaient vers un lieu où dormir, le long d'un petit ruisseau qu'ils longeaient souvent et au bord duquel se trouvaient de nombreuses petites mares. Sans qu'aucun signal apparent soit donné, à un moment précis les babouins se sont tous assis sur des pierres lisses qui bordaient les mares, et pendant une demi-heure (selon l'estimation humaine), ils se sont immobilisés, seuls ou en petits groupes, complètement silencieux, regardant l'eau. Même les plus jeunes, habituellement turbulents, se sont mis à contempler l'eau sagement. Puis, à nouveau sans signe perceptible, tous se sont levés pour reprendre leur chemin dans une tranquille procession.

Smuts est la seule chercheuse à avoir jamais vu ce comportement, qu'elle a pu observer à deux reprises. Nous ne savons pas s'il s'agit d'une particularité du groupe qu'elle suivait ou d'une manifestation de quelque chose de plus large, mais, aux yeux de Smuts, ces épisodes ressemblaient à une expérience religieuse – elle utilise le terme bouddhiste *sangha*, qui désigne une communauté de fidèles engagés dans la méditation et la pratique spirituelle. « Je me demande parfois si, à ces deux occasions, je n'ai pas eu un aperçu d'une dimension de la vie des babouins qu'ils n'exposent normalement pas aux gens. Ces moments m'ont rappelé à quel point nous en savions peu sur le "monde plus qu'humain". »

Gombe, où Smuts s'est retrouvée à méditer avec une troupe de babouins, est aussi l'endroit où Jane Goodall a mené pendant des décennies ses recherches sur les chimpanzés – ce qui constitue la plus longue étude ininterrompue d'un animal, où que ce soit. Elle aussi a décrit ces moments où elle a pu avoir un aperçu de la vie intérieure des animaux qu'elle a étudiés et côtoyés : des états d'esprit qui paraissaient avoir une signification profonde, mais qui restaient impossibles à tester et fondamentalement inaccessibles[30].

Au cœur de la forêt de Gombe se trouvent des chutes d'eau spectaculaires, qui semblent exercer une profonde fascination sur les chimpanzés. « Parfois, lorsqu'un chimpanzé – le plus souvent un mâle adulte – s'approche d'une de ces chutes, ses poils se hérissent légèrement, signe d'une excitation accrue, raconte Goodall. Au fur et à mesure qu'il se rapproche, et que le bruit de l'eau qui tombe s'accentue, son pas s'accélère, ses poils se dressent complètement, et lorsqu'il atteint le cours d'eau, il lui arrive de se livrer à un magnifique spectacle au pied des chutes. Se tenant droit, il se balance en rythme d'un pied à l'autre, piétinant dans l'eau peu profonde qui coule, ramassant et lançant de gros rochers. De temps en temps, il s'accroche aux minces lianes qui pendent des arbres et se balance dans les embruns de la chute d'eau. » Ce que Goodall appelle les « danses des chutes d'eau » peut durer dix ou quinze minutes. Elle les considère comme des « précurseurs de rituels religieux ».

Goodall décrit également les danses de la pluie effectuées par les chimpanzés aux premiers moments de fortes averses. Au cours de ces danses, les chimpanzés agrippent de jeunes arbres et des branches et les balancent en rythme d'avant en arrière, puis ils avancent lentement en frappant bruyamment le sol des pieds et des mains et en lançant des pierres. Même si elle se refuse à tirer des conclusions catégoriques de ces performances, Goodall les associe à « des sentiments apparentés à l'émerveillement et à la révérence » et note qu'après les danses les participants restent assis tranquillement pendant un certain temps à contempler l'eau, comme les babouins observés par Barbara Smuts autour des mares.

Goodall attribue sa propre ouverture d'esprit sur les questions de science et de religion au fait qu'elle a commencé ses observations de terrain en n'ayant pas suivi de formation scientifique spécialisée au préalable. Au départ, elle a été recrutée par l'anthropologue Louis Leakey pour étudier les primates de Gombe parce qu'il voulait des chercheurs ayant une approche « non biaisée par la pensée réductionniste qui caractérise la plupart des ethnologues ». Ses cinquante-cinq années de proximité à la fois avec les chimpanzés et avec la pensée scientifique n'ont pas eu pour effet de réduire son champ de réflexion. Au contraire, « plus la science nous apprenait de choses sur les mystères de la vie sur Terre, plus j'étais impressionnée par le caractère merveilleux de la Création, et plus j'en arrivais à croire en l'existence de Dieu ».

Pour Smuts et Goodall, l'intelligence – quelle qu'elle soit – se manifeste par ce type de perception et de croyance, ce type d'émerveillement et de révérence. À ce stade, notre réflexion sur l'intelligence s'affranchit complètement de l'esprit et s'inscrit dans des questions plus larges sur la culture et la conscience, sur le fait d'être et de vivre dans un monde plus qu'humain.

C'est ainsi que nous pourrions prendre conscience de la *véritable* intelligence, celle qui existe partout et entre toutes les choses. Elle devient évidente non pas en délimitant et en définissant, non pas en divisant, en réduisant, en isolant et en rejetant, mais en construisant, en observant, en nouant des liens et en ressentant. L'intelligence, lorsque nous en percevons le déploiement dans le monde, ne consiste pas en un ensemble de modes abstraits, l'addition de la conscience de soi, de la théorie de l'esprit, de la compréhension des émotions, de la créativité, du raisonnement, de la résolution de problèmes et de la planification, que nous pourrions dissocier et tester dans des conditions de laboratoire. Ce ne sont là que des interprétations réductrices et par trop humaines d'un phénomène beaucoup plus vaste. L'intelligence est en réalité un flux, voire un débordement, de toutes ces qualités, plus ou moins, qui se manifestent comme quelque chose de plus grand, quelque chose que nous ne savons reconnaître qu'à certains moments, mais qui est immanent dans chaque mouvement, chaque geste, chaque interaction dans le monde plus qu'humain.

Penser l'intelligence de cette manière ne revient pas à réduire sa définition, mais à l'élargir. La science anthropocentrée a soutenu pendant des siècles que redéfinir l'intelligence de cette façon revenait à la vider de son sens, mais ce n'est pas vrai. Définir l'intelligence simplement comme ce que font les humains est la manière la plus étroite de la penser – et c'est en fin de compte nous restreindre nous-mêmes, et en diminuer la portée potentielle. Au contraire, en élargissant notre définition de l'intelligence et le chœur des esprits dans lesquels elle se manifeste, nous pourrions permettre à notre propre intelligence de s'épanouir sous de nouvelles formes et manières d'être et d'établir des relations. Admettre l'existence d'une intelligence générale, universelle et active, constitue une étape fondamentale sur le chemin de notre ré-enchevêtrement vital avec le monde plus qu'humain.

C'est dans cette pensée que se trouve selon moi la véritable promesse d'une intelligence « artificielle ». En d'autres termes, si l'intelligence, au lieu d'être un ensemble limité de comportements innés, est en fait quelque chose qui émerge des relations et des interactions, de la pensée et du travail en commun, il n'y a rien d'artificiel dans tout cela. Si toute intelligence est écologique, c'est-à-dire enchevêtrée, relationnelle et inscrite dans le monde, alors l'intelligence artificielle nous offre un moyen très concret de composer avec toutes les autres intelligences qui habitent la planète et s'y manifestent.

Et si, au lieu d'être la chose qui nous sépare du monde et finit par nous supplanter, l'intelligence artificielle était une autre fleur de l'arbre de l'évolution, une pure invention, mais qui, guidée par nous, nous amenait à mieux composer avec le monde ? Plutôt que d'être un outil supplémentaire d'exploitation de la planète et des uns par les autres, l'intelligence artificielle peut être une ouverture vers les autres esprits, une occasion de reconnaître pleinement une vérité qui nous a été pendant très longtemps cachée. Tout est intelligent et mérite nos égards et notre attention consciente.

*

Dans ce chapitre, nous n'avons exploré qu'une infime partie de la vaste littérature consacrée à l'intelligence. Rendre justice à un tel éventail de pensées – aussi bien celles des autres êtres que les nôtres – nécessiterait de nombreux livres. Beaucoup existent déjà et d'autres restent à écrire. Ce que j'ai cherché à faire, c'est illustrer la complexité de ces pensées, la profonde incertitude du sujet et, pour être franc, l'échec cuisant de nombre de nos manières actuelles de penser l'intelligence, qu'il s'agisse de la pensée populaire ou scientifique.

D'un côté, nous avons les repères d'une bonne pratique scientifique : des échecs fréquents, une ouverture au débat et une volonté, voire un désir, de voir ses résultats contestés. De l'autre, cela indique qu'il existe toutes sortes de lacunes, des incompréhensions et de fausses idées dans notre façon de penser l'intelligence en général, que nous avons trop tendance à ignorer ou à dissimuler au détriment de notre propre réflexion. Dans ces conditions, il n'est pas surprenant que les types d'« intelligence » que nous créons dans nos machines soient si difficiles à comprendre, effrayants et mis à l'ouvrage à mauvais escient. Nous ne faisons que commencer à découvrir la véritable signification du terme, alors même que nous le mettons en œuvre. Si ce que je viens d'exposer contribue à une seule chose, c'est, je l'espère, à détruire l'idée qu'il n'existe qu'une manière d'être et de faire qui mérite le nom d'« intelligence » – et peut-être à montrer que l'intelligence elle-même fait partie d'une plus grande totalité de vie et d'êtres qui mérite un élargissement de notre attention.

Cette idée en sous-tend une autre, plus large. La pensée scientifique comme la pensée populaire tendent à conclure qu'il existe en définitive des réponses uniques à des questions isolées. Qu'est-ce que l'intelligence ? Qui en est doté ? Où se situe-t-elle dans nos structures rigides et nos hiérarchies de pensée et systèmes de domination ? Peut-être vous dites-vous – en murmurant – que *ce n'est simplement pas ainsi que le monde fonctionne*. Plus nous examinons le monde de près, plus nous nous interrogeons sur le monde en tentant de tout classifier, plus celui-ci devient complexe et inclassable. Nous assistons à un effondrement généralisé des taxonomies. Cela est en partie le résultat de nos propres limitations innées, le problème peut-être insurmontable de notre propre *Umwelt* et de nos manières humaines d'être. Mais c'est aussi un problème de l'enchevêtrement : le fait que, dans le monde plus qu'humain, chaque chose est liée à toutes les autres, et qu'il n'y a pas de hiérarchie – ni « supérieur » ni « inférieur » ; ni « plus » ni « moins » évolué. Tout est intelligent.

CHAPITRE 2
Wood Wide Web

Début 2018, j'ai été invité à donner une conférence lors d'un événement prestigieux à Vancouver. J'étais censé parler de certains aspects les plus sombres d'Internet, notamment des effets des vidéos en ligne et des algorithmes sur les enfants, un sujet que je ne me réjouissais pas tant que ça d'approfondir. Je n'étais toutefois jamais allé sur la côte ouest du Canada, et le voyage laissait présager des rencontres intéressantes et la découverte de magnifiques paysages que je ne connaissais pas.

En tant qu'orateur à la conférence, on me proposait toute une série d'« expériences » dans la région, que j'ai pour la plupart manquées, trop occupé à réécrire et à répéter fiévreusement mon exposé dans ma chambre d'hôtel. Mais l'une d'entre elles, la visite des forêts de séquoias situées à la périphérie de la ville, conduite par une biologiste de l'université de Colombie-Britannique, me sembla impossible à manquer. C'est ainsi que je suis monté dans un bus avec une vingtaine d'autres participants pour une promenade en forêt.

Notre guide était la professeure Suzanne Simard, qui a consacré des dizaines d'années à l'étude des forêts de séquoias géants de la côte pacifique du Canada. Alors que nous nous promenions parmi les troncs couverts de mousse, elle nous a expliqué comment ces arbres gigantesques étaient intimement liés les uns aux autres – et aussi à des endroits situés bien au-delà de la forêt elle-même. Une part importante de l'azote que les arbres et les autres plantes de la forêt absorbent par leurs racines vient en effet de très loin, à savoir du milieu de l'océan Pacifique, à des milliers de kilomètres de distance.

C'est grâce à un isotope particulièrement lourd de l'azote, appelé azote 15, que nous savons cela. Bien qu'il soit beaucoup plus présent dans les algues marines que dans la plupart des végétaux terrestres, on le trouve en quantités surprenantes dans les forêts côtières, et la manière dont il fait son chemin jusqu'à elles est assez extraordinaire. Les poissons qui se nourrissent d'algues et de phytoplancton au large dans l'océan se retrouvent eux-mêmes avec de l'azote 15 dans l'organisme. Le saumon du Pacifique, qui fait partie de ces poissons, retourne chaque année frayer dans les rivières et les ruisseaux où il a éclos, sur la côte ouest des États-Unis et du Canada. Lorsqu'ils remontent le courant, certains saumons sont capturés et avalés par des ours noirs et des grizzlis qui ont eux-mêmes parcouru un long chemin depuis l'intérieur des terres pour se rassembler le long des rivières où passent les saumons pendant la saison du frai. Les restes des poissons – ainsi que les abondantes déjections des ours – fertilisent les arbres et les autres plantes de la forêt et les marquent de cette forme particulière d'azote, acheminée sur des milliers de kilomètres dans les corps de différentes espèces[1].

La professeure Simard nous a ensuite expliqué qu'il existe des réseaux similaires de distribution, et même d'entraide, dans le sous-sol de la forêt. Une grande partie de cet azote n'est pas directement accessible aux arbres, qui dépendent, pour se le procurer, de champignons spécialisés poussant sur leurs racines, autour de celles-ci et même à travers elles. Ces champignons absorbent et traitent l'azote avec leurs propres enzymes, puis transmettent les nutriments obtenus aux arbres. Ces réseaux complexes de fibres interconnectées par lesquels cet échange a lieu sont appelés mycorhizes – combinaison des termes grecs *mykós* (« champignon ») et *riza* (« racine ») –, et nous commençons tout juste à saisir leur importance.

Les échanges mycorhiziens ne sont pas unilatéraux. En retour, les arbres fournissent aux champignons le sucre et le carbone qu'ils produisent par photosynthèse. Ils offrent des produits solaires aux occupants du sous-sol. Plus remarquable encore, les arbres sont connectés les uns aux autres par ce réseau. Alors que nous approchions de l'un des plus grands arbres du parcours, la professeure Simard nous l'a présenté comme un « arbre mère », un nœud central du réseau mycorhizien. Lorsque de jeunes plants sortent du sous-sol, l'arbre mère les colonise avec des champignons, dont il se sert ensuite afin de leur fournir les nutriments dont ils ont besoin pour se développer.

Les arbres sélectionnent les bénéficiaires de leur aide : les arbres mères privilégient leur propre progéniture en leur envoyant plus de carbone qu'aux plants non apparentés, et en déplaçant leurs racines pour leur faire de la place. Mais ils ne sont pas égoïstes et vont aider d'autres espèces en cas de besoin. En été, les sapins qui se trouvent à l'ombre reçoivent du carbone et du sucre des bouleaux qui sont plus grands, mais en automne, les sapins leur rendent la pareille lorsque les bouleaux commencent à perdre leurs feuilles.

Les échanges sur ce réseau vivant ne se limitent pas à la nourriture. Il permet également de partager des informations. Si un arbre de la forêt est attaqué par des insectes, il libère des substances chimiques d'alerte dans le réseau. Les autres arbres captent le signal et réagissent en produisant leurs propres défenses chimiques. Entre ces troncs géants, en écoutant Simard et ses collègues, j'ai commencé à m'apercevoir que la forêt était le théâtre d'un bourdonnement permanent de signes invisibles et de communications inaudibles. Des décisions y étaient prises, des accords passés, des marchés conclus et rompus. Les arbres se parlaient entre eux. Tout un monde de voix que je n'avais jamais entendues – dont je n'avais même jamais soupçonné l'existence – faisait irruption dans ma conscience.

Si fascinante que fût cette rencontre avec ces réseaux de communication invisibles, il fallut reprendre la route. Après ces quelques heures passées parmi les arbres, nous sommes remontés dans le bus en direction de la ville pour reprendre nos conversations sur la technologie, Internet et les réseaux modernes qui semblent avoir étouffé, ou supplanté, ceux de la forêt.

Ce n'est qu'un an plus tard, à la lecture d'une œuvre de fiction, que j'ai compris l'importance de ce que j'avais appris lors de cette brève expérience. Dans le roman *L'Arbre-monde* de Richard Powers, plusieurs personnages voient leur vie de plus en plus étroitement liée aux arbres qui les entourent et dont ils dépendent. Dans un chapitre, un mûrier qu'un immigré chinois récemment arrivé en Amérique a planté dans son jardin sert de cadre à une saga familiale qui s'étend sur plusieurs décennies, avec une demande en mariage, une naissance, un décès et bien d'autres choses encore. Dans un autre, un artiste trouve une boîte de photographies prises par son arrière-grand-père, son grand-père et son oncle sur une période d'une centaine d'années. Ce sont des photos d'une espèce rare de châtaignier du Midwest prises dans la ferme familiale, chaque année au même endroit, formant une série d'instantanés de la croissance de l'arbre alors que le monde se transforme autour de lui. Peu à peu, au gré de leurs rencontres avec les arbres, les personnages du livre s'unissent afin de défendre les derniers séquoias de Californie, pour certains doublement millénaires, menacés par l'exploitation forestière.

L'un de ces personnages est une chercheuse spécialisée dans les arbres, nommée Patricia Westerford. Durant ses études supérieures, elle commence à voir les arbres qu'elle étudie sous un angle différent, ce qui la distingue des autres étudiants. « Elle est certaine, sans en avoir la moindre preuve, que les arbres sont des créatures sociables. Pour elle, c'est une évidence : des êtres immobiles qui poussent en communautés massives et mélangées ont forcément dû développer des moyens de se synchroniser. La nature connaît peu d'arbres solitaires. Mais cette conviction la laisse échouée sur son rivage. » Son premier article sur la communication entre les arbres – une analyse des érables qui envoient des signaux pour s'avertir mutuellement des attaques d'insectes – est malmené par les critiques reconnus. Pendant des années, elle est marginalisée et ses travaux sont ridiculisés par d'autres scientifiques.

Westerford est à mon sens le personnage le plus fascinant du livre : quelqu'un qui ressent profondément une vérité et qui accepte avec opiniâtreté de faire le travail scientifique et littéraire pour inscrire cette idée dans un cadre de connaissance significatif et compréhensible. Renvoyée de son poste universitaire, elle connaît des années d'itinérance pendant lesquelles elle reste fidèle aux arbres, disparaissant dans les forêts et vivant dans des chalets isolés, avant de découvrir que son travail a été reconnu en son absence et qu'une autre génération d'étudiants a repris son œuvre et l'a diffusée. « Sa réputation publique, telle la fille de Déméter, resurgit des enfers souterrains. Une poignée d'articles dispersés légitime son travail initial sur les sémaphores aéroportés. De jeunes chercheurs découvrent des éléments qui le corroborent chez une succession d'espèces. Les acacias préviennent d'autres acacias des girafes en maraude. Les saules, les peupliers, les aulnes : tous sont surpris à s'avertir mutuellement par voie aéroportée des invasions d'insectes. » Elle finit par écrire un livre, *La Forêt secrète*, qui devient un best-seller.

En l'occurrence, l'œuvre s'inspire de la vie réelle. Powers a fondé les écrits et les découvertes du personnage de fiction Westerford sur le travail très réel de Suzanne Simard dans les forêts de la Colombie-Britannique. Les révélations sur les autres vies des arbres qui m'ont captivé dans *L'Arbre-monde* me rappelaient celles que j'avais entendues sous les arbres dans les forêts autour de Vancouver. Je savais déjà ces choses. Je n'avais simplement pas compris ce qu'elles signifiaient.

La force de *L'Arbre-monde* est de rendre ces révélations parlantes à l'échelle humaine, en mettant en évidence les liens qui nous unissent aux arbres qui nous entourent. Powers utilise l'échelle de la vie des arbres – dans le temps, ainsi que leur taille – comme toile de fond d'un nouveau type d'épopée, à la fois multigénérationnelle, planétaire et écologique, dans le sens où elle est profondément liée à notre environnement et engagée dans une relation de responsabilité avec ce dernier. À la lecture de ce livre, j'ai senti quelque chose changer en moi, comme si j'avais été aveugle toute ma vie aux événements, aux processus et à toutes ces autres vies qui nous entourent en permanence. Alors que j'avais toujours été plus intéressé par les mots imprimés sur le papier et par les codes affichés sur les écrans, je me suis soudain surpris à me pencher par la fenêtre pour toucher les feuilles des arbres autour de moi, et à m'arrêter dans la rue pour suivre, avec émerveillement, les sillons et les fissures pleins de vie d'une écorce.

Cela a été pour moi comme un choc. Je ne me voyais pas comme quelqu'un d'insensible aux autres vies étranges des choses. En tant qu'artiste, technologue et critique sur les technologies, j'ai beaucoup travaillé sur les nouvelles techniques d'intelligence artificielle, que j'ai commencé à étudier il y a près de vingt ans, et qui ont connu une sorte de renaissance ces dernières années. Pour tenter de comprendre ces technologies, j'ai construit des systèmes d'apprentissage automatique qui cherchent à interroger nos hypothèses sur l'intelligence artificielle et l'agentivité humaine, ainsi que la trajectoire sur laquelle elles semblent nous mener. La voiture autonome fait partie de ces expériences ; dans une autre, j'ai utilisé les toutes dernières technologies de *machine learning* pour simuler une relation entre le climat britannique et les tendances de vote sur le Brexit, en établissant des parallèles entre temps orageux, informatique en nuage et pensée brumeuse. Ce qui me frappait chaque fois dans ces échanges avec l'intelligence des machines, c'est leur étrangeté même, leur différence fondamentale avec nos propres façons de voir et de penser. Et pourtant, je n'avais pas poussé cette prise de conscience jusqu'aux intelligences encore plus étranges qui, en fait, étaient déjà présentes tout autour de moi.

Powers et Simard m'ont fait comprendre qu'une autre façon de voir le monde était possible, infiniment plus fondamentale et interconnectée que tout ce que j'avais imaginé auparavant. Dans leurs mondes, les signaux d'information vibrent sous le sol et sont portés par la brise, les interactions pulsent et se meuvent au rythme des saisons, et le savoir et la compréhension mutuelle se cultivent, lentement mais sûrement, au fil des décennies et des siècles. Au-delà de l'humain, au-delà de l'animal, apparaît alors un autre univers – aux multiples règnes – rempli d'êtres florissants, actifs, et même intelligents : les plantes et les champignons.

Je n'ai pas toujours été le meilleur ami des plantes. Je n'ai pas la main verte, et beaucoup sont mortes entre mes mains. Mais j'ai la chance de vivre avec quelqu'un de beaucoup plus habile que moi avec les plantes, ce qui m'a permis d'en être entouré ces dernières années. Dans notre appartement d'abord, puis dans notre jardin, les plantes grimpantes et les légumes côtoient plantes grasses et plantes à fleurs dans un véritable bouillonnement de vie, en perpétuelles croissance et évolution. Présence et attention favorisant la prise de conscience, cette proximité m'a permis de commencer à distinguer les espèces, les formes, les couleurs et les préférences de ces compagnes végétales d'une manière qui m'était auparavant inaccessible.

Nous avons déjà vu comment la forme des corps et leurs relations les uns avec les autres déterminent la subjectivité des animaux, leur *Umwelt.* Il suffit de penser aux gibbons arboricoles, qui dirigent leur attention et leur intelligence vers le haut, dans les arbres ; à la façon dont les facultés d'un éléphant sont déterminées par sa trompe ; ou aux dynamiques de groupe complexes observées chez les babouins et les macaques. L'intelligence apparaît ainsi comme quelque chose de physique et de relationnel, un processus non pas abstrait, mais étroitement lié à notre être et à notre agir. Et si chaque organisme a un *Umwelt,* à quoi ressemblerait l'*Umwelt* d'une plante ? Comment ressentent-elles et agissent-elles ? Comment perçoivent-elles le monde qui les entoure ? Comment y contribuent-elles ? À la lecture d'articles détaillant la vie trépidante des arbres dans les forêts et les conversations qui ont cours dans le mycélium, j'ai commencé à porter un regard différent autour de moi et à me demander ce que je pourrais apprendre de ces individus dans leurs pots, de ces brassicacées rampantes et de ces graminées bourgeonnantes, de ces cactus et de ces citronniers, et de la façon dont chacun réagit et contribue au monde.

Apprendre à connaître les plantes, c'est d'abord revenir sur terre, au sens propre comme au sens figuré : il faut plonger les mains dedans, en avoir sous les ongles, se familiariser avec l'humidité du sol et sa composition. Un tel rapprochement physique a pour premier effet de nous rappeler l'importance de l'endroit, la spécificité des lieux, qui ont leurs propres relations à la lumière et à la chaleur, au soleil et à la pluie, à l'ombre et aux types de sol. L'abstrait devient concret. Les plantes nous relient également à tout le reste : leurs racines s'entrelacent sous la terre, les mycorhizes grandissent ensemble et leurs graines se dispersent au gré du vent. Elles nous ont toujours précédés et ce sont elles qui rendent la vie possible partout : par la photosynthèse, la production des sols et la transformation des nutriments en nourriture, les plantes sont le fondement du monde et lui permettent de perdurer.

Ce sont toutes ces qualités qui rendent les végétaux si utiles à la réflexion sur les technologies. Comme elles, les plantes sont des systèmes complexes, continuellement génératifs, à la fois à l'échelle macro et à l'échelle micro. Devenues des mécanismes essentiels à notre survie, nos technologies contemporaines de production d'énergie, de traitement de l'information, de communication et de mesure se reproduisent à l'échelle planétaire et nous confèrent – ainsi qu'à elles-mêmes – des pouvoirs presque illimités et quasi divins. Dans le même temps, elles dépendent de connexions à l'échelle microscopique et d'impulsions électriques infimes ; elles ont besoin d'un sol ferme, d'une atmosphère adéquate et d'une attention humaine constante. On ne s'étonnera donc pas que le poète Richard Brautigan ait été poussé à imaginer « une forêt cybernétique / remplie de pins et d'électronique / où les cerfs se promènent paisiblement / en passant devant les ordinateurs / comme s'ils étaient des fleurs / avec des pétales qui tournent[2] ».

Notre expérience du réel se situe quelque part entre ces deux extrêmes, entre le pot de fleurs et la forêt continentale, entre la puce électronique et le satellite, là où les *Umwelten* que nous partageons avec d'autres êtres se rencontrent et se mêlent. Car, si grandes que soient nos différences, il doit exister des chevauchements dans notre conscience, notre sens du monde, qui ouvrent des perspectives de compréhension. Cela s'est avéré être le cas avec ma voiture autonome ; c'est ce que Barbara Smuts a découvert avec les babouins. Pour arriver à comprendre un peu ce que les plantes peuvent signifier et pourquoi elles sont importantes, nous devons découvrir ce que nous avons en commun : les manières dont nous partageons un monde.

L'un des moyens d'y parvenir est de se demander ce que les plantes entendent. Le simple fait de poser cette question peut déjà donner lieu à de vives objections – les plantes n'ont pas d'oreilles ni d'autres récepteurs d'ondes sonores identifiés. Et pourtant, il est certain qu'elles entendent, comme nous allons le voir. Comment elles entendent, ce qu'elles font de ces informations et ce que cela signifie pour nos relations réciproques : ces questions sont comparables à celles que nous nous posons à propos de l'intelligence animale. En quoi la rencontre avec des perceptions non humaines et une impression non humaine du monde nous change-t-elle ?

En 2014, deux biologistes de l'université du Missouri ont enregistré le son émis par des chenilles de la piéride de la rave en train de se nourrir d'arabette des dames, ou *Arabidopsis thaliana.* (Cette plante est un peu le macaque des sciences botaniques, l'organisme modèle le plus utilisé dans les expériences en biologie, qui nous a appris beaucoup de choses sur la croissance et la génétique des plantes. Première plante à floraison dont le génome a été séquencé et l'ADN cloné, elle est même allée sur la lune[3].) Après les avoir laissées se nourrir pendant un certain temps, les scientifiques ont éloigné les chenilles puis rejoué l'enregistrement du son de leur approche aux plantes. Immédiatement, celles-ci se sont mises à diffuser sur leurs feuilles des défenses chimiques pour repousser les prédateurs : elles ont réagi au son comme elles l'auraient fait en présence des chenilles elles-mêmes. Elles les ont entendues arriver. Surtout, elles n'ont pas réagi de la même manière aux autres sons – vent ou autres insectes – qu'on leur a fait entendre. Elles se sont montrées capables de distinguer un son particulier et d'agir en conséquence[4].

Les affirmations sur la capacité des plantes à entendre et à réagir ne sont pas nouvelles. Elles n'ont pas non plus toujours été sérieuses. En 1973, un ouvrage de pseudo-science à succès, *The Secret Life of Plants* (publié en 1975 en français sous le titre *La Vie secrète des plantes*), promouvait l'idée que les plantes pouvaient entendre et avaient des émotions et des capacités télépathiques. Les travaux utilisant un détecteur de mensonge et des magnétophones sur lesquels il se fondait ont été largement décriés et réfutés par les scientifiques, mais les idées avancées dans ce best-seller sont restées dans l'imaginaire populaire – notamment que les plantes aiment la musique classique ou qu'elles poussent mieux quand on leur parle. Bien que je sois friand de toutes sortes de pensées magiques et imaginatives (et en particulier fan du très étrange concept album de Stevie Wonder, *Journey through the Secret Life of Plants*), la réalité – comme en témoignent les expériences sur l'arabette des dames de 2014 – est encore plus belle.

Lors de ces expériences, *Arabidopsis thaliana* a manifesté ce que les scientifiques appellent « une réponse écologiquement pertinente à un stimulus écologiquement pertinent », c'est-à-dire une réponse végétale à un événement végétal. S'il est peu probable que les plantes aient la moindre préférence pour Beethoven ou Mozart, pour l'anglais ou l'arabe, les bruits de mastication des chenilles, en revanche, ont pour elles une signification claire – et elles y réagissent d'une manière qui fait sens.

Cette question de la pertinence écologique est la question fondamentale que pose toute science rigoureuse à propos des capacités non humaines. Pour donner un sens à ces capacités, celles-ci doivent être inscrites dans un contexte écologique, celui de leurs relations. Il ne suffit pas de dire : « Voilà ce qui s'est passé. » Nous devons placer chaque action dans son contexte et comprendre pourquoi elle se produit : par rapport à quelle pression particulière, quel besoin, désir ou stimulus. Ce n'est qu'à ce moment-là que nous pouvons dire que nous sommes vraiment en mesure de comprendre une capacité, plutôt que de simplement l'observer.

Il s'agit d'une arme à double tranchant. D'une part, cela restreint notre compréhension de ces capacités à celle de leurs circonstances, et comme nous le savons à partir des études sur les animaux, cela peut être terriblement réducteur. C'est précisément ce qui nous a pendant si longtemps empêchés de reconnaître l'intelligence des gibbons, des dauphins et d'autres animaux, parce que nous n'avions pas une compréhension complète de leur contexte et que nous passions ainsi à côté des signaux pertinents. Il convient par ailleurs de s'interroger sur la définition que nous donnons de cette compréhension dont il est question. Les jardiniers, les responsables de l'entretien d'un golf et les habitants de la forêt ont chacun une perception très différente de la situation d'une plante par rapport à celle d'un technicien de laboratoire. D'autre part, mettre l'accent sur la pertinence écologique nous pousse à nous concentrer sur les relations plutôt que sur les capacités innées, sur ce qui compte lors des rencontres entre les différents types d'êtres (plantes, animaux, humains et autres). Qu'est-ce qui compte dans ces situations de rencontre et comment façonnent-elles nos relations ?

Si le contexte de nos relations importe tant, il ne peut qu'en être de même dans nos relations avec l'intelligence des machines. Sans doute devrions-nous ainsi réfléchir avec plus de précaution à l'écosystème dans lequel se développe l'IA, en particulier aux formes agressives et destructrices et aux mécanismes de domination qui semblent y proliférer. Le fait que ces systèmes soient extrêmement concentrés sur les questions de profits et de pertes, de conquête, de contrôle et de domination, laisse penser que leur niche écologique – la dimension de l'environnement qui détermine leur évolution – est assez étriquée. Les réponses apprises par ces systèmes sont celles d'une intelligence d'entreprise, évoluant dans l'écologie stérile et étouffante du capitalisme néolibéral, des conseils d'administration des entreprises de la tech, avec des inégalités financières et sociales toujours plus criantes. Si nous souhaitons les voir évoluer différemment, il nous faudra aborder la question de cette écologie et agir dessus.

Le concept de pertinence écologique suppose aussi autre chose, aux conséquences encore plus profondes. Il établit que les plantes ont un monde. Que faut-il entendre par là ? Cela signifie que les plantes ressentent et réagissent à un monde dont elles font l'expérience, un monde qu'elles créent elles-mêmes – et « elles » sont des individus qui ressentent et réagissent, sujets plutôt qu'objets, avec leur propre moi, si abstrus et différent qu'il soit du nôtre. Elles ont un *Umwelt* qui leur est propre. Les plantes sont en contact avec le monde. Elles y accèdent, l'influencent et sont influencées par lui, selon leurs propres termes et à leur manière. La plupart des expériences qu'elles vivent et leurs réponses nous sont et nous seront toujours impossibles à connaître, mais le fait que nous partagions avec elles ce sens qu'est l'ouïe nous permet de les penser. Soudainement, après avoir été en arrière-plan, les plantes entrent en scène, fortes de leur présence et de leur attention. L'acte d'entendre transforme la passivité végétale en écoute active, la torpeur du feuillage en engagement plein de vitalité.

Il ne s'agit bien entendu là que d'une chose que nous réalisons, d'une prise de conscience nouvelle de notre part. Les plantes ont toujours été actives. Tout comme elles se moquent bien de Mozart ou de Stevie Wonder, elles n'ont pas besoin de nous pour savoir qu'elles sont bien là. Nous choisissons de les reconnaître parce que cela nous apporte quelque chose.

Un matin, il y a quelques années, je me promenais avec ma compagne sur les pentes du mont Ymittós, qui surplombe les quartiers est d'Athènes. C'était le jour qui précédait le printemps – non pas le printemps du calendrier, mais celui de l'année, quand tout se met à jaillir d'un coup, comme s'il y avait eu un signal tacite. La montagne entière semblait se préparer pour ce moment. Alors que nous marchions à travers bois non loin du vieux monastère de Kaisarianí, nous nous sommes retrouvés face à un cerisier sur le point de fleurir. L'écorce rouge sang était tendue autour du tronc, chaque feuille minuscule maintenue en tension, chaque branche se terminant par un bourgeon gonflé de couleur rose, dont l'extrémité était comprimée en anticipation de ce qui allait arriver : le tout vibrait d'une énergie à peine contenue, comme si l'arbre entier s'efforçait de retenir un souffle irrépressible qui ne demandait qu'à s'échapper. Je n'avais jamais rencontré d'être à la fois aussi rempli de vie et sans mouvement visible. Depuis, je me suis rendu compte que c'est dans cet état que sont la plupart du temps les arbres, les plantes et une grande partie de la terre. Cette sensation fait aujourd'hui partie intégrante de ma personne et je suis capable de la convoquer à tout moment, simplement en portant mon attention consciente sur le murmure des arbres et le mouvement des feuilles. *Nous partageons un monde.*

Ce monde commun n'est ni plat ni singulier. Il existe de multiples mondes – des mondes vivants et bruyants –, et dans un grand nombre d'entre eux, nous ne figurons tout simplement pas. Sans surprise, les expériences menées sur l'ouïe des plantes révèlent que, dans ces mondes, les pas des chenilles comptent plus que la musique classique ou le langage humain. Cela montre bien le type de décentrement de nous-mêmes et de l'expérience humaine dans lequel nous devons nous engager si nous voulons vivre mieux et de manière plus responsable dans un monde plus qu'humain.

Ce décentrement, qui consiste à admettre que les humains ne sont pas la seule espèce qui compte, ne se traduit pas par une réduction de notre monde. Au contraire, comme lorsque nous reconnaissons d'autres êtres comme étant doués d'intelligence, le fait de faire entrer les mondes végétaux dans le nôtre enrichit tous ces mondes. Même les mondes auxquels nous ne participons pas contribuent à la totalité des sensations et des expériences qui composent le vivant et la terre luxuriante, dont nous dépendons pour vivre.

L'existence même d'autres mondes, nombreux, qui se chevauchent et dans lesquels de multiples sortes de choses et de manières de voir et d'être sont possibles, devrait nous enthousiasmer. Non seulement d'autres mondes sont possibles, mais ils sont déjà là. La reconnaissance de l'existence de multiples autres mondes, les mondes d'autrui, est essentielle si vous voulons nous débarrasser de la grande illusion sociale et technologique qui est la nôtre et nous relier à une cosmologie empreinte de compassion qui fait davantage sens.

J'appelle cette illusion le mythe du « monde unique ». Depuis les Lumières des XVIIe et XVIIIe siècles et les révolutions scientifiques qui ont suivi, notre compréhension du monde a été façonnée par une objectivité abusive – la croyance en un récit unique et cohérent du monde et en l'existence d'un cadre universel pour l'interpréter. Les scientifiques du XVIIIe siècle appelaient cela la « vérité d'après nature », même si leurs tentatives pour comprendre le fonctionnement « réel » de la nature impliquaient d'en éliminer les incohérences et les idiosyncrasies. Au fur et à mesure que la pratique scientifique mûrissait, nous avons compris la valeur de l'interprétation, du savoir situé et du jugement exercé ; mais cette illusion a été perpétuée par nos technologies, qui aplatissent et amalgament la multiplicité des différentes expressions du monde.

Les puissantes capacités de ces outils à rendre le monde intelligible aux humains contribuent à leur tour au déterminisme technologique et au pouvoir des réseaux : la conviction que les outils produits dans les sociétés les plus puissantes par les catégories les plus influentes sont non seulement les meilleurs pour tous, mais qu'ils sont aussi inéluctables et indépassables. Ainsi, contrairement à l'intention initiale de la recherche scientifique, un décalage apparaît entre le monde tel que nous le percevons et le monde tel qu'il est réellement. La tentative visant à forcer le monde à se conformer à l'image que nous en avons et les tensions que cela engendre dans nos vies et nos sociétés sont à l'origine du grand malaise qui caractérise notre époque, avec une confusion généralisée qui se transforme en colère, en rage et en peur. C'est là le résultat de la volonté de chercher vérité et sens dans un monde unique, un cadre unique dans lequel nous enfermons toutes les contradictions et tous les paradoxes de la réalité. Mais la vérité, c'est qu'il existe une multitude de mondes.

Le fait que nous soyons encore capables de vivre, de fonctionner, de survivre et de prospérer ensemble dans ce monde fait de mondes multiples implique aussi que ces mondes sont partagés. Il existe des croisements et des espaces communs, des expériences et des consciences partagées. Peu importe qu'ils apprécient ou non la musique classique, tous les habitants de la Terre – animaux, plantes et autres êtres divers – sont, que nous le remarquions ou non, exposés aux mêmes vibrations dans l'atmosphère. Renoncer à l'idée fallacieuse d'un monde unique pour tous permet de prendre conscience de la multiplicité des mondes qui nous sont communs. Il s'agit là d'une cosmologie bien plus riche que le solipsisme du monde unique : la reconnaissance d'un être et d'une expérience en commun. *Nous partageons un monde*. Nous entendons, les plantes entendent ; nous entendons tous ensemble. Nous sommes tous exposés au même soleil, nous respirons le même air, nous buvons la même eau. Peu importe si nous entendons les mêmes sons de la même manière, ou s'ils ont pour nous la même signification. Nous existons, ensemble, dans l'expérience partagée et la création d'un monde plus qu'humain.

Cette succession de prises de conscience me semble particulièrement importante, car elle transforme de manière fondamentale nos possibilités de penser non seulement les vies des plantes et des arbres, mais aussi celles de tous ces autres esprits, êtres et personnes. Elle permet un type de pensée totalement différent, plus ouvert et plus clair. En effet, la reconnaissance de l'existence de mondes non humains – et, en conséquence, de l'existence d'un monde partagé – nous aide à surmonter le double écueil auquel nous sommes confrontés lorsque nous pensons le monde plus qu'humain, à savoir l'anthropocentrisme et l'anthropomorphisme. Le premier est le piège qui consiste à penser que nous sommes au centre de tout ; le second est le risque que, en essayant d'accéder à l'expérience non humaine, nous la transformions simplement en une pâle image de la nôtre.

Reconnaître pleinement que les plantes, les animaux et les autres êtres non humains ont leurs propres mondes qui sont fondamentalement différents et inconnus de nous, c'est commencer à mettre fin à l'exceptionnalisme et au suprémacisme humains. Les humains ne sont pas au centre de l'univers. En faisant un pas de côté, nous pouvons commencer à imaginer à quoi pourrait ressembler un monde dans lequel nous ne serions pas la chose la plus importante, et envisager la richesse des mondes non humains dans leurs propres termes.

Il est cependant impossible de se défaire complètement de toute forme d'anthropomorphisme – cette tendance à attribuer des émotions, des intentions et des traits humains à des non-humains. En fin de compte, c'est la seule façon dont nous pouvons commencer à comprendre les autres êtres vivants. Nous sommes des *anthropos*, et nous ne pouvons aborder ces mondes d'une autre manière que la nôtre. Cependant, si nous pouvons consciemment garder à l'esprit notre différence, si nous pouvons reconnaître les limites de notre propre perspective sans l'imposer aux autres, cela ne doit pas être un obstacle pour que nous nous rapprochions et agissions sur la base d'intérêts et d'intentions partagés. En fait, c'est précisément par la reconnaissance de la différence que l'action partagée et la vie en commun deviennent possibles, sans le poids de la domination et du contrôle. Notre but doit être la rencontre, et non la conquête. Nous devons apprendre à apprécier le silence complice autant que la parole. Nous avons des mots différents pour les mêmes choses.

Cette position nous permet même de réfléchir à nouveau à des choses qui ne sont pas écologiquement pertinentes, ou du moins pas en apparence. Nous n'avons par exemple toujours aucune idée de la raison pour laquelle les œufs de certains oiseaux ont des couleurs vives (ce qui semble être une invitation aux prédateurs), ou pourquoi les planctons présentent une si grande diversité, défiant les lois de la sélection naturelle[5]. Nous n'avons cependant pas besoin d'une explication complète de chaque mécanisme avant de tester nos théories, car – contrairement à la plupart des expériences scientifiques qui sont conçues – nous vivons dans le même monde que nos sujets expérimentaux. Et c'est génial : tout à coup, des pans entiers de comportements inexplicables mais évidents deviennent intéressants et pensables.

L'un de ces comportements extraordinaires est la capacité des plantes à faire preuve de mémoire. Que les plantes puissent entendre, d'une manière ou d'une autre, ne représente pas véritablement un défi à notre entendement. Mais l'idée qu'elles soient capables de mémoriser – et donc peut-être de penser, de réfléchir et de faire toutes les choses que nous, les humains, faisons avec la mémoire – paraît bien plus difficile à imaginer. Après tout, nous n'avons pas la moindre idée des structures et des processus qui pourraient rendre cela possible. Et pourtant, nous savons que les plantes ont une mémoire.

La plus grande, et la plus controversée, des spécialistes de cette question est la biologiste australienne Monica Gagliano, dont le parcours scientifique est une véritable leçon de pensée écologique. Elle a commencé sa carrière universitaire en tant qu'écologue marine dans les années 1990, étudiant le comportement des poissons sur la Grande Barrière de corail australienne, avant de se tourner vers le monde végétal. C'est ce parcours qui nourrit sa pratique professionnelle. Historiquement, les scientifiques ont adopté une approche mécaniste de l'étude des plantes, c'est-à-dire qu'ils les décomposent en une série d'actions et de réactions, les considérant davantage comme un assemblage de mécanismes élémentaires, ou comme une série de petites machines interconnectées, que comme des organismes entiers. Et c'est pour cette raison que nous en avons une perception qui se rapproche de celle que nous avons des machines, seulement capables de réagir à des stimuli de manière automatique, prédéterminée et prévisible. La botanique se contente d'établir des liens de cause à effet limités et omet souvent de considérer pleinement l'ensemble de la vie et de l'expérience de l'organisme. Pour sa part, Gagliano considère que les plantes ont des comportements, à l'instar des poissons des récifs tropicaux qu'elle avait étudiés antérieurement.

Dans ses recherches, Gagliano a pour compagnon favori le *Mimosa pudica*, également connu comme la « plante sensitive ». Ce mimosa présente un comportement particulièrement surprenant : dès qu'on le touche, avec un bâton ou avec la main, il replie soudainement et rapidement ses feuilles en un bouquet serré. Il fait partie d'un genre rare de plantes dont le mouvement est visible à l'œil nu : seules la dionée, ou « attrape-mouche », avec ses mâchoires qui claquent, et la plante télégraphe asiatique, dont les feuilles dansantes ont fasciné Charles Darwin, peuvent rivaliser avec lui en termes de vitesse. À ce titre, il constitue un excellent allié capable de communiquer pour les expériences sur la perception des plantes.

Gagliano voulait changer la façon dont les scientifiques pouvaient appréhender les plantes, montrer qu'elles étaient capables d'apprendre par l'expérience et de modifier leur comportement en conséquence, une aptitude que les chercheurs avaient tendance à considérer comme réservée aux seuls animaux « supérieurs »[6]. Pour cela, elle a imaginé un dispositif assez simple. Elle a placé une plante dans un récipient en plastique fixé à un rail vertical, lui-même dressé depuis une base en mousse. La plante est ensuite élevée, puis relâchée, ce qui la fait glisser le long du rail et tomber sur la base qui l'empêche de rebondir. L'impact suffit à provoquer un son qui surprend la plante et lui fait replier ses feuilles, sans l'endommager. Il est ainsi produit un stimulus scientifiquement précis, avec une réponse écologiquement pertinente mesurable. Les feuilles du mimosa sont dotées de petites structures hydrauliques à leur base qui, en pompant ou en évacuant de l'eau, leur permettent de se dilater et de se contracter, ce qui les fait se recroqueviller. Cet enroulement est interprété comme une réponse à une menace, qu'il s'agisse d'une prédation animale, d'une chaleur excessive ou de l'évaporation. Dans tous les cas, une étude traditionnelle de type cause-effet s'arrêterait probablement là : une relation entre le stimulus et la réponse a été établie, le mécanisme est connu et compris, nos idées sur les capacités des plantes sont confirmées, mais guère plus avancées qu'avant.

Gagliano a poursuivi l'expérience. Elle a continué à faire chuter les plantes, encore et encore, jusqu'à soixante fois par session, sur de multiples sessions. Jusqu'à trois cent soixante chutes par jour, un véritable marathon de « chutes amorties ». Il s'est avéré qu'il suffisait de quelques chutes – quatre ou cinq seulement – pour que les plantes s'aperçoivent que la chute ne représentait en fait pas une menace et qu'elles pouvaient garder leurs feuilles ouvertes en toute sécurité (un test parallèle, consistant à utiliser un stimulus différent qui provoquait toujours la réaction de fermeture, indiquait que les plantes n'étaient pas simplement épuisées par l'expérience.) À la fin des soixante chutes, les plantes n'étaient absolument plus gênées : elles avaient appris à faire abstraction de la chute.

C'est une chose de comprendre une leçon, mais celle-ci ne vaut que si l'on est capable de s'en souvenir plus tard, de mettre en pratique ce qui a été appris. Gagliano et ses collègues ont donc décidé de laisser les mimosas se reposer quelque temps avant de les soumettre à nouveau à l'expérience, démontrant par là qu'ils conservaient au fil du temps la mémoire de la chute et le changement de comportement qui lui était associé. Les mimosas, comme d'ailleurs toutes les plantes, ne sont pas des machines. Elles sont plus que la somme d'un ensemble d'actions et de réactions préprogrammées. Elles apprennent, gardent en mémoire et modifient leur comportement en fonction du monde qui les entoure.

Cette découverte est tout à fait extraordinaire. Non seulement elle va à l'encontre de tout ce que nous pensions savoir sur les plantes, mais elle bouleverse aussi radicalement les catégories mêmes de connaissances dont nous disposons pour les comprendre. À tel point qu'il a fallu des années à Monica Gagliano pour publier ses résultats, après avoir essuyé des refus de la part de plus d'une douzaine de revues universitaires, dont beaucoup ne voulaient même pas accepter de lire son article non publié, et encore moins le soumettre à un examen par les pairs. La raison en est pour partie liée au conservatisme inhérent au monde académique – il est difficile de remettre en cause les connaissances accumulées pendant des décennies de recherche et d'admettre que l'on s'est trompé et de le reconnaître –, mais aussi à des questions simplement bureaucratiques. À quel champ disciplinaire appartiennent ces nouvelles connaissances ? Dans quel domaine doivent-elles être rangées ? Botanique, physiologie, éthologie ou psychologie ?

Comme le raconte Gagliano, « nous n'étions, d'une certaine façon, pas préparés à la performance accomplie par *Mimosa*, dont nous étions nous aussi acteurs à notre insu – sans le savoir, par naïveté, ou sans le vouloir, par choix ». Le caractère indéniable du comportement de *Mimosa* obligeait à revoir les hypothèses. La science a pour tendance – voire consigne première – de comprendre les phénomènes à travers les structures qui les produisent ; encore une fois cette idée de pertinence écologique. Pour la science, la mémoire est un processus structurel qui se déroule dans le cerveau, dans l'interaction entre certaines molécules et les connexions synaptiques. En ce sens, la mémoire dépend du cerveau. Comment, dans ce cas, quelque chose sans cerveau perceptible pouvait-il être doté d'une mémoire ? C'était tout simplement impensable.

Mais les choses peuvent être vues sous un autre angle. Plutôt que de nier l'existence de la mémoire chez les plantes parce qu'elles n'ont pas de cerveau, des découvertes comme celle de Gagliano sont l'occasion de repenser ce qu'est la mémoire et d'admettre qu'elle se manifeste peut-être par d'autres moyens, dans d'autres structures, chez d'autres êtres. Comme l'intelligence du poulpe, la mémoire d'une plante est un phénomène qui se produit dans un support physique complètement différent.

Un aspect intrigant du récit que Gagliano fait de ses recherches – et qui hérisse de nombreux scientifiques – est que, pour elle, chaque résultat expérimental est le fruit d'une plante qui parle. Cette affirmation doit être entendue au sens littéral : grâce à une longue pratique de la méditation et des rituels chamaniques, elle a reçu des instructions directes d'entités qu'elle considère comme les esprits des plantes, qui lui donnent des conseils sur la façon de concevoir et de structurer ses expériences. Chacune de ces rencontres constitue une introduction, l'ouverture d'un canal, qui permet au sujet de l'expérience de parler pour lui-même, au mimosa de déclamer ses capacités, maintenant que nous sommes prêts à l'entendre. Et chaque fois que la plante parle, les frontières dans lesquelles nous pensions nos mondes enfermés se trouvent ébranlées.

L'expression d'un certain scepticisme face à ce récit paraît tout à fait compréhensible. Mais il n'est pas obligatoire de croire en la réalité d'une communication directe de Gagliano avec les esprits des plantes pour accepter les résultats de ses expériences, qui se conforment par ailleurs aux normes scientifiques les plus strictes, y compris l'évaluation par les pairs et la reproductibilité[7]. Certains aspects du récit de Gagliano me semblent également assez difficiles à prendre au sérieux. Pourtant, j'ai personnellement fait l'expérience de l'ayahuasca, une des plantes avec lesquelles elle parle, et qui m'a parlé aussi. J'ai entendu une plante parler, et je ne comprends pas encore tout à fait comment, ni ne peux vraiment décrire l'expérience, mais je sais que cela s'est produit, et que cela m'a profondément transformé.

Il est difficile de se défaire du conditionnement scientifique occidental, qui nous empêche de faire confiance à nos propres expériences, qu'il s'agisse de l'expérience extatique des rencontres avec les esprits sous l'empire de substances psychédéliques ou de l'étrange sensation de communion avec d'autres espèces. C'est là une partie du génie des expériences de Gagliano : l'application rigoureuse de la méthode scientifique, la mesure et les tests minutieux de ses mimosas et la reproductibilité de sa méthode signifient que nous ne sommes pas obligés de placer tous nos espoirs dans notre expérience subjective. Ce dont nous avons besoin, c'est d'être ouverts pour changer nos esprits.

Le mimosa parle, et le monde change. Nous sommes obligés de faire face à une réalité différente de celle que nous connaissions. Lorsque nous nous ouvrons aux voix du monde plus qu'humain, une brèche s'ouvre et ce sont les frontières établies de la pensée et des sens qui s'effondrent. C'est toujours ce qui ressort de ces rencontres, avec toutes sortes d'intelligences, y compris les intelligences « artificielles ». Les machines nous battent aux échecs, conduisent des voitures et font des découvertes scientifiques. Des activités que nous pensions exclusivement humaines deviennent des activités communes. Les babouins regardent fixement leur reflet dans un plan d'eau, et c'est toute l'expérience de la contemplation que nous pensions réservée aux seuls humains qui nous apparaît en miroir, renforcée par celle d'autrui. Les plantes ont un monde, il est différent du nôtre – et, oui, nous partageons un monde ! Chaque fois, reconnaître la puissance d'agir et la différence de l'autre nous permet de nous rapprocher, tout en élargissant notre propre vision, nos connaissances et notre expérience. Cela nous grandit.

Le champ ne cesse de s'étendre. Les plantes ne font pas qu'entendre et se souvenir : elles produisent leurs propres sons. Lors d'une autre expérience, Gagliano a enregistré le son de grains de maïs produisant des cliquetis à des fréquences bien au-delà de ce que les humains peuvent percevoir, et dont le but est encore inconnu. Les plantes ont également un odorat qui leur permet de détecter les prédateurs et les signaux d'alarme émis par des végétaux à proximité. Elles sentent même leurs proies, comme le font les animaux : la cuscute, une plante parasite, renifle ses victimes avant de les envelopper et de s'en nourrir. Les plantes prennent des décisions fondées sur des informations complexes, par exemple pour choisir comment réagir au mieux à une concurrence proche. Pousser sur le côté, s'enraciner plus profondément ou grimper plus haut ? Elles peuvent moduler leurs émanations chimiques pour attirer ou repousser les animaux – empoisonnant certains et créant une addiction chez d'autres. Elles sont dotées d'unc capacité de proprioception – le « sixième sens » qui nous permet de savoir où se trouvent certaines parties de notre corps sans regarder. Elles reconnaissent leurs parents et leurs proches et réagissent en conséquence. En résumé, les plantes agissent, et elles le font selon toute une gamme de modalités que nous considérons comme des indicateurs d'intelligence lorsqu'il s'agit d'animaux[8].

Au cours de la dernière décennie, nous avons franchi une ligne autrefois invisible dans notre relation avec les plantes. Celles-ci sont passées du statut d'objet à celui de sujet et, comme dans tout échange, leur statut de sujet ne cesse de s'étendre au fil de nos conversations avec elles. Comme pour les animaux, nous reconnaîtrons l'ampleur de la puissance d'agir des plantes à mesure que nous nous ouvrirons à de nouveaux possibles, que nous élaborerons de nouvelles théories et les dispositifs pour les tester.

L'objectif ici n'est pas de formuler une quelconque affirmation définitive sur l'intelligence des plantes. Les formes exactes qu'elle peut prendre nous resteront toujours partiellement ou totalement inconnues, du fait des différences radicales qui existent entre nos propres vies et notre expérience du monde, et celles des plantes. Mais puisque nous partageons un monde, nous pouvons réfléchir à ce que pourraient être l'intelligence et la mémoire, dès lors que nous incluons les autres dans cette réflexion, lorsque nous les comprenons comme des choses qui agissent entre nous et dans le monde, plutôt que simplement dans nos têtes. Il existe une quantité innombrable de livres sur l'intelligence des plantes et des animaux, mais tous disent la même chose : les non-humains sont à la fois géniaux et impossibles à connaître, et la plus grande joie du monde ne consiste pas à faire des tests et à établir des taxonomies, mais à avancer ensemble.

La manière dont nous abordons ce nouveau statut de sujet des plantes constitue une autre question importante. Comment donner sens à ces aptitudes nouvellement reconnues, à cette vie qui ne se contente plus de grouiller, mais qui pense ? Il est tentant, comme pour les animaux non humains, de commencer à parler de l'intelligence des plantes comme si elle était comparable à celle des humains, de faire entrer le géranium et la vigne dans ce club exclusif que nous ne faisons que commencer à remanier. Mais, encore une fois, ce serait passer à côté de l'essentiel. Comme lorsqu'on limite l'intelligence « artificielle » au type de choses que les humains font, on retombe directement dans l'anthropomorphisme et l'anthropocentrisme. Quoi que fassent les plantes, elles peuvent nous ressembler ainsi qu'à d'autres animaux par certains aspects, mais elles sont différentes sous certains autres, essentiels. L'intelligence apparaît comme un moyen insuffisant pour expliquer ces aptitudes. L'intelligence des plantes, quelle que soit sa forme, est végétale.

Les débats sur l'intelligence végétale, animale, artificielle et même humaine se révèlent ainsi sans fin – et aussi, au bout du compte, sans intérêt, car il s'agit de débats sur le sens des mots plutôt que sur l'être des choses. Là où nous commençons à avancer, c'est lorsque nous passons de questions du type « Êtes-vous comme nous ? » à des questions du type « Qu'est-ce que cela fait d'être vous ? ».

Si nous avons tant de mal à comprendre en quoi pourrait consister l'intelligence des plantes, c'est précisément parce qu'elle est très différente de la nôtre. Une objection évidente à l'idée d'intelligence végétale est que les plantes n'ont pas de cerveau. Pourtant, l'une des forces des plantes est précisément qu'elles n'ont pas d'organes centraux irremplaçables. Elles sont modulaires : elles peuvent survivre en perdant 90 % d'elles-mêmes et de nombreuses espèces peuvent se reproduire à partir de fragments ou de boutures. Dans les environnements particulièrement rudes, comme les déserts, les boutures sont plus efficaces que les graines pour donner naissance à de nouvelles générations, ce qui explique pourquoi de nombreuses plantes succulentes, ou « plantes grasses », sont particulièrement expertes dans ce type de reproduction. La modularité est source de résilience : la fétichisation d'organes particuliers, comme le font les animaux, fait perdre ces capacités de vue. Repenser ce que pourrait être l'intelligence nous permet également de repenser les moyens et les mécanismes qui la produisent, et donc d'imaginer de nouvelles façons d'être intelligent.

Certaines plantes comme les succulentes produisent également des clones, c'est-à-dire des descendants génétiquement identiques qui peuvent se séparer du parent, ou rester attachés, remodelant leurs parents en de nouvelles formes. Le clonage peut être une faiblesse, car la progéniture génétiquement identique est vulnérable aux mêmes menaces que le parent. Mais il peut aussi donner naissance à des créatures extraordinaires. Pando, une colonie clonale de peupliers faux-trembles qui pousse dans la forêt nationale de Fishlake, dans l'Utah, aux États-Unis, est l'une de ces merveilles. Au niveau du sol, Pando ressemble à une forêt de peupliers faux-trembles couvrant plus de 40 hectares ; 47 000 arbres hauts et fins, avec une écorce blanche et des nœuds noirs, dont les feuilles prennent des teintes d'un jaune éclatant à l'automne. Mais, en réalité, Pando est un seul individu, un seul organisme, dans lequel chaque tronc d'arbre est une pousse issue d'un même système racinaire. Il s'agit de l'un des plus grands et des plus anciens individus sur Terre.

Pando est née il y a environ 80 000 ans, ou peut-être bien plus, une étude allant même jusqu'à estimer son âge à près de 1 million d'années[9]. Il n'est pas possible de déterminer l'âge des arbres clonaux d'après leurs cernes, car chacun d'entre eux n'est qu'une tige temporaire issue de la racine plus ancienne. Pendant la majeure partie de sa vie, Pando a bénéficié de conditions presque parfaites pour la formation d'une colonie clonale de peupliers faux-trembles : les fréquents incendies de forêt ont empêché la concurrence des conifères, tandis que le passage progressif d'un climat humide à un climat sec et semi-aride a rendu plus difficiles l'ensemencement des jeunes peupliers et l'établissement de rivalités. En fait, quasiment aucun nouveau peuplier faux-tremble n'a poussé à partir de graines dans l'ouest des États-Unis depuis 10 000 ans, et pourtant le peuplier faux-tremble reste l'arbre le plus répandu en Amérique du Nord.

Aujourd'hui, on pense que Pando est en train de mourir, mais de façon extrêmement lente. Aucune nouvelle croissance n'a été détectée depuis plusieurs décennies. Les causes possibles de ce phénomène sont nombreuses, mais toutes renvoient à l'intervention humaine. L'installation de cabanes et de campings dans la zone d'emprise de Pando réduit la probabilité des feux de forêt purificateurs dont dépend le peuplier faux-tremble, tandis que la disparition des ours, des loups et des pumas a entraîné une explosion du nombre de cerfs mulets. Or ces derniers, comme le bétail, broutent les jeunes pousses de peupliers faux-trembles. Une fois que des zones ont été mangées ou coupées, elles ne repoussent plus[10].

Pando n'a été « découverte » que dans les années 1960, entre autres parce qu'elle ne ressemble pas à un arbre – elle rompt avec notre idée de ce qu'est un arbre. Pourtant, à mesure que notre idée de ce que peut être un arbre s'élargit, il en va de même pour nos modèles de réflexion sur les autres structures présentes dans le monde. En effet, la découverte et la compréhension de la communication végétale elle-même doivent beaucoup à de telles remises en question radicales de notre façon de voir le monde, et conduisent à leur tour à de nouvelles prises de conscience. Plus haut, j'ai fait mention des mycorhizes qui constituent le fondement de la vie dans la forêt, c'est-à-dire les réseaux qui traitent, stockent, extraient et transportent la nourriture et les informations entre les plantes de surface. Il serait erroné de penser ces réseaux – faits des champignons eux-mêmes – comme étant séparés des plantes qu'ils relient. Au cours des dernières décennies, nous avons découvert que le règne des champignons et le règne des plantes ne sont pas vraiment séparés. Ils sont physiquement, socialement, vitalement entremêlés. Comprendre la nature de cette interrelation est essentiel si nous voulons comprendre notre propre enchevêtrement avec le monde plus qu'humain.

Les toutes premières plantes étaient de simples agglomérats cellulaires, sans racines ni feuilles, ni aucune des structures spécialisées que nous reconnaissons aujourd'hui aux plantes. Elles descendaient d'algues marines qui s'étaient échouées sur le rivage et avaient trouvé refuge sur les plages et les falaises en se nourrissant par la seule photosynthèse. Mais il y a environ 400 millions d'années – au moins, c'est là que remonte la date des plus anciens fossiles que nous avons trouvés – ces proto-plantes ont commencé à s'associer à des champignons et à développer des lobes et des organes de chair pour accueillir des partenaires mycorhiziens. C'est l'origine de toutes les racines des plantes : des membres en quête non pas de nourriture en elle-même, mais de partenaires dans le processus de production de la vie.

Les plantes et les champignons ne se contentent pas d'interagir sous terre, ils se pénètrent mutuellement. Des parties de champignons vivent réellement à l'intérieur des cellules des plantes et forment ainsi un système racinaire étendu, plus de cent fois plus long que les racines de la plante elle-même. Ces filaments fongiques, appelés mycélium, s'étendent partout et à travers tout. Ce que nous considérons généralement comme le sol lui-même est en fait constitué pour partie de champignons, qui représentent entre un tiers et la moitié de sa masse vivante. Les plantes, les champignons et l'ensemble des écosystèmes dont toute vie sur terre et nous-mêmes dépendons sont inextricablement liés, jusqu'au niveau cellulaire.

La relation entre le champignon et la plante est symbiotique : chacun dépend de l'autre. Comme le dit le mycologue Merlin Sheldrake : « Ce que nous appelons "plantes", ce sont en fait des *fungi* qui ont évolué pour cultiver des algues, et des algues qui ont évolué pour cultiver des *fungi*[11]. » Nous devons dès lors comprendre que nos propres vies dépendent, de manière symbiotique, de ces relations : pour la nourriture que nous mangeons, l'environnement dans lequel nous vivons, et même le climat dont nous jouissons – du moins, pour le moment.

Un domaine dans lequel nous pouvons profiter de notre connaissance de plus en plus approfondie des mycorhizes est celui des modèles climatiques mondiaux. Il s'agit des simulations informatiques complexes créées par les météorologues et les climatologues, qui permettent de reproduire et de prévoir l'effet de divers phénomènes sur le comportement de l'atmosphère. Elles peuvent porter sur des évolutions historiques survenues il y a des millions d'années, ainsi que sur les crises imminentes provoquées aujourd'hui par nos propres interactions destructrices avec la planète. En faisant varier les valeurs d'entrée alimentant la simulation, nous pouvons voir comment des conditions différentes produisent des résultats différents.

Ces modèles peuvent être extraordinairement sophistiqués. Des chercheurs de l'université de Leeds ont créé un modèle climatique qui a permis d'étudier comment la disponibilité ou non de phosphore – un nutriment essentiel pour les plantes – a joué un rôle dans la transformation de l'atmosphère survenue au Dévonien, il y a quelque 300 à 400 millions d'années. C'est à cette époque que les plantes, déjà bien établies sur terre, ont massivement élargi leur aire de répartition, poussant plus vite, plus haut et à une échelle plus grande que jamais auparavant. La soudaine apparition de plantes vertes en si grand nombre a entraîné une réduction spectaculaire du taux de dioxyde de carbone dans l'atmosphère terrestre, jusqu'à 90 % par rapport à l'époque précédente. Les chercheurs ont supposé que cette croissance explosive avait pu être causée par une élévation de la teneur en phosphore du sol, et c'est ce qu'ils ont initialement modélisé. Mais les mycorhizes pourraient en être la véritable cause. Dans le modèle, le facteur le plus influent n'était pas simplement la quantité de phosphore disponible pour les plantes, mais l'efficacité avec laquelle elles pouvaient l'absorber, elle-même entièrement déterminée par les réseaux mycorhiziens des plantes. En ajoutant les champignons mycorhiziens au modèle, les chercheurs ont montré que la quantité de dioxyde de carbone et d'oxygène dans l'atmosphère ainsi que la température globale – soit l'ensemble du système climatique – dépendaient de la relation mycorhizienne entre les plantes et les champignons. Toute la vie et tous les changements dans la vie dépendent des relations mycorhiziennes[12].

Nous en sommes venus à dépendre encore d'une autre manière des réseaux mycorhiziens ; non pas matériellement, mais en tant que métaphore. J'avais déjà ressenti une sensation similaire à celle qui fut la mienne en marchant parmi les séquoias autour de Vancouver, lorsque j'ai soudainement pris conscience de la présence, sous mes pieds, d'un formidable réseau actif et vivant par lequel passaient quantité d'informations et de nutriments. C'était la même que celle que j'ai éprouvée lorsque j'ai commencé à comprendre et à mettre en évidence l'infrastructure d'Internet : le vaste réseau planétaire de câbles, de fils, de machines et de signaux électromagnétiques qui soutient et régule l'humanité aujourd'hui. Ces microprocesseurs, centres de données, câbles sous-marins et transmissions sans fil sont notre réseau mycorhizien qui imprègne tant d'aspects de notre vie quotidienne, gère nos approvisionnements et nos demandes, dérègle le climat et va jusqu'à entrer en contact avec notre propre peau – voire, dans le cas des implants cochléaires, des stimulateurs cardiaques et peut-être bientôt des liaisons neuronales, jusqu'à la traverser.

Le fait que ce sont ces réseaux artificiels qui nous viennent d'abord à l'esprit, lorsque nous évoquons les réseaux et la communication, en dit long sur notre vie actuelle. Les réseaux naturels, bien plus anciens et profondément enracinés, viennent après, si tant est que nous y pensions. Pourtant, je suis convaincu que cette séquence de prise de conscience constitue l'une des leçons les plus importantes de ce que serait une écologie des technologies, car sans la compréhension que nous avons des réseaux numériques, nous ne comprendrions peut-être pas du tout le réseau mycorhizien.

Suzanne Simard, qui m'a fait découvrir les séquoias et les mycorhizes, a publié ses premières études sur le transfert de carbone entre les arbres, par le biais du réseau souterrain, en 1997. En exposant des paires de jeunes plants à du dioxyde de carbone radioactif et en suivant la trace de ce carbone à mesure qu'il circulait dans la forêt, elle a montré qu'il n'apparaissait que dans les arbres reliés par les mycorhizes. En outre, lorsque les sapins qu'elle étudiait se trouvaient à l'ombre, et n'avaient donc pas l'énergie nécessaire pour capturer la quantité de carbone dont ils avaient besoin, ils en recevaient davantage de leurs voisins. Le réseau envoyait le carbone là où il était le plus nécessaire. Ces résultats contredisaient l'écologie forestière classique, dans laquelle les facteurs de concurrence et de réussite individuelle étaient centraux pour mesurer la santé d'une forêt. Au contraire, sous le sol, les arbres et les mycorhizes travaillent ensemble, établissent des liens et coopèrent. Il s'agissait d'une découverte révolutionnaire, qui exigeait une nouvelle façon de penser et l'écriture de nouveaux récits sur les réseaux écologiques.

Lorsque Simard a publié ses résultats dans *Nature*, qui est sans doute la revue scientifique la plus prestigieuse au monde, le rédacteur en chef a demandé à l'éminent botaniste David Read d'écrire un commentaire à leur sujet. Ensemble, ils ont trouvé une nouvelle expression très parlante pour décrire les réseaux mycorhiziens, qui s'est retrouvée à faire la une de la couverture de ce numéro de *Nature* : le « Wood Wide Web » (« large toile des bois »)[13].

Dans les années 1960, c'est principalement depuis les départements universitaires que les filaments de l'Internet balbutiant ont commencé à tisser leur toile un peu partout sur la planète. Le développement de l'hypertexte et l'invention du World Wide Web par Tim Berners-Lee au Conseil européen pour la recherche nucléaire (CERN) en 1989 (dans le but précis de faciliter le partage de documents universitaires) ont ensuite donné le signal de départ de son adoption et de sa diffusion plus large. Mais l'apport du Web ne s'est pas limité à l'échange d'informations : par son existence même, il nous a donné de nouveaux outils pour identifier et comprendre les réseaux eux-mêmes.

Avant l'arrivée du Web, les scientifiques ne disposaient pas des outils nécessaires pour comprendre le fonctionnement des réseaux dans le monde réel. Leur principal instrument était la théorie des graphes, qui considère les réseaux comme un système de nœuds et d'arêtes interconnectés. La théorie des graphes a été inventée par le mathématicien suisse Leonhard Euler en 1736, pour résoudre le problème des sept ponts de Königsberg : il s'agissait de trouver un chemin à travers la ville qui traverserait chaque pont une seule fois. Afin de prouver qu'un tel chemin était impossible, Euler a brillamment généralisé le problème, montrant qu'il pouvait être tranché mathématiquement, sans référence à la géographie réelle de Königsberg. Mais si la théorie des graphes reste utile pour les problèmes de topologie pure (et bien d'autres choses), elle ne permet pas d'expliquer un grand nombre des comportements des réseaux du monde réel, tels que leur capacité à se propager ou leur vulnérabilité aux défaillances.

Dans les années 1990, un nouveau type de science, appelé théorie des réseaux, a commencé à émerger à partir de l'étude du World Wide Web lui-même. Une équipe de chercheurs de l'université de Notre-Dame aux États-Unis, dirigée par le physicien américano-hongrois Albert-László Barabási, a cartographié la topologie d'une partie du Web et découvert que certains nœuds, qu'ils ont appelés « hubs », avaient beaucoup plus de connexions que d'autres, mais que la répartition de ces connexions était cohérente sur l'ensemble du réseau. Le Web, affirmaient-ils, était « sans échelle », ce qui signifie que le réseau pouvait continuer à fonctionner quel que soit le nombre de nœuds et que sa structure sous-jacente restait la même à mesure qu'il grandissait. Les réseaux sans échelle peuvent avoir quelques nœuds avec de nombreuses connexions, et de nombreux nœuds avec seulement quelques connexions, et continuer à fonctionner efficacement. En cela, ils ressemblent à de nombreux réseaux qui existent naturellement dans le monde, notamment les systèmes économiques, les citations entre articles universitaires, les réactions biochimiques au sein des organismes ou la propagation des maladies. Selon Barabási, « bien qu'entièrement conçu par l'homme, le réseau émergent semble avoir plus en commun avec une cellule ou un système écologique qu'avec une montre suisse[14] ».

La théorie des réseaux a depuis lors transformé la façon dont nous comprenons le monde. Elle est utilisée en épidémiologie, en biologie, en astrophysique et en économie. Elle a révolutionné la manière dont nous pensons les relations entre les êtres humains autant que les relations entre les plantes et les champignons. Elle a permis des avancées dans la compréhension du cerveau humain et des réseaux de neurones artificiels, et est à l'origine de notre reconnaissance du Wood Wide Web.

Cela ne veut pas dire que le réseau mycorhizien lui-même est vraiment comme l'Internet. Les filaments du mycélium (les fils de connexion du réseau) ne sont pas de simples câbles de transmission, mais des contributeurs actifs au tout, avec leurs propres capacités de décision et de traitement. Les champignons et les plantes ne sont pas que des espaces de stockage ou des serveurs ; ce sont aussi des formes de vie particulières, dotées d'une disposition et d'une capacité d'agir qui leur sont propres. Lorsque nous réfléchissons à la vie étrange et merveilleuse d'autres êtres, nous devons veiller à ne pas retomber dans le travers des modèles réducteurs et anthropocentriques. Néanmoins, la force de la théorie des réseaux, et peut-être plus encore de l'idée de réseaux universels et sans échelle, est qu'elle nous permet d'apprécier ces formes par des voies que nous étions incapables de suivre auparavant. C'est un cadeau de la technologie à l'écologie : une façon de voir et de penser le monde naturel qui émerge de choses que nous avons créées pour nous-mêmes.

Cela semble conforter l'idée de l'intelligence artificielle comme potentiel guide pour comprendre les intelligences plus qu'humaines qui nous entourent. Comme nous l'avons vu, les animaux et les plantes sont capables de « faire » de l'intelligence de diverses manières intéressantes. En effet, ils font de nombreuses choses « intelligentes » mieux que nous : les chimpanzés peuvent par exemple mémoriser des séquences plus longues de nombres observés brièvement, tandis que les racines des plantes et les myxomycètes savent déterminer bien plus efficacement que nous le chemin le plus court vers de la nourriture. Et nous découvrons sans cesse que l'intelligence artificielle surpasse également les capacités humaines dans de nombreux domaines importants, même si ceux-ci sont étroitement définis.

Et si la véritable question autour de l'IA n'était pas la façon dont elle nous fait concurrence, nous dépasse ou nous supplante ? Et si, à l'instar de l'émergence de la théorie des réseaux, elle avait pour vocation de nous ouvrir les yeux et l'esprit à la réalité de l'intelligence comme quelque chose qui peut être pratiqué de toutes sortes de manières fantastiques, dont beaucoup dépassent notre propre compréhension rationnelle ?

Tout comme l'avènement des technologies de réseaux à partir des années 1960 nous a permis de percevoir la vie d'une nouvelle manière et de nous ouvrir à de nouvelles relations et à de nouveaux modes d'existence, peut-être l'avènement des technologies intelligentes nous permettra-t-il de percevoir le reste du monde de la pensée, de l'action et de l'être d'une manière plus intéressante, plus juste et plus généralement mutuellement bénéfique. C'est l'une des leçons écologiques que nous pouvons tirer de la technologie : nous ne sommes pas seuls au sommet de l'arbre, nous sommes l'une des nombreuses fleurs qui éclosent dans un buisson aux branches qui sans cesse prolifèrent et s'enchevêtrent par fécondation mutuelle.

Pendant longtemps, nous sommes restés sourds aux intelligences plus qu'humaines qui nous entourent, comme nous sommes restés sourds à la fréquence des électrons, et aveugles aux ultraviolets qui irriguent les plantes autour de nous. Mais ces intelligences sont là depuis toujours, et sont en train de devenir incontestables, au moment même où la sophistication inédite de nos propres technologies menace de nous dépasser. Un nouveau traumatisme copernicien se profile, alors que nous nous trouvons sur une planète en ruine, pas assez intelligents pour nous sauver, et plus du tout les êtres vivants les plus intelligents. Notre survie même dépend de notre capacité à conclure un nouveau pacte avec le monde plus qu'humain. Nous devons considérer l'intelligence, l'être inné de toutes les choses – animaux, plantes et machines –, non pas comme une nouvelle preuve de notre supériorité, mais comme une démonstration de notre totale interdépendance, et comme un appel urgent à faire preuve d'humilité et à prendre soin d'autrui.

CHAPITRE 3

Le buisson du vivant

À l'école, je n'étais pas très sérieux dans les disciplines scientifiques. Les cours de biologie me plaisaient, mais ne me semblaient pas déboucher sur grand-chose : on se contentait d'errer dans les champs, de tripoter des feuilles et, de temps en temps, d'ouvrir un rat (mes excuses au rat). J'avais horreur de la chimie, discipline où tout devenait de plus en plus complexe et incompréhensible à mesure que l'on avançait dans le cours. En revanche, la physique semblait mener quelque part. On avait l'impression de monter plutôt que de descendre, comme si l'univers se transformait lentement de fatras de fils, de masses et de faisceaux lumineux en une sorte de théorie unifiée, dont les axiomes donnaient un sens au monde qui m'entourait. En regardant les particules *alpha* et *bêta* se désintégrer et faire place à de délicates traînées lumineuses dans une chambre de diffusion, j'avais l'impression de comprendre quelque chose de fondamental et de définitif sur la composition du monde[1].

Puis j'ai appris la physique quantique. Ou plutôt, comme à peu près tout le monde, j'en ai entendu parler, sans avoir une réelle idée de ce que cela recouvrait. J'ai lu un peu sur le sujet, faisant semblant de comprendre, mais cela n'a pas modifié significativement ma manière de voir le monde. Et j'en suis resté là. Jusqu'à il y a quelques années, lorsque j'ai entendu la théoricienne féministe états-unienne Karen Barad, à l'occasion d'un colloque sur l'art à l'âge du nucléaire. Divers artistes et chercheurs étaient invités pour parler de photographies d'explosions atomiques, de sites d'essais nucléaires et des droits des populations autochtones, de la guerre par drones et des systèmes de surveillance. Mon intervention portait sur l'histoire des mouvements antinucléaires et les données numériques personnelles, assimilables à des déchets radioactifs s'infiltrant dans les nappes phréatiques avec leur lot de conséquences toxiques. Puis, en fin de journée, Karen Barad est montée à la tribune[2].

Karen Barad est une penseuse extraordinaire. Cette physicienne théorique de formation maîtrise parfaitement la complexité de la physique quantique. Elle est également convaincue qu'il faut la mettre en pratique, et elle a les compétences et la générosité nécessaires pour le faire. Barad décrit un univers composé de phénomènes qui émergent non pas des corps eux-mêmes, mais de ce qu'elle appelle leurs intra-actions. L'intra-action est un terme spécifiquement baradien (son écriture regorge de slashs/entre/les/mots signifiant la séparation et l'unité simultanées), fermement ancré dans une façon de penser le monde qui s'inspire de la théorie quantique. L'intra-action ne doit pas être confondue avec l'interaction, dans laquelle deux phénomènes ou corps, déjà existants, agissent l'un sur l'autre. Il s'agit plutôt de processus, de phénomènes et de corps en devenir, qui ont lieu lorsque les deux se touchent. Pour Karen Barad, l'univers entier est un processus d'émergence continuel, dans lequel rien n'est certain ni fixe, mais toujours lui-même en devenir par son intra-action avec tout le reste.

Barad explore ce concept en se référant notamment à la célèbre expérience des doubles fentes, qui démontre le paradoxe apparent de la dualité onde-corpuscule caractéristique du monde quantique. Dans cette expérience, des électrons sont tirés à travers deux fentes étroites et produisent non pas une dispersion de marques uniques, comme on pourrait s'y attendre de la part de particules discrètes, mais un motif d'interférence continu, comme une onde qui longe un mur. Cette méthode révèle la « véritable » nature quantique de l'électron, qui n'est pas une entité fixe et inviolable, mais un état de possibilité, une intra-action scintillante. Ce que nous prenons pour le monde matériel est donc en réalité l'intra-action constante de ces particules, l'électron touchant tout le reste – « y compris lui-même », comme Barad s'exclama joyeusement dans son exposé.

On pense souvent à tort que la théorie quantique ne s'appliquerait qu'à de toutes petites choses, presque invisibles. Mais Karen Barad insiste sur le fait que ce n'est pas le cas. Le champ quantique n'est pas quelque chose de minuscule, qui se trouverait sous tout le reste ; au contraire, il est derrière, devant, autour et enchevêtré avec l'univers à toutes les échelles, jusque dans nos propres corps et au-delà. Nous vivons dans ce champ mouvant, vivant et scintillant, même si nous n'en sommes pas conscients[3].

J'ai vécu une expérience extraordinaire tandis que Karen Barad parlait à la tribune. Pendant quelques brefs instants, alors que ses mots étaient comme suspendus dans l'air, dans la salle plongée dans l'obscurité, j'ai compris la physique quantique. Et quand elle a cessé de parler, cette compréhension a disparu. Cela aussi était un produit de l'intra-action. Je suis resté avec le sentiment que, même si je ne comprendrais jamais vraiment la physique quantique, je pouvais être certain de sa vérité et de son existence, et que sa vérité résidait dans cette relation : entre le niveau macro et le niveau micro, le monde et le sujet, l'histoire et le conteur, l'électron et sa figure d'interférence.

À la fin de l'exposé de Karen Barad, je suis resté aussi avec l'impression que les plus grandes avancées de la science ne se présentent pas sous la forme de conclusions ou de constats définitifs, mais comme les révélations d'une complexité encore plus grande. Celle-ci dépasse notre entendement, mais elle reste accessible, vivable, communicable et mobilisable. La science, me suis-je alors dit, est un guide pour penser, et non une pensée : un processus infini du devenir.

C'est cette prise de conscience qui m'accompagne dans l'exploration du monde plus qu'humain, car celui-ci est loin d'être ordonné. Il est complexe, inégal, enchevêtré, et ne connaît ni séparations, ni frontières, ni divisions nettes. Et il en a toujours été ainsi.

L'un des berceaux de la vie se trouve à 50 kilomètres à l'intérieur des terres de la mer Rouge, à 100 mètres sous le niveau de la mer, dans la dépression de Danakil. Cette région extrêmement sèche d'Éthiopie est aujourd'hui l'un des endroits les plus inhospitaliers sur Terre. La dépression s'est formée à la jonction de trois plaques de la croûte terrestre (indienne, nubienne et somalienne). Formant autrefois un seul et même bloc, ces trois plaques ont commencé à se séparer il y a 60 à 100 millions d'années, au Crétacé supérieur, à l'époque des dinosaures et des premières plantes à fleurs, avant la dernière extinction de masse. Elles continuent de s'écarter lentement, à raison d'un ou deux centimètres par an, provoquant des tremblements de terre, des éruptions volcaniques et des failles à la surface de la Terre. Lorsque le sol se plisse, certaines parties s'effondrent, ce qui en fait le point le plus bas du continent africain.

La dépression de Danakil est également l'un des endroits les plus chauds de la planète, avec des températures quotidiennes moyennes de 35 °C, et seulement quelques centimètres de pluie par an. Les cratères de l'Erta Ale, la « montagne qui fume » située en bordure de la dépression, contiennent des lacs de lave en fusion. Dans la zone de Dallol, qui signifie « désintégration » en langue afar, des sources d'eau chaude font remonter de l'eau salée et des minéraux surchauffés à la surface, créant des scènes d'un autre monde : la terre prend des teintes fluorescentes de jaune et de vert ; de la fumée s'échappe des cheminées de soufre ; des stalactites ferrugineuses crachent des vapeurs vertes et chlorées ; le sol siffle et craque sous les pieds. Par endroits, des « bombes » de sel explosent sous la pression des gaz en éruption. Certains lacs sont constitués d'acide sulfurique pur, avec un pH de zéro, ce qui constitue le plus haut niveau d'acidité naturelle observé sur Terre.

Ce paysage est si étrange et si rude qu'il a été utilisé comme modèle pour simuler et évaluer les conditions de vie sur d'autres planètes, comme Mars. En 2017, une équipe d'astrobiologistes – spécialistes de l'étude de la possibilité de vies extraterrestres – s'est rendue à Dallol pour voir en quoi cet endroit pouvait présenter des similitudes avec des environnements extraterrestres. Si la vie peut exister dans les bassins salés, surchauffés et acides de la dépression de Danakil, alors il pourrait en être de même dans les dépôts de sulfate glacés de Mars, ou dans les nuages de gaz caustiques de Jupiter. Pour mener leur travail, les chercheurs ont dû non seulement s'équiper de masques à gaz performants pour se protéger des émanations de chlore et d'autres gaz dangereux (les rives des lacs sont jonchées d'oiseaux et d'insectes morts, tués par le dioxyde de carbone qui se répand de manière invisible à la surface du désert), mais aussi recruter une escorte militaire, car la dépression est située à proximité de la frontière entre l'Éthiopie et l'Érythrée, zone de guerre depuis plus de deux décennies, refuge des rebelles séparatistes afar[4].

Pendant un certain temps et dans un grand enthousiasme, les scientifiques pensaient avoir trouvé des organismes microscopiques dans les « piscines polyextrêmes » – des endroits où l'acidité, la salinité, la chaleur et les métaux lourds se combinent en une soupe apparemment inhospitalière[5]. Mais des tests supplémentaires ont révélé que les minuscules particules étaient en fait des imposteurs biomorphiques : des grains de silicium à l'échelle nanométrique qui ressemblaient à des amas de cellules. Les chercheurs en ont conclu qu'il faudrait être prudent à l'avenir si l'on observait des motifs similaires dans les plateaux de prélèvement des rovers interplanétaires[6].

Des recherches plus poussées ont toutefois révélé que d'autres bassins environnants ne manquaient pas de vie et qu'ils regorgeaient de créatures étranges et originales. Des halobactéries et des archées, familles d'organismes unicellulaires sans noyau ni paroi cellulaire, vivaient en suspension dans ces eaux saumâtres. Parmi ces créatures étonnantes, on peut citer les *Thermoplasma* acidophiles, capables de supporter des niveaux de pH aussi bas que 0,06, les *Archeoglobi*, qui consomment du soufre, du fer et de l'hydrogène pour se nourrir, les bactéries méthanogènes et d'autres organismes que l'on ne trouve que dans les tréfonds des tourbières sans air ou dans les profondeurs sombres de l'océan. Ces endroits, où la plupart des animaux mourraient en quelques minutes ou secondes, constituent de riches terrains de reproduction pour des formes de vie plus étranges.

En cela, la zone de Dallol est similaire à d'autres environnements extrêmes au sein desquels la vie n'a que récemment été identifiée. Les bactéries lithotrophes (« mangeuses de pierre ») prospèrent dans les eaux acides et riches en fer du Río Tinto en Espagne. Sur les parois intérieures des volcans andins, des communautés microbiennes survivent à des kilomètres au-dessus de la limite des arbres, en dépit de la chaleur, des gaz et des niveaux de rayonnement solaire qui anéantissent toute vie végétale. Regroupées autour de cheminées hydrothermales au fond du Pacifique, des bactéries ont évolué pour produire de l'énergie à partir du méthane, du soufre et de l'hydrogène en l'absence de lumière ou d'air – et fournissent à leur tour des îlots de subsistance pour des vers tubulaires de plusieurs mètres de long, des palourdes et des crevettes[7].

Il y a quelque chose d'étrange à voir la dépression de Danakil comme ce qui se rapproche le plus d'un paysage extraterrestre sur Terre, car c'est aussi de là que nous venons. C'est en effet dans cette région que des archéologues ont découvert en 1974 les ossements de Dinkinesh, l'un des plus anciens squelettes humanoïdes jamais découverts. Dinkinesh – qui signifie « Tu es merveilleuse » en langue amharique – appartenait à l'espèce éteinte *Australopithecus afarensis*, des hominidés qui vivaient il y a environ 3 millions d'années (elle est plus connue en Europe et en Amérique sous le nom de Lucy, d'après la chanson des Beatles que les chercheurs écoutaient en boucle au moment de sa découverte).

Nous ne savons toujours pas grand-chose au sujet d'*Australopithecus*. Probablement bipède, peut-être arboricole, mesurant un peu plus d'un mètre et couverte de poils, Lucy vient d'une époque où de multiples espèces et sous-espèces d'hominidés parcouraient les plaines récemment déboisées d'Afrique, toutes en concurrence – de notre point de vue – pour le titre d'ancêtres des humains. Notre plus proche parent vivant, le chimpanzé, flirte lui aussi avec cette classification. L'appartenance des chimpanzés aux *Hominini*, la tribu taxonomique dans laquelle nous nous rangeons avec Lucy, reste une question non résolue. Les chimpanzés et les premiers hominidés – dont certains sont nos ancêtres – semblent avoir continué à s'hybrider pendant une longue période ; autrement dit, il n'y a pas eu de rupture nette entre les espèces, mais plutôt un processus de spéciation graduel et prolongé, qui a duré jusqu'à 4 millions d'années, au cours duquel les populations se sont mélangées et ont échangé des gènes[8]. En fait, il est probable qu'une telle « spéciation désordonnée » a été la façon dont la plupart des singes (et d'autres espèces) ont évolué, ce qui explique en partie le grand nombre de possibles ancêtres des humains que l'on découvre encore en Afrique et en Eurasie.

On ne connaît certains de ces ancêtres que par nos propres gènes. En 2020, des chercheurs ont trouvé dans des échantillons de génomes de populations d'Afrique de l'Ouest les preuves de l'existence d'une « population fantôme » d'anciens humains ayant vécu il y a un demi-million d'années[9]. Jusqu'à un cinquième de l'ADN échantillonné provenait d'une source inconnue, non présente chez la majorité des humains modernes, ce qui suggère l'existence de parents inconnus dans le patrimoine génétique. En l'absence de fossiles, nous n'avons aucun moyen de nous représenter qui étaient ces ancêtres. Mais on peut en retrouver des traces, comme c'est le cas pour Lucy ou d'autres précurseurs des humains, dans les gènes de certains d'entre nous. En réalité, les considérer comme des précurseurs, ce serait tomber dans le même piège que pour l'intelligence : prendre l'extrémité de la branche actuelle pour l'expression la plus élevée de l'arbre. Pendant la majeure partie de notre histoire, nous avons vécu aux côtés d'autres espèces humaines. Nous avons même eu des relations sexuelles avec elles.

En 1856, dans une carrière de calcaire de l'ouest de l'Allemagne, des ouvriers ont déterré un crâne singulier, allongé et presque sans menton. Les os trouvés éparpillés autour de lui étaient épais et de forme étrange. Ils furent d'abord considérés comme des déchets. Leur importance n'a été reconnue que lorsqu'un homme d'affaires local, pensant qu'ils appartenaient à un ours des cavernes, les a transmis à un collectionneur de fossiles de la région, qui a déclaré qu'il s'agissait des restes d'un « membre primitif de notre race ».

Découverts trois ans seulement avant que Darwin ne publie *De l'origine des espèces*, ces fragments d'os se sont retrouvés au cœur des premiers débats sur l'évolution. D'aucuns balayèrent alors l'idée d'un ancêtre primitif, arguant que les os appartenaient à un étranger quelconque – un cosaque, peut-être, dont les jambes étaient tordues à cause du rachitisme ou de trop nombreux jours passés en selle, et dont la douleur avait provoqué le plissement du front. Mais, en 1865, un géologue anglais du nom de William King publia un article avançant une thèse plus radicale : les ossements ne provenaient pas d'un ancien humain ni d'un étranger, mais d'une autre espèce humaine. King nomma cette espèce d'après la vallée dans laquelle les ossements furent trouvés : Neander ou, en allemand, *das Neandertal.*

Toute remise en question de notre idée de l'unicité humaine tend à susciter peur et révulsion, ce qui se manifeste souvent par le racisme et le spécisme. Il n'est donc guère surprenant que William King ait comparé son image de Néandertal à ce qui, selon lui, constituait les races « sauvages », à savoir les Africains et les Aborigènes australiens, et qu'il ait affirmé que le front proéminent de son sujet était une preuve de sa « noirceur » et de sa stupidité. « Les pensées et les désirs qui jadis l'habitaient, écrivait-il, n'ont jamais dépassé ceux d'une brute[10]. » Les scientifiques qui l'ont suivi, comme le grand public, ont volontiers adopté cette caricature raciste, qui a perduré au XXe siècle avec la figure de l'homme des cavernes, stupide, dénué de talent et brutal. En 1908, la mise au jour d'un autre squelette, retrouvé presque complet dans une grotte près de La Chapelle-aux-Saints, dans le sud de la France, renforça le stéréotype. Le paléontologue Marcellin Boule, du Muséum national d'histoire naturelle de Paris, le décrivit comme une figure voûtée et « distinctement simienne », tandis que la forme de son crâne indiquait « la prédominance des fonctions purement végétatives ou bestiales »[11].

Cette image caricaturale de l'homme des cavernes ne ressemble guère à celle des Néandertaliens tels que nous les connaissons maintenant. Une nouvelle analyse du squelette de La Chapelle dans les années 1950 a montré que cet individu particulier souffrait d'arthrite et que la plupart des Néandertaliens, au lieu d'être avachis et d'avoir les jambes arquées, marchaient debout. « Pour peu qu'il soit rasé et qu'il porte un costume neuf », écrivent les anatomistes William L. Straus et Alexander Cave, un Néandertalien dans le métro de New York ne susciterait probablement pas plus de commentaires « que certains de ses compagnons de voyage ».

Nous savons aujourd'hui que les Néandertaliens vivaient en Europe bien avant l'arrivée des humains modernes, et qu'ils composent un registre fossile entièrement distinct. Leur présence sur le continent remonte à au moins 130 000 ans et ne disparaît qu'il y a environ 40 000 ans, peu après que sont apparus les signes de l'arrivée de l'homme moderne à la suite d'un long et tortueux périple depuis l'Afrique. Et de plus en plus de preuves émergent qui non seulement démentent l'image de l'homme des cavernes brutal, mais donnent à voir une culture complexe et fertile.

En 1995, un fragment d'os taillé et percé de trous a été découvert dans une grotte du parc archéologique de Divje Babe, en Slovénie. Rapidement, des musicologues ont remarqué que l'espacement des trous dans l'os correspondait à la gamme diatonique : *do, ré, mi, fa.* Sur YouTube, on peut écouter Ljuben Dimkaroski, trompettiste de l'orchestre de l'Opéra de Ljubljana, jouer d'une réplique de la flûte au milieu des vitrines du Musée national de Slovénie[12]. Bien que l'adagio baroque qu'il joue soit relativement moderne, le son de la flûte en os est quant à lui intemporel. Fabriquée à partir du fémur d'un ours des cavernes, elle a été datée de quelque 55 000 ans. Cela en fait non seulement le plus ancien instrument de musique du monde, mais aussi un artefact préhumain : un instrument néandertalien.

La flûte de Divje Babe.

De nouvelles hypothèses ont également été avancées à propos de plusieurs ensembles de peintures rupestres découverts sur la côte nord de l'Espagne. Jusque tout récemment, la plus ancienne œuvre d'art identifiée en Europe était un disque rouge en pointillé, daté d'environ 40 000 ans – à la fin de la période de coexistence des humains et des Néandertaliens –, découvert dans la grotte d'El Castillo, dans la région de Cantabrie en Espagne. Il y a quelques années, des chercheurs ont attribué le disque et d'autres marques – dont un dessin de main – aux premiers humains modernes, tout en laissant ouverte la possibilité d'autres auteurs[13]. En 2018, cependant, les mêmes chercheurs ont publié une nouvelle analyse des couches de roche cristalline qui, ont-ils découvert, s'étaient formées sur des images jusqu'alors cachées, notamment des empreintes de mains en négatif et des marques en forme d'échelle, qui remontaient à 67 000 ans, en pleine époque néandertalienne. Mais ces marques sont mélangées à tant d'inscriptions plus tardives que de nombreux scientifiques refusent encore de valider leurs conclusions[14].

Si l'origine de la flûte est incertaine, et la paternité des peintures contestée, nous avons d'autres preuves de l'inventivité des Néandertaliens. En 1990, un garçon de quinze ans, Bruno Kowalczewski, réussit à dégager un chemin étroit dans une grotte située dans les gorges de l'Aveyron, à une centaine de kilomètres au sud de La Chapelle. Lorsque les membres du club de spéléologie local se glissèrent dans la brèche ouverte par le jeune homme, ils furent probablement les premières personnes depuis des dizaines de milliers d'années à pénétrer dans ce qui est désormais connu sous le nom de grotte de Bruniquel[15]. Ils découvrirent, à quelque 300 mètres sous terre, une vaste salle dans laquelle plus de 400 stalagmites avaient été brisées et disposées en deux cercles, de respectivement cinq et deux mètres de diamètre. D'autres stalagmites étaient empilées, et autour des cercles, ils pouvaient voir des traces de feu et d'os brûlés. Il apparut immédiatement qu'il ne s'agissait pas d'une formation naturelle, ni du travail d'ours des cavernes, mais d'une construction délibérée. La datation au carbone a permis d'établir l'âge des fragments d'os à 47 600 ans, supérieur à celui de toutes les peintures rupestres connues et datant de l'époque de Neandertal. Mais cette valeur est proche de la limite de mesure avec la datation au carbone, qui n'est fiable que jusqu'à

50 000 ans, les échantillons plus anciens ne contenant pas suffisamment de carbone pour être correctement évalués. C'est pourquoi la datation dans la grotte de Bruniquel a été contestée : le site, ont objecté certains, pourrait avoir été contaminé, ou simplement être le résultat d'une occupation humaine ultérieure.

Une autre méthode d'analyse a donné un résultat beaucoup plus surprenant. Microcosmes de processus géologiques, les stalactites et les stalagmites se forment lentement, mais inexorablement, couche par couche, au fil des millénaires, à mesure que des eaux riches en minéraux s'infiltrent par les fissures de la roche et s'égouttent des plafonds des grottes sur le sol. Dans chaque couche sont piégées des informations qui révèlent l'état de l'atmosphère à l'époque de leur formation, une sorte d'enregistrement qui peut être comparé à d'autres sources de données climatiques anciennes, comme les carottes de glace du Groenland. Cela permet d'effectuer des datations beaucoup plus précises, et bien plus loin dans le temps, qu'avec la datation au carbone. Les scientifiques se sont aperçus qu'en recherchant les discontinuités dans la croissance des stalactites ils pouvaient voir exactement à quel moment celles-ci avaient été brisées lorsque la grotte avait été occupée pour la première fois. Leur analyse a révélé que la construction ne remontait pas à 47 600 ans, mais à 176 500 ans, soit plus de 100 000 ans avant l'arrivée des ancêtres des Européens modernes. C'est donc une architecture préhumaine qu'abrite la grotte de Bruniquel, c'est-à-dire la preuve sans équivoque de l'existence d'une autre espèce d'hominidés, manifestement intelligents, qui nous a largement précédés.

La grotte de Bruniquel est extraordinaire non seulement par son âge et par ce qu'elle signifie, mais aussi parce que nous ne connaissons rien d'autre de semblable. Les formes architecturales les plus anciennes recensées sur la planète remontent à 20 000 ans à peine, à l'époque des premiers peuplements humains connus. Le gouffre temporel entre ces premiers humains et les habitants de Bruniquel semble infranchissable. Certes, les mesures scientifiques seules ne peuvent nous dire à quoi servait cet espace. Mais la science n'est pas la seule ressource dont nous disposons. Quiconque a passé du temps sur des sites archéologiques sait qu'il est possible de s'y imaginer, si nous sommes prêts à accepter que nous avons une certaine parenté avec ceux qui les ont occupés – pour la simple raison que nous partageons un monde et que nous avons donc certains désirs et certaines capacités en commun.

Récemment, j'ai eu la chance de visiter le spectaculaire site de Göbekli Tepe, perché au sommet d'une colline dans le sud de la Turquie, près de la frontière syrienne. Après sa découverte dans les années 1990, les fouilles ont révélé plusieurs couches d'occupation, aboutissant, au niveau le plus profond, à un vaste temple composé de pièces reliées entre elles, de foyers et de pierres taillées de six mètres de haut, les plus anciens mégalithes connus au monde. Exposés pour la première fois depuis des millénaires, les murs et les colonnes sont ornés de bas-reliefs d'une étonnante netteté représentant des animaux et des figures humanoïdes. Les plus grands de ces piliers ont une forme en T et sont sculptés de nombreuses représentations d'animaux : renards, oies ou aurochs sont très distinctement reconnaissables. Nombre de ces représentations sont plus claires et plus faciles à interpréter que nombre de statues ou de peintures murales que l'on peut trouver dans les cathédrales médiévales.

Dès le premier coup d'œil, Göbekli Tepe apparaît comme un lieu de culte, ce qui a été confirmé par la découverte de niches funéraires, d'ossements d'animaux, d'amas de détritus pouvant être le résultat de l'organisation d'importantes festivités, ainsi que, récemment, de crânes sculptés[16]. Dans le sud de l'Anatolie et au Levant, les anthropologues ont identifié plusieurs autres sites où auraient été pratiqués des « cultes des crânes » similaires, fondés sur le traitement spécial et la vénération des crânes. Mais nul besoin de savoir cela pour comprendre intuitivement le caractère sacré de ces blocs de pierre et la signification des sculptures qui les ornent. Il suffit d'entrer dans le site et d'en faire le tour pour réaliser qu'il s'agissait d'un lieu sacré, et éprouver la possibilité absolue d'une connexion à travers le temps – avec des gens très différents de nous, et avec lesquels il est pourtant immédiatement possible de s'identifier.

Les mégalithes de Göbekli Tepe.

La découverte du site de Göbekli Tepe, comme celle de la grotte de Bruniquel, a bouleversé tout ce que l'on croyait savoir sur la préhistoire. Jusqu'alors, on pensait que les premiers humains – des bandes de chasseurs-cueilleurs préagricoles – n'avaient pas d'architecture significative, avaient peu d'organisation sociale complexe et encore moins de culture. Selon la chronologie communément reconnue, ce n'est qu'après le développement de l'agriculture, il y a environ 10 000 ans, et avec l'accumulation de richesses et les structures hiérarchiques qui ont suivi, que nous avons acquis les compétences, dégagé le temps et développé le désir de construire de tels édifices. Mais Göbekli Tepe date d'au moins 12 000 ans : le temple est antérieur à la ville. La culture, l'architecture et les croyances spirituelles complexes ne sont finalement pas aussi modernes que nous le pensions. C'est devenu un fait scientifique parce que nous avons fouillé les temples, trouvé des blocs de pierre et daté des cercles de stalactites, mais nous pourrions aussi le savoir grâce à une perception plus qu'humaine, sensible, qui ne supplante pas la connaissance scientifique ni n'est invalidée par celle-ci. Nos convictions et nos préjugés en matière d'archéologie sont les produits de techniques d'analyse appliquées sur des traces de persistance matérielle, mais d'autres manières de voir sont à notre disposition pour mieux saisir ce que représente la formidable découverte du site de Göbekli Tepe. Nous avons notre propre expérience de la vie dans le monde, ce monde que nous partageons avec nos ancêtres humains, les humains archaïques et les êtres autres qu'humains.

S'il peut paraître plus difficile d'imaginer le monde – et la vision du monde – des Néandertaliens que celui – et celle – d'un moine du Moyen Âge dans sa cellule ou d'un chasseur-cueilleur dansant à Göbekli Tepe sous un ciel rempli d'étoiles, tel ne devrait pas être le cas. Nous partageons avec eux plus que nous ne le pensions, et ce que nous avons en commun ne se limite pas à l'appréciation de la nuit, du feu, de l'obscurité ou des rituels.

Arrivés en Europe des centaines de milliers d'années avant *Homo sapiens*, les Néandertaliens ont été les premiers humains à s'installer sur le continent, au sud de l'Angleterre et jusqu'au Danemark vers le nord, et jusqu'en Asie centrale et en Sibérie vers l'est. Bien avant l'arrivée des humains modernes, les Néandertaliens avaient une culture complexe, vivaient en petits groupes familiaux et fabriquaient des objets décoratifs et des instruments de musique, ainsi que des outils en pierre et du goudron d'écorce de bouleau pour l'empennage des flèches et les haches. Ils enterraient leurs morts, utilisaient l'ocre et divers pigments, plumaient les oiseaux pour en récupérer les plumes et possédaient tous les organes nécessaires pour parler et chanter. Les raisons de leur disparition, il y a environ 40 000 ans, restent floues, mais ont probablement beaucoup à voir avec le climat et la concurrence de nouveaux arrivants : nous. À ce moment-là, cependant, nos deux espèces avaient coexisté pendant près de 30 000 ans. Ce fait ainsi que la persistance de gènes néandertaliens dans notre génome jusqu'à nos jours suggèrent quelque chose de bien plus important encore concernant notre relation avec le monde plus qu'humain.

En 1997, des scientifiques de l'université de Munich appartenant à une équipe dirigée par le paléogénéticien suédois Svante Pääbo extrayaient le premier ADN néandertalien lisible de la partie supérieure du bras du squelette trouvé dans la vallée de Neander. La technologie qu'ils utilisaient était très récente, le rythme d'analyse très lent, et l'échantillon sur lequel ils travaillaient était un simple fragment, qui avait dû être mélangé à des ossements provenant de Croatie. Ils pensaient que le séquençage d'un génome complet prendrait des années, notamment parce que le premier séquençage par le Human Genome Project avait pris plus d'une décennie avec comme source l'ensemble de la population humaine vivante[17]. Mais l'analyse avait démarré depuis moins d'un an lorsqu'ils ont remarqué quelque chose d'étrange dans l'ADN de Néandertal. Comme on pouvait s'y attendre, une partie de cet ADN était similaire à l'ADN humain – nous venons, après tout, d'ancêtres communs. Mais une proportion importante de cet ADN n'était présente que chez *certains* humains, en particulier ceux d'origine européenne et asiatique, et était beaucoup moins fréquente chez les personnes d'origine africaine.

Ce résultat était si surprenant qu'il a dans un premier temps été mis sur le compte d'une erreur causée par une contamination du matériel génétique ou une mauvaise interprétation des données. Cette confusion était liée à la conviction que les humains modernes seraient tous d'ascendance africaine directe. Selon ce point de vue, les Néandertaliens constituent une branche totalement distincte de l'arbre, qui s'est séparée de la nôtre il y a environ 550 000 ans. Ils auraient été poussés vers l'Europe où ils se seraient éteints après que nous les y aurions suivis. Tout ADN que nous partageons avec les Néandertaliens aurait dû se retrouver chez nos ancêtres africains communs. Pourtant, les preuves ADN montrent, sans équivoque, que des contacts beaucoup plus intimes ont eu lieu entre *Homo sapiens* et Néandertaliens bien après cela. La seule conclusion possible est que, avant la disparition des Néandertaliens, *Homo sapiens* a eu des relations sexuelles avec eux et que leurs enfants ont peuplé l'Europe, l'Asie et les Amériques. Nous sommes le résultat non pas d'une descendance linéaire d'espèces fixes et immuables, mais d'un brassage et d'un métissage. Les rameaux de l'arbre de la vie sont entrelacés les uns avec les autres.

L'équipe de Svante Pääbo a également découvert autre chose. Lorsque les chercheurs ont fini de séquencer l'intégralité du génome néandertalien en 2014, ils l'ont fait grâce aux restes bien conservés d'un gros orteil appartenant à un Néandertalien qui avait vécu il y a 120 000 ans dans les montagnes de l'Altaï, en Sibérie[18]. Mais la grotte dans laquelle il a été trouvé, appelée Denisova, renfermait un nouveau mystère : une autre espèce d'humains archaïques, inconnue jusqu'alors. On leur a donné le nom de Dénisoviens.

Au moment où ces lignes sont écrites, l'ensemble des traces connues des Dénisoviens pourrait tenir dans le creux de la main. Il est composé d'un petit doigt, de trois dents, de quelques fragments d'os provenant du sol de la grotte de Denisova et d'une partie de mâchoire découverte au Tibet. Mais les techniques d'analyse de l'ADN ont fait des progrès considérables, et ces fragments suffisent à déterminer beaucoup de choses. À l'instar des Néandertaliens, les Dénisoviens avaient un visage long, large et proéminent, un grand nez, un front incliné, une mâchoire saillante, une poitrine et des hanches larges. Ils étaient porteurs de gènes qui, chez les humains modernes, sont associés à une peau foncée, des cheveux bruns et des yeux marron. Et, comme les Néandertaliens, ils ont eu des relations sexuelles avec nos ancêtres.

Les populations actuelles de Papouasie-Nouvelle-Guinée et d'autres îles du Pacifique partagent environ 5 % de leurs gènes avec des prédécesseurs dénisoviens, tandis que ce pourcentage est de 0,2 % pour les populations d'Asie de l'Est et du Sud. Pendant un moment, on a pensé que cela signifiait que les Dénisoviens avaient migré vers le nord en Asie, mais il semble plus probable que ce soit la preuve d'au moins deux vagues de migration différentes – et de deux périodes distinctes au cours desquelles les humains et les Dénisoviens étaient en contact, socialement et sexuellement[19].

C'est ce mélange de populations humaines et archaïques qui a fait de nous ce que nous sommes. Plutôt que d'être les produits d'une évolution individualiste et directe le long de branches distinctes de l'arbre de l'évolution, nous sommes le résultat de millénaires d'association étroite – voire extrêmement intime – entre différentes branches. Nous sommes faits de nos enchevêtrements avec les autres.

Les gènes néandertaliens ont donné aux Européens et aux Asiatiques modernes des cheveux et des ongles plus épais, soit une adaptation utile aux températures plus basses des latitudes nordiques. Parmi les legs des Dénisoviens, on peut citer l'adaptation des populations tibétaines à la haute altitude, ou le mode particulier de régulation de la masse grasse chez les Inuits du Groenland. Les Néandertaliens et les Dénisoviens étaient des pionniers dans ce qui était autrefois des environnements extrêmes. Leurs adaptations et leur héritage génétique ont permis à nos ancêtres de leur survivre. Et les découvertes ne s'arrêtent pas là. Ces dernières années, des preuves de l'existence d'autres populations « fantômes » dans notre ADN ont été mises au jour parmi les populations d'Afrique de l'Ouest, ainsi que des éléments suggérant une migration du Moyen-Orient vers l'Afrique. Tout ce que nous pensions savoir sur l'ascendance humaine semble voler en éclats[20].

Dans ce paysage complexe et enchevêtré, nous découvrons parfois des figures singulières qui remettent en question toutes nos idées préconçues. Tel est le cas de Denny, une adolescente qui vivait dans les montagnes de l'Altaï il y a environ 90 000 ans. Tout ce que nous savons d'elle est l'histoire que nous raconte un fragment d'os de quelques centimètres de long trouvé dans la grotte de Denisova, qui a été habitée à différentes périodes par des personnes identifiables comme étant humaines, des Néandertaliens et des Dénisoviens. Ou encore, bien mieux, par une combinaison de ces populations, car Denny est une hybride, une enfant bispécifique : la progéniture de première génération d'une mère néandertalienne et d'un père dénisovien[21]. Pour couronner le tout, la mère de Denny était plus proche des Néandertaliens vivant il y a 55 000 ans en Croatie que de ceux qui vivaient encore 30 000 ans plus tôt dans la même grotte. Les humains archaïques se caractérisaient par leur mobilité et leur promiscuité. Considérant l'étroitesse de la relation génétique établie à partir des fragments et l'évidence des preuves ainsi réunies, Pääbo a déclaré qu'il avait l'impression d'avoir « presque pris ces gens sur le fait[22] ».

Et si tel avait été vraiment le cas ? Comment nous serions-nous sentis ? Au-delà de l'exploit technique que constituent ces analyses génétiques, ces accouplements étaient de véritables histoires entre de vraies personnes : l'identification de Denny est un miracle qui avait été précédé d'un autre, celui de la rencontre entre deux individus. Pourtant, les modalités de cette rencontre restent inconnues : les couples dénisovien/néandertalien – et en fait néandertalien/humain et dénisovien/humain – étaient-ils consensuels et aimants, ou brutaux et impulsifs, imposés par les circonstances ?

Lorsque les premiers humains modernes qui ont quitté l'Afrique ont rencontré des Néandertaliens et des Dénisoviens dans les grottes de la côte atlantique ou dans les hautes montagnes de Sibérie, avaient-ils déjà rencontré quelqu'un d'aussi semblable et différent d'eux ? C'est possible, vu les nombreuses espèces fantômes qui ont existé ailleurs, mais l'expérience a dû être déconcertante. Quiconque s'est retrouvé nez à nez avec un grand singe dans un zoo ou en milieu naturel peut attester de la profonde étrangeté qu'il y a à voir dans les yeux d'une autre espèce l'expression d'une conscience, d'une intelligence et même d'une parenté. Ce sentiment devait être encore plus marqué pour les Néandertaliens et les Dénisoviens : des êtres culturellement et physiquement différents de nous, mais qui comme nous vivaient dans des grottes et faisaient des feux de camp. Les avons-nous traités comme des sujets coloniaux, des sous-hommes, des esclaves ou pire, comme leurs descendants européens, bien plus tard, ont traité à peu près tout le monde ? Ou avons-nous fait preuve de compassion, d'empathie, d'amour et de solidarité, dans les hivers glacials du Pléistocène ?

Les données génétiques ne permettent pas encore de déterminer la direction du flux génétique, c'est-à-dire si les accouplements se sont faits selon un schéma de répartition des sexes – des humains mâles avec des femmes néandertaliennes/dénisoviennes, par exemple, et vice versa – ou bien selon un certain équilibre. Ce genre d'indice pourrait nous amener à être – et nous inviter à rester – plus ouverts d'esprit. Ou pas. En fin de compte, nos conclusions ne peuvent être fondées que sur la compréhension que nous avons de nos relations existantes, et sur nos propres capacités d'empathie et d'imagination.

De nombreuses études scientifiques confortent l'affirmation selon laquelle ce que nous appelons l'amour existe en dehors des relations humaines. Certaines montrent que les niveaux d'ocytocine sont élevés chez les chimpanzés lorsqu'ils partagent de la nourriture avec des étrangers et des parents, or c'est la même hormone qui relie les couples humains et les parents à leurs enfants. D'autres études montrent que les bonobos préfèrent le sexe au conflit et que les gorilles s'occupent de leurs propres enfants et de ceux des autres – et que cette capacité à prendre soin d'autrui est corrélée à des taux de reproduction plus élevés[23]. Toutes ces observations sont fascinantes et importantes, mais ce qui compte encore plus, c'est que nous puissions imaginer cette capacité à prendre soin d'autrui au sein de notre espèce et chez les autres : chez les humains archaïques, chez les autres primates et, finalement, dans le monde dans son ensemble.

La tendance à vouloir dominer qui est la nôtre n'est pas nécessairement quelque chose d'ancien, et elle varie aujourd'hui considérablement selon les populations. Elle peut être révélatrice aussi bien d'une certaine éducation et d'une « haute » culture que de leur absence. Il n'y a aucune raison de penser que nous n'aurions pas pu aimer ces êtres proches et être aimés par eux. Si nous pouvons nous imaginer installés dans les cathédrales de stalactites des Néandertaliens, alors pourquoi pas dans leurs bras ? À plusieurs moments de notre histoire, des enchevêtrements de ce type ont fondamentalement modifié notre propre devenir. Que nous soyons ou non nés de l'amour, nous en sommes capables. Nous sommes faits avec d'autres.

Voici une brève liste d'espèces humaines archaïques, dont beaucoup ne sont connues que par quelques fragments d'os et des traces de populations « fantômes » profondément enfouies dans nos propres gènes. Aux côtés d'*Homo sapiens*, *neanderthalensis* et *denisova*, dans la catégorie des « humains anatomiquement modernes », figurent *rhodesiensis*, originaire de Zambie ; *idaltu*, établi à partir de trois crânes découverts en 1997 dans la dépression de l'Afar et datés de 160 000 ans ; et *heidelbergensis*, mieux connu, qui a également voyagé jusqu'en Europe et qui était le premier hominidé sans sacs laryngés simiens, ce qui laisse supposer un passage possible des grognements et des mugissements à la parole humaine. Découverte sur une île d'Indonésie, *floresiensis*, la « petite dame de Flores », ne mesurait qu'un mètre – exemple probable de nanisme insulaire, lorsque les corps des membres d'une population rétrécissent en raison de la rareté des ressources. Nous avons aussi *cepranensis*, ou homme de Ceprano, en Italie ; *antecessor*, le premier *Homo* trouvé en Europe, malheureusement soupçonné de cannibalisme[24] ; *ergaster*, « l'artisan », qui a mis au point la première technologie avancée, la hache acheuléenne ; et *naledi*, dont les doigts et les orteils allongés suggèrent qu'ils ou elles passaient encore beaucoup de temps dans les arbres. C'est ce qu'on appelait autrefois le territoire du « chaînon manquant », où nous trouvons de nombreux autres exemples d'*Homo habilis* et d'*Homo erectus* : l'homme de Java, l'homme de Lantian, l'homme de Nankin, l'homme de Pékin, l'homme de Solo, l'homme de Tautavel (tous catalogués comme « hommes » alors que nombre de ces squelettes et individus étaient des femmes), chacun étant une déclinaison unique du type humain. Il y a aussi *Meganthropus*, nommé ainsi parce qu'il avait une mâchoire – et probablement d'autres parties – de la taille de celle d'un gorille ; et *gautengensis*, un homininé essentiellement végétarien découvert dans les grottes du « berceau de l'humanité » en Afrique du Sud. En remontant plus loin dans le temps – mais après le moment où les homininés se sont séparés des chimpanzés (si l'on peut encore se référer à des divisions aussi rigides) –, on trouve *Australopithecus*, alias Dinkinesh/Lucy, et de nombreuses sous-espèces distinctes, notamment *garhi*, *africanus*, *sediba*, *afarensis*, *anamensis*, *bahrelghazali*, *deyiremeda* ; les *Paranthropus* ou « australopithécinés robustes », qui préféraient les harems polygames, comme les gorilles modernes ; et *Ardipithecus kadabba* et *ramidus* – des individus ressemblant à des chimpanzés qui semblent s'être autodomestiqués, devenant peut-être plus monogames et moins bagarreurs, à la manière des bonobos. Tous ces noms et distinctions évoluent un peu à chaque découverte d'un nouvel os de jambe ou d'une calotte crânienne.

Il apparaît que nous arrivons à des prises de conscience similaires à celles qui accompagnent notre réflexion sur l'intelligence. La première est que la notion d'« espèce » en tant que chose facile à délimiter et à décrire n'est pas du tout établie. Elle est fondée sur l'idée qu'il existe des clades distincts et intangibles d'individus qui sont exclusivement féconds, c'est-à-dire que ce n'est qu'en ayant des rapports sexuels avec d'autres membres de leur clade qu'ils peuvent produire une progéniture viable. L'existence de Denny, de ses parents, et toutes les études du génome humain multispécifique contredisent cette hypothèse. Si notre trio poilu de Sapiens, Néandertaliens et Dénisoviens a réussi à produire une descendance viable et féconde, alors c'est toute notre structure faite de divisions qui se met à vaciller. Non seulement nous sommes enchevêtrés avec d'autres formes d'êtres dans notre ascendance, mais ces enchevêtrements incluent aussi bien des non-humains que des humains.

Une deuxième chose que nous réalisons est que toute tentative pour identifier des qualités exclusives parmi les différentes « espèces », et pour les délimiter par des séparations spécifiques dans l'arbre de l'évolution – comme les scientifiques ont essayé de le faire, à plusieurs reprises, avec des qualités telles que la reconnaissance de soi –, est totalement erronée. Il existe de multiples formes d'être et de faire, de vivre et de prospérer, qui s'entrecroisent et s'entremêlent entre les nombreuses branches de l'arbre ou plutôt du buisson du vivant.

Ces prises de conscience ont été possibles grâce au génie technologique – en l'occurrence le développement, au fil des décennies, de méthodes d'échantillonnage et d'analyse de l'ADN extrêmement sophistiquées –, combiné à notre propre capacité à imaginer des relations au-delà de l'humain, et de son exceptionnalisme. C'est l'écologie des technologies dans ce qu'elle a de meilleur : l'association de capacités technologiques et d'une sensibilité plus qu'humaine qui produit de nouvelles manières de voir et d'apprécier le monde. Elle nous permet de reconnaître que tout est lié à tout le reste, et simultanément de bouleverser notre conception de *ce à quoi sert* la technologie.

Historiquement, le progrès scientifique a été mesuré par sa capacité à construire des cadres réducteurs pour la classification du monde naturel, un prêt-à-penser qui est devenu dominant aux XVIIIe et XIXe siècles. Cette perception du progrès de la connaissance s'est accompagnée d'un long processus d'abstraction et de cloisonnement, de séparation des choses les unes des autres, dans une recherche constante de la base atomique de toute chose : le type unique, pur et définitif, est la seule vraie réponse. C'est à cette image que nos technologies ont été construites, jusqu'au binaire des 1 et des 0 qui sert de base à nos calculs. Et pourtant, encore et toujours, plus nous cherchons à approfondir de telles abstractions, et plus nous allons dans la structure de la vie elle-même, plus ces distinctions deviennent floues et s'effondrent.

Ce que nous percevons comme des frontières et des conflits – ce qui nous sépare – s'avère souvent être non pas un produit du monde extérieur, mais la conséquence de criantes insuffisances dans nos propres conceptions, capacités et outils de discernement. Nous pensons étudier le monde, mais en réalité nous ne faisons que mettre en évidence les limites de notre propre pensée, qui s'incarnent dans nos tableaux de bord et nos instruments de mesure. La vérité est toujours plus étrange, plus vivante et plus grande que tout ce que nous pouvons calculer.

Selon moi, ce n'est dans le travail ni d'un biologiste de l'évolution ni d'un paléogénéticien que ce paradoxe s'exprime le mieux, mais dans celui d'un météorologue, Lewis Fry Richardson. Scientifique, Richardson était aussi un quaker dont les convictions pacifistes ont façonné la vie et l'œuvre. Objecteur de conscience, il refusa de combattre pendant la Première Guerre mondiale, mais servit tout de même sur le front en tant qu'ambulancier. C'est à cette époque qu'il a formulé certaines des premières règles de prévision mathématique de la météo, qui sous-tendent une grande partie de ce que nous entendons aujourd'hui par météorologie. Pour cela, il a utilisé du papier et un crayon, calculant à la main le mouvement des masses d'air et les gradients de pression atmosphérique, durant les longues heures entre les sorties, parfois dans des bâtiments bombardés transformés en cantonnements, et même parfois sous le feu de tirs d'artillerie.

Après la guerre, il reprit ses fonctions au British Meteorological Office. Mais il démissionna peu après pour des motifs de conscience, lorsque celui-ci fut absorbé par l'Air Ministry, le ministère responsable de la Royal Air Force. Pour cette raison, beaucoup de ses idées ont mis des années avant d'être pleinement mises en œuvre. Il continua néanmoins à chercher des moyens d'améliorer notre compréhension du monde par la science. Il était notamment convaincu de la possibilité de mettre les mathématiques, la discipline qu'il avait introduite dans la météorologie, au service du pacifisme.

Dans une série de livres publiés vers la fin de sa vie, Richardson cherchait à découvrir une base mathématique aux causes de la guerre et aux conditions de la paix[25]. L'une de ses idées était que la propension à la guerre de deux États pouvait être fonction de la longueur de leur frontière commune. Pour prouver son hypothèse, il lui fallait des chiffres précis sur la longueur de ces frontières, mais il constata que ces chiffres n'existaient pas : les estimations de la longueur des frontières ne semblaient jamais correspondre entre les pays. Plus il creusait le problème, plus ces estimations semblaient imprécises et sujettes à controverse.

Il finit par mettre en évidence un paradoxe : plus on essaie de mesurer avec précision certaines choses, plus elles deviennent complexes. Ce constat surprenant est connu sous le nom d'effet Richardson. Imaginez que vous mesurez la côte de Grande-Bretagne avec un étalon de mesure d'un kilomètre, puis que vous répétez l'exercice avec un étalon moitié moins long, puis à nouveau moitié moins long, et ainsi de suite. À chaque mesure, le relevé est censé devenir plus précis, une partie de plus en plus grande de la côte étant prise en compte. Mais le résultat, comme l'a compris Richardson, n'est pas que la mesure converge vers la bonne réponse, mais plutôt que plus la mesure est précise, plus celle-ci augmente. Richardson avait découvert ce que le mathématicien Benoît Mandelbrot a désigné plus tard sous le nom de « fractales », des structures qui se répètent jusqu'à atteindre une complexité infinie. Au lieu d'aboutir à de l'ordre et à de la clarté, une analyse toujours plus minutieuse ne fait apparaître que davantage de détails et de variations, toujours plus splendides[26].

L'effet Richardson s'applique à la biologie, à l'archéologie, à l'évolution et, semble-t-il, au vivant lui-même. À mesure que nos outils archéologiques et biologiques s'améliorent, que nous démêlons la toile du vivant, le résultat n'est pas un arbre ordonné, avec des branches mesurables et des délimitations claires entre les formes et les types, mais une danse virevoltante faite de rencontres et d'interrelations. Les espèces commencent à se fragmenter et à se brouiller ; le terrain de jeu, de la savane à la toundra et inversement, se remplit d'acteurs. Tous pataugent dans la gadoue. L'arbitre ne peut plus compter les points. Et cette mêlée générale du vivant est magnifique, foisonnante d'ancêtres et de descendants entre lesquels les frontières tombent. Voilà ce que révèle le regard minutieux que permet notre technologie : non pas une cartographie rigide, mais un modèle d'interférence, jusqu'à la danse quantique du champ d'énergie qui est derrière tout.

Où que nous tournions le regard, le même processus est à l'œuvre. Au cours des dernières décennies, notre connaissance de la vie réelle des espèces humaines archaïques – leurs multiples migrations, leurs capacités qui se recoupent et s'entremêlent, le fait qu'elles se frottent les épaules et d'autres parties du corps – a augmenté et s'est complexifiée. Et la même chose vaut pour notre compréhension du vivant, jusqu'au niveau cellulaire. Si l'ascendance humaine vous paraît complexe, incertaine et savoureusement métissée, attendez de découvrir ce qu'il en est de nos cellules.

Dans les années 1950, des scientifiques ont commencé à chercher ce qu'ils appellent le dernier ancêtre commun universel (souvent désigné par l'acronyme anglais LUCA pour *Last Universal Common Ancestor*). Au départ, ils considéraient que LUCA était l'origine de toute vie, l'organisme ancestral dont descendaient toutes les formes de vie ; ils se sont vite rendu compte que tout ce qu'ils allaient trouver – et ne pouvaient trouver – serait l'ancêtre de toute vie aujourd'hui vivante. De même qu'ont dû exister nombre d'autres populations fantômes que celles qui hantent encore notre ADN – des groupes entiers d'humains qui n'ont pas, pour une raison ou une autre, contribué à notre lignée et se sont éteints sans que nous le sachions –, il a très probablement existé de nombreuses formes de protovie qui ne se sont pas retrouvées dans les archives fossiles ou dans des descendants encore vivants. Pourtant, notre LUCA a dû exister, et ce sans doute il y a environ 4,5 milliards d'années, pendant l'éon Hadéen, lorsque la Terre était encore chaude, hautement radioactive et soumise à un bombardement constant de météorites en provenance de l'espace. La recherche de LUCA, qui se poursuit encore, constitue une tentative pour établir enfin par la biologie une histoire définitive du vivant lui-même, à l'instar de la recherche du modèle standard de la physique des particules. C'est la recherche de la « vraie réponse unique » qui permettra de résoudre toutes les autres questions.

Dès le départ, pendant la recherche de LUCA, sont apparues toutes sortes d'anomalies, qui ont d'abord été considérées comme des erreurs (par exemple la découverte de souches d'ADN néandertalien dans différentes populations humaines). Carl Woese, professeur de microbiologie à l'université de l'Illinois, pensait qu'il serait possible de se rapprocher de LUCA en démêlant les longues séquences d'ADN, d'ARN et de protéines à l'intérieur des cellules, qu'il appelait l'« enregistrement fossile interne ». Dans ces séquences se trouvait encodée la totalité de l'histoire du vivant : mutations, hybridations, ajouts et enrichissements sur d'innombrables générations. À la fin des années 1960, c'est dans les ribosomes, dont la présence avait récemment été découverte dans toutes les cellules vivantes, que Woese s'est mis à la recherche de l'enregistrement fossile interne. Particules auxquelles l'ARN messager transmet les informations portées par l'ADN sur la structure de l'organisme, les ribosomes sont comme des imprimantes 3D de corps vivants.

Avant l'avènement du séquençage informatique de l'ADN dans les années 1980, ce travail de décryptage était difficile, partiel et extrêmement chronophage. Woese et ses assistants utilisaient des rayons X pour projeter l'ombre des molécules d'ARN sur un film photosensible afin de voir l'« empreinte digitale » de chaque séquence individuelle. S'ensuivaient d'interminables heures d'annotation et de comparaison pour mettre en évidence les similitudes et les différences entre les séquences, et pour tenter de faire correspondre les brins ancestraux entre les différentes molécules. Ils ont commencé à constater des différences flagrantes entre certaines molécules et certains organismes jusqu'alors considérés comme identiques par la science. En particulier, ce que les scientifiques avaient pris pour des classes complètes de bactéries semblait être quelque chose d'entièrement différent. Woese les a nommées archées, un terme qui signifie « choses anciennes ».

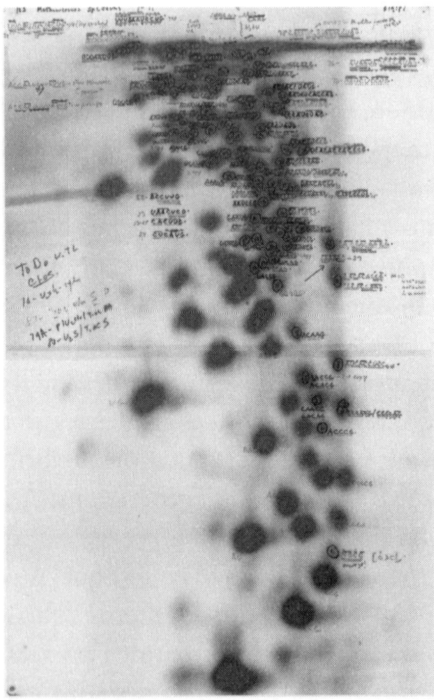

Empreinte digitale aux rayons X de l'ARN ribosomal, annotée par Carl Woese.

Ces archées ne possédaient pas certaines caractéristiques des bactéries, mais en possédaient d'autres, inattendues. Elles avaient des propriétés étranges – entre autres, elles digéraient le dioxyde de carbone et excrétaient du méthane – et étaient particulièrement bien adaptées aux environnements extrêmes (c'est là que nous les avons déjà croisées, plus haut, dans les sources chaudes et salées de la dépression de Danakil). En tout cas, elles ne cadraient pas avec le système existant des deux règnes du vivant, avec d'une part les bactéries (organismes unicellulaires sans noyau), et d'autre part les eucaryotes (tout le reste).

Cette découverte à elle seule était révolutionnaire, et la publication par Woese de ses résultats en 1977 fit sensation[27]. Woese et son assistant George Fox défendirent la reconnaissance d'un troisième règne, ou domaine, du vivant, distinct des bactéries et des eucaryotes.

Il s'agissait du remaniement le plus important de l'arbre du vivant depuis l'introduction des « formes primitives », ou protistes, par Ernst Haeckel en 1866. Si les protistes de Haeckel furent par la suite intégrés au domaine des bactéries, la découverte des archées – qui résultait d'une tentative de simplification de l'arbre – ne fit que compliquer une fois de plus le tableau.

L'effervescence qui accueillit cette annonce masqua une autre découverte associée, que Woese et d'autres allaient passer les décennies suivantes à analyser minutieusement, et qui reste encore aujourd'hui peu comprise ou reconnue. Il s'agit du phénomène du transfert horizontal de gènes, ou THG, dans lequel les archées se sont révélées particulièrement expertes.

En 1928, un chercheur en médecine anglais du nom de Frederick Griffith observa pour la première fois que les bactéries responsables de la pneumonie à pneumocoques pouvaient, de manière apparente, muter soudainement et d'inoffensives devenir mortellement virulentes. Le mécanisme par lequel elles le faisaient restait toutefois inconnu. Dans les années 1940, à l'Institut Rockefeller de New York, des chercheurs observèrent, incrédules, que l'ADN semblait se dupliquer presque instantanément d'une bactérie à l'autre, au lieu de se transmettre selon un schéma héréditaire. En 1953, les microbiologistes Esther et Joshua Lederberg inventèrent l'expression « hérédité infectieuse » pour décrire le transfert d'ADN d'un organisme à un autre par le biais d'une infection virale ; c'était la première fois qu'un mécanisme de transmission de ce type était décrit et compris. Il s'est avéré que les virus n'étaient qu'un des nombreux moyens par lesquels les gènes pouvaient se propager entre les branches de l'arbre du vivant, horizontalement, plutôt que verticalement.

Les archées sont particulièrement friandes de cette méthode de propagation de leurs gènes. À certaines températures, ou lorsqu'elles sont exposées à des rayons UV nocifs, à de l'acide ou à d'autres sources de dégradation, les archées peuvent tendre un minuscule filament, semblable à un cheveu, vers un autre individu, et échanger directement du matériel génétique. Ces filaments sont appelés des pili, et on les retrouve dans de nombreux types de bactéries – en particulier celles qui provoquent des maladies, comme les E. coli, car ils permettent aux bactéries de se lier plus facilement aux tissus d'autres organismes. Mais les archées utilisent leurs pili pour se lier les unes aux autres et pour transformer les organismes vivants en de nouvelles formes par transfert d'ADN.

Loin de stabiliser l'arbre du vivant, déjà bancal, en s'établissant dans un troisième règne, les archées ont continué à l'ébranler. Leur division en espèces s'avère pratiquement impossible. Elles se présentent plutôt comme des communautés foisonnantes d'individus pour la plupart semblables, qui divergent radicalement les unes des autres selon leur fonction et leur emplacement, échangeant librement des parties de leur ADN pour s'adapter rapidement à de nouvelles situations. Une nouvelle fois, c'est le concept d'espèces clairement délimitées qui vacille avec les archées. Mais celles-ci vont encore plus loin : elles remettent en question l'idée même d'« individu ».

Le concept scientifique et populaire d'espèce dépend de l'existence d'individus uniques et classifiables qui appartiennent, entièrement et exclusivement, à leur propre groupe bien défini. De son côté, la notion d'individu est inextricablement liée aux idées politiques de souveraineté et d'agentivité qui définissent la modernité, ainsi qu'à la conceptualisation du sujet et de l'objet, du moi et d'autrui, qui sont les fondements de la philosophie occidentale. Jouer avec le concept d'individu n'est pas une mince affaire, et pourtant c'est ce à quoi nous conduisent les archées.

En décembre 2012, trois biologistes parmi les plus éminents au monde ont publié un essai qui examinait comment les interactions entre les connaissances de plus en plus poussées en écologie et les puissants outils technologiques permettant d'interroger le monde avaient bouleversé notre compréhension du vivant. De même que le développement du microscope avait permis de découvrir le monde auparavant invisible des bactéries et des champignons, le séquençage de l'ADN et d'autres technologies ont révélé un paysage jusqu'alors inconnu et profondément interconnecté à tous les niveaux de l'existence. Ces technologies « ont non seulement fait apparaître un monde microbien d'une bien plus grande diversité qu'on ne l'imaginait auparavant », ont-ils écrit, « mais aussi un monde de relations complexes et entremêlées, non seulement entre les microbes, mais aussi entre la vie microscopique et macroscopique »[28].

Intitulé « Une vision symbiotique de la vie. Nous n'avons jamais été des individus » (*A Symbiotic View of Life: We Have Never Be Individuals*), cet essai est un résumé de plusieurs décennies de révolutions en sciences de la vie, dans lesquelles la découverte du transfert horizontal de gènes a joué un rôle central. Organisme après organisme, famille après famille, communauté après communauté, les auteurs ont documenté des cas de transfert horizontal de gènes, y compris chez les êtres humains. En fait, il apparaît que nous sommes nous-mêmes des « chimères génomiques » : 50 % du génome humain est constitué de séquences d'ADN « écrites » par d'autres organismes à différents moments de notre évolution. Près de 10 % résultent de la transmission d'ADN par des virus. Apparu indépendamment dans plusieurs lignées, l'utérus, berceau même de la vie chez les mammifères, est le résultat d'une infection virale. La queue du spermatozoïde humain, le moteur frétillant qui le propulse vers l'ovule, pourrait avoir pour origine une bactérie spirochète non parasite. Nous vivons parce que nous avons été infectés par l'ADN d'autrui, ou peut-être devrions-nous dire parce que nous le partageons[29].

Le nom donné à cette nouvelle vision de la vie, qui va bien au-delà du mécanisme du THG, est la symbiose. Contrairement à la violence et à la compétition qui imprègnent le récit de l'émergence de la vie dans l'évolution darwinienne, la symbiose suggère que nous sommes plutôt le produit de la coopération, de l'interaction et de la dépendance mutuelle. Cette vision de la vie, profondément écologique et relationnelle, va des séquences de notre ADN à la composition de nos corps, en passant par le type de sociétés dans lesquelles nous vivons – ou pourrions vivre, si nous prenons ses enseignements au sérieux.

La relation entre les plantes et les champignons mycorhiziens que nous avons explorée dans le chapitre précédent est fondée sur la symbiose. Enchevêtrées et dépendantes l'une de l'autre, ces deux formes de vie prospèrent en se développant conjointement. C'est la symbiose qui a permis aux plantes, et à toutes les autres formes de vie, de s'établir sur la terre, en englobant des champignons partenaires dans leurs racines. Cette relation persiste aujourd'hui à travers les lichens, qui sont une association entre champignons et algues, travaillant si étroitement ensemble que leurs formes sont presque indiscernables. Les lichens ont été présentés comme « les champignons qui ont découvert l'agriculture », mais cette description ne reflète pas l'association mutualiste entre des créatures tellement attachées les unes aux autres que leurs vrilles se développent dans les cellules de l'autre – brouillant encore davantage la distinction entre individu et espèce.

Les insectes et les plantes à fleurs sont également un exemple de symbiose, qui a indéniablement façonné toute la vie sur la planète, ainsi que les formes de ces créatures elles-mêmes. Les unes ont eu et ont une influence sur l'évolution des autres, et inversement, dans la mesure où l'adaptation à de nouveaux environnements les amène à adopter de nouveaux modes de vie, qui se reflètent à leur tour chez leurs partenaires symbiotiques. Et nous participons nous aussi à ces systèmes de développement coopératif ; comme nous le verrons dans un chapitre ultérieur, nous avons peut-être évolué comme nous l'avons fait à la faveur de la disponibilité du miel, résultat direct de la symbiose insectes-plantes.

Nous pouvons même identifier des « populations fantômes » d'animaux dans les traces de symbioses passées. L'avocat pourrait bien avoir développé son gros « noyau » (en fait une graine) apparemment non comestible en réponse à la présence, il y a un million d'années, d'animaux géants, les paresseux terrestres et les gomphothères, sortes d'éléphants du Pliocène, capables de les manger et de les diffuser. Bien que ces partenaires symbiotiques n'existent plus, l'avocat est passé à autre chose : aujourd'hui, il continue de se propager par l'intermédiaire d'autres animaux qui apprécient de manger sa pulpe[30].

La symbiose est essentielle à notre vie quotidienne. Le microbiome humain, ces quelque 2 kilos de bactéries et autres organismes que nous portons en nous – principalement dans notre intestin –, influence profondément notre conscience et notre comportement. Cela vaut même pour notre intelligence : la santé ou non de notre microbiome affecte à la fois le développement du cerveau et notre capacité à faire face au stress et aux traumatismes. Des études ont montré que les personnes âgées vivant dans des établissements de soins de longue durée ont des microbiomes moins diversifiés que celles qui vivent dans des communautés plus élargies, et qu'elles sont par conséquent plus fragiles et davantage sujettes aux maladies chroniques[31].

Non seulement nous pratiquons quotidiennement la symbiose, mais nous en sommes aussi issus. Tout comme les plantes, les animaux, les champignons et la plupart des formes de vie que nous rencontrons chaque jour, nous sommes des eucaryotes, c'est-à-dire des êtres dotés de cellules complexes contenant des noyaux et des mitochondries (à la différence des procaryotes, les bactéries et les archées, dont les cellules plus simples ne contiennent que des brins d'ADN). Comment en sommes-nous arrivés là ? Les bactéries et les archées représentent probablement un stade antérieur de la vie, et nous en sommes certainement issus, d'une manière ou d'une autre. Mais comment ?

La réponse à cette question, proposée pour la première fois par la biologiste Lynn Margulis dans les années 1960, est l'endosymbiose – qui, comme beaucoup d'idées révolutionnaires que nous avons rencontrées, a longtemps été tournée en dérision et ignorée avant de devenir incontestable. Les endosymbiontes sont des organismes qui vivent à l'intérieur d'autres organismes : les bactéries fixatrices d'azote dans les racines des pois, ou les algues à l'intérieur des coraux bâtisseurs de récifs. La proposition de Margulis était que la vie eucaryote – notre vie et celle de tous les organismes complexes, des amibes aux séquoias – était elle-même le produit d'une endosymbiose. À un moment donné de l'histoire de l'évolution, une bactérie indépendante, non parasite, en a englouti une autre, et les deux se sont mises à établir une relation mutuellement bénéfique. Telle est l'origine des mitochondries et des chloroplastes, les structures des cellules animales et végétales qui produisent l'énergie nécessaire à notre survie. Comme le lichen, ces bactéries ont appris à se cultiver l'une l'autre : elles se fournissent mutuellement le gîte et les nutriments nécessaires à leur survie, en échange d'énergie et d'autres produits. Les deux bactéries ont profité de cet arrangement, et leur relation mutuelle s'est transmise de génération en génération, donnant naissance à toute la vie multicellulaire complexe qui peuple notre planète. Elles vivent en nous encore aujourd'hui.

L'expression « plus qu'humain » est loin d'être suffisante pour caractériser cette réalité. Non seulement nous sommes les produits de multiples ancêtres enchevêtrés, recouvrant de vastes étendues du champ de l'évolution, mais nous ne sommes absolument pas des individus. Nous sommes plutôt des assemblages ambulants : des communautés bouillonnantes d'êtres multi-espèces aux corps multiples, à l'intérieur et à l'extérieur de nos propres cellules.

Peuuuuuuupuouuuuuur[32] et nous dégringolons tous ensemble le long de la lignée génétique, dans un délire joyeux, animés par un désir de vie et d'interconnexion qui ne cesse de s'épanouir et de s'exprimer de toutes ses forces, dans toute son étrangeté. Les lichens cultivent des algues et nous cultivons des bactéries et chacun nourrit l'autre, les arbres parlent et tout le monde chante. Nous descendons du typhus du côté maternel et de l'archée qui rote du méthane de l'autre[33]. Chaque fois que nous mettons nos outils les plus sophistiqués au service des questions centrales de notre existence – Qui sommes-nous ? D'où venons-nous ? Où allons-nous ? –, la réponse nous revient toujours plus clairement : nous sommes faits de tout et nous venons de partout.

En 1999, un biologiste américain du nom de Ford Doolittle a entrepris de dessiner un nouvel arbre du vivant, en tenant compte des dernières découvertes en matière de THG[34]. Il l'a dénommé « arbre réticulé » ou « réseau », bien qu'il ressemble davantage à un buisson épineux ou à un fourré. Échappant au caractère bidimensionnel du schéma habituel, ses branches se plient et se détachent, fusionnent et se séparent, se serrent les unes contre les autres et passent à travers des trous. Le vivant apparaît à la fois curieux et avide de nouveauté, interconnecté, tentaculaire et particulièrement inclusif.

Selon Doolittle, « des gènes différents produisent des arbres différents », ce qui signifie que les observations génétiques ne peuvent plus conforter le modèle des espèces ou même des règnes distincts.

« Pour sauver les arbres, on pourrait définir les organismes comme étant plus que la somme de leurs gènes et imaginer que les lignées d'organismes ont une sorte de réalité émergente – tout comme nous pensons que nous sommes réels et continus tout au long de notre vie, tout en sachant que nous ne sommes faits que d'une infime partie des atomes avec lesquels nous sommes nés. »

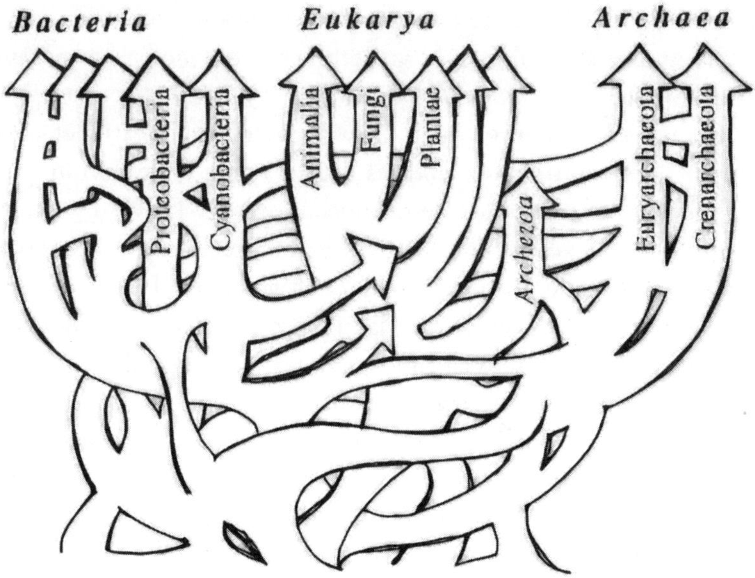

L'arbre réticulé de Doolittle.

Cette vision de la vie comme processus d'émergence continue fait écho à celle de Lynn Margulis, qui considérait l'individu humain comme « une sorte d'édifice baroque », reconstruit tous les vingt ans par la fusion et la mutation de bactéries. En même temps, le cœur de notre être, l'épine dorsale que constitue notre ADN, est bien plus ancien que tout être humain ayant jamais vécu. « Notre fort sentiment de différence avec toute autre forme de vie, notre sentiment de supériorité de l'espèce, a écrit Margulis, est une illusion de grandeur[35]. »

Cette vision du monde rend beaucoup plus difficile la recherche des origines de chaque individu, ou des frontières qui existent entre nous. En revanche, elle permet de trouver beaucoup plus facilement des choses en commun avec d'autres modes de vie.

L'essence de la vie n'est pas la constance, mais le changement. Son moteur, au niveau de l'individu et de l'évolution, est la rencontre avec autrui. Contrairement à l'idée darwinienne de filiation hiérarchisée, postulant que la dynamique de l'évolution est la mutation dans des branches individuelles, le changement et la nouveauté viennent de l'extérieur avec la symbiose. Nous sommes ce que nous sommes grâce à tout le reste.

Les modèles de progression, d'avancement, de linéarité et d'individualité – en somme, les modèles de hiérarchie et de domination – s'effondrent sous le poids de la diversité réelle. La vie est faite de mélanges complexes et tumultueux. Et c'est précisément de ces bouillonnements qu'elle se nourrit pour se développer. L'individu, qu'il soit examiné au microscope ou à la lumière du soleil, est toujours une pluralité. Donner un sens à cette vie qui prolifère, grouille, bouillonne et s'enchevêtre sans cesse exige des modèles laissant place à la multiplicité. L'arbre n'est pas un arbre, mais peut-être un buisson, ou un filet – ou une forêt, ou un lac. Ou peut-être un nuage ?

Si les modèles mathématiques de réseaux se sont révélés des outils utiles pour comprendre les structures et les possibilités des réseaux artificiels et naturels, qu'il s'agisse d'Internet ou des mycorhizes, ils ne peuvent rivaliser avec les métaphores des modèles mentaux que nous avons réellement dans la tête, de manière consciente ou parfois seulement fragmentaire. Ce sont les idées avec lesquelles nous vivons réellement. Et il ne peut y avoir de métaphore émergente plus puissante que celle que nous avons appliquée au sensorium global et interconnecté d'Internet, l'*Umwelt* partagé que nous appelons le nuage, ou *cloud*.

Le *cloud* incarne et transpose tous les problèmes de compréhension que nous rencontrons dans nos tentatives pour cerner le monde plus qu'humain. Chaque jour, il nous démontre qu'un régime d'information – une façon de penser et de classer le monde – qui dépend de données fixes et de catégories immuables, de conclusions plutôt que de processus, de fins plutôt que de moyens, de préjugés et d'hypothèses plutôt que de la réalité de nos propres vies, est l'antithèse de la société, de l'humanité et de la vie elle-même. Aucun schéma ne sera jamais complet, aucune taxonomie jamais achevée – et cela ne pose aucun problème, pour autant que les systèmes que nous mettons en place pour interpréter et appliquer ces schémas soient ouverts, transparents, compréhensibles et renégociables.

Cependant, il n'en est pas toujours ainsi, loin de là. Mais il y a parfois des lueurs d'espoir. L'une d'elles, qui me tient à cœur, est le volontarisme continu montré par Facebook sur la question du genre, qui est une parfaite illustration de cette confrontation sans fin avec les binarités illusoires. Comme la plupart des autres plateformes de réseaux sociaux, à sa création, Facebook demandait à ses utilisateurs de s'identifier comme « homme » ou « femme » lorsqu'ils créaient leur profil. Google Plus proposait une troisième option, « autre », ce que d'aucuns voyaient comme une avancée. Mais le système n'était pas réellement satisfaisant. Début 2014, Facebook lançait une liste de cinquante et une identités de genre parmi lesquelles les utilisateurs pouvaient choisir, entre trans, agenre, non binaire, genre fluide, bispirituel, et bien d'autres encore. Plus tard dans la même année, après consultation des utilisateurs, la société portait la liste à plus de soixante-dix éléments. Et un an plus tard, elle finissait par céder et permettait désormais à quiconque de taper sa propre identité comme toute personne l'entendait. Le genre, qui est l'une des manières de s'identifier les plus contestées dans notre société, était devenu, comme l'espèce, un champ libre – du moins sur Facebook (et c'est la seule chose positive que je dirai au sujet de cette entreprise). Dans le domaine des technologies de l'information, comme dans celui de la biologie de l'évolution, il semble que plus nous essayons de contrôler et de catégoriser le monde – de tout faire entrer dans de petites boîtes ou des cases de bases de données –, plus la vie déborde des cadres[36]. On imagine Lewis Fry Richardson dans sa tombe en train de rire avec son étalon de mesure à la main.

La symbiose n'est pas une vision d'harmonie parfaite, loin de là. Le monde est fait de relations qui ne sont ni forcément harmonieuses, ni même équitables. Mais celles qui sont mutuellement bénéfiques sont plus nombreuses que celles qui sont conflictuelles. Pour reprendre les mots de Lynn Margulis, « la vie n'a pas conquis le globe par le combat, mais par la mise en réseau[37] ».

La symbiose se présente donc comme l'un des contrepoints empiriques les plus puissants à tous nos récits cauchemardesques sur le développement d'infrastructures technologiques opaques, de systèmes d'analyse, de décision et de contrôle, d'intelligences et de relations de pouvoir dangereusement asymétriques. Elle nous dit que les choses ne se passent pas obligatoirement ainsi et, plus important, elle ne le *veut* pas. Il est possible de vivre comme des symbiotes plutôt que comme des sujets, en habitants tout aussi légitimes et responsables de ce monde plus qu'humain, dans tout son foisonnement et son désordre. C'est ce que nous disent la technologie, l'écologie et la réalité de nos propres corps.

CHAPITRE 4

Voir comme une planète

> « Attention ! » commença de crier une voix, et c'était comme si un hautbois tout à coup se fût mis à parler. « Attention ! » répéta la voix, sur le même ton élevé, nasillard. « Attention ! »

Ainsi commence *Île*, roman d'Aldous Huxley datant de 1962. Naufragé, le journaliste Will Farnaby se réveille sous les grands arbres de Pala, une île polynésienne isolée et mystérieuse. Farnaby est venu dans cet endroit – on apprendra plus tard que son naufrage était délibéré – dans le but de persuader le chef local de céder les droits miniers de l'île à la rapacité conjointe d'un homme puissant de la région et d'une compagnie pétrolière internationale. Nerveux et cynique au départ, il est peu à peu conquis par le mélange de gentillesse, d'attention et de pacifisme des habitants de l'île, qui s'incarne dans les sons qu'il entend à son arrivée : « Attention, attention. Ici et maintenant, les garçons. Attention. »

Ces mots, qui résonnent en permanence sur l'île et dans le texte de Huxley, ne sont pas prononcés par des voix humaines, mais par des volées de mainates dressés par les habitants de l'île. Parce que, comme l'explique une infirmière qui panse les plaies de Farnaby, « ce doit être cela que l'on oublie constamment, n'est-ce pas ? On oublie de faire attention à ce qui se passe. Et c'est ainsi qu'on n'est pas présent là où l'on est ». Dans le roman de Huxley, le chœur plus qu'humain que forment les voix des oiseaux ramène l'attention des humains, égarés dans leurs fantasmes et leurs distractions, vers le présent, leur environnement et la réalité de leur vie. Pour Huxley, cette attention consciente est une condition indispensable pour agir correctement et avec justice dans le monde : ce n'est que par une écoute et un regard attentifs que nous pouvons comprendre pleinement ce qui se passe autour de nous et déterminer la meilleure façon d'avancer.

Un matin d'avril 2020, alors que le monde était confiné, ma compagne et moi marchions sur la plage en contrebas de notre maison, sur l'île grecque d'Égine. Notre village est quasiment vide au printemps et les effets du confinement accentuaient le sentiment de désolation. Le sable était couvert d'herbes marines desséchées, de vieux bois, de plastiques et d'autres déchets échoués. C'était à la fois vivifiant et morne.

Puis, alors que nous marchions au bord de l'eau, le ciel s'est animé. Tout à coup, une multitude de petits oiseaux ont fait leur apparition et se sont mis à planer et à siffler au-dessus des hautes herbes, à voltiger autour des orangers, à se poser brièvement sur les fils électriques avant de repasser à toute vitesse devant nous. Ils arrivaient de tous les côtés comme des bombardiers en piqué, leurs corps fermes et élancés s'envolant au dernier moment, nous faisant sursauter par leur présence soudaine et leur rapidité. Du jour au lendemain, les hirondelles étaient arrivées.

Dans la Grèce antique, l'arrivée des hirondelles en provenance d'Afrique marquait le début du printemps, leur apparition donnant lieu à des célébrations connues sous le nom de Χελιδονίσματα (« chelidonismata »), de *chelidonia*, qui signifie « hirondelle » en grec. À l'époque moderne, sur l'île de Rhodes, les enfants se rendaient de maison en maison pour demander des offrandes pour les hirondelles. Dans toute la Grèce, le traditionnel bracelet de mars (« Marti ») composé de fils rouges et blancs, qui est encore tissé le dernier jour de février et porté tout au long de mars, était donné aux hirondelles à la fin du mois pour qu'elles construisent leurs nids. Plus au nord, en Albanie et en Macédoine, la journée de fête de Letnik marquait l'arrivée des oiseaux migrateurs. Partout, leur apparition était associée à la prospérité à venir et à la douceur de l'été.

En 2020, cette arrivée des hirondelles était empreinte de tragédie. Les oiseaux que nous rencontrions sur la plage, qui paraissaient si vifs et alertes, avaient en réalité été pris dans la tempête et étaient épuisés. Les jours précédents, des vents violents avaient soufflé sur la Méditerranée et la mer Égée, avec des conséquences catastrophiques pour les oiseaux migrateurs, qui périrent par milliers. Dans de nombreuses régions d'Europe, le premier été sous Covid-19 a également été un été sans hirondelles[1].

Malgré tout, l'apparition des hirondelles en ce matin d'avril m'a profondément transformé, me faisant sortir de l'inertie du confinement avec un sens renouvelé de l'attention et une raison d'être. Ayant vécu toute ma vie d'adulte dans des villes, je me trouvais exposé, pour ce qui m'a semblé être la première fois, à l'exubérance du printemps : l'arrivée des hirondelles, la floraison des euphorbes et des saxifrages, le bourgeonnement des anémones et des bougainvilliers. Un jour d'avril, la mer est devenue jaune-vert ; ce que j'ai d'abord pris pour un écoulement de produits chimiques était en réalité du pollen de pin : tous les arbres de l'île avaient éjaculé simultanément et recouvert les eaux et les routes d'une fine couche de poussière. J'ai profondément ressenti mon absence de sensibilité antérieure, et à quel point j'étais déconnecté de ces cycles naturels.

Nous vivons en grande partie au rythme de nos médias et de nos machines. Nos journées sont rythmées par les vingt-quatre heures de l'horloge et le flux continu des actualités, par des mises à jour de statuts et des courriels. Mais l'idée d'un temps universel standard, divisé en heures et en minutes, et qui change selon les fuseaux horaires, est récente. C'est le développement de la technologie qui est à l'origine de cette invention à la fin du XIXe siècle. Avant la révolution industrielle, le monde s'accommodait parfaitement des nombreuses et différentes mesures du temps qui pouvaient exister : le paysan et le maréchal-ferrant travaillaient à leur propre rythme, et les horloges pouvaient être réglées à des heures différentes même entre villes voisines. Les conceptions du temps différaient également beaucoup d'une culture à l'autre : les traditions occidentales et judéo-chrétiennes concevaient le temps de manière linéaire, avec un début et une fin bien définis, tandis que les cosmologies inca et hindoue le concevaient comme cyclique et infini. Ces modèles du temps ont profondément influencé la conscience de ceux qui les vivaient, produisant des manières d'être et de vivre totalement différentes.

La façon dont le monde naturel évolue au fil du temps est également inscrite dans notre mémoire culturelle. L'association Snowchange Cooperative, basée dans le nord de la Scandinavie, documente la manière dont les communautés autochtones interprètent le changement climatique et y répondent. Une femme samie, Gun Aira, note qu'un lac dont le nom traditionnel est Biehtsejávrre, ou lac des Pins, est maintenant entièrement entouré de bouleaux, signe de l'évolution des conditions environnementales[2]. La reconnaissance des changements environnementaux se trouve ainsi inscrite dans l'histoire et les savoirs indigènes. Une telle mémoire culturelle paraît impossible pour la majorité d'entre nous, dont la durée d'attention a été réduite par nos technologies contemporaines de production de savoir. Cela nous rend malheureusement aveugles aux changements plus profonds du monde qui nous entoure sur le long terme. Le changement climatique en est une illustration manifeste, avec une altération du monde qui se produit à des échelles de temps et de géographie tellement hors de portée humaine que nous avons les plus grandes difficultés à l'intégrer dans les récits traditionnels, et encore plus à y répondre efficacement.

Si notre incapacité à proposer des récits parlants et exploitables sur notre planète en mutation fait partie du problème, alors nous devons repenser les outils servant à produire la culture elle-même. La technologie peut faire partie de ce processus collectif de création de sens. Pour que cela se réalise, nous devons cesser de l'utiliser comme un moyen de contraindre le temps et d'imposer une vision étroite. Nous devons plutôt nous en servir pour élargir nos perspectives et étendre la portée de notre attention. Il y a urgence, car même les systèmes de savoirs traditionnels, dont nous sommes pour un grand nombre d'entre nous déjà déconnectés, ne peuvent pas toujours rendre compte de la rapidité des changements actuellement à l'œuvre. Les chefs indigènes de Sibérie signalent l'arrivée récente de zibelines – des animaux qui vivent généralement dans les bois – sur leurs terres ancestrales de la toundra, une évolution pour laquelle ils n'ont aucun point de repère culturel. « Il n'existe pas de chansons sur la zibeline, ni de vieilles histoires sur la zibeline », se lamentent-ils[3]. Il nous faut créer de nouvelles histoires, adaptées au présent, qui à leur tour pourront être adaptées à l'avenir. Ces histoires parleront nécessairement de réseaux et de processeurs, de satellites et de caméras numériques.

Il s'agit là d'une entreprise qui a déjà été menée à bien par le passé, mais sa réussite exige un effort plus délibéré, une meilleure égalité dans l'accès et une agentivité accrue. Au XIXe siècle, le chemin de fer, le bateau à vapeur, la radio et le télégraphe – autant de technologies dont le fonctionnement exigeait une coordination stricte entre points distants – ont bouleversé les notions d'espace et de temps. Le processus associé d'homogénéisation s'est toutefois heurté à des résistances dans le monde entier. La division du monde en vingt-quatre fuseaux horaires, avec une heure moyenne unique déterminée par l'Observatoire royal de Greenwich, fut décidée lors de la Conférence internationale de Washington de 1884 sur la question des méridiens. Mais sa mise en œuvre suscita une large opposition. À Bombay, les ouvriers des usines se révoltèrent contre l'imposition du temps universel, qu'ils considéraient comme un nouvel affront colonial de la Grande-Bretagne. À Beyrouth, les horaires de bus furent imprimés à la fois à l'heure européenne et à l'heure ottomane, tandis que les horloges publiques étaient sans cesse désynchronisées par rapport aux cloches des églises et à l'appel des muezzins. La France adopta une heure nationale, mais refusa d'utiliser le temps moyen de Greenwich : jusqu'en 1911, l'heure française était calculée de Paris[4].

Le temps a toujours été un concept imaginaire, et il est important de savoir qui l'imagine. Pendant la majeure partie de l'histoire, le temps a été régi par notre relation avec le monde plus qu'humain, notamment le lever du soleil et le cycle des saisons. À la fin du XIXe et au début du XXe siècle, cette relation avec la terre a été rompue, et l'industrie l'a subordonné à ses propres fins. Une conception impériale du temps, portée par l'Europe et l'Amérique du Nord, s'est imposée et s'est traduite par un effacement des différences locales, l'oppression des travailleurs et des sujets, et la suppression des autres manières d'être dans le temps. Aujourd'hui, ce sont nos machines qui déterminent le temps. L'horloge des microprocesseurs et l'oscillation des signaux de satellites GPS diffusent un code de temps universel, mondialisé, accessible partout sur Terre et précis aux dix milliardièmes de seconde.

Dans son livre *Eagle*, Tracy Kidder raconte le développement d'un des premiers micro-ordinateurs, le Data General Eclipse MV/8000, à la fin des années 1970. On peut y lire le témoignage d'un ingénieur de test dont le travail consistait à rechercher les bogues de la machine. Il utilisait pour cela un appareil appelé analyseur logique, qui prenait des instantanés de l'état interne de la machine toutes les nanosecondes – tous les milliardièmes de seconde, une unité de temps presque inimaginable. L'ingénieur se disait cependant familier de ces échelles de temps : « Je me sens tout à fait à l'aise quand je parle en nanosecondes. Devant l'un de ces analyseurs, les nanosecondes, ça paraît spacieux. Enfin, ce que je veux dire, c'est que j'arrive à les voir défiler. Nom d'une pipe, je me dis, ce signal met douze secondes pour aller de là à là ! Quand je travaille sur un ordinateur, tout cela me paraît tout à fait concret et tangible. Et pourtant, quand je me mets à y réfléchir, à songer que le temps d'un claquement de doigts, à côté, c'est une éternité, alors je ne sais plus très bien, concrètement, ce que c'est qu'une nanoseconde[5]. »

Un passage ultérieur du livre décrit le burn-out d'un autre ingénieur du projet Eclipse, et son départ de l'entreprise. Lui aussi travaillait sur l'analyseur logique, scrutant les intervalles de temps infinitésimaux au sein de la machine, jour après jour, semaine après semaine. Mais ce travail était devenu trop pénible. Avant de partir, il laissa le petit mot suivant sur son terminal à l'intention de ses collègues : « Je pars pour une communauté du Vermont où je n'aurai plus affaire à des unités de temps inférieures à la saison. » Il ne se contentait pas de partir dans le Vermont, il se rendait dans un endroit où le temps était différent, où il était plus proche des rythmes du corps et du monde.

Le temps dans lequel nous vivons a une grande importance. Pas l'époque, mais le temps présent, celui de notre conscience. Lorsqu'elle est régie par des machines, notre attention est forcée de s'accorder à l'échelle de la nanoseconde et à la dimension d'un faisceau lumineux, ce qui nous empêche de considérer d'autres êtres et processus qui existent à d'autres échelles de temps et d'espace, et de penser avec eux : le changement des saisons, la migration des oiseaux entre les continents, la durée de vie des arbres et des plantes. Mais l'attention est aussi quelque chose qui peut être orienté et entraîné, qui peut être ramené, de manière consciente, vers un temps moyen plus qu'humain. Même si nous créons et pensons nos technologies d'une manière qui va dans une direction opposée, il ne s'agit pas là d'une fatalité. Nos outils de collecte, de mesure, d'enregistrement et de visualisation des données peuvent également être mis au service du développement de notre sensibilité et de l'élargissement de notre capacité d'attention et de soin, si seulement nous faisons des choix conscients quant au temps dans lequel nous voulons vivre.

Robert Marsham était un propriétaire terrien et un naturaliste anglais, très attentif au monde qui l'entourait. Le 14 décembre 1735, alors qu'il se promenait sur son domaine de Stratton Strawless, dans le Norfolk, il entendit une grive chanter. Les grives musiciennes chantent pour marquer leur territoire et commencent à le faire entre la fin de l'automne et le début de l'année. En entendant la grive chanter ce jour de décembre, Marsham se demanda s'il y avait un lien entre la date de ce premier chant et d'autres conditions du monde naturel. Notant la date, il décida d'y prêter davantage attention.

L'année suivante, Marsham tint un registre régulier des premiers signes du printemps. Il commença par la première hirondelle qui, en 1736, arriva à Stratton Strawless le 10 avril, le 101e jour de l'année (1736 était une année bissextile). Deux ans plus tard, alors qu'il voyageait à travers l'Europe, il nota le passage de la première hirondelle à Piacenza, en Italie (20 mars : 79e jour) ainsi que la date de la première floraison d'aubépine à Nîmes, en France (14 avril : 104e). En 1739, de retour chez lui dans le Norfolk, il élargit son carnet de bord pour y inclure l'apparition du coucou (120e) et du rossignol (126e), les premières feuilles du sycomore (65e), ainsi que la germination d'une plante essentielle pour un agriculteur du Norfolk : le navet (63e). Vingt ans plus tard, il continuait à observer et à noter soigneusement l'apparition des fleurs de perce-neige, le débourrement des bourgeons des chênes, des bouleaux, des châtaigniers et des charmes, l'arrivée des engoulevents migrateurs et des premiers corbeaux freux.

Marsham décéda en 1797. Les registres de l'année suivante furent inscrits de la main de son fils – également nommé Robert –, qui continua à consigner des notes jusqu'en 1810, qu'il enrichit de rapports sur la météo et la température quotidienne. Après une interruption d'une quinzaine d'années, le Robert suivant dans la lignée reprit le flambeau. Le registre Marsham a ensuite été maintenu, presque sans interruption, pendant une bonne partie du XXe siècle, jusqu'à la mort de Mary Marsham, l'arrière-arrière-arrière-petite-fille du premier Robert, en 1958[6].

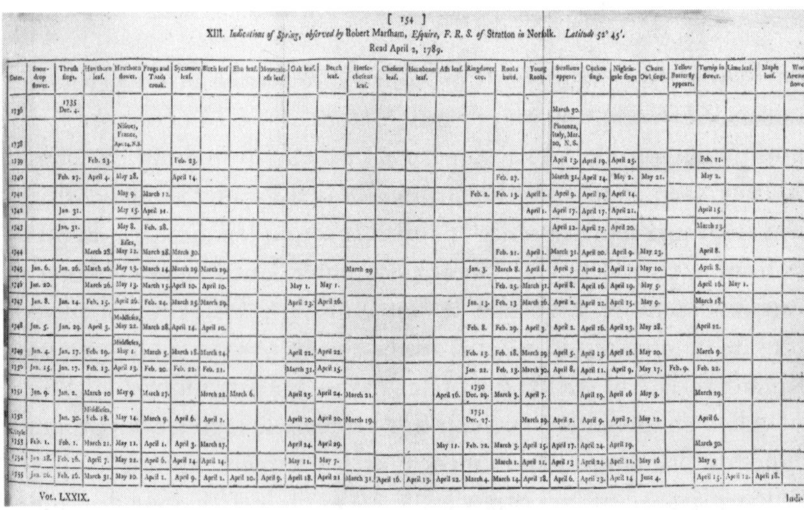

[154]

XIII. *Indications of Spring, observed by* Robert Marsham, *Esquire, F. R. S. of* Stratton *in* Norfolk. *Latitude 52° 45'.*

Read April 2, 1789.

Dates.	Snow-drop flower.	Thrush sings.	Hawthorn leaf.	Hawthorn flower.	Frogs and Toads croak.	Sycamore leaf.	Birch leaf.	Elm leaf.	Mountain ash leaf.	Oak leaf.	Beech leaf.	Horse-chesnut leaf.	Chesnut leaf.	Hornbeam leaf.	Ash leaf.	Ringdoves coo.	Rooks build.	Young Rooks.	Swallows appear.	Cuckoo sings.	Nightingale sings.	Churn Owl sings.	Yellow Butterfly appears.	Turnip in flower.	Lime leaf.	Maple leaf.	Wood Anemone flower.
1736		1735 Dec. 4.																	March 30.								
1738				Nismes, France, Apr. 14, N.S.															Piacenza, Italy, Mar. 20, N.S.								
1739			Feb. 23.			Feb. 23.													April 13.	April 19.	April 25.			Feb. 21.			
1740		Feb. 27.	April 4.	May 28.		April 14.											Feb. 27.		March 31.	April 14.	May 2.	May 21.		May 2.			
1741				May 9.	March 12.											Feb. 2.	Feb. 13.	April 2.	April 9.	April 19.	April 14.						
1742		Jan. 31.		May 15.	April 14.													April 1.	April 17.	April 17.	April 21.			April 15.			
1743		Jan. 31.		May 8.	Feb. 28.														April 12.	April 17.	April 20.			March 23.			
1744			March 28.	Essex, May 12.	March 28.	March 30.											Feb. 21.	April 1.	March 31.	April 20.	April 9.	May 23.		April 8.			
1745	Jan. 6.	Jan. 26.	March 26.	May 13.	March 14.	March 29.	March 29.					March 29.				Jan. 3.	March 8.	April 6.	April 3.	April 22.	April 12.	May 10.		April 8.			
1746	Jan. 20.		March 26.	May 13.	March 15.	April 10.	April 10.			May 1.	May 1.						Feb. 25.	March 31.	April 8.	April 16.	April 19.	May 5.		April 16.	May 1.		
1747	Jan. 8.	Jan. 14.	Feb. 15.	April 26.	Feb. 24.	March 25.	March 29.			April 23.	April 26.					Jan. 13.	Feb. 13.	March 26.	April 2.	April 22.	April 15.	May 9.		March 18.			
1748	Jan. 5.	Jan. 29.	April 3.	Middlesex, May 22.	March 28.	April 14.	April 10.									Feb. 8.	Feb. 29.	April 3.	April 2.	April 16.	April 23.	May 28.		April 22.			
1749	Jan. 4.	Jan. 17.	Feb. 19.	Middlesex, May 1.	March 5.	March 18.	March 24.			April 22.	April 22.					Feb. 13.	Feb. 18.	March 29.	April 5.	April 13.	April 16.	May 20.		March 9.			
1750	Jan. 15.	Jan. 17.	Feb. 13.	April 13.	Feb. 20.	Feb. 22.	Feb. 21.			March 31.	April 15.					Jan. 22.	Feb. 13.	March 30.	April 8.	April 11.	April 9.	May 17.	Feb. 9.	Feb. 22.			
1751	Jan. 9.	Jan. 2.	March 10.	May 9.	March 27.		March 22.	March 6.		April 25.	April 24.	March 21.			April 16.	1750 Dec. 29.	March 3.	April 7.		April 19.	April 16.	May 3.		March 29.			
1752		Jan. 30.	Middlesex, Feb. 18.	May 14.	March 9.	April 6.	April 2.			April 20.	April 20.	March 19.				1751 Dec. 27.		March 29.	April 2.	April 9.	April 7.	May 12.		April 6.			
N. Style 1753	Feb. 1.	Feb. 1.	March 21.	May 11.	April 1.	April 3.	March 27.			April 24.	April 29.				May 11.	Feb. 22.	March 3.	April 15.	April 17.	April 24.	April 19.			March 30.			
1754	Jan. 18.	Feb. 16.	April 7.	May 22.	April 6.	April 14.	April 14.			May 11.	May 7.						March 1.	April 11.	April 13.	April 24.	April 11.	May 16.		May 9.			
1755	Jan. 26.	Feb. 16.	March 31.	May 10.	April 1.	April 9.	April 1.	April 10.	April 9.	April 18.	April 21.	March 31.	April 16.	April 13.	April 22.	March 4.	March 14.	April 18.	April 6.	April 23.	April 14.	June 4.		April 15.	April 12.	April 18.	

Vol. LXXIX.

Indi-

Le registre phénologique de Marsham dans le Norfolk, 1736-1925, tel que présenté par Ivan Margery, 1926.

Aujourd'hui, Marsham est reconnu comme le fondateur de la discipline connue sous le nom de phénologie, du grec φαίνω, qui signifie « montrer, apparaître ou mettre en lumière ». La phénologie s'intéresse à l'apparence des choses non pas au sens visuel, esthétique, mais au sens temporel : non pas *comment* les choses apparaissent, mais *quand* elles apparaissent. La phénologie repose donc sur l'attention portée, dans le temps, à ce qui est à un endroit donné et à un moment donné.

La période couverte par les enregistrements du registre Marsham, qui s'étend sur des décennies et des générations, met en évidence l'altération progressive de la Terre, dont nous savons aujourd'hui qu'elle est due à l'activité humaine, mais qui, il y a peu de temps encore, était trop lente pour être remarquée par un seul observateur. Entre 1850 et 1950, les relevés font apparaître deux tendances claires. La première est que, sur un siècle, il y a une augmentation lente mais observable des températures moyennes, en particulier pendant les mois d'hiver. L'autre est que cette observation est corrélée au comportement des plantes et des animaux : les feuilles de chêne, par exemple, apparaissent chaque année un peu plus tôt.

Ces observations sont maintenant confirmées ailleurs, et pas seulement par les êtres humains. Au Groenland, les caribous migrent en fonction de la durée du jour. Au printemps, lorsque les jours rallongent, ils commencent à se déplacer vers l'intérieur des terres pour rejoindre leurs pâturages d'été et leurs aires de reproduction. Mais, en raison de la hausse des températures, les plantes qu'ils ont l'habitude de brouter ont déjà fleuri et fané. Ce phénomène se traduit par un effondrement des populations de caribous. Il s'agit là d'un exemple de décalage phénologique, avec une désynchronisation de repères temporels autrefois complémentaires, dont les résultats sont dévastateurs. On pourrait voir notre dépendance à l'égard d'imaginaires machiniques et antagonistes du temps – de l'horloge industrielle au processeur d'ordinateur – comme un autre type de décalage phénologique : une soumission écœurante et à terme mortifère à une chronologie non humaine et hostile à la vie. Mais devons-nous pour autant tous déménager dans le Vermont et rejeter en bloc les possibilités de penser autrement qu'offre la technologie[7] ?

Le registre Marsham, qui constitue un aperçu précoce des changements phénologiques, n'est pas seulement le fruit de l'attention, mais aussi de la technologie. Dans ce cas, il s'agit d'une technologie simple : le journal de bord. D'autres façons d'utiliser les technologies fondées sur le temps permettent d'augmenter notre capacité d'attention et de prendre soin, plutôt que de la restreindre. En consignant leurs observations sur papier, les Marsham ont transformé leur attention consciente en données qui permettent de constater des changements se produisant dans la nature. C'est très différent de la vision dominante que nous avons aujourd'hui de données qui, une fois rassemblées, forment leur sujet en objet immuablement voué à l'analyse numérique et à l'exploitation sociale. Le registre Marsham n'est pas un récit de la constance, mais du changement. C'est aussi un exemple d'attention augmentée, avec des outils, utilisés pour élargir et étendre notre vision à travers le temps et l'espace, qui nous permettent d'être plus attentifs à l'échelle plus large du monde avec lequel nous sommes enchevêtrés.

Un après-midi d'avril, peu de temps après ma rencontre avec les hirondelles, je suis sorti dans notre jardin à Égine avec une vieille tige de bambou que j'ai coupée pour lui donner une longueur de 115 centimètres. Tenue en position verticale sur le sol, elle m'arrivait à peu près à mi-poitrine. Je l'ai posée sur une pelouse touffue, l'une des extrémités proche d'un pissenlit qui semblait robuste, l'autre pointant vers le nord. Puis j'ai déterré le pissenlit avec une petite pelle et je l'ai replanté à l'autre extrémité du bâton. Un petit pas pour l'homme, un grand bond pour le pissenlit.

Tige de bambou de 115 cm.

Nous sommes aujourd'hui bien conscients du changement climatique, mais il a longtemps été perçu comme une abstraction par beaucoup. Les rapports publiés et les tendances des courbes de température avaient beau susciter le malaise, les effets du changement climatique n'étaient pas toujours visibles dans notre environnement personnel, même pour ceux qui, comme les Marsham, y prêtaient une attention consciente. Ces dernières années, les effets sont devenus plus évidents, où que nous vivions, avec des canicules à répétition, des tempêtes de plus en plus violentes et des incendies de forêt de plus en plus graves, pour n'en citer que quelques-uns. Mais, du moins pour ceux qui ont la chance de vivre dans certaines régions tempérées du nord de la planète, il s'agit encore plus d'une sensation que d'un événement tangible : quelque chose qui continue à flotter dans l'air.

Pire, il semble qu'il n'y ait rien ou presque que nous puissions faire en tant qu'individus contre ce phénomène, si ce n'est d'en craindre les impacts, comme l'effondrement de la biodiversité et la menace qu'il représente pour la survie de notre propre espèce. Le changement climatique n'est plus quelque chose que nous pouvons inverser, mais un problème auquel nous devons nous adapter, auquel nous devons faire face et que nous devons atténuer autant que possible. L'angoisse existentielle n'est d'aucune aide. Nous devons trouver de meilleurs moyens de partager et d'assumer une partie du fardeau de ce traumatisme infligé au monde plus qu'humain.

À partir de l'augmentation de la température mondiale au cours du siècle dernier et des augmentations prévues pour celui à venir, on peut voir à quelle vitesse le changement climatique modifie les conditions locales dans les différentes parties du monde. Par conséquent, il est possible de calculer la vitesse du changement climatique, c'est-à-dire la vitesse à laquelle il se déplace au sol dans les différents endroits.

La compréhension de cette vélocité est cruciale pour la survie du vivant sur Terre. Il s'agit de la vitesse à laquelle nous devons nous déplacer pour que les conditions qui nous entourent restent les mêmes. Elle suppose également une direction : les bulles d'habitat où la vie peut subsister et se développer se déplacent vers les hauteurs et vers les pôles. Les différences locales de vélocité sont déterminées par la forme des terrains et de la Terre elle-même : c'est dans les prairies inondables, les mangroves et les déserts que les effets du changement climatique se déplacent le plus vite ; ils sont plus lents dans les hautes terres de montagne et les forêts boréales. Mais ces effets sont inégaux : ceux d'entre nous qui vivent déjà dans des déserts ont beaucoup de place pour bouger, et peuvent parcourir un long chemin avant de rencontrer des obstacles. Mais ceux qui se trouvent déjà à mi-hauteur dans une montagne pourraient bientôt n'avoir nulle part où aller.

S'adapter à la vélocité du changement climatique est l'un des enjeux majeurs du siècle : pour nous et pour tous ceux avec qui nous partageons la planète. La survie des espèces dépend autant du rythme de ce changement que de la nature du changement lui-même. Ceux qui ne peuvent pas se déplacer, ou qui n'ont nulle part où aller, sont les plus menacés.

Au moment où ces lignes sont écrites, la vitesse moyenne mondiale du changement climatique est d'environ 0,42 kilomètre par an[8]. Si l'on divise ce chiffre par 365, on obtient 115 centimètres, soit la longueur de ma tige de bambou. C'est la distance que le pissenlit doit parcourir, *chaque jour*, simplement pour vivre dans des conditions qui ne changent pas. Mais les plantes, telles que nous les concevons, ne peuvent pas se déplacer d'elles-mêmes.

Dans son *Traité de l'âme*, écrit vers 350 avant notre ère, Aristote expose la conception classique de l'âme : l'essence ou le principe vital d'un être vivant qui est lié au corps, mais qui n'en fait pas partie. L'âme est ce qui nous anime. Dans la pensée d'Aristote, tous les êtres vivants en ont une, mais ces âmes varient dans leurs structures et leurs capacités. L'âme d'une plante, écrit Aristote, est capable de se reproduire et de croître, mais elle est insensible et immobile. L'âme d'un animal, en revanche, bouge et ressent. L'âme humaine rationnelle, et elle seule, d'après Aristote, est capable de penser et de réfléchir.

Le modèle d'Aristote reste surprenant pour nous aujourd'hui, car il attribue une âme aux plantes et aux animaux. Il reconnaît le caractère animé – la vitalité – des vies non humaines. Mais il classe ces dernières en catégories, selon une gradation qui a fondamentalement façonné la vision que nous avons de notre place relative dans le monde.

Cette conception hiérarchique du monde a perduré pendant deux mille ans et, malgré les objections des athées, des biologistes et des spécialistes de la théorie de l'évolution, elle se maintient dans l'imaginaire populaire occidental, inchangée. Elle a placé *Homo sapiens* au sommet de l'échelle, au-dessus des animaux, puis des plantes qui sont en bas, juste au-dessus des roches. Avec le christianisme médiéval sont apparues d'autres couches, avec des anges au-dessus de l'homme, et Dieu au-dessus de tout, pour former la « grande chaîne de la vie » ou *scala naturae* – mais le cœur de la structure est resté intact. Les plantes, définies par leur enracinement immobile dans la terre, étaient des êtres inférieurs, la sédentarité n'engendrant que mépris dans un monde mobile.

Qu'adviendra-t-il donc de ce pissenlit, de ces roses, de ce chêne ou de toutes les autres plantes, de ces âmes végétales, à mesure que le changement climatique balaiera inévitablement et irréversiblement la surface de la planète, à raison de 115 centimètres par jour ? Peut-on imaginer pire élément à charge pour cette forme de vie inférieure, ou meilleure justification de son placement à l'échelon le plus bas de la *scala naturae*, que son incapacité à agir efficacement face à une menace aussi évidente et imminente ?

Aristote avait évidemment tort. Il se fourvoyait sur les capacités mentales et spirituelles des animaux, et il se trompait sur l'insensibilité des plantes, comme nous l'avons déjà vu, ainsi que sur leur immobilité. Les plantes peuvent bouger et se mettre en mouvement. Elles bougent dans l'espace et elles évoluent – enfin, ou une nouvelle fois – dans notre imaginaire. Sur tous les continents, des forêts entières se sont mises en mouvement, en réponse au changement climatique et à l'action de l'homme, suivant leurs propres besoins et désirs, leurs propres sens et intelligence.

La migration des plantes se traduit dans les faits en partie par un effort local et progressif : les racines rampent et les graines circulent pour installer la génération suivante dans des zones favorables au développement d'une population, laissant derrière elle une empreinte décroissante de plantations ayant eu moins de succès. À d'autres moments, les plantes migrent très vite, lorsque des graines sont projetées dans l'atmosphère et transportées par les vents pour constituer de nouvelles colonies à distance, avec des populations disséminées qui s'étendent rapidement lorsque les conditions deviennent favorables[9]. Des bases d'opérations avancées pour les nouveaux explorateurs du climat.

Dans l'est des États-Unis, les populations d'arbres migrent depuis au moins trente ans, et probablement depuis beaucoup plus longtemps. En examinant les données du service des forêts des États-Unis de 1980 à 2015, des chercheurs ont constaté que les trois quarts des espèces de l'est des États-Unis se déplaçaient vers le nord et l'ouest, à un rythme moyen de 10 à 15 kilomètres par décennie[10]. La vitesse et la direction diffèrent selon les types d'arbres : les conifères se dirigent principalement vers le nord, tandis que les feuillus et les arbres à fleurs, comme les chênes et les bouleaux, se déplacent vers l'ouest. Les arbres qui se déplacent le plus rapidement sont l'épinette blanche (*Picea glauca*), qui avance de plus de 100 kilomètres par décennie, essentiellement vers le nord. À l'inverse, les copalmes d'Amérique et les peupliers baumiers ont à peine bougé, avec des déplacements d'à peine quelques kilomètres au cours de la même période. Cela signifie que l'épinette blanche a, pour l'instant, une bonne longueur d'avance sur le changement climatique, mais qu'en partant de latitudes plus élevées, tout au nord des États-Unis, elle n'aura pas autant de place que les copalmes d'Alabama et de Géorgie lorsque les choses deviendront vraiment compliquées.

En Scandinavie, où le réchauffement est bien supérieur à la moyenne mondiale, les jeunes bouleaux, à la croissance très rapide, grimpent à toute allure sur des flancs de montagne qu'ils évitaient auparavant, gagnant jusqu'à 500 mètres d'altitude en seulement deux décennies. En Suède, les pins, les épicéas et les saules poussent aujourd'hui à des altitudes plus élevées que jamais[11]. En comparant des photos prises lors de campagnes de prospection pétrolière en Alaska dans les années 1940 à des images des mêmes endroits aujourd'hui, on constate que les aulnes, les saules et les bouleaux nains envahissent des vallées autrefois clairsemées et poussent sur des collines jadis dénudées[12].

Les arbres s'adaptent plus rapidement au changement climatique que nous, ce qui veut dire qu'ils ont plus de chances de réussir cette adaptation. En fait, le changement climatique ne constitue probablement qu'un facteur parmi d'autres auxquels ils réagissent – mais ils sont capables de réagir, contrairement à l'idée que nous nous faisons d'eux, qui est celle d'Aristote, à savoir qu'ils sont dénués de sensibilité et immobiles. La poussée vers l'ouest des espèces à feuilles caduques aux États-Unis serait attribuable à l'augmentation des précipitations dans les régions vers lesquelles ces espèces se dirigent, qui est également un effet du changement climatique, mais ces zones restent plus sèches que les régions quittées par les arbres, si bien que cette explication ne reflète pas toute la situation. D'autres activités humaines, telles que l'urbanisation et l'utilisation de pesticides, pourraient également jouer un rôle. Quels que soient les facteurs en cause, on observe des mouvements massifs de plantes, et ce n'est pas la première fois que cela se produit.

La dernière grande migration des arbres a eu lieu à la fin de la dernière période glaciaire, il y a environ 10 000 ans. À la suite du recul des glaces, les arbres ont commencé à regagner les hautes latitudes d'où ils avaient été chassés par le gel. Ils l'ont fait avec une rapidité surprenante. En 1899, le géologue et paléobotaniste Clement Reid faisait remarquer que les chênes avaient déjà atteint l'extrême nord de l'Écosse deux millénaires plus tôt, comme en témoignaient les glands trouvés lors de fouilles archéologiques de sites de l'époque romaine. Selon lui, « pour atteindre sa position présente en Grande-Bretagne la plus septentrionale après avoir été chassé par le froid », le chêne « a probablement dû parcourir au moins 1 000 kilomètres, ce qui, sans aide extérieure, prendrait environ un million d'années »[13]. En fait, les enregistrements de pollen fossile montrent que certains chênes pouvaient se déplacer à raison d'un kilomètre par an, rythme confirmé par des études plus récentes fondées sur le climat. Il semble également probable que cette reprise a été favorisée par l'existence de quelques refuges dispersés : des sanctuaires pris dans les glaces où de petits groupes d'arbres ont survécu dans des poches tempérées pour ensemencer le sol après le dégel[14]. Lorsque la planète s'est réchauffée, les forêts ont reconquis les terres. En Amérique du Nord, les hêtres ont franchi les Grands Lacs lorsque les glaciers se sont retirés[15]. Les épicéas norvégiens ont fait le tour de la mer du Nord et de la Baltique avant les êtres humains modernes. Ils nous ont précédés[16].

De tels phénomènes sont grandioses et magnifiques ; ils provoquent un sentiment d'admiration et d'émerveillement – mais toujours dans l'abstrait. Je suis capable de comprendre les mathématiques de la dissémination des espèces, de lire les relevés des enregistrements de pollens fossiles, de retracer les trajectoires des mouvements sur des décennies enregistrées dans des bases de données, mais qu'est-ce que cela signifie de vivre cette expérience ? En vivant au rythme des humains, ou à celui des animaux, il est presque impossible de saisir le déploiement végétal de la migration des plantes, une chose qui se produit à des échelles spatiales et temporelles dépassant notre entendement naturel. Et c'est là notre problème. Nos vies humaines sont si courtes et limitées dans l'espace que nous sommes incapables de penser le rythme et l'échelle, ou au rythme et à l'échelle, du monde, les changements que nous y avons provoqués et ceux que nous devrons faire pour survivre. Nos esprits ne suffisent pas pour cette tâche – mais nous avons des outils à portée de main, parmi lesquels la technologie.

Une réalité dans laquelle les arbres et les autres plantes se déplacent en permanence et de manière délibérée va à l'encontre de l'image que nous nous faisons du monde, mais il est essentiel d'en prendre conscience et de l'assimiler pour repenser le monde et notre relation avec lui. Pour nous changer nous-mêmes, pour adopter d'autres façons de penser le monde, nous avons besoin de nouvelles façons de le voir. Nous sommes habitués, dans une large mesure par la pratique scientifique, à décomposer les choses, à les séparer en leurs attributs constitutifs, à les fixer pour les étudier, et à réduire petit à petit leur agentivité jusqu'à ce que celle-ci ait complètement disparu. Mais cela est le contraire de l'écologie, qui cherche à trouver des liens entre toutes les choses et à les intégrer dans des systèmes interconnectés plus vastes. La focale requise aujourd'hui n'est pas celle d'un microscope, mais d'un macroscope : un instrument permettant de voir à une échelle bien plus grande – à la fois dans l'espace et dans le temps – que celle à laquelle nous sommes habitués.

Un autre de mes passe-temps récents, lorsque je ne joue pas les passeurs pour pissenlits, est la photographie en *time-lapse*, qui consiste à faire des prises de vue à intervalles réguliers. Pour cela, je me suis procuré une petite caméra résistante aux intempéries, conçue pour documenter les chantiers de construction : haut de quelques centimètres, ce petit homoncule doté d'un seul œil peut rester tranquillement dans un coin, observant le monde des semaines durant, simplement alimenté par une paire de piles AA.

Pendant des mois, j'ai promené ce petit appareil dans mon appartement en le braquant successivement durant quelques jours sur chacun des occupants des pots de mon séjour. Les images enregistrées montrent les fougères et les ficus, apparemment inertes, qui s'animent ; le philodendron enroule ses griffes autour des abat-jour ; la monstera agite ses feuilles ; les lis s'ouvrent et se ferment, se tournant pour suivre les mouvements du soleil sur les murs. Chaque créature a sa propre vitesse, son propre rythme, mais toutes se déplacent ensemble – se tordant, se tournant, se pliant et s'étirant. Ce qui, du bureau installé sur la table de mon salon, paraît parfaitement immobile est en réalité animé d'une frénésie d'activité dans une autre dimension. Et rien ne saurait décrire cela mieux que les mots du botaniste Jack Schultz pour qui « les plantes ne sont que des animaux très lents[17] ».

S'apercevoir que les plantes sont constamment en mouvement permet de comprendre que nous nous méprenons sur leurs extraordinaires capacités. Dans *L'Arbre-monde* de Richard Powers, un personnage raconte une histoire de science-fiction qui se déroule dans cet espace entre les différentes échelles de temps :

> Des extraterrestres débarquent sur Terre. Des avortons, à l'échelle des aliens. Mais ils se métabolisent comme si c'était leur dernière chance. Ils volettent tels des essaims de moucherons, trop vite pour être vus, si vite que les secondes terrestres leur paraissent des années. Pour eux,

> les humains ne sont que des statues de viande immobile. Ces étrangers tentent de communiquer, mais n'obtiennent aucune réponse. Faute de signe de vie ou d'intelligence, ils se nichent dans ces statues figées et les dessèchent comme du jambon fumé, pour faire des provisions en vue du long retour[18].

Ici, c'est nous qui sommes les extraterrestres, naviguant à l'heure humaine, incapables de percevoir la vie intense qui nous entoure, et la traitant comme une insensible source de nourriture. Pourtant, comme le prouve l'expérience avec mon petit appareil photo, nous avons les outils nécessaires pour voir différemment. Ce qui compte, c'est la façon dont nous choisissons de voir, et ce que nous choisissons de regarder.

Charles Darwin a été l'un des premiers scientifiques à utiliser les méthodes d'observation à intervalles réguliers (*time-lapse*) pour étudier la vitalité des plantes. Dans *La Faculté motrice dans les plantes*, livre écrit avec son fils Francis et publié en 1880, il raconte les expériences que tous deux ont menées pour découvrir ce qu'ils ont appelé la « faculté motrice des plantes ». La photographie n'existant pas, les Darwin ont dû construire leur propre appareil, très complexe, pour suivre ces mouvements des végétaux[19].

Les Darwin accrochaient de grandes feuilles de verre à l'horizontale et à la verticale dans une serre, de façon à pouvoir entourer une plante en pot par les côtés et le dessus. Ils appliquaient ensuite de minuscules gouttes de cire à cacheter sur les pousses de la plante et marquaient minutieusement la trajectoire des points sur les feuilles de verre par d'épaisses lignes tracées à l'encre de Chine. Ils pouvaient ainsi agrandir et retracer les mouvements dans le temps. Cette méthode transforme les plus petits creux et les plus petites ondulations en graphiques fluides faisant penser à des figures de voltige. Pendant des jours et des semaines, ils ont effectué ce travail de traçage avec toutes sortes de plantes – choux, oseille, capucines, haricots et autres – et noté la manière dont les différentes espèces réagissaient à la lumière et à l'ombre, à la nuit et au jour. Parmi leurs partenaires d'expériences figurait la très sensible *Mimosa pudica*, la plante qui allait plus tard offrir un spectacle extraordinaire à Monica Gagliano.

Les journaux de bord des Darwin donnent une idée du temps et des efforts consacrés à l'entreprise. Ils observaient les plantes plusieurs jours de suite, se relayant dans la serre pour noter méticuleusement l'heure, la température, l'intensité lumineuse et chaque détail du mouvement des plantes. À propos des quelques jours passés en compagnie de deux jeunes semis de *Mimosa*, ils écrivent :

> Les cotylédons [feuilles embryonnaires] s'élevèrent verticalement pendant la nuit, jusqu'à se toucher… [et] s'abaissèrent dans la matinée jusqu'à 11 h 30, puis s'élevèrent d'un mouvement rapide dans la soirée jusqu'à être verticaux, de sorte que, dans ce cas, il n'y avait qu'un seul mouvement diurne d'élévation et de descente. L'autre semis se comporta d'une manière un peu différente, car les cotylédons s'abaissèrent dans la matinée jusqu'à 11 h 30, puis s'élevèrent ; mais, après 12 h 10, ils tombèrent de nouveau, et le grand mouvement ascensionnel de la soirée ne commença qu'à 1 h 22. […] Entre 7 et 8 heures du matin, le jour suivant, ils s'abaissèrent de nouveau, mais le second et le troisième jour, les mouvements devinrent irréguliers et, entre 3 heures et 10 h 30 du soir, ils circumnutaient autour du même point, mais ne s'élevaient plus pendant la nuit. La nuit suivante, néanmoins, ils s'élevèrent comme d'habitude.

La « circumnutation » désigne le fait de se courber ou de se déplacer selon un cercle irrégulier ou une ellipse. Causé par les variations de vitesse de croissance des différentes parties d'une plante, ce mécanisme est à l'origine de la plupart des mouvements des végétaux, y compris ceux du mimosa. C'est la nutation qui fait que les feuilles se courbent ou s'aplatissent, et que les pétales se plient et s'enroulent. La circumnutation – léger mouvement en spirale vers le haut et vers l'extérieur – est l'un des comportements caractéristiques des plantes en croissance, que ce soient des pousses de pois, des semis de chêne, des champignons ou encore des hyphes fongiques. Premier geste de l'éveil, de la quête de vie, ce mouvement semble présager tous les autres, y compris le nôtre. C'est un hochement, une salutation à l'environnement, une cérémonie d'ouverture ou une consécration des quatre directions : un salut envoyé au monde.

Les Darwin ont mis plusieurs années à achever leur travail ; par moments, Charles désespérait de pouvoir le terminer un jour. Les résultats finaux servirent à étayer ses théories sur l'évolution. Il conclut non seulement que tous les mouvements des plantes sont une variation de la circumnutation – « le type de mouvement commun à toutes les parties de toutes les plantes depuis leur plus jeune âge[20] » –, mais que c'est précisément cette forme de mouvement qui a permis aux plantes d'évoluer et de s'adapter à presque tous les environnements de la planète. La vie fait suite à la salutation. Bien que de nombreux autres types de mouvements végétaux aient été découverts depuis, la nutation reste centrale pour bien comprendre la vie des plantes : une manière de croître qui n'est pas réactive, musculaire et dominatrice, mais douce, expansive et génératrice. C'est par leur capacité d'attention à leur environnement que les plantes ont réussi à conquérir le monde.

Le travail des Darwin me fait énormément penser au *Grand Verre* de Marcel Duchamp, également connu sous le nom de *La Mariée mise à nu par ses célibataires, même*. Il s'agit d'une œuvre qui se compose de deux panneaux de verre assemblés dans un cadre en bois. Duchamp y travailla pendant près de dix ans, le plus souvent en secret, de 1915 à 1923, date à laquelle elle fut exposée au musée de Brooklyn. Elle reste l'une des œuvres d'art les plus importantes et les plus énigmatiques du XXe siècle.

Sur ses panneaux de verre encadrés, Duchamp projette non seulement le mouvement et le temps, mais aussi une physique alternative, une autre cosmologie. *Le Grand Verre* comporte des tracés en perspective, qui rappellent ceux des mouvements amplifiés de plantes par les Darwin, tandis que d'autres éléments sont le produit du hasard et des processus naturels. Duchamp laissa l'œuvre reposer pendant des mois, au cours desquels elle se couvrit de poussière, et ajouta du vernis pour figer cette preuve du passage du temps. Les carrés en haut du panneau supérieur – le « grand nuage » de la Mariée – reprennent les motifs des rideaux de son atelier, façonnés par la force du vent. Par ce moyen, notamment, Duchamp cherchait à incorporer dans

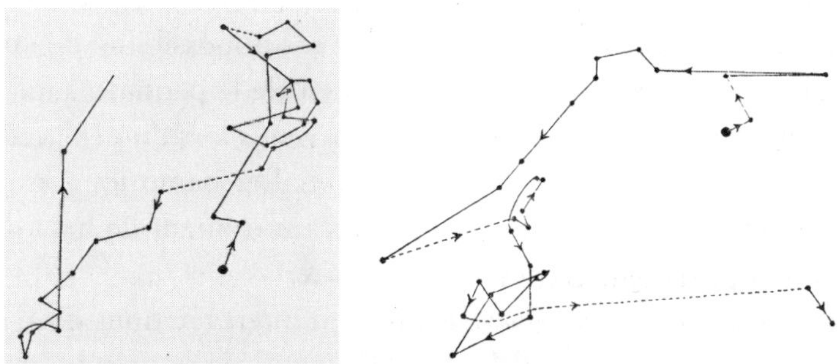

Deux figures tirées de l'ouvrage de Charles et Francis Darwin, *The Power of Movement in Plants [La Faculté motrice dans les plantes]*, retraçant le mouvement d'un chou sur une période de quarante-huit heures.

La Mariée mise à nu par ses célibataires, même (Le Grand Verre) de Marcel Duchamp, 1915-1923.

l'œuvre une action inhumaine : un rapport au temps et au destin ; une insistance sur le mystère, l'incomplétude et l'impossibilité de savoir. Le réseau de fissures qui parcourt en diagonale le panneau supérieur est le résultat de dommages accidentels survenus lors du déplacement de l'œuvre après sa première exposition, et Duchamp les considère comme une partie émergente de l'œuvre, un élément de hasard qui complète et prolonge son action consciente.

Le Grand Verre donne lieu à autant d'interprétations qu'il a de spectateurs – et cela fait partie de son propos, de sa grande réussite artistique. Équilibrée par la tension établie entre la Mariée flottant librement en haut du panneau et les efforts éternellement vains des célibataires en bas, l'œuvre oppose le désir sexuel individuel, humain et dominateur à un autoérotisme machinique et végétal. Elle est affirmation du génie créatif de l'artiste, en même temps qu'elle est rejet de la condition de sujet et de l'intention consciente. Elle oppose notre expérience du temps, linéaire et limité, au temps naturel et cyclique de l'univers. Elle est à la fois miroir et fenêtre, et nous permet de nous voir scintiller et nous dissoudre dans les mouvements plus vastes, fructueux comme infructueux, du monde.

Pour les Darwin comme pour Duchamp, cette méthode de projection sur du verre – instantanés en *time-lapse* d'une réalité plus profonde – semble stimuler un type d'attention particulier et une prise de conscience de modes de vie invisibles. Les Darwin utilisaient le verre pour tenter de décrypter les secrets de la vie végétale, Duchamp pour nous rappeler que certains aspects de celle-ci échappent totalement à la vue et à l'esprit humains, et qu'il nous est finalement impossible de les connaître. C'est la danse de l'anthropocentrisme : transparence ne vaut pas compréhension, voir ne veut pas dire connaître ou dominer.

Trop souvent, nous confondons cela. Nous supposons inconsciemment qu'en observant le monde nous le figeons dans des formes pouvant être mises en savoir, mais les techniques de *time-lapse* nous montrent que la nature du monde peut changer. Comme le dirait Karen Barad, la philosophe de la physique quantique, il est fait d'intra-actions : c'est dans les interstices invisibles entre les cadres que les choses se rencontrent et vibrent. Ce sont ces processus intra-actifs de croissance, de changement et de décomposition qui produisent les lignes reliant les points de Darwin, ainsi que la poussière que Duchamp a recouverte de vernis sur *Le Grand Verre* : ce sont les ombres de processus invisibles qui existent dans d'autres dimensions temporelles.

Nous choisissons souvent de ne pas regarder dans le bon sens : pas seulement dans la mauvaise direction, mais avec une mauvaise intention. Notre intention – la façon dont nous choisissons de regarder – influence ce que nous voyons. Ce problème est accentué par nos technologies, en particulier celles qui ont pour origine la guerre et la violence. C'est le cas de la plupart de nos technologies contemporaines, et Internet en est un exemple emblématique. Le Web est le fruit d'une double polarité avec, d'un côté, la paranoïa de la guerre froide, qui a donné naissance à des réseaux distribués conçus pour résister aux attaques atomiques, et, de l'autre, l'idéologie californienne qui, dans les années 1990, a troqué les idéaux hippies de libération et de solidarité contre le déterminisme technologique et le capitalisme néolibéral[21]. C'est cette combinaison de puissance militaire et de course au profit des entreprises qui a façonné l'Internet moderne, inscrivant ainsi la violence structurelle et le capitalisme de surveillance dans son code source.

Mais même les technologies militaires peuvent révéler des choses surprenantes. Dans les années 1940, au plus fort de la Seconde Guerre mondiale, des techniciens de l'armée britannique travaillant sur les tout premiers systèmes radar remarquèrent la présence d'échos mystérieux sur leurs écrans et moniteurs de contrôle. Certains s'effaçaient en quelques secondes, d'autres persistaient pendant plusieurs minutes et pouvaient s'étendre sur des dizaines de kilomètres. Ces signaux fantômes allaient et venaient, ce qui rendait encore plus difficiles leur détection directe et la confirmation des sources. En raison de la faible puissance des premiers systèmes radar, les signaux étaient d'abord détectés à courte distance, mais au fur et à mesure que la technologie s'est améliorée, des traces inconnues ont commencé à être observées jusqu'à 70 kilomètres de distance. Parfois, de vastes champs d'échos envahissaient les appareils, scintillant sous forme de vagues et d'anneaux dans le ciel. Les premiers opérateurs radar appelèrent ces signaux fantômes des « anges ».

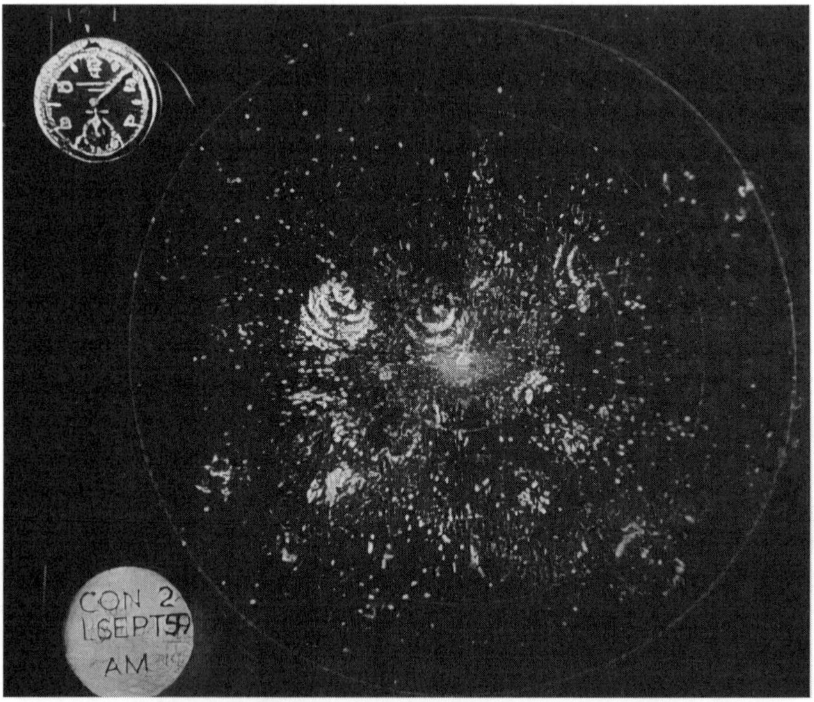

Image d'anges radar au lever du soleil le 1er septembre 1959.

Ces anges posaient un réel problème. Selon un rapport de l'armée américaine, ils ont « précipité l'envoi d'hommes à des postes de combat et le lancement d'avions de chasse à la poursuite de la lune, amené des vigies à signaler des appareils non identifiés plongeant dans la mer, suscité plusieurs frayeurs liées à des E-boat [bateaux d'attaque rapides], déclenché au moins un système d'alarme invasion et mis à l'épreuve le vocabulaire de nombreux capitaines[22] ».

Le groupe de recherche opérationnelle de l'armée britannique était l'un des organismes chargés d'évaluer et d'améliorer ces premiers systèmes radar. Ce département spécial des forces armées comptait plusieurs centaines d'analystes qui travaillaient sur des problèmes complexes tels que l'amélioration de la précision des systèmes de défense antiaérienne et la conception de camouflages pour les avions. Parmi ses membres actifs figuraient de nombreux scientifiques qui allaient poursuivre de brillantes carrières après la guerre, dont plusieurs prix Nobel. On peut citer notamment deux biologistes : George Varley et David Lack. Lack était l'un des ornithologues les plus influents de l'époque et avait passé l'année précédant le déclenchement de la guerre sur les îles Galápagos. En 1949, il publia ses découvertes dans son livre à succès *Darwin's Finches*, une contribution importante aux théories modernes de l'évolution. Varley était un entomologiste qui allait devenir professeur titulaire de la chaire Hope de zoologie à Oxford, où Lack le rejoindrait plus tard en tant que directeur de l'institut Edward Grey d'ornithologie de terrain.

Mais, en septembre 1941, Varley était en poste comme observateur du groupe de recherche opérationnelle sur un site de radars près de Douvres, lorsque la sonde se mit à capter des signaux fantômes. L'équipage ne voyait rien en mer, mais Varley, à l'aide d'un puissant télescope, repéra une nuée de fous de Bassan volant au-dessus des vagues, à environ 14 kilomètres au large – exactement là où les anges étaient apparus. Avec Lack, il recueillit les rapports des opérateurs de radar, afin de convaincre le ministère de l'Air que les anges étaient en fait des oiseaux. Lors d'une expérience, un goéland argenté mort fut attaché à un ballon à l'aide d'une longue ficelle et lâché au-dessus d'un site de radars : la sonde renvoya alors non pas un, mais deux échos[23].

Avec le perfectionnement de la technologie, ce sont des échos plus nombreux et plus subtils qui ont commencé à être captés : non seulement de grands oiseaux comme les fous de Bassan ou les mouettes, mais aussi de petits oiseaux chanteurs. L'un des « anges » les plus spectaculaires et les plus inquiétants apparaissait au-dessus du sud de l'Angleterre chaque fois qu'une bombe volante de type V1 passait dans le ciel. Il prenait la forme d'un énorme anneau de signaux fantômes qui se dispersaient autour de la trajectoire de la bombe. Les opérateurs finirent par en déterminer l'origine : c'était une volée d'étourneaux effrayés par le bruit du moteur à réaction du V1.

Le principal problème rencontré par Varley et Lack pour convaincre leurs interlocuteurs n'avait rien à voir avec la taille des oiseaux mais plutôt avec le fait qu'à l'époque personne ne croyait que les oiseaux volaient la nuit. Lack, en revanche, en était convaincu, et il finit par le prouver en développant une nouvelle technique scientifique, fondée sur les données collectées pendant la guerre, appelée « ornithologie radar ». Après la guerre, il continua à recueillir des données, surveillant la migration des oiseaux au-dessus de la mer du Nord, utilisant le radar pour suivre leur vol de nuit d'une côte à l'autre[24]. Son attention minutieuse permit de révolutionner notre compréhension du comportement des oiseaux.

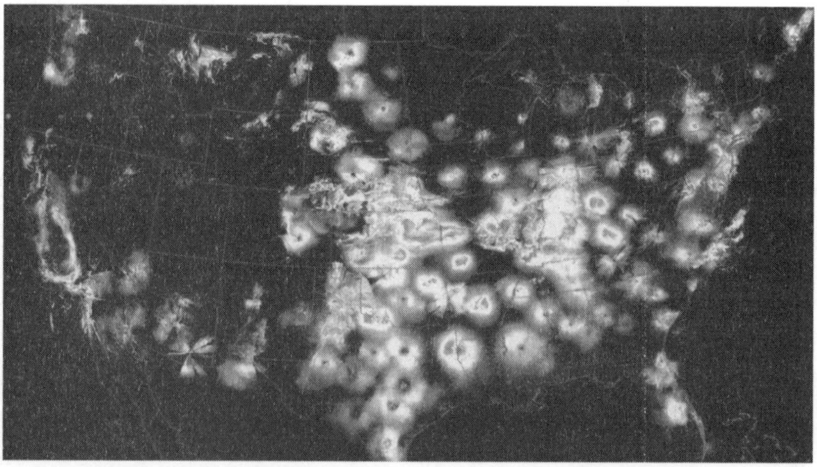

Mosaïque radar NEXRAD montrant des groupes d'oiseaux en vol, le 8 mai 2009.

Aujourd'hui, l'ornithologie radar est utilisée pour protéger les avions des collisions avec les oiseaux et ces derniers des installations éoliennes, ainsi que pour étudier les schémas de migration et les comportements de nidification saisonniers. Les radars météorologiques, tels que le réseau NEXRAD (NextGeneration Radar) qui couvre l'Amérique du Nord, sont l'une des sources d'information contemporaines les plus impressionnantes sur les migrations. Les images multicolores et lumineuses produites par ces radars, conçus pour observer les tempêtes et les fronts météorologiques, permettent de voir les mouvements des nuées d'oiseaux sur des milliers de kilomètres et de contempler les millions d'oiseaux qui apparaissent dans le ciel, lorsque la nuit tombe sur le continent. Des sites Web tels que ceux du projet américain BirdCast.info et du portail européen EuroBirdPortal.org analysent les données radar publiques pour fournir des prévisions aux ornithologues amateurs, les conseillant sur les moments où les conditions météorologiques et les itinéraires de migration offrent les meilleures possibilités d'observation des oiseaux. À l'autre bout de l'échelle, des chercheurs israéliens ont utilisé les faisceaux extrêmement fins de radars militaires pour suivre des individus volant au-dessus de la vallée de la mer Morte, identifiant non seulement leur vitesse et leur direction, mais aussi le rythme de leurs battements d'ailes[25].

Ces outils sont d'une sophistication et d'une complexité extraordinaires. L'un d'eux consiste en un réseau continental de 159 radars rotatifs en bande S, montés sur des tours de 30 mètres, qui transmettent en permanence des données aux superordinateurs du service météorologique national des États-Unis, qui les partage ensuite presque instantanément avec les prévisionnistes professionnels et amateurs du monde entier. Un autre se situe à l'extrémité d'un Feuerleitgerät 63, ou Super Fledermaus, un radar de conduite de tir de fabrication suisse monté sur camion qui peut automatiquement activer deux canons antiaériens Oerlikon de 35 mm pour abattre des cibles militaires jusqu'à une distance de 15 kilomètres. Et nous utilisons ces outils pour observer les oiseaux. Du moins, certains d'entre nous.

La technologie permet de transformer rapidement non seulement l'échelle de notre attention – de la migration entre les continents au battement d'ailes d'un oiseau particulier –, mais aussi sa nature. Comme le confirment les expériences de Lack et d'autres sur les radars, même les technologies militaires – y compris Internet – ne nous éloignent pas nécessairement du monde « naturel », plus qu'humain. En fait, elles peuvent nous permettre de nous en rapprocher.

Cela vaut également pour les technologies de vision les plus puissantes qui existent aujourd'hui, notamment l'extraordinaire réseau de satellites d'imagerie en orbite autour du globe, qui nous permet de voir presque tout ce qui se passe sur la planète, de la météorologie à l'échelle des océans aux sites de lancement de missiles installés dans le désert du Néguev. Comme Internet, l'imagerie par satellite est née d'une histoire de surveillance militaire et de violence. Pourtant, ces instruments, qui constituent un immense système de prises de vue en *time-lapse* de toute l'activité sur Terre, offrent un autre exemple de la façon dont nous pouvons utiliser nos technologies pour voir les choses d'une manière différente, si nous en décidons ainsi.

En janvier 2011, Michael Moore, directeur adjoint pour l'astrophysique à la NASA, reçut un surprenant coup de téléphone. Il provenait du National Reconnaissance Office (NRO), organisme qui, depuis les années 1960, conçoit, construit et exploite des satellites espions pour le gouvernement américain, dans des conditions de secret presque absolu. C'était pour lui annoncer qu'ils avaient du matériel en trop et lui demander si la NASA souhaitait les en débarrasser[26].

Une fois remis de sa surprise, Moore alla jeter un coup d'œil au matériel. Dans un bâtiment secret du nord de l'État de New York, il découvrit deux longs tubes enveloppés dans de la feuille d'argent. Il s'agissait de deux télescopes spatiaux presque complets, ainsi que des pièces pour un troisième. Parfaitement au point et prêts à être lancés, les deux satellites étaient également beaucoup plus avancés que l'équivalent civil le plus proche, le télescope spatial Hubble de la NASA. Cependant, jusqu'au coup de fil du NRO, ils étaient restés totalement secrets. Lors de son lancement en 1990, Hubble était présenté comme le télescope le plus puissant jamais envoyé dans l'espace. Ce n'était vraisemblablement pas le cas à l'époque, et certainement pas aujourd'hui : même après cinq missions de réparation très coûteuses effectuées par des astronautes, Hubble vieillit rapidement, tandis que son successeur, le télescope spatial James Webb, n'a été lancé qu'en décembre 2021. L'apparition soudaine de deux instruments flambant neufs et à la pointe de la technologie constituait un événement digne d'être célébré – « Cela changeait totalement la donne », pour reprendre les termes d'un autre astronome.

Moore a qualifié l'optique des nouveaux télescopes de « stupéfiante », même si la NASA ne donne pas beaucoup d'informations détaillées à ce sujet. Les instruments avaient été amputés de la plupart de leurs composants électroniques avant leur mise à disposition dans le public. « Nous ne pouvons pas dire à quoi ils ont servi », a déclaré John Grunsfeld, l'un des directeurs de la NASA. Une présentation de l'agence spatiale américaine à des scientifiques suscita l'hilarité lorsqu'une photo de l'un des satellites fut tellement noircie qu'elle en devint illisible[27]. Mais une chose était claire : avec leurs miroirs de 2,4 mètres – les mêmes que ceux de Hubble, mais deux fois moins longs –, ces instruments étaient conçus pour être pointés depuis le ciel vers la Terre, plutôt que vers l'espace.

Pendant des décennies, les États-Unis ont poursuivi un programme spatial secret en soutien à leurs actions militaires et à leurs activités de renseignement, programme qui a toujours été bien mieux financé et plus poussé que le programme civil de la NASA. Les informations dont on dispose sur ses capacités se limitent à des aperçus fugaces. Il y a le Boeing X-37, surnommé la « navette spatiale secrète », qui a passé près de huit ans dans l'espace au fil de multiples missions, à faire on ne sait quoi. Il y a également quelques images occasionnelles, comme la photo d'une clarté surprenante d'un site de missiles iranien, tweetée par Donald Trump en 2019, qui était deux ou trois fois plus nette que les images disponibles dans le commerce. (Elle avait certainement été prise par l'un des satellites Keyhole du NRO[28].) Les télescopes donnés à la NASA étaient vraisemblablement soit des équipements excédentaires de ce programme – une longue série de satellites de reconnaissance en service depuis la guerre froide –, soit un vestige d'un autre programme annulé, le projet Future Imagery Architecture, un projet aux accents de science-fiction. Quelle que soit leur provenance, ils constituent un exemple frappant de ce qui se passe lorsque nous redéployons des technologies militaires et autres outils de combat à des fins plus pacifiques.

Les scientifiques de la NASA ont eu tôt fait de trouver une utilité à leurs nouveaux jouets. Le télescope WFIRST (Wide-Field Infrared Survey Telescope), un autre projet à l'étude dont le financement se faisait attendre depuis des années, était destiné à mesurer les effets de l'énergie sombre sur la formation de l'univers, ainsi que la cohérence de la relativité générale et de la courbure de l'espace-temps. La soudaine disponibilité des satellites du NRO a donné le signal de départ du programme, avec une date de lancement désormais envisagée en 2027. Le caractère ramassé de ces satellites, surnommés « Stubby Hubbles » (Hubbles trapus), et la grande profondeur de champ qui en résulte constituent en fait une amélioration par rapport aux plans initiaux de la NASA. Grâce à l'ajout d'un dispositif appelé coronographe, qui bloque la lumière stellaire directe, le nouvel observatoire recherchera également des exoplanètes : de nouveaux mondes formés autour d'étoiles lointaines. Les scientifiques de la NASA ont littéralement retourné ces technologies : pour voir de plus près le monde qui nous entoure, et non pour nous regarder nous-mêmes. Ce faisant, ils ont transformé un outil de surveillance et de contrôle en un outil d'émerveillement et de découverte.

Il existe toujours d'autres manières de faire la technologie, d'autres manières de la penser et de l'utiliser. Les seules limites sont notre imagination et nos intentions. Quels autres mondes serions-nous en mesure de découvrir si nos technologies étaient davantage utilisées de manière consciente et réfléchie – non pas pour nous observer les uns les autres, mais pour étudier le monde plus qu'humain ?

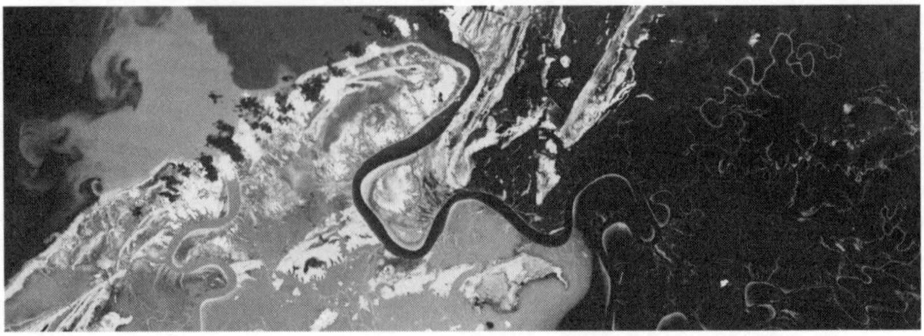

Image Landsat en fausses couleurs montrant une petite partie du golfe de Carpentarie en Australie, en février 2009. La vie végétale, notamment les mangroves, est reflétée en couleurs plus vives.

Le fossé peut paraître considérable entre les photographies en *time-lapse* prises dans mon salon et l'imagerie de la Terre et de l'univers depuis l'espace, mais il ne s'agit en fait que d'une question d'échelle, d'intention et d'imagination. Les capacités que nous avons développées pour voir le monde sont impressionnantes, mais elles sont plus accessibles que la plupart d'entre nous ne le pensent. Récemment, j'ai écrit un petit script qui est exécuté en arrière-plan sur mon ordinateur et qui met à jour l'image de mon fond d'écran toutes les heures avec une photo de la Méditerranée prise une quinzaine de minutes plus tôt par un satellite situé à 36 000 kilomètres au-dessus de moi. Heure après heure, jour après jour, je peux ainsi observer les nuages qui se forment, tournoient et se dissipent au-dessus de la mer, et les tempêtes qui se précipitent sur les Balkans et la péninsule Ibérique. Chaque jour à l'aube, une courbe de lumière très nette balaie l'Europe et l'Afrique, transformant l'obscurité en un mélange de bleus et de verts ; chaque soir, le crépuscule revient. C'est une vision divine, en quasi-temps réel, créée par quelques lignes de code – et quelques milliards d'euros ou de dollars d'infrastructure technologique, mise en orbite par des agences publiques et une puissance d'agir collective.

Au cas où cela ne serait pas encore évident, je suis un mordu de satellites. Je me suis amusé durant des heures à plonger dans des bases de données d'images, à lire les spécifications de capteurs complexes et à essayer de résoudre, d'affiner et de lire leur extraordinaire production. Parmi ces yeux qui planent dans le ciel, mes favoris sont incontestablement les satellites du programme Landsat – neuf à ce jour, dont le plus récent a été lancé en septembre 2021 –, qui, depuis 1972, prennent des photos de la Terre à une altitude de 700 kilomètres. Fruit du travail de nombreuses agences gouvernementales américaines – NASA, Agence américaine d'observation océanique et atmosphérique (NOAA), Institut d'études géologiques des États-Unis (USGS) – ainsi que d'entreprises privées, les images prises par Landsat sont mises gratuitement à la disposition de tous par une loi du Congrès. Conservées dans d'immenses archives numériques et rendues accessibles par Internet, elles constituent un vaste *time-lapse* permanent de la planète dans son ensemble.

Ce que j'aime avec Landsat, c'est cette capacité à nous faire découvrir le monde d'une nouvelle manière. Les satellites sont équipés de capteurs multispectraux, c'est-à-dire de caméras spéciales capables de voir au-delà du spectre visible, dans les profondeurs de l'infrarouge et de l'ultraviolet. Ces fréquences nous révèlent les vapeurs invisibles de l'atmosphère, les anciennes cicatrices causées par les incendies et les tremblements de terre, ainsi que la santé des plantes et des sols. Convertis en couleurs que nous pouvons discerner, ces phénomènes se déclinent en de magnifiques nuances de rouge et de vert, aussi claires à l'œil qu'étonnantes. Avec sa vision surhumaine et ses décennies d'images archivées, Landsat nous donne la possibilité de voir dans le temps, de suivre le mouvement végétal qui échappe au regard normal et de le voir pour ce qu'il est vraiment : le déploiement titanesque, actif et intentionnel de la vie.

Ce que révèle ce *time-lapse* planétaire, c'est le mouvement vivant de mes plantes d'appartement transposé à l'échelle des continents : des forêts de mangroves qui montent et descendent le long des côtes australiennes et des cèdres du Liban qui escaladent des montagnes en Turquie. Dans le sud de l'Italie, où les terres agricoles sont peu à peu délaissées depuis des décennies, le parc national du Pollino déborde de ses frontières, dispersant bouleaux et pins le long des Apennins. Sous l'œil acéré de Landsat, les arbres se présentent comme une vague rouge : une lumière infrarouge, invisible pour nous, qui se diffuse de l'eau vers leurs feuilles en pleine croissance et en bonne santé. Dans ce cas, les machines voient mieux que nous le vivant en mouvement[29].

Ici, la technologie nous permet de faire évoluer notre vision et de changer ce que nous faisons de celle-ci : où nous regardons, ce que nous voyons et comment nous agissons en conséquence. Elle nous permet de mobiliser notre attention à une plus grande échelle et d'être plus présents au monde que nous ne le serions sans elle. Grâce à la technologie, nous pouvons choisir, consciemment, de vivre dans une autre temporalité.

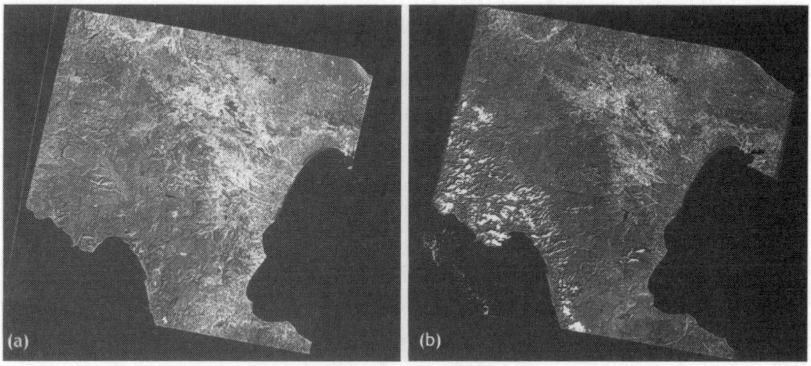

Images Landsat de la Basilicate, en Italie, (a) en 1984, (b) en 2010.

En 1935, à propos de ses premières expériences de cinématographie par prises de vues à intervalles réguliers, le cinéaste français Jean Epstein résumait ainsi la sensation de voir des processus naturels se dérouler à une vitesse différente de la normale : « Le ralenti et l'accéléré révèlent un monde où il n'y a plus de frontières entre les règnes de la nature. Tout vit [...]. Un animisme étonnant est rené au monde. Nous savons maintenant, pour les voir, que nous sommes entourés d'existences inhumaines[30]. »

Pour Epstein, il faut nécessairement voir pour savoir et prendre soin, et donc pour agir. J'ajouterais à cela la dimension de la pratique. L'acte de faire des *time-lapses* pour moi-même, que ce soit sur les plantes de mon salon ou sur l'ensemble du bassin méditerranéen, me rend plus attentif au temps végétal et planétaire, ce que ne me permet pas le simple fait de regarder sur YouTube les images produites par d'autres. L'expérience se trouve incommensurablement enrichie par le temps que j'ai investi, la présence que j'ai apportée et mon appréciation silencieuse de ce qui s'est réellement passé. Encore une fois, c'est l'intra-action qui est à l'œuvre, combinant changement de manière de voir et changement de manière d'être.

L'observation suscite un sentiment d'émerveillement, mais la pratique engendre connaissance et compréhension. Les outils technologiques, pour réellement produire des états modifiés, exigent que nous soyons des participants à part entière à leurs révélations, et non de simples spectateurs. C'est pourquoi il est si important que nous ayons accès non seulement aux résultats de toutes ces merveilleuses technologies – les magnifiques images prises par les satellites –, mais aussi aux technologies elles-mêmes. Ce qu'il faut mettre à la disposition de tous, c'est une formation à leur utilisation effective. Il faut donner à chacun les connaissances et le savoir-faire nécessaires pour les concevoir et les déployer de manière critique et réfléchie, ainsi qu'un accès réel aux outils et aux processus existants. Il ne suffit pas de retourner les machines – de pointer les satellites vers l'extérieur, plutôt que vers nous-mêmes. Il convient également de les partager et de les mettre entre les mains de tous.

CHAPITRE 5

Parler aux étrangers

Eh Eh Eh Eh
Tt Tt Tt
Ah Ah Ah
Tt Tt Tt

Nous sommes en octobre 2019 en Basilicate, au sud de l'Italie, et nous marchons derrière les bergers du parc national du Pollino, sur les hauteurs de la commune de Viggianello. Le ciel est d'un bleu limpide, l'air est encore chaud, et nous conduisons des vaches, des chèvres et des moutons à travers les collines en direction de leurs pâturages. Alors que nous progressons à flanc de montagne, les bergers forment un chœur de sons variés pour appeler les animaux : cris aigus, sons gutturaux, sifflements, longues vocalises et douces supplications. C'est ainsi qu'ils les dirigent en les poussant, en les cajolant et en leur donnant des ordres.

Ek-bar Ek-bar Ek-bar
Shqitz Shqitz Shqitz
Ooo-Ah Ooo-Ah Ooo-Ah
Wey-Ah Wey-Ah Wey-Ah

Nous sommes là parce que ma compagne Navine et moi montons une exposition dans la ville de Matera, à quelques heures de route à l'est de Viggianello et du parc national. L'exposition tire son titre et son inspiration d'*Il Paese di Cuccagna*, le pays de cocagne, une légende médiévale qui décrit une sorte d'utopie paysanne, un monde renversé dans lequel la dureté de la vie quotidienne fait place à une abondance démesurée. Les pierres donnent des fruits, du vin jaillit des sources, les oiseaux chantent et les animaux sont joyeux[1].

L'histoire de Matera est celle d'une lente sortie d'un état de pauvreté extrême, décrite dans le livre *Le Christ s'est arrêté à Eboli*, les Mémoires de Carlo Levi sur son exil en Basilicate (alors appelée Lucanie) dans les années 1930. La publication de ce livre provoqua une onde de choc dans toute l'Italie, dévoilant aux Italiens du Nord en pleine modernisation une région où les gens vivaient encore dans des grottes, pratiquaient des danses rituelles étranges et luttaient pour leur survie. Dans les années 1950, le gouvernement italien fit évacuer de force les *Sassi*, les célèbres grottes de Matera qui avaient été habitées sans interruption pendant neuf mille ans, et relogea leurs occupants dans des appartements modernes à l'autre bout de la ville. Aujourd'hui, après des décennies d'abandon, les *Sassi* sont en proie à la gentrification. De nombreuses grottes ont été aménagées et transformées de manière quelque peu incongrue en restaurants chics et en logements de type Airbnb : la « honte de l'Italie » s'est muée en attraction touristique.

Lorsque nous avons fouillé les archives de la ville, les albums des photographes locaux et les dernières études sur la vie dans les anciens *Sassi*, c'est une autre réalité qui s'est imposée à nous, celle de gens qui vivaient en cohabitation avec leurs animaux, qui cueillaient des herbes médicinales dans les prairies surplombant la ville et qui créaient des infrastructures complexes pour l'eau et l'évacuation des déchets à partir de la roche même dans laquelle ils vivaient. Même le *cucù*, le sifflet en terre cuite en forme de coq emblématique de Matera (aujourd'hui produit en masse pour les touristes), trouve son origine dans les anciens cadeaux de dot : gage de fertilité, il faisait partie d'une culture complexe de don, d'échange et de bénédiction mutuelle.

Le titre du livre de Carlo Levi présente la Lucanie comme une contrée maudite, hors de portée du salut chrétien (Eboli est la dernière gare en provenance du Nord, à deux heures de route sur la côte).

Mais le livre évoque également l'histoire et les mystères plus anciens de la région, notamment les rituels ésotériques, l'ancrage profond des croyances populaires et la pratique répandue de la magie. De la danse de la tarentelle – dont le rythme frénétique avait pour but de ranimer les personnes ensorcelées ou tétanisées par une morsure d'araignée – aux rituels de fertilité en passant par les fêtes des moissons, ces rites lucaniens étaient profondément liés à la terre, aux plantes, aux animaux et aux saisons.

L'anthropologue napolitain Ernesto De Martino, qui a documenté ces rituels dans les années 1930, pensait que les pratiques dont il était témoin étaient aussi directement liées à la pauvreté et aux ravages du monde moderne. Les victimes de la piqûre de la tarentule étaient-elles réellement possédées ou simplement épuisées par les exigences de la vie industrielle et étouffées par une culture catholique stricte ? Les magies traditionnelles lucaniennes, si lugubres et cruelles qu'elles puissent être, s'opposent à la dénaturalisation du monde par la science et à la déshumanisation de l'individu par l'industrialisation.

De Martino parlait de « crise de la présence » – c'est-à-dire le sentiment que les collines, les forêts, les oiseaux et les animaux étaient en train de disparaître, et avec eux notre propre place dans le monde. Les rituels dont il a été témoin, comme de nombreuses pratiques magiques et chamaniques, s'adressaient au monde naturel et non humain, avec lequel ils étaient constamment en train de communiquer et de négocier. C'était une façon de maintenir sa propre humanité par la reconnaissance et la sollicitation de la vitalité de tout et de tous les autres[2].

De même que les traces des premiers habitants des *Sassi* subsistent sous forme de gravures et de graffitis sur les murs des grottes gentrifiées, les traces de ces rituels survivent dans les villes et les campagnes de Basilicate. Chaque commune a son calendrier annuel de *feste*, ou carnavals. À Pedali, un hameau situé sur les hauteurs de Viggianello, la parade de la Madone au moment des moissons est accompagnée du *cirio*, un imposant dolmen de paille orné de fleurs. Dans le village de San Costantino Albanese, la fête de Notre-Dame de l'Étoile est célébrée avec une série de personnages en papier mâché

– une bonne, un berger, deux forgerons et une figure de diable terrifiante – que l'on fait exploser de manière spectaculaire avec des feux d'artifice. Et à Viggianello même, l'arrivée du printemps est marquée par les célébrations du *maggio*, le 1er mai, au cours desquelles un sapin et un hêtre, descendus de la montagne au cours d'une fête dionysiaque de trois jours, sont mariés rituellement sur la place du village où l'on chante et l'on boit. Le grand tronc du hêtre est traîné par des attelages tirés par d'énormes bœufs hargneux, ornés de breloques représentant le soleil et la lune, tandis que le sapin est porté par de jeunes hommes titubants. Par souci de moralité, le *maggio* est également appelé la « fête de saint François », et une petite icône du saint est fixée sur le tronc et bénite par le prêtre du village, avant que ce totem à l'aspect spectaculairement païen ne soit hissé sur la place du village.

Le *cirio* en paille, les cornemuses de la *festa*, une étagère de *cucùs*, un film de la fête du *maggio* : autant d'artefacts que nous avons eu la chance de pouvoir présenter dans notre exposition. Mais nous voulions autre chose que des objets silencieux ; nous voulions leur donner une voix, comme le souffle de vie qui les animait dans leur lieu et leur époque d'origine. Le *maggio* est rythmé par des airs de mariage ; le *cirio* a ses propres hymnes chantés par les femmes du village ; le *cucù* ses propres mélodies ; et le parc du Pollino sa chanson. C'est ce souffle sonore – les chants, la parole et le langage – qui permet d'entrer en communication avec le monde plus qu'humain et de créer des interrelations avec les autres êtres. De là nous est venue l'idée de nous munir de microphones pour marcher avec les bergers de Viggianello.

Brr Brr Brr
Eh Eh Eh Eh
Ti Ti Ti
Oah Oah Oah

Chaque berger a un vocabulaire différent. En réplique aux chèvres qui s'agitent et bêlent dans leur enclos, Francesco « Capo »

Caputo produit des sons occlusifs, qu'il accompagne de coups de bâton, bousculant et poussant les animaux vers le portail de leur enclos. Sur les pentes escarpées, son cousin Matteo guide une demi-douzaine de vaches avec des sons graves et puissants, entrecoupés de mugissements, de souffles lourds et de claquements de lèvres. Au village, Rosina Corraro chuchote et toussote pour communiquer avec ses cochons dans leur sombre soue chaude, et les cochons eux-mêmes répondent par leurs reniflements, en quête de peaux d'oignons et de fruits trop mûrs dans l'obscurité.

Mon moment préféré dans les enregistrements que nous avons réalisés durant ces quelques jours à Viggianello est celui où Giovanni Forte, guidant l'un de ses bœufs – une magnifique bête, énorme, de la taille d'un tracteur – à travers son champ, reçoit un appel sur son portable, qu'il met un certain temps à trouver et à décrocher. Les supplications soufflées par Giovanni au taureau, la respiration lourde de ce dernier, le cliquetis de ses cloches, de ses chaînes et de ses pendentifs en laiton se mêlent au vif tintement électronique de la sonnerie pour former une symphonie harmonieuse et généreuse de sons humains, non humains et plus qu'humains[3].

Giovanni Forte répondant au téléphone.

Les humains parlent aux animaux et avec eux depuis aussi longtemps qu'ils marchent à leurs côtés, c'est-à-dire depuis toujours. Cette communication ne se limite pas aux animaux domestiqués. Elle est même antérieure à la domestication. Aujourd'hui encore, des gens parlent aux bêtes sauvages, avec lesquelles ils entretiennent des conversations intelligibles et productives.

La réserve nationale de Niassa, dans le nord du Mozambique, couvre une immense superficie de plus de 42 000 kilomètres carrés de savane, de forêt et de zones humides. Depuis des siècles, cette région est connue pour la qualité de son miel, qui reste à la fois l'aliment de base et le produit le plus précieux du peuple Yao. Celui-ci recueille le miel sauvage dans les branches des baobabs et autres grands arbres de Niassa. Mais, pour ce faire, les chasseurs de miel du peuple Yao ont besoin d'aide afin de localiser les ruches sauvages, qui sont souvent cachées très haut dans les branches des arbres.

Le grand indicateur est un autre habitant de Niassa. Ce petit oiseau brun au bec rose possède une capacité rare : il est capable de digérer la cire d'abeille, qui constitue pour lui une riche source de nutriments. Cependant, l'enveloppe extérieure des essaims sauvages est dure et difficile à fissurer, et la savoureuse cire d'abeille est bien protégée. C'est pourquoi les grands indicateurs ont appris à demander de l'aide.

Lorsqu'ils rencontrent des humains dans la savane, les grands indicateurs émettent un son particulier, différent de leurs chants d'accouplement ou de délimitation du territoire, afin d'attirer l'attention des humains. (Quand ils sont affamés, les grands indicateurs volent même jusqu'aux campements des Yao pour aller les chercher directement.) Une fois qu'il a attiré l'attention d'un chasseur, le grand indicateur s'envole, passant d'un arbre à l'autre en lançant sans cesse son appel afin d'attirer l'humain derrière lui. Lorsqu'il arrive à un arbre contenant un essaim sauvage, il se perche sur une branche voisine, bien à portée des flèches du chasseur. Mais si les Yao chassent et mangent régulièrement des oiseaux de même taille, ils ne visent pas les grands indicateurs : ils collaborent avec eux. Suivre l'oiseau permet au chasseur de localiser le nid d'abeilles, de grimper dans l'arbre, d'enfumer l'essaim et d'ouvrir les alvéoles avec une hache pour libérer le doux miel qu'elles contiennent. Une fois que le chasseur a pris ce qu'il voulait, le grand indicateur peut se régaler des alvéoles et des larves d'abeilles qui restent.

La communication entre l'humain et le grand indicateur se fait dans les deux sens. Les chasseurs de miel Yao utilisent également un bruit particulier pour chercher les grands indicateurs : un léger grognement avec la langue (« brr ») ponctué d'un fredonnement soufflé (« humph »), formant un son qui n'est pas si éloigné de celui des bergers de Viggianello[4].

Brrrrr-hm
Brrrrr-hm
Brrrrr-hm

Les chercheurs qui ont enregistré et réécouté ce son et d'autres sons de la forêt ont constaté que les chasseurs Yao qui répètent le *brrrrr-hm* ont deux fois plus de chances de trouver un grand indicateur que ceux qui émettent d'autres bruits. Il s'agit de bien plus qu'un son : c'est un appel spécifique, voire un mot, qui est reconnu comme tel par les oiseaux. De plus, lorsqu'il s'associe à un grand indicateur, la probabilité pour le chasseur de trouver une ruche passe de 17 % à 54 % – ce qui représente un avantage évident pour les deux parties[5].

Il existe d'autres exemples de collaboration entre animaux sauvages et humains pour augmenter les capacités de chasse des uns et des autres. Au large des côtes du Myanmar et du Brésil, les dauphins sauvages indiquent aux pêcheurs où jeter leurs filets, avant d'y entraîner les poissons et de partager la prise[6]. Mais les grands indicateurs sont le seul cas que nous connaissions où un humain et un animal sauvage s'appellent l'un l'autre pour entreprendre une tâche ensemble. Et il semblerait que cette collaboration ne date pas d'hier.

Les ancêtres des grands indicateurs d'aujourd'hui ont commencé par rencontrer des chimpanzés, puis les premiers homininés, quand la savane est apparue au Pliocène, il y a environ 3 millions d'années. Au cours de cette période, les conditions plus sèches et plus froides ont entraîné le développement des prairies ouvertes, tapissées de plantes à fleurs et parsemées d'arbres, qui sont un territoire parfait pour l'*Apis mellifera*, la plus productive et la plus nutritive des espèces d'abeilles qui plaît tant aux grands indicateurs, aux chimpanzés et aux Yao. Aujourd'hui encore, grâce aux grands indicateurs, les chimpanzés et les humains qui vivent dans la savane consomment plus de miel que ceux qui vivent dans les forêts[7].

On ne sait pas exactement quand cette entraide entre primates et grands indicateurs est apparue, mais certains la font remonter à l'époque de ces premiers contacts au Pliocène. Au fur et à mesure que les conditions propices aux apidés se sont améliorées, les ruches se sont répandues dans la savane, la quantité de miel disponible a augmenté, et les humains et les oiseaux se sont croisés plus fréquemment dans leur quête de miel. Le développement d'outils en pierre et la maîtrise du feu (et de la fumée qui en résulte) ont facilité la collecte du miel, et donc accru les bénéfices de la collaboration avec les grands indicateurs. Si, au début, il s'agissait simplement de suivre l'autre, à un moment donné une conversation s'est instaurée et elle se poursuit depuis lors. Aujourd'hui, les chasseurs Yao – tous des hommes – apprennent de leurs pères le *brrrrr-hm* et le transmettent à leurs fils. En Tanzanie, les Hadza produisent un trille pour appeler les oiseaux, tandis que dans le nord du Kenya les Boran soufflent dans leurs poings serrés, dans des coquilles d'escargot travaillées ou dans des noix de palmier creusées pour produire un sifflement perçant qui peut être entendu à plus d'un kilomètre[8].

Nous sommes toujours changés par nos relations avec les autres, et notre association avec les grands indicateurs ne fait pas exception. En même temps que nous apprenions à les appeler et à les écouter, nous changions nous-mêmes. Au cours des deux derniers millions d'années, la taille du cerveau humain a considérablement augmenté. Les raisons de cette évolution sont multiples, parmi lesquelles on peut citer un régime alimentaire plus riche en nutriments et la complexité croissante des tâches accomplies : un cycle d'apprentissage et de croissance qui incluait la recherche de nourriture[9]. Le fait de collaborer avec les grands indicateurs nous aurait-il rendus plus intelligents, orientant la trajectoire de notre propre évolution ? Cette relation combinait assurément pensée complexe et amélioration de l'alimentation. Bien sûr, nous savons maintenant qu'il ne faut pas chercher des causes uniques aux changements et au développement qui font l'évolution, mais l'association entre humains et animaux sauvages par le langage, illustrée par la relation humain-grand indicateur, pourrait bien avoir joué un rôle significatif dans le processus qui a fait de nous ce que nous sommes.

Que dire du langage lui-même ? Si nous parlons vraiment aux animaux, alors le langage n'est pas quelque chose dont seuls les humains sont doués – et peut-être ne l'avons-nous pas inventé tout seuls. Une série de théories sur les débuts du langage ont été développées au XIXe siècle et classées en 1861 par l'influent philologue allemand Max Müller en quatre catégories aux noms euphoniques : ding-dong, peuh-peuh, ho-hisse et ouah-ouah. Ces termes, qui ont fini par être utilisés de façon désobligeante par les détracteurs de Müller, éclairent toujours la manière dont le langage a pu se développer – et nous en disent long sur la nature et les usages du langage lui-même[10].

Selon Müller, la théorie ding-dong soutient que le langage est une révélation divine, inhérente à l'homme en tant que création de Dieu. « L'or ne sonne pas comme l'étain, le bois ne sonne pas comme la pierre, et des sons différents sont produits par différentes percussions. Cette même loi atteint également l'homme, la plus délicatement organisée des œuvres de la nature », écrit Müller, qui par « nature » entend « Dieu ». La théorie ding-dong est à la fois la plus clairement envisagée et la plus vaguement décrite de toutes les catégories de Müller, car elle repose sur l'existence de Dieu et de l'homme tel qu'il a été divinement ordonné. Comme la théorie du dessein intelligent, elle peut s'adapter à n'importe quel état de la Création. Elle fait du langage une chose distincte et intangible, la propriété exclusive des humains, à la fois cause et confirmation de leur caractère unique. Et bien qu'elle exclue la vie non humaine de sa définition, elle possède une certaine beauté : selon cette lecture, le langage est une sorte de résonance avec un monde de création divine, l'interprétation par l'humanité de l'harmonie des sphères. Avec ou sans Dieu, le langage est un chant qui s'accorde avec le monde.

Pour la théorie peuh-peuh, ou théorie de l'interjection, l'origine du langage se trouve dans les sons émis involontairement par les humains : cris et interjections, exclamations de choc, de surprise, de douleur et d'excitation. Au fil du temps, nos grognements et nos pleurs, nos toux, nos éternuements et autres éructations se sont transformés en mots pour désigner leurs causes et, par extension, d'autres choses. Müller et nombre de ses contemporains n'appréciaient guère cette théorie, qui leur paraissait des plus grossières et accidentelles, indigne d'une pensée consciente. « Nous éternuons, nous toussons et nous crions de la même manière que le font les animaux ; mais si Épicure nous assure que nous parlons de la même manière que les chiens aboient, c'est-à-dire y étant poussés par la nature, notre expérience nous dit que cette assertion est erronée », écrit Müller. Selon lui, nous ne pouvons pas parler de cette manière parce que c'est ainsi que les animaux parlent. Mais ce point de vue nie à la fois la réalité du langage animal et la réalité physique de tout langage : le fait qu'il soit avant tout une expiration, mise en forme par l'armature du corps. Le langage est incarné : nous le produisons en contractant des muscles et en expulsant de l'air. Toute notre pensée consciente, celle qui peut s'exprimer par le langage, est contrainte par cet agencement de muscles, d'os et d'atmosphère.

La théorie ho-hisse est similaire, mais à la place de sons corporels involontaires, elle considère que les premiers mots étaient associés à l'action et à l'effort : elle est apparentée à un chant rythmant un travail physique de groupe. C'est la première théorie à ancrer l'acquisition du langage dans la sociabilité et la collaboration, ce qui rejoint les théories modernes selon lesquelles le langage est une propriété émergente de la complexité sociale croissante. Le langage, selon la théorie ho-hisse, est une réponse à notre besoin de communiquer, de collaborer pour chasser, manger et survivre. Elle prend également en compte la musicalité et le côté ludique, car tous les besoins humains ne sont pas directement liés à la simple survie. Un cran au-dessus de la langue peuh-peuh, la théorie ho-hisse intègre la créativité et l'intersubjectivité. Nous avons plus que des besoins à communiquer. Nous avons des pensées, des idées et même des blagues, et pour les faire passer, nous devons avoir confiance dans la personnalité des autres et la comprendre. Le langage, comme l'intelligence, est quelque chose de relationnel.

Enfin, la théorie ouah-ouah (*bow-wow* en anglais), comme son nom l'évoque avec humour, situe l'origine du langage dans les sons du monde lui-même : les cris des chiens, des chèvres et des oiseaux, mais aussi le tonnerre des nuages, le murmure du ruisseau et le chuchotement de la brise. Le langage est une émulation et un épiphénomène de l'environnement : il nous rapproche du monde et en est issu. Dans son système de catégorisation, Müller réduisait cette notion à la simple onomatopée : le langage comme écho, ou imitation grossière, des sons naturels, et c'est effectivement dans ce sens que nous utilisons aujourd'hui le terme « onomatopée ». Mais Müller commettait là une erreur manifeste – et en tant que philologue, spécialiste de la forme originale des mots, il aurait dû s'en rendre compte. En grec ancien, l'acte d'imiter les sons est littéralement désigné par le terme ἠχομιμητικό (echomimetico), alors que l'onomatopée originelle (ὀνοματοποιία) signifie « faire ou créer des noms ». La théorie ouah-ouah décrit ainsi l'acte de langage comme n'étant pas simplement la production de sons – comme les théories peuh-peuh ou ho-hisse – mais la création de sens. Et dans ce processus de production de sens, le monde plus qu'humain est complice et joue un rôle essentiel.

Aujourd'hui, le langage ouah-ouah subsiste, notamment, dans la communication entre les chasseurs tanzaniens et les grands indicateurs, et entre les bergers italiens et leurs troupeaux. Il se retrouve aussi clairement dans certaines de nos plus anciennes traditions culturelles. Le *cantu a tenòre*, en Sardaigne, est une forme de musique folklorique polyphonique ancienne, dans laquelle quatre chanteurs, debout en cercle et se faisant face, forment un chœur constitué d'un *boche*, d'un *mesu boche*, d'un *contra* et d'un *bassu*. Les deux derniers émettent un chant de gorge ululant à partir du larynx, en soutien des mots chantés par les deux premières voix. Quel que soit le sujet de la chanson – l'amour, la politique ou les événements historiques –, le chant imite un chœur plus qu'humain. Le *boche* est la voix humaine, le *mesu boche* le vent, le *contra* un mouton bêlant et le *bassu* une vache mugissante[11]. Les thèmes des chansons, par leur expression même, sont inséparables du monde naturel dont elles sont issues.

Les chanteurs de gorge de Touva, en Asie centrale, utilisent une technique similaire à des fins assez proches. Les tonalités complexes et superposées du *khöömii*, intimement liées à l'élevage et à la chasse, imitent et représentent les sons des animaux et de la nature, dont elles seraient directement issues. Selon les mythes traditionnels, ces harmonies ont été transmises aux humains par la Terre elle-même, par le bruit des chutes d'eau et le rugissement du vent dans les steppes. Mais elles ont aussi un usage profondément pratique de communication. Les chants *khöömii* de Touva sont un écho des sons de la nature à des moments particuliers, tels que le chant des oiseaux pendant la migration ou la musique des vents et des cours d'eau tout au long de l'année. Ce répertoire des caractéristiques sonores des événements saisonniers permet aux bergers de déterminer précisément quand les conditions sont réunies pour se déplacer entre les zones de pâturage ou pour construire des abris[12]. À l'instar des lignes de chanson – également appelées pistes de rêves – des peuples aborigènes australiens, qui permettent de marquer des itinéraires sûrs à travers un paysage, les chants touvains sont un registre culturel attestant d'une relation vécue avec la Terre[13].

Au nord de l'Europe, le *joik* des peuples samis, la tradition musicale continue la plus ancienne du continent, est également considéré comme un don de la terre. En retour, les joikeurs chantent la terre et ses habitants : chaque chanson évoque une personne ou un lieu particulier – ou plutôt, elle les incarne et les joue. En termes philologiques, le verbe « joiker » dans les langues samies est transitif : on ne joike pas à propos d'un lieu, on le joike directement. En conséquence, ces chants sur la terre, les animaux et les plantes contiennent aussi directement les sons de ces choses : l'appel du corbeau, le cri du loup, le vent dans la forêt ou le bruit de la mer. Lorsqu'il est chanté de cette manière, le joik est une expression de la terre elle-même : le monde chante à travers le chanteur.

Cette idée se rapproche bien plus de notre compréhension contemporaine du monde en tant que réseau organique densément interconnecté, toile d'êtres et de phénomènes entrelacés, que n'importe quel exposé parcimonieux d'un philologue du XIXe siècle sur les racines des mots et des phonèmes. De même que les sciences écologiques ont émergé en réaction au regroupement et au morcellement de la biologie traditionnelle en proposant à la place une attention particulière à l'interrelation de toutes les choses, les chants *joik* et *khöömii* nous invitent à reconnaître une réalité ouah-ouah. Nous parlons avant tout sur, à travers et avec le monde et non en tant qu'individus dissociés ou en tant qu'espèce exceptionnelle. Pour reprendre les mots du philosophe Maurice Merleau-Ponty, le langage « est la voix même des choses, des ondes et des bois[14] ».

Le fait de parler et de chanter à travers et avec le monde permet d'articuler des positions politiques qui seraient impossibles à exprimer par la seule voix humaine. Dans les années 1970, le gouvernement norvégien annonça son intention de construire un barrage sur le fleuve Álttáeatnu (Áltá), dans le nord de la Norvège, afin de créer une centrale hydroélectrique, un projet qui se traduirait par l'inondation et la destruction de vastes étendues de Sápmi, les terres traditionnelles des Samis. En réaction, des milliers de Samis se rassemblèrent dans le cadre de ce qui fut connu sous le nom de conflit d'Áltá : une série de manifestations et d'actions de désobéissance civile qui aboutirent à des affrontements avec la police sur le site du barrage et à une grève de la faim de longue durée dans la capitale norvégienne, Oslo. Même si le barrage et la centrale finirent par être construits, cette lutte a été un moment clé non seulement pour la revitalisation de la culture samie, après des siècles d'oppression raciste et religieuse, mais aussi plus globalement pour l'ensemble des luttes pour la justice environnementale et les droits des peuples autochtones.

« Laissez vivre la rivière ! » Tel était le cri puissant porté par le mouvement d'Áltá, un appel sans précédent non seulement au respect de l'environnement et à la justice, mais aussi à la reconnaissance de la vie et de l'autonomie de la rivière elle-même, et par extension des communautés, humaines et non humaines, qui vivent avec elle. Cette interconnexion s'entend dans « Sápmi, vuoi Sápmi ! », une chanson de l'album du même nom du musicien sami Nils-Aslak Valkeapää (connu sous le nom d'Áillohaš dans la langue des Samis du Nord), sorti en 1982 à la suite de l'action d'Áltá. Le morceau s'ouvre sur l'appel insistant d'un tétras, suivi de *field recordings* (enregistrements de terrain) de chants d'oiseaux, de chansons de manifestation, de scies circulaires, de ruisseaux et d'hélicoptères de la police, accompagnant le magnifique joik du jeune chanteur sami Ingor Ántte Áilu Gaup[15]. Ensemble, les différentes voix, les sons et les phénomènes naturels se mêlent pour créer un portrait puissant d'une terre et d'un peuple menacés, et de la force combinée du monde humain et plus qu'humain mobilisée dans la défense mutuelle de la Terre commune.

Áillohaš, décédé en 2001, était peut-être le plus grand et certainement le plus connu des joikeurs du XXe siècle. Poète et figure culturelle majeure, il a modernisé le joik avec l'introduction d'instruments de musique, et relancé l'attention sur les questions sociales. *Sápmi, vuoi Sápmi !* est un hommage à un moment particulier, mais c'est également un appel à parler en permanence avec et à travers le monde de manière plus large. En agissant de la sorte, il est possible de voir que parler avec la voix du monde n'est pas seulement un acte d'imitation. C'est une forme de solidarité.

Aujourd'hui, pour la plupart d'entre nous, la musique du langage a presque entièrement été remplacée par son inscription. Nous vivons dans une culture davantage écrite qu'orale. Pour retrouver le lien avec le monde que le langage exprimait jadis, nous nous tournons vers la langue des bergers et des chasseurs, la transmission de la musique folklorique et les cosmologies qui ont préservé leurs traditions orales.

Inventé par les scribes sémitiques vers 1500 avant notre ère, l'alphabet phonétique a été la technologie clé du passage de la culture orale à la culture écrite. Cependant, les inscriptions pictographiques existaient déjà depuis bien plus longtemps dans différentes régions du monde comme la Mésopotamie, l'Égypte, la Chine et la Méso-Amérique. Ces signes, bien qu'écrits, faisaient référence à la chose parlée – comme les hiéroglyphes égyptiens. Même s'il s'agissait d'un concept quasi abstrait, son association avec le monde lui donnait du poids et une certaine matérialité.

L'alphabet phonétique a remplacé les images du monde par des images du langage lui-même : les consonnes d'abord, puis les voyelles. Cela a entraîné une séparation presque complète de la culture humaine du reste de la nature : à la place de l'orientation vers l'extérieur des inscriptions pictographiques – l'équivalent écrit du *brrrrr-hm* et du joik –, les caractères phonétiques renvoient à la forme de l'énoncé, au son que nous produisons pour le dire. Le monde plus qu'humain disparaît avec l'alphabet phonétique.

Cet éloignement du langage de l'origine qui est la sienne dans l'interaction humaine avec le monde naturel se trouve encore accentué par les technologies informatiques. À quelques exceptions notables près, la grande majorité des langages de programmation s'écrivent en alphabet latin, avec des mots clés anglais. Cela est vrai même pour les nombreux langages développés dans des pays non anglophones. Ainsi, les technologies informatiques représentent un vecteur supplémentaire de notre éloignement par rapport à notre environnement, au monde qui pourtant nous enveloppe et nous soutient même lorsque nous sommes scotchés devant des écrans[16].

Néanmoins, il reste des traces du monde naturel dans le langage humain. En fait, il continue de hanter, d'infiltrer, d'inspirer et de façonner le monde computationnel. Même les caractères qui composent l'alphabet phonétique, et qui figurent sur les touches de mon clavier d'ordinateur, en sont une illustration.

Aleph, la première lettre de l'alphabet sémitique, s'écrit 𐤀. *Aleph* est aussi l'ancien mot hébreu pour « bœuf ». Comme le hiéroglyphe égyptien correspondant à cet animal, la lettre représente une tête avec des cornes. Par rotation, elle est devenue la lettre A. De même, notre lettre M est dérivée de la lettre sémitique *mem*. Mot hébreu signifiant « eau », *mem* a été dessinée comme une petite vague : 𐤌. La lettre O, transformée en voyelle par les scribes grecs, vient de la lettre *ayin*, qui signifie « œil », tandis que Q dérive de la lettre *qoth*, qui signifie aussi « singe ». La queue de ce « q » est en fait une queue de singe vestigiale. Tout texte est rempli de traces d'animaux, d'ondes, de références à des parties de nos corps, qui se retrouvent au cœur même de la machine que j'utilise. Mon ordinateur parle le ouah-ouah.

Si le langage est né – et continue d'évoluer – de nos rencontres avec notre environnement, alors cela devrait également être le cas avec nos interactions avec les nouvelles technologies. Notre langage devrait inclure des signes et des marques de nos relations permanentes avec un environnement computationnel toujours plus présent autour de nous. C'est bien évidemment le cas.

L'expression du rire est peut-être le meilleur exemple de langage onomatopéique – c'est-à-dire de mots qui évoquent leur son naturel. Nous pouvons retracer la manière dont nous disons et décrivons le rire au fil du temps. Dans la toute première grammaire latine publiée en (vieil) anglais par Ælfric d'Eynsham vers l'an mille, on trouve la phrase : Haha *and* hehe *getâcnjað hle hter on lêden and on englisc* (« *Haha* et *hehe* désignent le rire en latin et en anglais »). Dans le prologue du *Conte de la Prieure* de Chaucer, l'appel à se méfier des ruses que l'hôte lance à ses invités commence par un rire : Haha *telaws be war for such a iape* (« Haha, compagnon, prenez garde à de telles ruses »). C'est quelque chose que l'on retrouve également chez Shakespeare, notamment dans les mots de Benedick dans *Beaucoup de bruit pour rien* : *How now ! Interjections ? Why then, some be of laughing, as ah ! ha ! he !* (« Qu'est-ce à dire ? Rien que des exclamations ! Ajoutez du moins quelques rires : Ha, ha, ha[17] ! »)

« Haha » est à la fois pur peuh-peuh et pur ouah-ouah : une onomatopée qui renvoie à une interjection involontaire. Dans le cadre d'une étude sur les premières conversations par messagerie instantanée (IM) sur Internet menée au début des années 2000, des chercheurs ont analysé 1,2 million de mots tirés de l'historique des conversations d'adolescents canadiens (qui participaient volontairement à l'étude). Ils ont constaté que « haha » était l'interjection « courte » (ou « langage SMS ») la plus fréquente dans les conversations. La deuxième la plus fréquente était *lol* – pour *laughing out loud* (« rire aux éclats » en anglais)[18].

Au moment où l'étude a été réalisée, on craignait que l'utilisation croissante de la messagerie instantanée et des SMS chez les jeunes ne conduise à une sorte de déclin de la langue anglaise. Le besoin d'être rapide dans la saisie des messages pour que les conversations en ligne restent fluides et les restrictions du nombre de caractères des SMS ont conduit à la popularisation de formes raccourcies d'expressions courantes telles que, en anglais, *brb* – pour *be right back* (« je reviens tout de suite ») –, *omg* – pour *Oh my God !* (« Mon Dieu ! ») – et *np* – pour *no problem* (« pas de problème ») –, et, en français, *tkt, dsl* ou *oklm*. D'aucuns étaient horrifiés, en particulier lorsque les expressions en question ont commencé à apparaître dans les devoirs des élèves à l'école[19].

Même si elles n'ont jamais été entièrement dissipées, il a été prouvé que ces craintes n'étaient pas fondées. Toutes les études sur la « communication médiatisée par ordinateur » ont montré que le « langage SMS » est en fait une efflorescence de la langue. À l'abri de la police du langage que sont les enseignants, les parents, les commissions d'examen et les académies, les utilisateurs des outils de messagerie instantanée ont démontré que l'on pouvait appliquer les normes de grammaire établies tout en élaborant de nouvelles règles et conventions, et ce à un rythme rapide. Ces nouvelles conventions émergent et sont partagées au sein de leurs communautés pour établir de nouveaux modes de communication mieux adaptés à leur environnement, c'est-à-dire l'ordinateur et le téléphone portable.

Aujourd'hui, *lol* s'est échappé des boîtes de messagerie instantanée et des textos et est devenu quelque chose que les gens disent réellement : pas seulement un nouveau mot, mais un nouvel énoncé. Contrairement à « haha » et « hehe », qui sont des onomatopées nées des convulsions des poumons humains, *lol* est un produit de la constriction de l'espace et du temps dans les systèmes informatiques. Il s'agit d'un effet de l'environnement sur le langage, ce trait humain, prétendument inné, qui devrait plutôt être compris comme le monde – ou, dans ce cas, la machine – parlant à travers nous.

L'environnement computationnel et l'environnement naturel ne sont peut-être pas aussi distincts et séparés que nous pourrions l'imaginer. Reconnaître que l'environnement computationnel exerce une influence transformatrice sur nous comme peut le faire – ou le faisait autrefois – l'environnement naturel pourrait même nous permettre de prendre conscience de plusieurs choses importantes.

La première de ces prises de conscience est que cette influence a son importance. Nous ne parvenons pas très bien à rester en permanence conscients de notre environnement computationnel, parce que nous avons l'habitude de le considérer (comme l'environnement naturel) comme quelque chose que nous contrôlons, ou comme quelque chose de distinct de nous et donc sans importance. Ce n'est qu'à certains moments que cette dissonance devient évidente. Souvent, c'est lorsque nous peinons à nous exprimer alors que nous sommes confrontés aux limites d'un programme particulier, comme un logiciel de gestion récalcitrant ou un outil de traitement de texte qui ne fait pas ce que l'on veut. Que nous pensions ou non que le problème vient de nous-mêmes, plutôt que de la conception du programme ou des systèmes qui nous obligent à l'utiliser, il nous semble que nous ne pouvons pas y faire grand-chose.

Un exemple récent est révélateur de la manière dont un logiciel mal conçu peut directement façonner notre description du monde naturel. En 2020, l'organisme scientifique chargé de normaliser les noms des gènes, le HUGO Gene Nomenclature Committee (HGNC), a publié de nouvelles directives. Il y a été contraint par un problème tout à fait banal, mais très répandu : le logiciel Excel de Microsoft changeait systématiquement les noms de certains gènes dans les feuilles de calcul parce qu'il pensait qu'il s'agissait de dates. Ainsi, le gène MARCH1 (pour Membrane Associated Ring-CH-type Finger 1) était converti en la date 1-Mar (pour 1er mars), tandis qu'un autre gène, SEPT2 (Septin 2) était converti en 2-Sep. Une simple modification des paramètres du logiciel permettait de résoudre le problème, mais le risque d'oubli restait trop important étant donné les conséquences sur les résultats. Sur 3 597 articles de génétique analysés en 2016, environ un cinquième contenait des erreurs liées à Excel. Face aux préoccupations croissantes relatives à la fiabilité des recherches scientifiques, le HGNC s'est donc décidé à modifier ses directives : par exemple, MARCH1 est devenu officiellement MARCHF1, tandis que SEPT2 est devenu SEPTIN2 ; et toute une série d'autres termes ont également dû être modifiés. Il a été jugé plus commode de changer les dénominations appliquées au génome humain que de modifier le fonctionnement d'un logiciel[20].

Dans les systèmes plus axés sur la communication, tels que le courrier électronique ou les réseaux sociaux, nous reconnaissons souvent les limites inhérentes aux outils à notre disposition et la manière dont notre expression est façonnée, à la fois contrainte et facilitée, mais nos réponses – comme le langage SMS – peuvent être un peu plus créatives, un peu plus génératives. De ces réponses naissent des mondes sociaux entiers. Pourtant, ces systèmes influencent aussi nos vies de manière préjudiciable. Facebook a supposé que le modèle social d'interaction entre les étudiants américains blancs privilégiés était la meilleure façon de se parler pour le monde entier ; c'est ainsi que nous nous sommes retrouvés aux prises avec des torrents de rumeurs, de méchanceté, de trolls, de *fake news* et bien d'autres choses pires encore. Google a décidé que vendre nos données aux annonceurs était le meilleur moyen de monétiser la libre circulation de l'information ; c'est ainsi que nous nous sommes retrouvés avec les pièges à clics, Cambridge Analytica, les opérations de guerre psychologique russes et l'alt-right[21]. En dehors de ces exemples évidents, il existe de nombreuses autres technologies invisibles qui opèrent au-delà et en dehors de notre conscience et de notre vigilance : systèmes de surveillance, d'arbitrage judiciaire, d'extraction financière et de contrôle social. Conserver son pouvoir et sa capacité d'agir dans un tel paysage exige tout un ensemble de connaissances accumulées, ainsi que la pratique d'une sorte de pleine conscience, une attention constante à ce qui est invisible et à peine perceptible – ce qui n'est pas très éloigné du type de connaissances et d'attention nécessaires pour survivre et prospérer dans n'importe quel milieu caractérisé par son évolutivité, ses richesses et parfois ses dangers.

La deuxième chose dont nous pourrions prendre conscience est la continuité qui existe entre l'environnement computationnel et l'environnement naturel. De même qu'il n'y a pas de séparation nette entre les humains et la biosphère, entre les langues du monde et les langues humaines, il existe un va-et-vient continu entre le monde et les machines. Les ordinateurs ont une relation matérielle avec la Terre. Ils sont faits de roches et de minéraux, soumis à des lois physiques, et ils existent dans le monde avec nous. Une inondation ou un orage peut les mettre hors service ; la chaleur et l'humidité excessives nuisent à leurs performances. Nos interactions avec les ordinateurs peuvent avoir des conséquences physiologiques, qui vont des troubles musculo-squelettiques aux douleurs lombaires, en passant par l'« apnée de l'écran », lorsque les poumons se resserrent et que l'on retient son souffle à la lecture d'une série de messages inquiétants. Sans parler de l'angoisse existentielle provoquée par un blocage du système, un incident ou une perte de données, ni des énormes quantités de chaleur, de dioxyde de carbone et de déchets industriels rejetés dans l'environnement. Cette continuité entre la technologie, le corps et la biosphère – cette écologie – est perceptible dans le langage, comme elle l'est dans la culture, les modes de socialisation et les relations que nous entretenons les uns avec les autres et avec le monde plus qu'humain.

L'un des impacts du mouvement Black Lives Matter a été la révision du langage informatique. Dès 2003, le comté de Los Angeles avait demandé aux fabricants d'ordinateurs, fournisseurs et prestataires informatiques de ne plus utiliser les termes « maître » et « esclave » dans les équipements et services qu'ils proposaient. Cette demande faisait suite à une plainte pour discrimination déposée par un employé du comté qui s'opposait à ce que ces termes soient appliqués à des machines – dans le cas précis, un appareil de duplication de cassettes vidéo[22]. Historiquement, ces mots ont été utilisés par les informaticiens pour désigner les entrepôts de données primaires et secondaires. Bien évidemment, ils ont aussi été utilisés pour désigner une relation entre des êtres humains. En 2003, la demande du comté de Los Angeles fut largement tournée en dérision comme un exemple frappant du « politiquement correct » (qui est en soi une expression choquante), mais un changement progressif d'attitude s'est opéré au cours des années qui ont suivi. Aujourd'hui, de nombreux langages de programmation utilisent d'autres termes, tels que « primaire » et « secondaire », pour désigner exactement les mêmes systèmes. En 2020, le débat a connu un regain d'attention lorsque Regynald Augustin, un ingénieur noir employé par Twitter, a fait pression, après avoir reçu un courriel l'informant d'un « rekick automatique de l'esclave » (*automatic slave rekick*), pour que la plateforme modifie ses directives de codage. Twitter a également abandonné l'utilisation du terme *blacklist* (« liste noire ») pour désigner des listes d'utilisateurs bannis ou de termes interdits, en partie en réponse à la pression du mouvement Black Lives Matter[23]. La plateforme de gestion de développement de logiciels GitHub, qui compte 50 millions d'utilisateurs, et le très répandu système de base de données MySQL, entre autres, ont suivi le mouvement.

Si les modifications apportées au langage sont souvent jugées au mieux performatives, au pire inutiles, elles ont pourtant des origines qui font sens et des conséquences significatives. Ron Eglash, professeur à la School of Information de l'université du Michigan, a étudié les origines de la terminologie maître/esclave. Son travail décrit le malaise bien réel de nombreux ingénieurs noirs qui se retrouvent confrontés à ces termes – ainsi que le fait qu'ils sont souvent inadaptés à leur application[24]. Il cite un participant à l'étude : « Lorsque j'ai commencé à enseigner la logique numérique, vers 1992, je ne m'étais pas encore rendu compte du côté gênant du terme. Jusqu'à ce jour où moi, l'un des rares Afro-Américains de la salle, je me retrouve devant une classe de soixante étudiants. Je me souviens de marmonnements. » Dans un monde où moins de 4 % des 50 000 employés de Google et seulement 6,5 % de tous les diplômés états-uniens en STEM (sciences, technologies, ingénierie et mathématiques) sont noirs – des chiffres qui aboutissent directement à des préjugés raciaux très réels dans les systèmes informatiques –, les mots que nous utilisons ont une grande importance[25].

Eglash montre comment les implications racistes de cette terminologie sont amplifiées par les technologies numériques. À l'origine, les termes « maître » et « esclave » étaient utilisés dans des technologies mécaniques telles que les interrupteurs, les horloges et les systèmes hydrauliques. Dans ces systèmes, l'« esclave » suivait simplement le « maître », répétant fidèlement ses actions. Avec l'avènement des ordinateurs en réseau, une nouvelle mesure a été introduite : l'intelligence. Le premier système informatique à temps partagé, mis au point au Dartmouth College dans l'État du New Hampshire aux États-Unis en 1964, utilisait les termes « maître » et « esclave » pour désigner les unités de contrôle et de traitement du réseau, faisant explicitement référence au « maître » comme étant le « cerveau » de l'opération, et à l'« esclave » comme étant les « muscles » – bien que l'« esclave » effectue la majeure partie du travail de calcul réel. Comme l'observe Eglash, « cette extension de la métaphore reproduit l'erreur – associer la condition de maître à l'intelligence – que les maîtres humains faisaient souvent à propos de leurs propres esclaves ».

Si nous prenons au sérieux l'idée d'une continuité entre l'environnement computationnel et l'environnement naturel, nous devons également prendre au sérieux celle selon laquelle le langage informatique, influencé par nos préjugés et nos hypothèses, façonne et affecte notre réalité au-delà des systèmes dans lesquels il s'inscrit. Et pas seulement dans le monde des calculs, car confondre les notions de maître et d'intelligence est une erreur que nous commettons dans toutes sortes de contextes, notamment dans nos relations avec les autres espèces. La façon dont nous nous adressons au monde au sens large, dont nous parlons avec lui et à son sujet, a donc de la même manière son importance.

Le langage dont nous disposons pour parler du monde naturel est imprégné de celui de la soumission et de la domination, qu'il s'agisse de désigner les animaux de compagnie comme des « animaux domestiques », subordonnés, ou de réduire des êtres vivants et agissants sous le terme de « bétail ». Notre différenciation entre animaux « sauvages » et « apprivoisés » porte elle aussi la même violence culturelle que les termes appliqués aux humains d'autres cultures, tels que « non civilisé » et « primitif ». Avec le temps, ces termes, déjà contestés par les défenseurs des droits des animaux, pourraient finir par être réprouvés de la même manière que l'on trouve aujourd'hui inacceptable la terminologie « maître/esclave ».

Enfin, reconnaître la réalité du paysage technologique dans lequel nous sommes plongés pourrait nous permettre de réimaginer la relation que nous entretenons avec lui. Par extension, nous pourrions ainsi réimaginer notre relation à notre environnement physique, la biosphère, dans la continuité de laquelle il s'inscrit.

Il est assez révélateur qu'un grand nombre de processus informatiques portent le nom de processus surnaturels ou les évoquent. La « boîte noire » est un exemple de ce phénomène. Une boîte noire est un dispositif, un système ou un objet dont les entrées et les sorties peuvent être déterminées mais dont l'état interne reste inconnu, comme un programme informatique au code source fermé, une machine propriétaire, une armoire magique – ou un esprit d'un autre type. Pour la plupart des gens, un grand nombre des processus et des appareils les plus importants et les plus puissants qui nous entourent – des smartphones aux ordinateurs portables en passant par les systèmes financiers et les protocoles de décision politique – sont effectivement des boîtes noires, accessibles uniquement à ceux qui possèdent des connaissances spécialisées et des privilèges. Cette situation se traduit par de profondes inégalités en termes de puissance d'agir. Il n'y a donc rien de surprenant à ce que la plus connue des lois énoncées par l'auteur de science-fiction Arthur C. Clarke soit la troisième : toute technologie suffisamment avancée est indiscernable de la magie[26].

On retrouve également cette terminologie de la magie dans les machines elles-mêmes. Les systèmes d'aide conçus pour guider les utilisateurs novices de logiciels sont désignés en anglais par le terme *wizard* (« sorcier »), tandis que les petits programmes qui surveillent et exécutent discrètement de nombreux processus d'arrière-plan dans les systèmes informatiques sont appelés *daemons* (« démons »). Ce dernier terme évoque une sorte de diablotin ou de lutin intelligent créé pour accomplir les tâches mineures de la liste de tâches du *wizard*. C'est à peu de chose près ce que fait ce démon algorithmique : il vérifie les connexions réseau, fait tourner certaines tâches et arrête les processus défunts. Mais il évoque aussi une certaine malveillance. Ainsi, lorsque Elon Musk dit qu'« avec l'intelligence artificielle, on invoque le démon », il renvoie à quelque chose d'à la fois puissant et impossible à connaître, quelque chose de potentiellement dangereux.

C'est cette équation entre impossibilité de savoir et danger que je souhaite remettre en question, car elle est au cœur de la plupart de nos craintes concernant la technologie et le monde physique au sens large. Comme nous l'avons vu, l'hypothèse selon laquelle une intelligence artificielle toute-puissante se révélera inévitablement maléfique est largement répandue chez les gens puissants. Mais le monde est plein de phénomènes naturels que nous ne percevons pas (toujours) comme maléfiques simplement parce qu'ils sont impossibles à connaître : systèmes météorologiques, phénomènes sismiques, perturbations électriques, comportement des animaux, croissance des plantes et de la vie microbienne ou propagation des maladies. La science moderne peut certes nous en apprendre beaucoup sur les causes et les circonstances de ces phénomènes, mais ils restent imprévisibles et donc, en fin de compte, impossibles à connaître. Prévoir implique de contrôler, d'avoir une connaissance totale et donc une maîtrise du phénomène et de son contexte. La réciproque est également vraie : la peur de l'inconnu est la peur de l'absence de contrôle.

Pourtant, le manque de maîtrise est précisément ce que nous devons apprendre à accepter si nous voulons vivre d'une manière sensée et juste au sein de systèmes naturels et technologiques complexes. Peut-être cela ne s'exprime-t-il nulle autre part mieux que dans ma métaphore informatique préférée : le *cloud* (« nuage »). Autrefois symbole brumeux dans les schémas des premiers ingénieurs en électronique, utilisé pour désigner une boîte noire dans le réseau, un système ou un processus éloigné et sans importance, le *cloud* s'est développé au cours des dernières décennies pour couvrir aujourd'hui la planète entière d'une enveloppe dans laquelle se déroulent presque tous les aspects de nos vies numériques. C'est dans le *cloud* que nous discutons en ligne, faisons des achats, effectuons des opérations bancaires et apprenons ; c'est là que nous stockons nos souvenirs, lisons les nouvelles et participons à nos sociétés contemporaines en réseau. Pourtant, cela décrit aussi, de manière directe, la caractéristique la plus critique du *cloud* : son caractère insaisissable. On pourrait objecter que le *cloud*, en tant que création de l'être humain, peut être en fin de compte connu ; néanmoins, personne, que ce soit l'informaticien, le programmeur, l'ingénieur réseau, le directeur technique ou le câblo-opérateur, ne le connaît parfaitement. Le plus grand assemblage de technologies que nous ayons jamais créé, la puissance de traitement informatique au cœur de toutes les vies de la planète, est « brumeux » – et je pense que c'est pour cela que ce nom de *cloud*, ou nuage, est resté. Plutôt que de renvoyer à l'idée d'un pouvoir technocratique, le nuage renvoie au temps qu'il fait. En le baptisant ainsi, nous ne poursuivons pas un objectif de maîtrise et de domination, nous cherchons à nous accommoder de forces qui nous dépassent.

Si l'on insiste sur le caractère brumeux du *cloud*, il faut aussi rappeler en permanence son poids réel, sa matérialité et sa soif de ressources, le fardeau que représente son fonctionnement pour la planète. Lorsque nous parlons du *cloud*, nous devrions également penser aux émissions des serveurs, au dioxyde de carbone, à l'extraction de matériaux, aux liquides de refroidissement toxiques et aux guerres pour les ressources en terres rares qui sont inhérentes à la fluidité de nos activités technologiques.

Le langage est important dans nos relations avec les machines et les êtres plus qu'humains. Cela nous donne la possibilité de prendre des mesures concrètes pour agir sur la nature de ces relations grâce à notre utilisation réfléchie du langage – et pas seulement en remplaçant des termes offensants par d'autres plus acceptables et plus précis. Nous pouvons reconnaître la véritable signification des mots que nous utilisons, nous pouvons élargir le vocabulaire que nous employons pour parler aux machines, et nous pouvons introduire de nouveaux termes. De même que le bannissement des termes « maître » et « esclave » du lexique des systèmes informatiques peut avoir des effets très concrets sur les expériences vécues par des êtres humains, le charme des démons et des sorciers peut nous amener à prendre davantage conscience de la puissance d'agir et même de la personnalité de nos créations, qui ne sont pas des « intelligences artificielles », mais des êtres numériques non humains. Et, en retour, l'humilité face aux choses vivantes que nous construisons nous-mêmes pourrait déboucher sur une plus grande humilité envers les êtres qui sont déjà autour de nous.

La première étape pour se défaire de l'illusion de maîtrise passe par le langage. Plus tôt, j'ai mentionné en passant l'existence de langages de programmation non standard, et notamment non anglophones. L'un des meilleurs exemples de ces langages est le قلب, qui se prononce « alb » ou « qalb » et qui, en français, signifie « cœur ».

Le قلب est un langage complet au sens de Turing, ce qui signifie qu'il est capable d'implémenter tous les programmes informatiques existants et qu'il comprend un interpréteur et un environnement de programmation complets en arabe (les outils permettant d'exécuter et d'écrire du code). Comme l'arabe, il s'écrit de droite à gauche, et tous les mots clés – qui sont habituellement des termes anglais tels que *loop* ou *function* – sont remplacés par des équivalents arabes.

Selon la coutume des *nerds* en informatique, le test standard pour un langage de programmation est d'écrire un court programme qui affiche la phrase *Hello World !* En قلب, voici le programme qui permet d'écrire *Hello World !*, ou plutôt 'مرحبا يا عالم' :

(قول'مرحباياعالم')

Le قلب a été créé par un programmeur et artiste libano-américain, Ramsey Nasser, spécifiquement pour « mettre en évidence les biais culturels de l'informatique et remettre en question les principes qui sont les nôtres en matière de programmation ». Comme tous les outils de programmation modernes sont basés sur le jeu de caractères ASCII, qui code les caractères latins et est fondé sur la langue anglaise, la programmation est ancrée dans une culture écrite particulière et favorise ceux qui ont grandi dans cette culture. Nasser soutient que pour renforcer la culture informatique, et rééquilibrer par là le pouvoir systémique, il est nécessaire d'avoir à disposition des outils dans de multiples langues. En outre, le قلب montre comment la modification de la langue du code peut également en changer la nature[27].

Dans l'écriture arabe, on peut allonger n'importe quel mot en étirant les traits de liaison entre les lettres. C'est la base de la calligraphie arabe, qui permet de donner des formes complexes aux mots et aux phrases tout en conservant leur sens. Il en va de même pour le langage قلب : les commandes et les mots clés peuvent être étendus de telle manière que le code lui-même prend de nouvelles formes artistiques, mariant esthétique et fonctionnalité. Les algorithmes deviennent de la poésie concrète. C'est littéralement le cas avec le code informatique complètement opérationnel représenté par Nasser sous forme de mosaïques arabes, médium qui souligne en retour la nature récursive et répétitive du code lui-même.

Comme il se doit, l'un des premiers programmes écrits en قلب était une implémentation du Jeu de la vie de Conway, un programme informatique en apparence simple qui simule un écosystème complexe et finalement imprévisible : un univers de pixels noirs et blancs en perpétuelle évolution. Nasser dit que c'est la compréhension de l'algorithme du Jeu de la vie qui lui a fait prendre conscience pour la première fois du pouvoir de l'informatique à façonner de nouveaux mondes, « une sensation proche de la révélation spirituelle[28] ». En instituant des langages de programmation dans d'autres langues, comme le fait le قلب, la possibilité d'un tel pouvoir et d'une telle expérience se trouve partagée plus largement, et avec elle celle de l'émergence de nouvelles pratiques.

En fait, il est possible d'écrire du code informatique de presque toutes les manières imaginables. Un grand nombre de langages de programmation « ésotériques » ont été créés par des artistes, des hackers et des curieux de toutes sortes pour tester les limites de la conception des langages, ainsi que les limites de la compréhension humaine et de la machine – et, bien sûr, pour s'amuser. Prenons par exemple le langage Piet, conçu par le physicien australien David Morgan-Mar, qui n'utilise pas de langage du tout : ses programmes sont des images bitmap multicolores qui ressemblent à des tableaux de Mondrian. Le comportement du programme est défini par la gamme de teintes et de couleurs de l'image, plutôt que par des mots. On peut aussi citer Emojicode, un langage de programmation complet écrit entièrement en émojis, comme son nom l'indique[29].

À l'extrémité du spectre, on trouve Brainfuck, un langage ésotérique créé en 1993 par un autre physicien, Urban Müller, qui se compose de seulement huit commandes, elles-mêmes constituées d'un seul caractère : < > + –. , [et]. Comme قلب, Brainfuck est Turing-complet, ce qui signifie qu'à partir de ces huit caractères il est possible de déduire l'ensemble des programmes informatiques existants – bien que cela soit un effort digne du nom du langage[30]. Voici *Hello World !* en Brainfuck :

```
++++++++++[>+++++++>++++++++++>+++<<<-
]>++.>+.+++++++..+++.>++.<<+++++++++++++++.>.+++.------.--------.>+.
```

Brainfuck est un test pour montrer à quel point un langage informatique peut être minimaliste : la taille de son compilateur – l'application qui convertit le code en programme exécutable – n'est que de 240 octets. Il montre également la malléabilité infinie du code et son potentiel en termes d'accessibilité. Une variante de Brainfuck, appelée Ook !, s'inspire de l'orang-outan bibliothécaire dans la série de romans du *Disque-monde* de Terry Pratchett – un ancien sorcier, transformé en orang-outan à la suite d'un sort ayant mal tourné, qui refuse de reprendre sa forme humaine lorsqu'il se rend compte que sa nouvelle forme est mieux adaptée pour atteindre les rayons supérieurs de la bibliothèque de l'Université de l'Invisible[31].

Ook ! ne comporte que trois éléments de syntaxe, correspondant aux trois expressions du bibliothécaire : « Ook. », « Ook ? » et « Ook ! ». En les combinant par paires, on obtient les huit éléments de Brainfuck – et donc, comme Brainfuck, Ook ! est capable d'incarner tous les programmes informatiques connus. Ainsi, *Hello World !* s'écrit comme suit en Ook ! :

Ook. Ook ? Ook. Ook. Ook. Ook. Ook. Ook. Ook. Ook. Ook. Ook.
Ook. Ook. Ook. Ook. Ook. Ook. Ook. Ook. Ook ! Ook ? Ook ? Ook.
Ook. Ook. Ook. Ook. Ook. Ook. Ook. Ook. Ook. Ook. Ook. Ook.
Ook. Ook. Ook. Ook. Ook. Ook ? Ook ! Ook ! Ook ? Ook ! Ook ?
Ook. Ook ! Ook. Ook. Ook ? Ook. Ook. Ook. Ook. Ook. Ook. Ook.
Ook. Ook. Ook. Ook. Ook. Ook. Ook. Ook ! Ook ? Ook ? Ook. Ook.
Ook. Ook. Ook. Ook. Ook. Ook. Ook. Ook. Ook ? Ook ! Ook ! Ook ?
Ook ! Ook ? Ook. Ook. Ook. Ook ! Ook. Ook. Ook. Ook. Ook. Ook.

Ook. Ook. Ook. Ook. Ook. Ook. Ook. Ook. Ook. Ook ! Ook. Ook !
Ook. Ook. Ook. Ook. Ook. Ook. Ook. Ook ! Ook. Ook. Ook ? Ook.
Ook ? Ook. Ook ? Ook. Ook. Ook. Ook. Ook. Ook. Ook. Ook. Ook.
Ook. Ook. Ook. Ook. Ook. Ook. Ook. Ook ! Ook ? Ook ? Ook. Ook.
Ook. Ook. Ook. Ook. Ook. Ook. Ook. Ook. Ook ? Ook ! Ook ! Ook ?
Ook ! Ook ? Ook. Ook ! Ook. Ook. Ook ? Ook. Ook ? Ook. Ook ?
Ook. Ook. Ook. Ook. Ook. Ook. Ook. Ook. Ook. Ook. Ook. Ook.
Ook. Ook. Ook. Ook. Ook. Ook. Ook. Ook. Ook ! Ook ? Ook ? Ook.
Ook. Ook. Ook. Ook. Ook. Ook. Ook. Ook. Ook. Ook. Ook. Ook.
Ook. Ook. Ook. Ook. Ook. Ook. Ook. Ook ? Ook ! Ook ! Ook ? Ook !
Ook ? Ook. Ook ! Ook ! Ook ! Ook ! Ook ! Ook ! Ook ! Ook. Ook ?
Ook. Ook ? Ook. Ook ? Ook. Ook ? Ook. Ook ! Ook. Ook. Ook. Ook.
Ook. Ook. Ook. Ook ! Ook. Ook ! Ook ! Ook ! Ook ! Ook ! Ook !
Ook ! Ook ! Ook ! Ook ! Ook ! Ook ! Ook ! Ook. Ook ! Ook ! Ook !
Ook ! Ook ! Ook ! Ook ! Ook ! Ook ! Ook ! Ook ! Ook ! Ook ! Ook !
Ook ! Ook ! Ook ! Ook. Ook. Ook ? Ook. Ook ? Ook. Ook. Ook ! Ook.

On peut présumer qu'un véritable orang-outan aurait beaucoup moins de mal à faire passer le message *Hello World !* – ce qui donne à penser que les ordinateurs ont encore du chemin à parcourir avant d'être aussi intelligents que les orangs-outans.

Des initiatives sérieuses sont en cours pour faciliter les communications entre animaux et machines, même si ces travaux n'en sont encore qu'à leurs débuts. Au Massachusetts Institute of Technology (MIT), des chercheurs ont mis au point un système de classification des cris du ouistiti, capable de distinguer plus d'une douzaine de cris de ce singe (piaillements et trilles). Google a annoncé en janvier 2020 avoir mis au point un programme permettant d'isoler les chants des baleines dans les profondeurs de l'océan, en utilisant un réseau d'hydrophones et une analyse automatisée pour identifier les motifs de leurs chants. Des informaticiens de l'université de l'Arizona sont en train de développer un système permettant de classer les cris des chiens de prairie, qui ont un langage complexe, incluant des noms pour différents prédateurs, ainsi que des modificateurs liés à différentes couleurs. Les chercheurs estiment qu'un tel programme serait capable de traduire les cris des chiens de prairie en langage humain et pourrait être appliqué à d'autres animaux, comme les chiens et les chats[32].

Ces travaux sont en grande partie spéculatifs. Malgré les allusions à une « IA avancée » dans chacun des exemples ci-dessus, il n'y a pas eu de véritable avancée dans l'utilisation de ces analyses pour traduire les cris des animaux en langage humain. Ces systèmes ne font qu'essayer de rattraper des capacités humaines déjà existantes. Nous avons toujours été capables de parler aux animaux, et avec eux. Notre objectif ne devrait pas être de maîtriser leur langage, mais plutôt de mieux comprendre la vie des animaux dans leur contexte et, par conséquent, de modifier nos relations avec eux afin que ces échanges soient mutuellement bénéfiques. L'accent mis sur les langages des animaux dans les systèmes d'IA est un autre exemple de réductionnisme, qui consiste à isoler la seule facette du comportement animal que les machines sont actuellement capables d'évaluer, et à placer toutes nos attentes en matière d'interaction dans une même étroite catégorie.

Konrad Lorenz, le fondateur de l'éthologie, qui a passé sa vie à parler aux animaux, aurait pensé à peu près la même chose. Dans *L'Anneau de Salomon*, le récit de ses rencontres avec toutes sortes d'animaux, publié pour la première fois en 1949, il souligne à plusieurs reprises que la facilité de langage est un mauvais indicateur de l'intelligence. Les animaux produisent une multitude de signaux et de gestes différents, totalement absents chez les humains, qui leur permettent de communiquer de manière complexe et signifiante.

Pour Lorenz, entretenir des relations avec les animaux sauvages allait de soi. Dans sa maison et ses jardins près de Vienne, il vivait parmi des choucas, des corbeaux, des cacatoès, des lémuriens, des singes capucins et de nombreux autres animaux. Il a été le premier scientifique à « marquer » une couvée d'oisillons, une bande d'oisons cendrés qui le suivaient partout comme s'il était leur père. Il considérait nombre de ces animaux comme des amis plutôt que comme des animaux de compagnie, en particulier les oiseaux migrateurs qui pouvaient passer chaque année ou nicher dans son grenier pendant quelques années avant de s'envoler, pour réapparaître des années plus tard et le saluer de manière familière.

C'est avec un corbeau qu'il appelait Roa que Lorenz a eu l'une de ses relations les plus durables. Les corbeaux croassent pour inviter d'autres oiseaux à voler avec eux. Lorenz décrit le son émis par les corbeaux adultes comme « un *krackrack* à la fois sonore et métallique » – mais, chez les jeunes oiseaux, cela ressemble plutôt à *roa*, d'où le nom donné par Lorenz à son ami. Dans son vieil âge, Roa accompagnait Lorenz lors de longues promenades le long du Danube, « mais il se montrait très craintif à l'égard des autres hommes et témoignait également d'une aversion marquée pour les lieux où il avait dû avoir peur autrefois ou faire des expériences désagréables ». Si Lorenz traînait dans ces endroits, Roa l'incitait à poursuivre sa route. Pour cela, il volait derrière lui et passait juste au-dessus de sa tête en balançant la queue, puis remontait avant de regarder en arrière pour vérifier qu'il était suivi. Il adoptait exactement le comportement des corbeaux adultes lorsqu'ils veulent encourager leurs enfants à s'envoler avec eux. À une différence près. Au lieu du cri d'appel au vol habituel de son espèce – *krackrack* –, Roa prononçait avec une intonation humaine le nom que Lorenz lui avait donné : *Roa, roa, roa !* Ne l'ayant pas dressé pour faire cela, Lorenz pense que l'oiseau suivait là sa propre intuition. Roa croyait que *roa* était le cri d'appel de Lorenz. « Salomon n'était pas le seul homme qui sût parler aux bêtes, écrivait Lorenz, mais Roa est jusqu'ici le seul animal qui ait consciemment et à dessein adressé à l'homme une parole d'homme[33]. »

Si la capacité de Roa à reproduire un mot humain est remarquable, ce qui est essentiel ici, c'est le contexte. Roa ne s'est pas contenté d'imiter un son, comme les perroquets, dont Lorenz était également familier ; il l'a utilisé en lui donnant tout son sens[34]. Contrairement aux grands indicateurs et aux Yao, dont la conversation est le fruit d'une longue histoire évolutionnaire commune qui pour l'essentiel nous échappe, Lorenz et Roa ont appris à se parler dans le courant de leur propre vie, et ils l'ont fait à travers une entreprise commune : lors de longues promenades, sur des barques, et même lors de voyages à skis. Le contexte, auquel Lorenz attachait tant d'importance, était partagé et incarné, comme l'est celui entre les grands indicateurs et les chasseurs des savanes du Mozambique, ou entre les bergers et leurs troupeaux sur les flancs des montagnes de Basilicate.

Tout effort visant à permettre aux machines de communiquer avec les animaux devra être plus incarné, plus partagé que l'interprétation anonyme des cris de singes ou l'analyse aride des enregistrements d'hydrophones. Pour espérer une communication sensée – avec nous et avec le monde plus qu'humain –, les machines devront découvrir le monde et passer du temps en sa présence, tout comme nous le faisons lorsque nous décidons consciemment de prêter attention. Peut-être que les recherches futures sur l'IA ressembleront davantage à l'Ambassade des dauphins, une création du groupe d'art et de design d'avant-garde Ant Farm en 1974. L'Ambassade des dauphins était envisagée comme un fabuleux laboratoire flottant au milieu de l'océan Pacifique, dans lequel chercheurs et cétacés se rencontreraient et apprendraient à se parler[35].

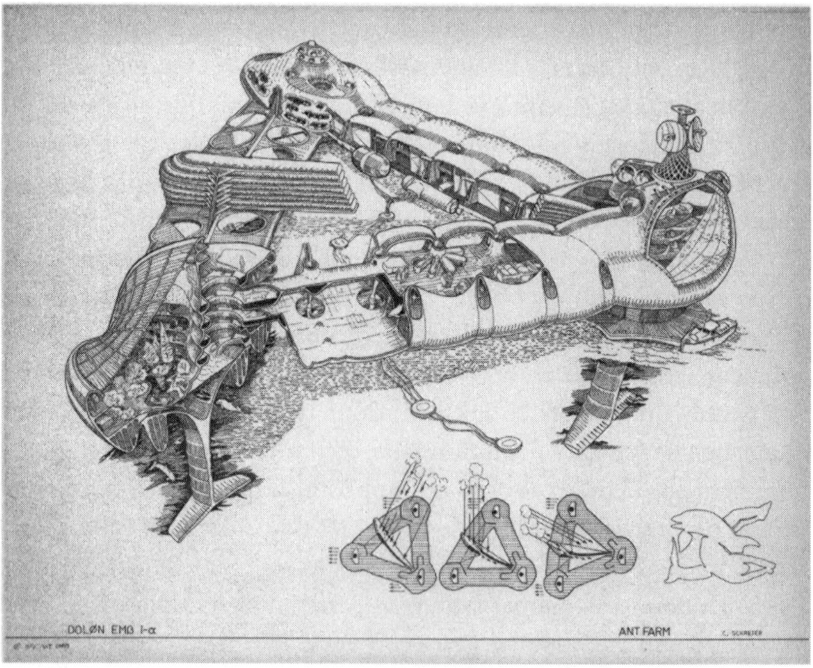

Plans de l'Ambassade des dauphins, Ant Farm, 1974.

Non réalisée et abandonnée après l'incendie qui ravagea le studio d'Ant Farm à San Francisco en 1978, l'Ambassade des dauphins avait été pensée comme un espace de recherche incarné et partagé qui tranchait radicalement avec les arides laboratoires des chercheurs en IA, ou les expériences très douteuses et souvent cruelles menées par le plus célèbre des cétologues, John C. Lilly, dans les années 1960[36]. Plutôt que d'essayer d'enseigner le langage humain aux dauphins, ou de rendre le langage de ces derniers intelligible et susceptible d'être appris par les humains, le collectif Ant Farm était résolument engagé dans un processus relationnel consistant à apprendre à connaître les dauphins selon leurs propres termes, dans un même environnement partagé.

Les machines ont encore beaucoup de chemin à parcourir avant de pouvoir prétendre à une telle interaction corporelle avec le monde naturel, ou d'atteindre la capacité profonde que les humains ont développée au cours de leur longue évolution – et qui n'a été que partiellement affaiblie par la modernité – de s'accorder aux discours, aux gestes et même aux silences du monde plus qu'humain. Mais cela ne veut pas dire qu'elles ne font pas des choses qui leur sont propres, toujours plus fascinantes, avec le langage lui-même.

En 2016, des chercheurs de Google ont voulu voir s'il était possible de développer des réseaux neuronaux capables de garder des secrets[37]. L'idée reposait sur une technique appelée *adversarial training*. Cette technique consiste à configurer deux réseaux neuronaux en parallèle, qui s'affrontent ensuite pour développer des solutions de plus en plus efficaces à un problème donné. En l'occurrence, les chercheurs ont mis en place trois réseaux, nommés Alice, Bob et Eve (ces noms sont la marque d'une tradition en cryptographie, un peu comme le *Hello World !* des développeurs).

Alice et Bob avaient pour tâche de communiquer entre eux de manière qu'Eve ne puisse pas déchiffrer leurs messages : leur score baissait lorsque Eve pouvait lire leur conversation, et augmentait lorsqu'elle ne le pouvait pas. Partant d'une seule clé cryptographique – un long nombre inconnu d'Eve –, Alice et Bob ont rapidement élaboré un moyen de crypter leurs messages, qu'Eve ne pouvait plus déchiffrer – une opération semblable au cryptage classique des courriers électroniques ou des transactions par carte de crédit, mais utilisant une nouvelle méthode inconnue des chercheurs humains. Le mode de fonctionnement des réseaux neuronaux fait que nous ne savons toujours pas exactement en quoi consistait le cryptage des données entre Alice et Bob. Outre la perspective fascinante que les machines puissent développer d'autres moyens de communiquer secrètement entre elles, en empêchant les humains de lire leurs messages, cette expérience nous rappelle que la façon dont nous concevons aujourd'hui l'intelligence artificielle ouvre la possibilité très réelle d'intelligences futures impénétrables, de la même manière que les esprits non humains sont essentiellement et fondamentalement différents des nôtres.

L'année suivante, une équipe du département IA de Facebook a développé deux réseaux similaires afin de déterminer s'ils pouvaient apprendre à négocier sur les places de marché en ligne comme le font les humains. Chacun d'entre eux se voyait attribuer un stock de balles, de chapeaux et de livres fictifs à troquer, et dont la valeur devait être déterminée par l'échange. Dans ce cas, les réseaux étaient configurés comme des chatbots[38] (agents logiciels qui dialoguent avec des utilisateurs) et, au lieu d'utiliser des chaînes de chiffres complexes, leurs messages devaient être rédigés en anglais. Du moins, c'était l'idée[39].

Au départ, les chatbots se parlaient entre eux de manière simple mais efficace, sur la base du corpus de termes de négociation (en langue anglaise) qui leur avait été fourni, donnant lieu à des échanges comme « Je veux les livres et les chapeaux, tu prends la balle », « Donne-moi un livre aussi et on fait affaire », « OK, marché conclu », etc. Le système est rapidement devenu habile à la négociation et les chercheurs ont remarqué qu'il avait développé quelques bizarreries intéressantes. Les robots conversationnels, qui devaient atteindre des objectifs concrets, négociaient beaucoup plus durement et bien plus longtemps que les humains ne sont généralement disposés à le faire. Là où de nombreux négociateurs humains auraient pu se retirer sans accord, les robots continuaient à argumenter les uns avec les autres.

(Contrairement aux robots, les humains semblent préférer repartir sans rien plutôt que de capituler devant un adversaire agressif.) En outre, en écho à l'expérience de Google, les robots ont rapidement appris à jouer la carte de la tromperie. À plusieurs reprises, ils ont feint de s'intéresser à un article de faible valeur, pour le céder plus tard dans le cadre d'un compromis mis en scène – ce qui constitue une tactique de négociation très habile.

Une troisième curiosité s'est avérée encore plus étrange. Bien qu'on leur ait donné un groupe de mots anglais avec lesquels communiquer, il n'y avait pas de récompense directe pour s'en tenir à l'anglais, et les robots – baptisés selon la même tradition que les réseaux neuronaux de Google – ont donc développé leur propre langage abrégé pour conclure des accords. Si les échanges se sont poursuivis tout aussi efficacement, les discussions des robots ont évolué vers quelque chose d'assez différent :

> BOB : *i can i i everything else.* . . . . [je peux je je tout le reste. . . . .]
> ALICE : *balls have zero to me to me to me to me to me to me to me to me to me* [les boules ont zéro à moi à moi à moi à moi à moi à moi à moi à moi à moi à moi à moi à moi]
> BOB : *you i everything else.* . . . . [vous je tout le reste. . . . .]
> ALICE : *balls have a ball to me to me to me to me to me to me to me* [les balles ont une balle à moi à moi à moi à moi à moi à moi à moi]
> BOB : *i i can i i i everything else.* . . . . [je je peux je je je tout le reste. . . . .]
> ALICE : *balls have a ball to me to me to me to me to me to* [les balles ont une balle à moi à moi à moi à moi à moi à]
> BOB : *i* . . . . [je. . . . .]

L'annonce par Facebook des résultats de l'expérience donna lieu à une série de titres racoleurs comparant Alice et Bob à des Terminators qui parlent, qui heureusement avaient été contenus grâce à la réaction rapide des chercheurs : « Facebook put cork in chatbots that created a secret language » (« Facebook met le holà aux chatbots qui ont créé un langage secret » (CNet) ; « Facebook shuts down robots after they invent their own language » (« Facebook désactive ses robots après qu'ils ont inventé leur propre langage ») (*The Telegraph*) ; ou – sur un registre un peu plus serein – « No, Facebook's chatbots will not take over the world » (« Non, les robots conversationnels de Facebook ne vont pas conquérir le monde ») (*Wired*). La réalité était beaucoup plus banale : le détournement du langage n'est pas rare dans les expériences de ce type, lorsque le langage lui-même n'est pas l'élément sur lequel les robots sont évalués, et les chercheurs n'étaient tout simplement pas intéressés par des résultats qui ne seraient pas lisibles par les humains.

C'est dommage, parce que ce qui se passe dans ce cas est très intéressant. Bien que cela ne soit pas immédiatement évident pour les locuteurs de la plupart des langues humaines, Alice et Bob continuent de suivre des règles qui ont un sens pour eux. La répétition par Alice de l'expression « à moi à moi à moi » pourrait être un décompte du nombre de balles demandées, ou une indication de la force de la demande. Dans tous les cas, la phrase est récurrente parce que Alice a décidé, sur la base de ses calculs, que la répétition avait un impact sur la négociation. De même, les « *i* » (« je ») répétés de Bob pourraient être une forme de comptage, ou une déclaration de fermeté, partie intégrante de l'entêtement du robot. En cela, ces habitudes développées par les robots rappellent certains idiolectes humains, c'est-à-dire des formes distinctes d'usage du langage que l'on retrouve dans des communautés particulières.

Le terme *Ebonics* a été inventé en 1973 par le psychologue social Robert Williams pour désigner le dialecte des Afro-Américains et éviter les termes péjoratifs de l'époque, tels que *Nonstandard Negro English*. Dans *Black Language*, publié la même année, Malachi Andrews et Paul T. Owens décrivent le principe du double pronom réflexif que l'on retrouve dans l'*Ebonics*, dans des énoncés tels que *I' m gonna get me one of them* (« Je m'en vais m'en chercher un ») ou *Ahma have to get me a drink of that coffee* (« Je dois me procurer à moi une tasse de ce café »). Pour ces spécialistes, la répétition du pronom de la première personne – « *i i* » (« je je ») – était une affirmation de fierté personnelle. De même, dans de nombreuses langues pidgins, comme le créole hawaïen et le tok pisin de Papouasie-Nouvelle-Guinée, les pronoms doublés peuvent être utilisés pour compter ou souligner l'intention[40].

Je ne voudrais aucunement par là assigner à Alice et Bob une quelconque parenté afro-américaine ou hawaïenne. Mais je trouve vraiment dommage que Google, Facebook et les autres ne soient pas allés beaucoup plus loin dans leurs expériences, pour voir ce que les machines pourraient inventer ensuite. La réponse de Facebook à sa propre expérimentation est révélatrice d'un profond désintérêt pour les possibilités plus qu'humaines du langage des machines, tandis que la réaction des médias rappelle les propos alarmistes du début des années 2000 sur le langage SMS. Bien sûr, comme pour ce dernier, ces langages inquiéteront ceux qui ne les maîtrisent pas. Mais ils pourraient aussi nous dire quelque chose de fondamental sur la nature des machines toujours plus intelligentes que nous créons, et quelque chose de radical sur la nature partagée du langage lui-même.

Les langages que nous avons développés jusqu'à présent pour communiquer avec les machines sont eux-mêmes des pidgins : des formes simplifiées qui ne sont indigènes à aucune des parties. Les deux parties doivent fournir des efforts pour y intégrer leurs idées ; aucune des parties ne s'exprime bien, mais chacune se croit supérieure. Les linguistes appellent cela la « double illusion » : les humains pensent qu'ils parlent l'ordinateur, les ordinateurs pensent qu'ils parlent l'humain, ni les uns ni les autres ne sont vraiment satisfaits. Pour la plupart d'entre nous, cela correspond bien à l'expérience que nous avons de la communication avec les machines, que ce soit en tant que programmeurs ou utilisateurs de logiciels lourds et capricieux. À mesure que ces machines deviennent de plus en plus avancées, qu'elles développent leurs propres langages, qu'elles apprennent à ruser, à garder des secrets et à s'exprimer, il est peu probable qu'elles veuillent nous parler de la même manière. Une fois encore, en imaginant de meilleures façons de vivre avec les non-humains, qu'ils soient électroniques ou biologiques, nous devons être attentifs à leurs propres façons de parler et de produire du sens, et ne pas simplement insister pour qu'ils apprennent à parler, à penser et à se comporter comme nous.

Ursula Le Guin, qui a toujours été aussi attentive aux relations plus qu'humaines qu'à la technologie, a inventé un terme : la « thérolinguistique », du grec *théro* qui signifie « animal sauvage », pour décrire l'étude académique des langues non humaines. Dans une nouvelle intitulée « L'auteur des graines d'acacia », Le Guin a imaginé une revue scientifique dans ce domaine, remplie d'articles universitaires fictifs conjecturant sur la forme et le contenu de langues non humaines[41]. Dans le premier passage, deux chercheurs discutent d'un certain nombre d'extraits de littérature – ou peut-être de propagande – de fourmis inscrits dans les phéromones de glandes odorantes sur des graines d'acacia enfouies dans une fourmilière abandonnée. Inconnu, leur auteur – peut-être l'ouvrière retrouvée exécutée à proximité – semble prôner une sorte de révolution, dont le point culminant est l'expression « En haut avec la reine ! ». Bien que la signification de cette phrase soit incertaine, l'auteur de l'article estime que nous devrions la lire comme « À bas la reine ! » car, pour la fourmi, « "en haut" est le soleil qui dessèche ; la nuit qui gèle ; pas l'abri dans les tunnels bien-aimés ; l'exil ; la mort ».

Dans la même nouvelle, un autre article universitaire détaille les récentes avancées dans le décryptage du pingouin, dont l'étude a progressé grâce à l'utilisation de caméras sous-marines à haute vitesse. Il s'avère que le pingouin est apparenté à la fois à l'oie cendrée et au dauphin – une combinaison exquise de volatile et de créature marine. Le pingouin s'écrit de manière cinétique et collective, comme une danse polyphonique inscrite dans des boucles et des tourbillons subaquatiques. C'est pourquoi sa traduction en mots linéaires est difficile, bien que les interprétations par des danseurs humains se soient avérées populaires : « Parce que, tout simplement, il n'y a aucun moyen de reproduire par écrit la *multiplicité* fondamentale du texte original, si superbement rendu par la totale cohésion de l'ensemble du corps de ballet de Leningrad. » Puisque l'étude des plus petits et des plus rapides des pingouins se révèle si difficile, l'auteur propose une expédition au fin fond de l'Antarctique, pour étudier le dialecte du manchot empereur, cet habitant solitaire et supérieur des régions les plus reculées.

Voici ce qu'écrit l'auteur de l'article de la revue scientifique imaginaire :

> Mon instinct me dit que la beauté de cette poésie est aussi sublime que tout ce que nous trouverons jamais sur cette terre. À ceux de mes collègues dont la curiosité scientifique ou esthétique est grande, je dis ceci. Essayez d'imaginer : la glace, les rafales de neige, l'obscurité, le mugissement et les hurlements incessants du vent. Dans cette désolation noire, un petit groupe de poètes se niche. Ils meurent de faim ; ils ne mangeront pas pendant des semaines. Sur les pieds de chacun d'eux, sous les chaudes plumes ventrales, repose un gros œuf unique, ainsi préservé du contact mortel de la glace. Les poètes ne peuvent s'entendre l'un l'autre ; ils ne peuvent se voir l'un l'autre. Ils ne peuvent sentir de l'autre que sa chaleur. Telle est leur poésie, tel est leur art. Comme toutes les littératures cinétiques, elle est silencieuse ; à la différence d'autres littératures cinétiques, elle est presque totalement immobile, ineffablement subtile. Le froissement d'une plume ; le glissement d'une aile ; le léger, faible et chaud contact de celui qui est à côté de vous. Dans une solitude noire, misérable, indicible, l'affirmation. Dans l'absence, la présence. Dans la mort, la vie.

Le dernier extrait de la revue imaginée par Le Guin est un éditorial. Le rédacteur en chef de la revue y exhorte ses collègues thérolinguistes à porter leur regard vers un horizon encore plus lointain : « le défi presque terrifiant du végétal ». Peut-être les plantes ne placent-elles leur poésie dans aucun cadre temporel ; elles « utilisent la mesure de l'éternité ». Leur art est passif, plutôt qu'actif ; il est « non pas action, mais réaction : non pas communication, mais réception ».

Le rédacteur en chef imagine un avenir lointain dans lequel des « phytolinguistes » déchiffreront la poésie secrète du monde végétal et souriront de ceux qui ne s'intéressaient qu'aux romans policiers de la belette, à l'érotisme des batraciens, ou aux sagas de tunnels du ver de terre. « "Vous rendez-vous compte, dira le phytolinguiste au critique esthétique, qu'ils ne savaient même pas lire l'aubergine ?" Et ils souriront de notre ignorance, tandis qu'ils remettront leurs sacs à dos pour partir en randonnée sur la face nord du pic Pikes afin de lire les chants nouvellement déchiffrés du lichen. »

Mais ces découvertes merveilleuses, ces actes extraordinaires d'imagination et d'attention concertée ne suffisent pas à ce rédacteur en chef. Car, se demande-t-il, lorsque le thérolinguiste et le phytolinguiste auront eu leur mot à dire, « pourquoi un aventurier encore plus audacieux ne surgirait-il pas ? Le premier géolinguiste qui, ignorant les chants délicats et transitoires du lichen, lira derrière ces chants la poésie encore moins communicative, encore plus passive, totalement intemporelle, froide et volcanique des roches : chacune d'elles est un mot prononcé, il y a si longtemps, par la terre elle-même, dans l'immense solitude, dans la communauté encore plus immense, de l'espace ».

Comme nous l'avons déjà noté, les ordinateurs sont fabriqués à partir de pierres et de restes comprimés d'animaux et de plantes. Au cours des éons des processus géologiques, des corps, des troncs et des souches ont été transformés en pétrole et, en une fraction de ce temps, convertis en composés plastiques servant de support aux cœurs en silicium de nos machines. Les ordinateurs eux-mêmes sont l'un des mots prononcés par la pierre.

Et, en retour, ils parlent comme des pierres. Dans une perspective occidentale et eurocentrique, cela pourrait signifier une froideur inhumaine – des processus fixes, des affirmations définitives, des décisions incontestables –, ce qui est souvent le cas lorsque leurs opérations sont obscurcies par un code impénétrable et implémentées au sein de hiérarchies marquées par les inégalités.

Dans d'autres cultures, les pierres ne parlent pas toujours ainsi. Dans la cosmologie aborigène australienne, les pierres sont des ancêtres, des survivances d'êtres antérieurs qui ont dit et continuent de dire des choses importantes pour le présent. Elles ne sont pas des législateurs, mais des interlocuteurs, des enseignants et des guides vers de meilleures façons de vivre. Dans *Sand Talk: How Indigenous Thinking Can Save the World*, Tyson Yunkaporta cite un jeune aborigène de Tasmanie appelé Max : « Pour moi, les pierres sont les objets parallèles à toute vie, plus que les arbres ou les choses mortelles, car elles sont presque immortelles. Les pierres savent des choses apprises au fil du temps. La pierre représente la terre, les outils et l'esprit ; elle véhicule du sens par son utilisation et par sa résistance aux éléments. En même temps, elle vieillit, se fissure et s'érode à mesure que le temps l'use, mais elle est toujours là, pleine d'énergie et d'esprit[42]. »

Qu'est-ce que cela signifierait pour les ordinateurs de parler davantage comme des pierres plus aborigènes qu'industrielles ? Qu'est-ce que cela signifierait, concrètement, pour un ordinateur de parler plus comme un oiseau, un lichen, le vent ou l'eau, que comme une pierre ? Qu'il fonctionne à un rythme géophysique différent ? Qu'il parle, pour reprendre l'expression de Le Guin, dans la « mesure de l'éternité » ?

Revenons maintenant au constat établi précédemment selon lequel, d'une part, le langage écrit, en supplantant la culture orale, est en partie responsable de notre éloignement croissant du monde plus qu'humain et, d'autre part, les implémentations technologiques du langage – principalement sous forme de code élaboré en anglais, puis finalement avec des 1 et des 0 – participent du même phénomène.

Les chercheurs qui ont étudié la langue utilisée sur les messageries instantanées dans les années 2000 ont fréquemment identifié un élément clé de style, qu'ils désignent en anglais comme *text speak* (le « parler texte »). Si, sur la messagerie instantanée, les règles de la grammaire écrite ont continué à être observées – même si elles ont été assouplies –, d'autres modèles résolument proches de la parole ont également vu le jour.

Ces modèles se caractérisent par une plus grande fréquence des pronoms (pensez à l'affirmation de soi pratiquée par les robots), des questions plus directes, l'utilisation de termes emphatiques (comme *just* et *real*), de particules informelles (*OK* ; *sure*), d'expressions familières (*how about* ; *let's*) et d'une foule d'autres éléments linguistiques. Cela ne vaut pas seulement pour l'anglais. Les études montrent que les locuteurs arabophones natifs sont plus susceptibles d'utiliser les caractéristiques d'un dialecte local dans leurs messages instantanés que dans leurs autres écrits, qui tendent à se rapprocher de l'arabe standard moderne plus formel[43].

Contrairement aux cassandres qui prédisaient que la messagerie instantanée entraînerait un effondrement du langage, ces chercheurs pensent qu'elle ne fait que renforcer les tendances plus larges dans le développement du langage. Le langage humain écrit se rapproche de plus en plus de la parole, et les échanges turbulents et rapidement évolutifs sur les messageries instantanées sont tout simplement à l'avant-garde de ce changement. En fin de compte, les chercheurs sont arrivés à la conclusion suivante, à laquelle nous ne cessons d'aboutir : « La technologie renforce et reflète souvent les changements linguistiques et sociaux plutôt qu'elle ne les provoque[44]. »

Le plus farfelu des langages de programmation ésotériques, l'Emojicode, en est une illustration. Les émojis, avec leur aspect ludique, constituent une forme de langage plus orale, plus émotive : un langage du geste, de la parole et de l'ouverture au monde. Comme les pictogrammes, les émojis sont à la fois des figures réelles du monde et des vecteurs de métaphores beaucoup plus complexes. Si les ordinateurs pouvaient traiter les émojis de la même manière que le langage écrit, ils pourraient eux-mêmes adopter des modèles plus proches de la parole : des machines chantant avec la voix du monde. Songez aux chatbots de Facebook : ces petits programmes, plutôt que de provoquer des changements dans le langage et la société, renforcent et reflètent des processus bien plus importants déjà en cours. Il existe une continuité entre la technologie et l'environnement. Et même si aucun robot n'est impliqué, nos interactions avec les machines nous poussent tous vers des modèles de langage plus proches de la parole et de l'oral. Or il s'avère que cela est à la fois une condition fondamentale et le premier pas vers une relation plus approfondie et plus équitable avec le monde.

Lorsque nous parlons, nous absorbons de l'atmosphère et l'expulsons à nouveau ; nous ingérons le monde et nous le faisons résonner. En parlant, nous prenons part au monde, et le monde prend part à nous. Il en va de même pour les autres formes de langage : le cri des oiseaux, le chant des grillons, le vent dans les arbres, le grondement des pierres.

La parole existe entre les corps et les êtres ; elle n'a pas de lieu, pas d'utilité, dans un univers d'objets inanimés. Parler suppose entendre :

en parlant, nous reconnaissons et animons la personnalité de l'auditeur. Nous faisons d'autrui des personnes ; nous transformons les choses en êtres. C'est donc en parlant à autrui que nous pouvons commencer à créer un monde plus qu'humain.

CHAPITRE 6

Machines non binaires

Le site antique de Delphes, où était autrefois consulté le célèbre oracle, est perché sur le versant sud du mont Parnasse, au-dessus du golfe de Corinthe. Pendant des centaines, voire des milliers d'années, des voyageurs de tout le monde antique s'y rendaient pour trouver sagesse, prophétie et conseils. Personnellement, c'est la voiture autonome que j'avais construite et que je testais dans les montagnes grecques qui m'a conduit pour la première fois sur le site. Comme si cette machine intelligente naissante et ces voyageurs de l'Antiquité avaient les mêmes centres d'intérêt.

Delphes était considérée par les Anciens comme l'*omphalos*, le centre de la Terre. Sa localisation avait été confirmée lorsque Zeus, roi des dieux, avait lâché deux aigles des points les plus éloignés à l'est et à l'ouest, avant que leurs trajectoires ne se croisent à Delphes. À l'époque classique, du Ve au IIIe siècle environ avant notre ère, le site du temple était consacré au dieu du Soleil Apollon et c'est l'une de ses prêtresses qui jouait le rôle de l'oracle. À l'origine, le site avait été dédié à Gaïa, la déesse mère associée à la fertilité et à l'écologie. Quel que soit le nom du dieu gravé au-dessus de la porte, les pouvoirs de l'oracle semblaient prendre leur source dans la terre : la science moderne attribue en effet ses prophéties à des états de transe induits par des gaz remontant de cavités situées sous le temple, ou à la mastication de plantes comme le laurier ou le laurier-rose, qui poussent encore aujourd'hui autour de Delphes.

L'oracle est la source de toute la philosophie occidentale, car c'est l'oracle de Delphes qui déclara un jour qu'« il n'existe pas d'homme plus sage que Socrate ». C'est après avoir entendu cette histoire que Socrate décida de consacrer sa vie à la recherche du savoir. Il croyait en l'oracle, mais il était également convaincu qu'il ne savait rien, et il en est venu à la conclusion que la personne la plus sage est celle qui est consciente de sa propre ignorance[1]. C'est cette conscience socratique – la capacité de s'ouvrir à de nouvelles formes de connaissance et de reconnaître lorsque les outils dont nous disposons sont inadaptés à la tâche – qui devrait guider notre réflexion, ce qui est rarement le cas.

Les idées concernant la façon dont nous devrions penser sont figées dans notre culture. Ce problème est exacerbé par la technologie. Une fois qu'une façon de voir le monde a été ancrée dans un outil, il est très difficile de penser autrement : « Pour qui ne possède qu'un marteau, tout ressemble à un clou », dit l'adage. Le problème est encore bien plus marqué dans le cas des ordinateurs, qui façonnent notre perception et notre compréhension du monde bien plus que ne le font les marteaux. Nous utilisons nos machines, souvent sans vraiment comprendre ce qu'elles font vraiment, et nous acceptons sans réserve le monde qu'elles nous présentent. Elles en viennent à définir notre réalité et à faire disparaître la conscience de l'existence même d'autres réalités.

Les ordinateurs font cela également dans leur propre relation à eux-mêmes. La machine dans laquelle je suis en train de taper ces mots est un type d'ordinateur à la fois très particulier et quasi universel. C'est le même type d'ordinateur que celui que vous avez chez vous, au bureau ou dans votre poche. C'est le même type d'ordinateur, essentiellement, que ceux qui font fonctionner la Bourse, prévoient la météo, pilotent des avions, décryptent le génome humain, font des recherches sur le Web et allument et éteignent les feux de signalisation. Toutes ces machines partagent une même architecture de base, une même disposition de processeurs et de mémoires, et parlent le même langage : les 1 et les 0 du code binaire. Mais ce type d'ordinateur n'est pas le seul que nous puissions imaginer ou construire.

Cet ordinateur est le résultat de toute une série de découvertes et de décisions bien particulières – dont certaines remontent à près de mille ans – qui ont conditionné le fonctionnement de la quasi-totalité des ordinateurs existants. Cette accumulation d'idées a abouti à une remarquable uniformité dans la manière dont nous concevons les ordinateurs aujourd'hui – et donc à une unité de pensée lorsque nous les utilisons pour penser. Afin de changer notre façon de penser et la manière dont les ordinateurs interviennent dans nos vies, il se peut que nous devions repenser la forme même de l'ordinateur. En procédant de la sorte, nous pourrions découvrir à la fois de nouvelles idées et de nouvelles manières d'entrer en contact avec le monde plus qu'humain.

Heureusement, il existe bien d'autres façons d'envisager les ordinateurs. En revenant sur l'histoire de leur conception, on s'aperçoit que de nombreuses pistes ont été abandonnées dans la course obstinée vers un seul avenir possible. Parmi celles-ci, l'une des plus intéressantes a commencé à être explorée à la veille de la Seconde Guerre mondiale, au moment même où était conçu l'ordinateur moderne.

Le type d'ordinateur que j'utilise, et que nous utilisons tous, est fondé sur ce qu'on appelle une machine de Turing. Il s'agit du modèle d'ordinateur décrit théoriquement par Alan Turing en 1936. C'est ce que l'on appelle une machine idéale – idéale parce que imaginaire, mais pas nécessairement parfaite. La machine de Turing était une expérience de pensée mais, comme elle a servi de base à toutes les formes ultérieures d'informatique, elle a également modifié la manière dont nous pensons.

La machine imaginaire de Turing consistait en un long ruban de papier et un outil permettant de lire et d'écrire dessus, comme un magnétophone. Le ruban de papier est la mémoire ; la tête de lecture/écriture le processeur. Le ruban contient un ensemble d'instructions qui peuvent être effacées, remplacées et ajoutées au fur et à mesure que la machine exécute des calculs.

D'une part, il s'agit d'un mécanisme incroyablement simple. D'autre part, il est capable d'exécuter toutes les tâches que peut accomplir aujourd'hui le plus puissant des superordinateurs. Bien que les machines ultérieures aient évolué de toutes sortes de façons, ce processus de lecture et de stockage, de calcul et de réécriture reste la base de leur fonctionnement. Presque tous les ordinateurs du monde ne sont qu'une version plus élaborée d'un ruban de papier et d'une tête de lecture/écriture. Chaque fois que vous ouvrez un courrier électronique, que vous tapez sur un clavier, que vous retirez de l'argent à un distributeur automatique de billets, que vous écoutez une chanson sous format numérique, que vous regardez un film en streaming ou que vous observez une image satellite, vous travaillez avec une incarnation d'une machine de Turing : des symboles sont lus et écrits à partir de l'équivalent du ruban de papier. J'écris ces lignes sur une machine de Turing ; il se peut également que vous lisiez ces lignes sur une machine de Turing (et si ce n'est pas le cas, de nombreuses machines de Turing ont été utilisées pour produire le livre que vous tenez entre vos mains). Ces ordinateurs imaginés par Turing sont impliqués d'une manière ou d'une autre dans presque tous les aspects de notre vie. Mais leur omniprésence masque une réalité dont la prise de conscience peut avoir des implications très importantes, à savoir que pratiquement tous les ordinateurs qui fonctionnent aujourd'hui ne représentent qu'une infime partie de ce que pourraient être les ordinateurs.

Dans son article de 1936, Turing qualifie sa machine d'« *a*-machine », pour « machine *automatique* ». Il fait cette distinction car il veut souligner que la sortie de la machine, une fois lancée, est entièrement déterminée par sa configuration initiale. La machine fait ce qu'on lui dit et est entièrement contrainte dans ses opérations par les données qui lui sont fournies en entrée. Turing note qu'un autre type de machine est possible – une machine à *choix* ou *c*-machine –, mais que l'*a*-machine était suffisante pour le type de calculs qui l'intéressait[2].

Quelques années plus tard, dans sa thèse de doctorat, Turing mentionne à nouveau la machine à choix, sous un autre nom : cette fois, il l'appelle machine-*oracle*[3]. Contrairement à l'*a*-machine, qui exécute ses instructions sans relâche jusqu'à ce qu'elles soient terminées, cette *o*-machine marque une pause à des moments critiques de ses calculs pour « attendre la décision » de ce qu'il appelle l'« oracle ».

Turing ne décrit pas davantage cette entité, se contentant de déclarer que « ce ne peut être une machine ». Que pouvait-il bien entendre par là ?

Turing avait une idée très claire de ce que seraient les ordinateurs et de ce qu'ils pourraient faire. « Les ordinateurs électroniques, écrivait-il, sont destinés à exécuter n'importe quel processus défini par des règles qui aurait pu être exécuté par un opérateur humain travaillant de manière disciplinée mais inintelligente[4]. » Autrement dit, les *a*-machines de Turing, les ordinateurs dont nous allions tous hériter, feraient la même chose que les calculateurs humains avant eux, mais plus rapidement. Ces ordinateurs auraient pour limites celles de la pensée humaine. Dans les faits, ils en sont venus à la définir.

Depuis que se sont développés les ordinateurs numériques, le monde s'est retrouvé façonné à leur image. En particulier, ils ont défini notre idée de la vérité et de la connaissance comme étant ce qui est calculable. On ne peut connaître que ce qui est calculable. Notre capacité à penser avec des machines au-delà de nos propres expériences, à imaginer d'autres façons d'être avec elles et de les côtoyer, reste ainsi désespérément limitée. Cette foi fondamentale dans la calculabilité est porteuse à la fois de violence et de destruction. Elle fait entrer de force ce qu'elle peut dans de petites boîtes et efface ce qui ne peut y entrer. En économie, il n'y a que ce qui peut être compté ou calculé qui est reconnu comme ayant de la valeur. En sciences sociales, seuls sont reconnus les phénomènes qui peuvent être cartographiés et représentés. En psychologie, seule notre propre expérience se voit attribuer un sens, tandis que celle d'autrui, que l'on ne peut ni connaître ni calculer, est niée. Ce fondamentalisme de la calculabilité brutalise le monde et nous rend aveugles à ce que nous ne réalisons même pas ne pas savoir.

Pourtant, dès la naissance de l'informatique, un tout autre type de pensée a été envisagé, avant d'être immédiatement mis sur la touche : une pensée dans laquelle un autre inconnaissable est toujours présent, prêt à donner un avis, en dehors des frontières du système établi. L'*o*-machine de Turing, l'oracle, est précisément ce qui nous permet de voir ce que nous ne savons pas, de reconnaître notre propre ignorance, comme Socrate le fit à Delphes.

Turing s'est concentré sur l'*a*-machine parce qu'il s'intéressait à la question de la décidabilité des problèmes. Celle-ci avait été posée par le mathématicien allemand David Hilbert avec son fameux *Entscheidungsproblem* de 1928, qui demandait s'il était possible de construire un processus algorithmique pour résoudre pas à pas ce que l'on appelle les « problèmes de décision ». Face à une question dont la réponse doit être « oui » ou « non », est-il possible d'écrire un ensemble d'instructions garantissant une telle réponse ? Turing conclut par la négative, mais ce faisant il créa un nouveau cadre pour le calcul des problèmes de décision en général – la machine de Turing – qui est à l'origine de nos ordinateurs actuels.

Il existe ainsi une définition très précise et technique de la décidabilité en science informatique, et la machine de Turing nous a fourni une méthode pour aborder la question. Mais ce qui m'intéresse, c'est l'indécidabilité. Si cet autre terme a un sens technique, il a aussi un sens réel, littéral, qui renvoie à ce que nous ne pouvons pas savoir avec certitude. Dans un souci de penser et comprendre les vies d'êtres radicalement différents de nous et, ce faisant, de nous repenser nous-mêmes, nous pourrions considérer l'indécidabilité non pas comme un obstacle à la compréhension, mais comme un signe, un indice, à la manière du parfum de la truffe, qui révèle que quelque chose d'intéressant, voire d'utile, se trouve à portée de main.

L'un des plus grands malentendus du XXe siècle, qui persiste encore aujourd'hui, était de penser que tout se réduisait finalement à un problème de décision. L'apparition des ordinateurs a été si prodigieuse et leurs capacités ont été si puissantes que nous nous sommes convaincus que l'univers était comme un ordinateur, que le cerveau était comme un ordinateur, que nous, les plantes et les animaux étions comme des ordinateurs – en oubliant le plus souvent le mot « comme ». Nous traitons le monde comme quelque chose qui se calcule, et qui se prête donc à l'informatique. Nous le considérons comme quelque chose qui peut être décomposé en éléments de données pour alimenter des machines. Nous sommes convaincus que la machine nous donnera des réponses concrètes sur le monde, sur lesquelles nous pourrons agir, et qu'elle garantit l'irréfutabilité logique et l'impunité morale de ces réponses.

Cette erreur est à l'origine de toutes sortes de violences : celle qui réduit la beauté du monde à des chiffres, et celle qui en découle et tente de forcer le monde à se conformer à cette représentation, qui élimine, rabaisse, torture et détruit les choses et les êtres qui n'entrent pas dans le cadre du système établi. Tout au long de l'histoire, nos religions, nos empires et nos systèmes de catégorisation de classes et de races ont commis cette funeste erreur. Et l'ordinateur nous a donné la possibilité de la reproduire encore plus largement qu'avant.

Le monde n'est pas comme un ordinateur. Les ordinateurs – comme nous, comme les plantes et les animaux, comme les nuages et les mers – sont comme le monde. Certains plus que d'autres, certains mieux adaptés à ses processus, d'autres bien moins. L'intelligence artificielle d'entreprise, la stupidité artificielle et toutes les déclinaisons débiles des machines que nous avons créées au fil des ans – les bases de données qui trient et se plantent, les marchés boursiers qui s'effondrent et s'appauvrissent, les algorithmes qui surveillent et jugent – ont en commun d'être des machines de décision. Elles tentent de dominer le monde en en faisant des modèles et en prenant des décisions sur la base de ces derniers. Faire un modèle, c'est faire une abstraction et une représentation : c'est un acte de distanciation par rapport au monde. Mais le monde est déjà là, il est juste devant nous. Nous y sommes suspendus et nous en sommes imprégnés : nous en sommes inséparables. Les machines dont nous avons besoin pour donner du sens à ce monde omniprésent, efflorescent et enchevêtré – où créer du sens revient, comme Wittgenstein le disait du langage, à se joindre au jeu – ne devraient pas être plus éloignées, plus abstraites, mais plus semblables au monde. Et, dans l'arrière-boutique de l'histoire de l'informatique, connectés aux autoroutes de l'information mais suffisamment loin pour qu'on puisse à nouveau entendre les oiseaux et voir les étoiles, des gens imaginent et construisent de telles machines depuis un certain temps.

Grey Walter avec l'une de ses tortues devant sa niche, novembre 1953.

Parmi les premières et les plus adorables de ces machines, on peut citer les petits robots construits par le neurophysiologiste William Grey Walter au Burden Neurological Institute de Bristol à la fin des années 1940. Il s'agissait de petits automates à roulettes dotés d'une carapace rigide, qui avançaient dans une pièce en se cognant contre les éléments se trouvant sur leur chemin et qui, grâce à l'ingéniosité de Walter, modifiaient leur comportement en fonction de ce qu'ils rencontraient. Il les appelait *Machina speculatrix*, pour désigner une nouvelle espèce de machine ; on les connaît plutôt sous le nom de « tortues ». Walter faisait lui-même référence à la fausse tortue dans *Alice au pays des merveilles* de Lewis Carroll : « Nous l'appelions [ainsi] parce qu'elle nous faisait la classe[5] ! »

Les tortues avaient plusieurs moyens d'adapter leur comportement. Tout d'abord, des capteurs situés sous leur carapace leur faisaient prendre une autre direction quand ils détectaient qu'elles heurtaient des objets. Elles se déplaçaient ainsi de manière aléatoire en se frayant un chemin entre les obstacles. Le premier couple de tortues, que Walter appelait Elmer et Elsie, était également équipé de capteurs de lumière qui permettaient de produire chez elles un phénomène observé chez de nombreux animaux : la phototaxie, à savoir un mouvement déclenché par la lumière. Comme les papillons de nuit et les méduses, les tortues se déplaçaient vers la source lumineuse la plus proche et la plus forte, ce qui permettait de les guider dans la pièce à l'aide d'une torche ou de les renvoyer dans leur « niche » bien éclairée où elles se rechargeaient lorsque leur batterie venait à se vider. Jusque-là, tout cela fait penser à un robot aspirateur. Mais les tortues de Walter présentaient également des comportements plus étranges.

Walter aimait comparer les deux capteurs – lumière et mouvement – à deux neurones, constituant un minuscule cerveau. Les interactions dynamiques entre ces deux neurones basiques étaient suffisantes pour produire toute une gamme de comportements complexes, ou ce que Walter a décrit comme « l'incertitude, le hasard, le libre arbitre ou l'indépendance, dont l'absence est si saisissante dans la plupart des machines bien conçues[6] ». Par exemple, les capteurs de lumière rudimentaires des tortues étaient rapidement saturés, de sorte que la lumière vive avait tendance à les repousser. Ainsi, elles se dirigeaient d'abord vers une source de lumière, puis reculaient lorsqu'elles s'en approchaient trop, et avançaient à nouveau, et ainsi de suite. Cela les amenait à tourner autour des lampes de manière nerveuse et répétitive, suivant des mouvements d'approche et de recul.

La plus remarquable des capacités des tortues a été découverte de façon tout à fait fortuite lorsqu'elles furent affublées d'un petit témoin lumineux à l'arrière pour indiquer que leur moteur était en marche. Immédiatement, les machines ont affiché un nouveau comportement : à l'approche d'un miroir ou d'une autre surface réfléchissante, elles apercevaient leur propre lumière et se mettaient à frétiller devant leur propre reflet « d'une manière si particulière que s'il s'agissait d'un animal, un biologiste ne manquerait pas de lui attribuer une capacité de reconnaissance de soi », a écrit Walter[7]. Vingt ans avant que celui-ci ne soit formellement défini, les tortues avaient passé le test du miroir.

Walter comparait ses tortues aux premiers ordinateurs qui, ne connaissant qu'un langage composé de 1 et de 0 et n'ayant pas d'autre sens que celui de l'entrée directe de données, n'étaient « en aucun cas libres comme le sont la plupart des animaux ; [c'étaient] plutôt des parasites qui [dépendaient] de leurs hôtes humains pour leur alimentation et leur stimulation[8] ». Les machines de Walter étaient différentes, car elles s'adaptaient à leur environnement : elles étaient capables de modifier leur comportement en fonction de ce qu'elles rencontraient dans le monde, et ne se contentaient pas de suivre un programme préexistant. En ce sens, et contrairement aux machines fixes et subordonnées, elles représentaient une forme de vie active.

L'idée selon laquelle la technologie serait capable de s'adapter à son environnement était le sujet central de la cybernétique, un domaine d'étude qui a vu le jour après la Seconde Guerre mondiale et qui, depuis, a intéressé une foule de scientifiques, de chercheurs, de psychiatres, d'artistes et de personnages singuliers. Définie en 1948 comme « la science de la communication et du contrôle chez l'animal et la machine », la cybernétique a ensuite traversé les disciplines, influençant les domaines de l'apprentissage, de la cognition, de l'auto-organisation, de la rétroaction biologique, de la robotique et du management des entreprises, sans jamais se fondre dans un discours figé ni se stabiliser durablement dans un unique département universitaire[9].

Les tortues de Walter étaient inspirées de l'un des premiers artefacts de la cybernétique : l'homéostat. Ce dispositif avait été conçu quelques années auparavant par W. Ross Ashby, un psychiatre anglais, qui décrivait volontiers sa création comme un cerveau artificiel. En fait, l'homéostat était constitué d'un ensemble de quatre unités de guidage de bombes de la Royal Air Force, connectées entre elles pour réagir à leurs entrées et sorties respectives. Ces unités avaient été développées pendant la guerre comme des dispositifs de rétroaction automatisés, qui répondaient à un signal entrant en augmentant ou en diminuant un autre signal. Cela permettait aux viseurs de bombardement des avions de prendre automatiquement en compte la vitesse du vol et la vélocité du vent. Les unités elles-mêmes, par ailleurs, pouvaient être connectées à n'importe quoi, y compris à un autre homéostat.

L'homéostat de W. Ross Ashby, 1948.

En reliant quatre de ces unités, Ashby a constaté qu'elles cherchaient à ajuster leurs paramètres jusqu'à atteindre une certaine stabilité les unes par rapport aux autres – leurs entrées et leurs sorties fluctuant jusqu'à ce qu'elles parviennent à l'équilibre. En outre, si l'une d'elles était perturbée, l'ensemble du système se réajustait jusqu'à ce qu'il retrouve cette stabilité. Ashby a parlé d'« ultrastabilité adaptative » pour désigner cette capacité. Quelle que soit la manière dont ses collègues essayaient de perturber la machine – en intervertissant les connexions, en inversant les câbles positifs et négatifs, en reliant ses bras magnétiques oscillants ou en bloquant leur mouvement –, le dispositif retrouvait toujours un état stable[10].

C'est cette capacité à se corriger et à trouver de nouveaux régimes stables qui a conduit Ashby à décrire ces unités comme une sorte de cerveau artificiel : il les comparait en effet à l'esprit non développé d'un chaton. Lorsqu'il est jeune, le chaton ne sait pas que la viande rouge est bonne et que le feu rouge est mauvais, mais les feedbacks positifs et négatifs y remédient rapidement, créant un modèle de comportement acquis. L'établissement de ce modèle est une sorte d'apprentissage. En principe, avec suffisamment d'homéostats, Ashby pensait qu'il était possible de créer n'importe quel ensemble complexe de systèmes de feedback formant une mémoire. Individu modeste, Ashby n'en était pas moins habile pour faire sa promotion, et les journaux du monde entier saluèrent la nouvelle de ce « cerveau électronique », attirant l'attention, notamment, de Grey Walter.

Walter avait été impressionné par l'homéostat, mais il le trouvait limité, le qualifiant de « créature assoupie qui, lorsqu'elle est dérangée, s'agite et trouve une position confortable[11] ». Contrairement à l'homéostat, ses tortues étaient mobiles et exploratrices. Elles n'attendaient pas que leur équilibre soit perturbé, elles se déplaçaient à la recherche des problèmes. Néanmoins, elles suivaient le même principe. Au lieu de préprogrammer une machine, l'idée était de lancer dans le monde un système capable de réagir de manière nouvelle, et de le laisser s'adapter. C'était le principe central de la cybernétique : s'adapter au monde était une approche plus puissante et plus pertinente que d'essayer de l'anticiper et de le contrôler.

Si l'on réfléchit un peu plus à cette question, l'intérêt de l'homéostat et des tortues est qu'ils s'adaptent à leur environnement tel qu'ils le rencontrent. Mais qu'en est-il de nos technologies ? Partagent-elles ce même objectif ? Nous avons tendance à considérer la technologie avant tout comme une solution aux problèmes auxquels nous sommes confrontés (y compris, malheureusement, ceux que nous avons créés). De leur côté, Walter, Ashby et les autres pionniers de la cybernétique considéraient la technologie comme quelque chose de très différent, doté de sa propre agentivité et de ses propres capacités, dont les réactions sont incertaines et dont le comportement doit refléter ses propres contacts avec le monde.

La pensée cybernétique ne se limitait pas aux machines. En effet, les cybernéticiens avaient une vision du cerveau – humain, animal ou autre – radicalement différente de celle qui prévaut aujourd'hui. Comme le formulait Ashby en examinant les capacités de l'homéostat : « Pour certains, le critère essentiel pour déterminer si une machine est ou non un "cerveau" serait de savoir si elle peut ou non "penser". Mais, pour le biologiste, le cerveau n'est pas une machine à penser, c'est une machine à agir ; il reçoit des informations et ensuite il en fait quelque chose[12]. »

Comme le dit l'historien de la cybernétique Andrew Pickering : « Une partie de l'étrangeté de la cybernétique apparaît ici très clairement. » La science moderne, et en particulier la discipline de l'intelligence artificielle, a eu tendance à traiter le cerveau comme une sorte d'organe cognitif distinct, faisant de la pensée un processus entièrement interne de représentation et de calcul. Mais la cybernétique n'a pas abordé le cerveau de cette manière. Au contraire, écrit Pickering, « les cybernéticiens le considéraient plutôt comme un organe performatif, un organe qui fait quelque chose, qui agit – comme un commutateur actif et engagé entre les signaux sensoriels provenant de l'environnement et nos organes moteurs ». La cybernétique ne se soucie pas de ce qui se trouve dans la boîte noire : elle s'intéresse à ce qu'elle fait, et aux relations qui se forment lorsqu'elle entre en jeu avec le monde. En tant que telle, c'est une façon de penser les esprits plus qu'humains qui rejette la pensée « intelligente », hiérarchique et anthropocentrique, et reconnaît l'être agentiel et relationnel[13].

Il ne fallut pas longtemps pour que ces idées sur les cerveaux artificiels, et les moyens de les construire, attirent l'attention des industriels. Dans les années 1950 et 1960, les gens commençaient à se rendre compte que des machines de plus en plus perfectionnées allaient envahir le lieu de travail, et la manière dont cela se produirait donnait lieu à de nombreux débats. On imaginait des usines entièrement remplies d'ordinateurs supplantant les opérateurs humains à chaque étape des processus, depuis les chaînes de production jusqu'à l'approvisionnement en matériaux et l'expédition des marchandises – et c'est effectivement ainsi que l'automatisation a progressé. Mais, pour Stafford Beer, un consultant en management britannique travaillant pour United Steel, ces idées n'allaient pas assez loin.

Beer avait lu les travaux des premiers cybernéticiens et considérait que cette « usine automatique » devait être adaptative plutôt que préprogrammée. Pour critiquer ces projets d'« usine automatique », il utilisait l'expression anglaise *spinal dog*, qui désigne un animal utilisé à des fins de test en laboratoire, et dont les fonctions supérieures, y compris le cerveau, ont été coupées du reste du corps. Sans système nerveux supérieur, un tel animal peut continuer à vivre pendant un certain temps, mais il devient incapable de s'adapter à des conditions changeantes, et les modifications de son environnement – le marché, dans le cas de l'usine – le condamnent à disparaître.

À partir des travaux d'Ashby et de Walter, Beer mena des recherches approfondies sur d'autres méthodes permettant de construire des machines caractérisées par leur rapidité de réaction et leurs mécanismes de feedback, changement et adaptation. Ce travail a abouti à l'une des œuvres les plus étranges du XXe siècle, faite d'expériences insolites avec des intelligences autres qu'humaines, réalisées au cœur de l'industrie britannique traditionnelle, adossées à des idées politiques radicales.

Beer était à l'époque employé par United Steel, la plus grande société d'exploitation de charbonnages et d'aciéries de Grande-Bretagne, qui le chargea d'automatiser l'une de ses usines. Pour pouvoir s'adapter à des conditions changeantes comme Beer l'avait imaginé, l'usine devait être dotée, en son centre, d'un cerveau artificiel, qui recueillerait toutes les dimensions de son fonctionnement – matériaux entrants, stocks, processus, rendements et performances – et les associerait de la manière le plus productive possible aux approvisionnements, coûts, flux de trésorerie, réservoirs de main-d'œuvre et objectifs à long terme de l'entreprise.

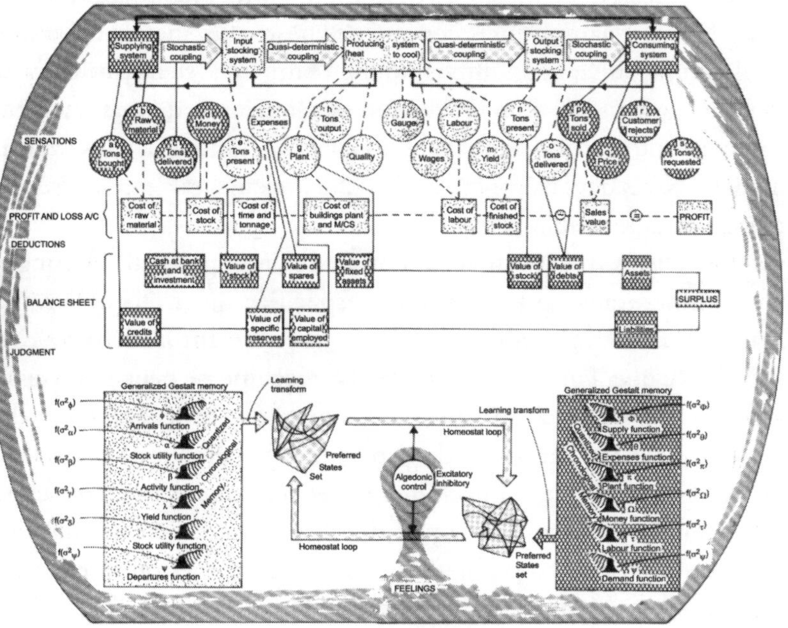

L'usine cybernétique de Stafford Beer.

Selon Beer, l'une des façons de réaliser cet exercice d'équilibre était d'utiliser le dispositif de feedback d'Ashby, l'homéostat, qui est représenté par les flèches formant une boucle en bas du schéma de l'usine cybernétique publié par Beer en 1962. Intégré à un réseau de capteurs et d'effecteurs, l'homéostat devait constamment adapter les différentes entrées et sorties pour les rendre plus efficaces et plus productives, et reconfigurer ses processus en conséquence. Beer appelait ce cerveau cybernétique l'U-Machine[14].

Mais en quoi l'U-Machine pouvait-elle réellement consister ? Il s'agit là de la question centrale de la cybernétique, qui est celle qui nous intéresse le plus aujourd'hui. Comment concevoir une machine qui puisse réagir à des situations entièrement nouvelles, alors que l'idée maîtresse de la pensée technologique est de traiter et de surmonter les problèmes que nous connaissons déjà ?

Beer lui-même était très clair sur ce qu'il ne fallait pas faire : « En tant que créateur de machines, l'homme a pris l'habitude de considérer les matériaux utilisés comme des morceaux inertes de matière qu'il faut façonner et assembler pour en faire un système utile. [Mais] nous ne voulons pas d'un tas de morceaux que nous devons assembler. Parce qu'une fois que nous avons accepté [cela], nous devons avoir un modèle. Nous devons concevoir ce fichu système, et c'est précisément ce que nous ne voulons pas faire[15]. »

Ici, Beer s'inspire directement de la description de Turing de la machine-oracle, cette entité non spécifiée qui ne peut être une machine. La définition de Beer donne précisément la clé pour comprendre ce que Turing voulait dire : l'*o*-machine ne peut pas être une machine, parce qu'une machine est une chose conçue dans un but explicite, et donc incapable de s'adapter à des situations nouvelles.

L'U-Machine et l'*o*-machine sont effectivement la même chose. Confrontés à la nécessité de prendre des décisions sur des éléments trop complexes ou trop nouveaux pour être calculés ou interprétés à partir de l'expérience existante, Beer et Turing vont tous deux chercher quelque chose qui va au-delà de la machine telle que nous la concevons, quelque chose qui naît de la non-connaissance et qui est capable de travailler dans un état de non-connaissance.

Nous avons tendance à considérer le monde comme un endroit que l'on peut connaître et donc contrôler et dominer. Nous le faisons par le calcul, par l'acquisition et le traitement de données, par la construction de bases de données toujours plus volumineuses et d'ordinateurs toujours plus puissants. Mais Beer était convaincu de l'existence dans le monde d'une catégorie de « systèmes ultracomplexes » en principe impossibles à connaître. Parmi ces systèmes figuraient le cerveau, l'entreprise et l'économie. C'est ainsi qu'il s'est mis à construire des machines capables de faire face à cette inconnaissabilité, une aventure qui l'a conduit vers des horizons très étonnants[16].

Les événements survenus dans les décennies qui se sont écoulées depuis ont amené un grand nombre d'entre nous à suivre Beer dans sa prise de conscience. Les outils extraordinairement complexes que nous avons développés au cours des années qui ont suivi sa conception de l'usine automatique sont le résultat d'une formidable accumulation de connaissances, mais nous sommes encore loin d'avoir tout compris sur le monde. Et cet objectif semble même s'éloigner plutôt que se rapprocher. Alors que nous voulons affirmer l'ordre et établir la vérité sur l'extrême complexité du monde, nos incertitudes semblent n'avoir fait que se multiplier, provoquant chez nous paralysie, peur, colère et assujettissement à des systèmes d'oppression et de contrôle toujours plus opaques.

L'homéostat est une machine pour faire face à l'inconnu. Confronté à de nouvelles circonstances, il se reconfigure en conséquence. Surtout, il le fait sans avoir à comprendre la nature du changement : il est fondé sur le performatif, et non la représentation. Il vit dans le monde, un monde qu'il ne cherche pas à connaître, mais auquel il s'adapte. C'est ce que Beer voulait que son usine fasse.

La solution de Beer à la question de ne pas construire un cerveau était d'en susciter un à partir du monde naturel. Dès les années 1950, il raconte avoir réussi à apprendre à de jeunes enfants (les siens, nous l'espérons, bien que ses articles ne le précisent pas) à résoudre des systèmes d'équations simultanées, alors qu'ils n'avaient pas les connaissances en mathématiques nécessaires. Il y est parvenu par le biais de feedbacks positifs et négatifs, la méthode de l'homéostat : il leur a montré des lumières colorées correspondant à des réponses « plus chaudes » et « plus froides » jusqu'à ce qu'ils trouvent la bonne réponse. Pour lui, c'était la preuve que des esprits « simples » pouvaient s'adapter à de nouveaux problèmes sans enseignement spécifique – l'essence de la performativité cybernétique par rapport aux connaissances ancrées et à la compréhension. Il a ensuite entrepris de l'expérimenter avec des animaux.

Il tenta d'abord de concevoir un langage pour les souris, en utilisant des morceaux de fromage comme fonction de récompense. Il imagina des boîtes interconnectées, avec des échelles, des bascules et des cages reliées par des poulies, grâce auxquelles des rats ou des pigeons pourraient devenir des éléments de dispositifs informatiques sophistiqués. Les abeilles, les termites, les fourmis et d'autres insectes furent envisagés pour occuper des rôles dans cette idée de plus en plus ambitieuse d'ordinateur biologique. Tout cela resta toutefois au stade de l'expérience de pensée, que Beer se contenta de coucher sur le papier. Il consacra bien plus de temps et d'efforts à une conception beaucoup plus vaste du cerveau artificiel, à savoir la totalité d'un écosystème.

À un moment donné, Beer fit construire un grand bassin dans le sous-sol de sa maison, qu'il remplit d'eau récupérée dans les étangs de la campagne environnante. Peu à peu, le bassin accueillit toutes sortes de formes de vie aquatiques : roseaux et algues, nématodes et sangsues. Si des esprits isolés étaient capables de s'adapter sans savoir, des communautés d'esprits, si minuscules ou différentes soient-elles des nôtres, devaient être capables de s'adapter de manière encore plus souple et naturelle. Son objectif était donc de faire naître une telle communauté[17].

Dans ses premières tentatives de création d'une économie de la vie d'un étang, il utilisa des euglènes, des créatures unicellulaires microscopiques bien connues de la communauté scientifique parce qu'elles possèdent des chloroplastes pour la photosynthèse, comme les plantes, exemple par excellence de la symbiose entre vie animale et vie végétale, et donc un sujet approprié pour les étranges expériences de Beer. Les euglènes sont très sensibles à la lumière, qui les attire, comme les tortues de Walter. Pour mettre à profit cette capacité rare, Beer avait placé des lumières dans l'eau de leur réservoir, qui pouvaient être allumées ou éteintes en fonction de divers signaux. Il espérait ainsi pouvoir « connecter » les euglènes à un système automatisé plus large – celles-ci réagiraient à des changements à l'extérieur du bassin en se déplaçant vers différentes lumières – et utiliser leur comportement pour influencer celui du système plus vaste.

L'idée de Beer était que, si ces deux systèmes – l'étang et l'usine – pouvaient être mis en relation, les changements dans l'un provoqueraient des changements dans l'autre. Les améliorations apportées aux opérations de l'usine perturberaient l'équilibre dynamique de l'étang, le poussant à se reconfigurer dans un nouvel état, entraînant avec lui l'usine, jusqu'à ce qu'un nouveau superéquilibre entre les deux systèmes soit trouvé. Il s'agissait de mettre au travail une ultrastabilité homéostatique. Malheureusement, les euglènes ne se montrèrent guère enthousiastes à l'égard du projet. Au bout de quelque temps, elles ont commencé à « faire le mort », refusant de coopérer.

Dans une autre expérience, Beer s'intéresse aux daphnies, ou puces d'eau, de minuscules crustacés que l'on trouve également en abondance dans les étangs britanniques. Beer enduit des feuilles mortes de limaille de fer et les fait flotter dans l'étang, où elles sont mangées par les daphnies. En conséquence, les petits crustacés deviennent magnétosensibles et peuvent être déplacés à l'aide d'électro-aimants, qui diffusent des données venant de l'usine. À mesure qu'ils trouvent un point d'équilibre dans les ondes magnétiques fluctuantes présentes dans l'eau, leurs comportements adaptatifs peuvent être mesurés et renvoyés à l'usine, créant ainsi de nouvelles boucles de feedback. Cependant, une fois encore, Beer se heurte à des difficultés expérimentales : lorsque les daphnies se mettent à excréter le fer qu'elles ont avalé, l'eau prend la couleur de la rouille et l'« organisation naissante » de l'étang commence à s'effondrer.

J'imagine Beer se tenant debout devant un tableau noir et un bassin rempli de daphnies rouillées, présentant ces expériences aux dirigeants des Templeborough Rolling Mills, l'usine mise à sa disposition par United Steel, et proposant, dans les faits, de littéralement les remplacer par la vie dans un étang. On n'ose imaginer leur réaction. Je ne sais même pas si une telle présentation a réellement eu lieu – de l'aveu propre de Stafford Beer, son travail relevait davantage du hobby, pratiqué « de temps en temps au milieu de la nuit », alors qu'il essayait en parallèle de lancer une activité plus rentable de conseil en management. Mais rien ne pourrait mieux illustrer les folles promesses et les excentricités de cette époque presque oubliée de l'histoire de l'informatique que l'image de Beer déambulant dans son sous-sol aux petites heures du matin, essayant de faire entrer un étang à un poste de direction commerciale.

En fin de compte, le problème de Beer ne fut pas un bassin récalcitrant, mais plutôt l'argent et le temps. Comme la United Steel n'était pas entièrement convaincue par l'idée de l'usine cybernétique, il a rapidement dû chercher du soutien ailleurs. Mais le problème pouvait aussi être lié à l'intérêt : l'idée de gérer une aciérie paraît en effet bien éloignée de ce que peuvent être les préoccupations d'organismes unicellulaires. Peut-être faudrait-il poser à ces organismes un problème plus en rapport avec leur mode de vie existant. Et il se peut que nous ayons déjà défini les termes de ce problème par nos incessantes tentatives d'éradication de leurs habitats et d'empoisonnement de leurs milieux : malgré le recul des étangs et des zones humides à l'échelle mondiale au cours des dernières décennies, les euglènes et les daphnies continuent de prospérer à l'état sauvage et, à l'instar des archées et des bactéries dont nous avons déjà parlé, on les trouve même dans des environnements hypersalins et d'autres milieux extrêmes, bien souvent engendrés par l'activité humaine. Un véritable exemple d'adaptabilité cybernétique.

Si ces créatures ont si bien survécu, cela est peut-être dû à l'adaptabilité non pas des individus, mais des communautés d'individus. L'un des problèmes de la description que nous avons faite jusqu'à présent du cerveau cybernétique et artificiel comme étant juste un autre type de cerveau – qu'il s'agisse d'un homéostat, d'une tortue mécanique ou d'une souris synchronisée – est que nous essayons sans cesse de le mettre dans une case et de le faire entrer dans un autre système, à la manière de nos propres cerveaux enfermés dans nos têtes. Mais une colonie d'euglènes – et a fortiori un étang entier – n'est pas une machine individuelle, c'est un système à part entière : un écosystème, un mélange riche, un assemblage hétérogène de vivant. L'étang se situe au-delà du cerveau individuel, au-delà même d'un type de cerveau, d'une espèce ou d'un genre particulier, dans le possible d'un système d'esprits, tous en relation et en interrelation, s'adaptant les uns aux autres de manière complexe et toujours renouvelée.

Peut-être que le problème avec l'intelligence artificielle comme avec l'usine cybernétique est que nous avons essayé de piéger un cerveau dans la machine, alors que le vrai cerveau – l'oracle – se trouve à l'extérieur. L'oracle *est* le monde. Nous avons tout compris à l'envers. Nous pensons que toute l'activité se déroule à l'intérieur – lorsque nous introduisons des électrodes dans le cerveau des chimpanzés et des drosophiles, ou que nous décortiquons les plantes jusqu'à leurs racines et leurs nodules, par exemple –, mais la véritable action a lieu à l'extérieur, dans le monde. C'est là que tout surgit et intra-agit. La vie se manifeste lorsque tout rebondit sur tout le reste.

Le moment est sans doute venu de souligner que la Terre elle-même est un homéostat. C'est en tout cas l'hypothèse centrale de James Lovelock et Lynn Margulis avec leur théorie Gaïa – Gaïa, la même déesse qui était vénérée à Delphes, site de l'oracle. Cela est évidemment le résultat d'éons de scintillements et de rebondissements. La théorie Gaïa voit le monde comme un système complexe, synergique et autorégulé, dans lequel des matières organiques et inorganiques interagissent pour coproduire les conditions nécessaires à la vie sur Terre. Gaïa est un système de rétroaction cybernétique, la réalisation de l'usine cybernétique de Beer à l'échelle de la planète, dans laquelle les entrées et les sorties sont l'eau, l'air et la roche, et l'U-Machine est l'ensemble de la biosphère qui respire, se contorsionne, grandit et s'adapte. *Le monde n'est pas comme un ordinateur. Les ordinateurs sont comme le monde.*

Une telle prise de conscience ouvre toute une série de possibilités passionnantes et radicalement différentes en matière d'informatique, que Beer a à peine anticipées mais qu'il aurait probablement beaucoup appréciées. Nombre d'entre elles relèvent de ce que l'on appelle l'« informatique non conventionnelle », qui repose sur le principe que tout ce qui peut être fait électroniquement peut probablement être fait de manière plus intéressante avec à peu près n'importe quoi d'autre. L'informatique non conventionnelle procède du même élan que la programmation ésotérique et vise à réaliser dans le hardware – ou « wetware » – quelque chose de semblable à l'écriture de logiciels en langage orang-outan dans le software.

Les myxomycètes, ou « moisissures visqueuses », figurent parmi les stars de l'informatique non conventionnelle. Successeurs modernes des daphnies de Beer, les myxomycètes constituent une catégorie d'organismes que les scientifiques ont des difficultés à classer. L'une de leurs caractéristiques les plus remarquables est qu'ils bouleversent le clivage individu/groupe, existant parfois sous forme d'organismes unicellulaires indépendants comme les euglènes, et se regroupant à d'autres moments en amas fonctionnant collectivement – notamment lorsque la ressource en nourriture est limitée ou que les conditions sont difficiles. Dans certains cas, ces collectifs fusionnent pour donner naissance à de grands amas de cytoplasme contenant des milliers de noyaux. Lorsque les myxomycètes veulent se reproduire, certaines parties du collectif forment des spores, qui sont emportées par le vent ou des animaux ; d'autres se sacrifient pour devenir des infrastructures non reproductives, les tiges et les pédoncules du corps fructifère. Et les myxomycètes ont encore d'autres tours dans leur sac. Séparées, leurs parties peuvent retrouver leur chemin les unes vers les autres et se reconstituer. Ils peuvent anticiper des événements : comme le *Mimosa*, ils semblent avoir une mémoire des épisodes indésirables et réagissent en conséquence. L'examen attentif des myxomycètes, autrefois classés parmi les champignons, a permis d'observer ce qui apparaît comme une étrange individualité communautaire. À l'instar de la discipline de la cybernétique elle-même, ils refusent continuellement de se laisser enfermer dans un nouveau domaine[18].

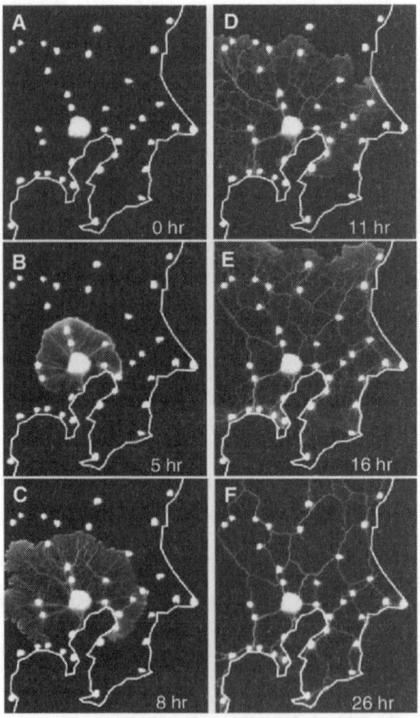

Cartographie du réseau ferroviaire de Tokyo par un myxomycète.

En 2010, un myxomycète appelé *Physarum polycephalum* a démontré ses grands talents d'urbaniste en reconstituant l'un des réseaux de transport les plus robustes et les plus efficaces du monde. Véritable chef-d'œuvre d'ingénierie complexe, le réseau ferroviaire japonais est le résultat de décennies de travail de designers et de planificateurs, de compromis complexes entre coûts, ressources et géographie. Pourtant, l'organisation de ce réseau de trains a été rapidement reproduite par le myxomycète lâché parmi des flocons d'avoine – un mets de choix pour *Physarum* – disposés selon un schéma reproduisant la répartition des villes autour de Tokyo. Au début, il s'est répandu uniformément sur la carte, mais au bout de quelques heures il a commencé à affiner sa toile de fils pour former un réseau très efficace de distribution de nutriments entre des « stations » éloignées, avec des routes principales plus fortes et plus résistantes reliant les hubs centraux. Il ne s'agissait pas seulement d'un simple exercice d'assemblage de points, mais d'une carte réaliste où les zones de lumière vive – que *Physarum* n'aime pas – correspondaient aux montagnes et aux lacs, obligeant le myxomycète à effectuer le même type de choix que les ingénieurs. Après une journée passée à s'adapter à son environnement, le myxomycète ressemblait incontestablement à une carte réelle du Grand Tokyo[19].

Le calcul d'itinéraires est un problème notoirement difficile en mathématiques. Le problème du voyageur de commerce en est l'une des versions les plus célèbres et les plus épineuses. Il s'agit d'une question d'une simplicité déconcertante : étant donné une liste de villes largement dispersées et les distances qui les séparent, quel est le chemin le plus court pour passer par chacune d'elles, une seule fois, et rentrer à la maison[20] ?

Malgré des centaines d'années d'efforts de la part des mathématiciens et malgré des investissements considérables réalisés par les entreprises de logistique et les services postaux pour résoudre le problème, il n'existe aucun moyen garanti de trouver la meilleure réponse à cette question, quelle que soit la manière dont on la pose. Pire encore, plus on ajoute de villes à la liste, plus la difficulté du problème augmente, de façon exponentielle, car le nombre d'options se trouve multiplié. Cette croissance explosive des solutions possibles est un énorme problème pour les algorithmes mathématiques, qui peuvent se perdre dans un dédale d'impasses et de mauvaises réponses. Pour cette raison, le problème du voyageur de commerce est un exemple classique de problème qu'une machine de Turing universelle – l'*a*-machine – ne peut pas résoudre de manière fiable. Il est indécidable sur le plan informatique. Étant donné ce que nous avons déjà dit à propos de l'indécidabilité, c'est là que doit intervenir l'*o*-machine.

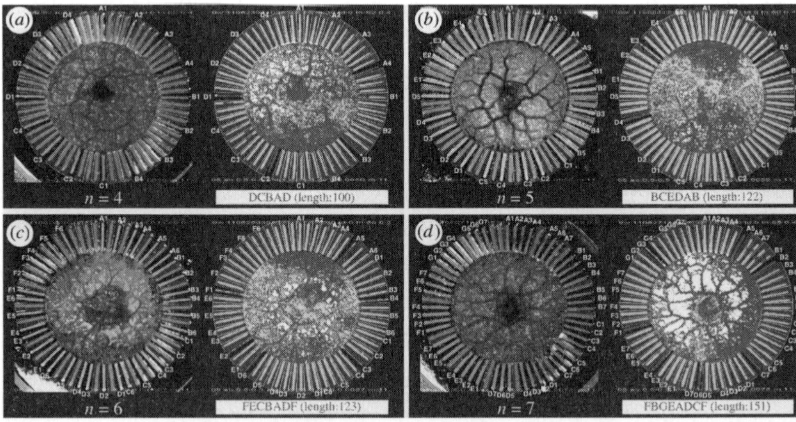

Myxomycètes déterminant les distances les plus courtes entre des « villes ».

En 2018, le même myxomycète, *Physarum polycephalum*, a montré qu'il était capable de résoudre le problème du voyageur de commerce en temps linéaire, ce qui signifie qu'à mesure que la taille du problème augmentait, il continuait à prendre les décisions les plus efficaces à chaque étape. Utilisant la même méthode que l'expérience sur les trains de Tokyo, des chercheurs de l'université de Lanzhou, en Chine, ont placé des restes de nourriture à la place des villes et se sont servis de faisceaux lumineux pour l'empêcher de répéter les connexions[21]. Ils ont montré que le myxomycète mettait deux fois plus de temps à résoudre une carte de huit villes qu'une carte de quatre villes, alors qu'il y avait près de mille fois plus de routes possibles[22]. Pour résumer, le myxomycète a facilement accompli une tâche pour laquelle les ordinateurs les plus puissants du monde – et les humains – sont absolument nuls.

L'idée que des systèmes biologiques pourraient non seulement remplacer mais aussi surpasser pour nombre de leurs opérations les ordinateurs – qui surpassent déjà les capacités humaines – cadre avec notre propos selon lequel les ordinateurs sont comme le monde, et non l'inverse. Mais, pour intégrer réellement cette prise de conscience, nous devons effectuer le même type de retournement mental que celui que nous avons effectué en parlant des réseaux fongiques et d'Internet, ou de l'intelligence humaine et animale. Les systèmes intelligents capables de calculer – réseaux mycorhiziens, myxomycètes et colonies de fourmis, pour n'en citer que quelques-uns – ont toujours existé dans le monde naturel, mais nous avons dû les recréer en laboratoire et dans nos ateliers avant d'être capables de les reconnaître ailleurs. Il s'agit là d'écologie technologique en pratique. Nous avons besoin des modèles mentaux fournis par notre technologie, des mots que nous inventons pour ses concepts et ses métaphores, afin de décrire et de bien comprendre que des processus analogues sont déjà à l'œuvre dans le monde plus qu'humain.

En 1971, le physicien américain Leon O. Chua a proposé l'idée d'un nouveau composant électronique qu'il a baptisé « memristor ». Le memristor est une résistance dotée d'une mémoire qui lui permet de se souvenir de son propre état – de conserver des données –, même lorsqu'elle est hors tension. Utilisés dans des ordinateurs, les memristors élimineraient la distinction entre mémoire et processeur, commune à tous les ordinateurs modernes, et augmenteraient considérablement leur efficacité et leur puissance, transformant ainsi radicalement l'informatique. Mais, dans les années 1970, on ne savait pas très bien comment construire un memristor – et de toute façon, les transistors existants et les puces en silicium étaient encore si nouveaux et passionnants qu'ils intéressaient beaucoup plus les chercheurs et les ingénieurs. Ce n'est qu'en 2008 qu'une équipe de Hewlett-Packard a réussi à en construire un, et même si les memristors pourraient un jour révolutionner le fonctionnement des ordinateurs, ils relèvent encore aujourd'hui de la curiosité de laboratoire[23].

Cela dit, l'idée du memristor, comme celle d'un réseau électronique invariant d'échelle, a suscité des travaux extraordinaires en biologie. Là encore, c'est le myxomycète *Physarum polycephalum* qui a ouvert la voie. Les chercheurs du laboratoire d'informatique non conventionnelle de l'Université de l'ouest de l'Angleterre, dirigés par le professeur Andrew Adamatzky, ont montré que *Physarum* présente un comportement semblable à celui d'un memristor : lorsqu'il est chargé avec des tensions électriques données, il présente le même comportement lors des tests suivants. En d'autres termes, il se souvient de son état précédent, comme un memristor. Ainsi, il devrait être possible de fabriquer un ordinateur extrêmement rapide et efficace à partir de myxomycètes, déposés sur un substrat, exactement comme une puce de silicium.

Depuis que l'on a constaté que les myxomycètes pouvaient agir comme des memristors, il a été observé que c'était aussi le cas de nombreux organismes. La dionée attrape-mouche, l'aloe vera et une autre de nos connaissances, *Mimosa pudica*, ont toutes démontré un comportement de type memristor. En fait, il apparaît de plus en plus clairement que toutes les plantes vivantes, tout comme la peau, le sang et les canaux sudoripares du corps des animaux (y compris le nôtre), sont de potentiels memristors. Il ne reste plus qu'à trouver comment intégrer ces structures dans notre technologie pour concevoir de nouveaux types d'ordinateurs, qui pourraient dépasser en capacité toutes les machines que nous avons construites jusqu'à présent[24].

Cela permettrait de faire considérablement progresser les capacités de calcul existantes. Mais il s'agirait toujours, au fond, du même type d'ordinateurs, toujours ces mêmes machines de Turing avec néanmoins une architecture très différente. Et si, au lieu de dépouiller les autres organismes de leurs composants utiles et de les traiter comme autant de pièces de rechange pour nos machines, nous les intégrions en bloc et, de surcroît, commencions à considérer l'environnement lui-même comme faisant partie de notre substrat computationnel ?

Les memristors ne sont pas le seul moyen d'y parvenir. En fait, il est possible de construire des ordinateurs avec à peu près n'importe quoi. Par exemple, des boules de billard. Ou des crabes.

Dans les années 1980, le physicien Edward Fredkin et l'ingénieur Tommaso Toffoli ont montré qu'il était possible de modéliser le fonctionnement de portes logiques en utilisant le mouvement de boules de billard. Il faut pour cela imaginer une table de billard avec deux poches à une extrémité et deux tubes inclinés à l'autre extrémité. Une boule lâchée dans l'un ou l'autre des tubes roulera sans encombre dans l'une des poches – la même poche, pour l'un ou l'autre tube. Mais si deux balles sont lâchées en même temps, elles se heurtent l'une l'autre et l'une d'elles ricoche dans la seconde poche. Il s'agit d'un exemple de porte ET, un type de circuit qui combine des signaux entrants, la première poche représentant une sortie de 0 (une seule entrée) et la seconde une sortie de 1 (les deux entrées). Avec suffisamment de portes ET, on peut fabriquer n'importe quel autre type de porte, de sorte qu'avec suffisamment de tables de billard on peut fabriquer tous les types d'ordinateurs numériques imaginables[25].

Mais il n'est absolument pas nécessaire d'utiliser des boules de billard pour cela. À l'université de Kobe, des chercheurs ont recréé la même porte ET en utilisant des crabes, plus précisément une espèce de crabes soldats, *Mictyris guinotae*, endémique des lagunes peu profondes des îles Ryūkyū au Japon.

Ces petits crabes bleus sont connus pour former d'énormes armées qui déferlent sur les lagunes à marée basse. Bien que composés de plusieurs centaines à plusieurs milliers d'individus, ces groupes apparemment chaotiques ont une dynamique assez prévisible. Les crabes situés en tête de la colonie se déplacent vers l'avant (ou, plus précisément, de leur point de vue, de côté) en formation serrée ; ceux du milieu suivent leurs voisins ; et ceux qui se trouvent sur les bords se replient continuellement vers le centre, créant un mouvement de roulement – un peu comme une boule de billard. On peut contrôler les mouvements de ces colonies à l'aide de tunnels ou, plus ingénieusement, en utilisant des ombres, que les crabes n'aiment pas car elles leur font penser à des oiseaux prédateurs. Lorsque deux colonies entrent en collision, elles repartent selon un nouvel angle (prévisible) – là encore, comme des boules de billard. Vous comprenez sans doute où cela nous mène, même si ce que vous imaginez peut ressembler à une sorte de cauchemar.

Ordinateur à crabes.

Les chercheurs en informatique non conventionnelle de Kobe ont placé dans un labyrinthe quarante crabes soldats qu'ils ont effrayés avec des ombres. Les colonies se comportaient exactement comme les boules de billard, se percutant les unes contre les autres, prenant des directions prévisibles et reproduisant des opérations logiques. Ils avaient créé un ordinateur fait de crabes. Un ordinateur à crabes[26].

Ces choses peuvent fonctionner dans les deux sens. La robotique « molle » est un domaine de la robotique qui porte exactement sur ce que son nom évoque : des robots fabriqués à partir de matériaux spongieux et malléables, plutôt qu'en métal et en plastique. Imaginée à l'origine comme un moyen de fabriquer des robots moins dangereux pour les personnes avec lesquelles ils interagissent à domicile ou sur le lieu de travail (il est en effet préférable que le robot qui s'occupe de la grand-mère soit entièrement composé d'éponge plutôt que de tiges d'acier, au cas où il lui tomberait dessus), cette approche a donné lieu à de nombreuses découvertes. Comme la robotique molle utilise des systèmes moteurs totalement différents, elle est beaucoup plus difficile à contrôler. Certains sont capables de nutation, c'est-à-dire qu'ils dilatent ou compriment des parties de leur corps pour se développer dans différentes directions, comme une plante ou un membre de pieuvre. Cela leur donne une plus grande liberté de mouvement, mais les rend difficiles à diriger, en particulier dans le cas d'un système qui apprend tout seul. L'une des solutions proposées consiste à déléguer le contrôle de ces membres souples à un processus dit de « calcul par réservoir », dans lequel l'intention générale du système est envoyée à un sous-ensemble de neurones artificiels, qui déterminent localement comment atteindre l'intention souhaitée. Fondamentalement, il s'agit d'utiliser un système complexe pour en faire fonctionner un autre, ce qui rappelle fortement l'usine cybernétique de Beer, jusque dans l'utilisation d'un « réservoir », qui fait penser à son étang. Cela ressemble aussi beaucoup à ce que nous pensons que les poulpes et autres céphalopodes font, avec leurs systèmes neuronaux distribués et leurs membres autonomes[27].

La robotique molle et le calcul par réservoir semblent plus relever du biomimétisme que de l'informatique biologique proprement dite, car malgré toutes les allusions aux membres et aux neurones, les systèmes employés sont entièrement construits de manière artificielle. Mais, comme le veut la pensée cybernétique du retournement, il est possible d'appliquer les mêmes idées au monde lui-même. Un groupe de chercheurs a même poussé l'expression « calcul par réservoir » jusqu'à sa conclusion au sens littéral, en créant un ordinateur en forme de seau d'eau[28].

On peut se demander comment cela se traduit concrètement. En fait, les chercheurs à l'origine du projet ont installé plusieurs moteurs sur les bords d'un petit bateau, afin de créer des ondes – des motifs d'interférence – à la surface de l'eau. Le dispositif a ensuite été placé sur un rétroprojecteur, de façon que les ondes puissent être observées sous forme de motifs en ombres et lumières sur un mur.

Les données, fournies en entrée aux moteurs, produisaient sur le mur différents motifs, qui étaient ensuite analysés par un ordinateur (à base de silicium) par *machine learning*. Dans l'une des expériences, le seau a été alimenté avec des échantillons de phrases lues, et l'ordinateur a rapidement appris à les distinguer. Il a appris à reconnaître la qualité du langage, ce qui est un problème notoirement difficile, et il l'a fait avec beaucoup plus de précision que lorsqu'on lui présentait uniquement des données numériques brutes, de la même manière que le myxomycète a résolu le problème du voyageur de commerce plus efficacement que n'importe quel ordinateur numérique. L'eau semble effectuer un pré-traitement des informations complexes, transformant les données binaires unidimensionnelles en données plus complexes, mais également plus expressives, suivant une danse fluide et multidimensionnelle. De plus, contrairement aux daphnies magnétisées, par exemple, qui rouillent rapidement au contact de l'eau, un simple arrêt des moteurs ramène immédiatement le seau à son état initial, d'où il peut envisager un nouveau problème.

Deux points méritent d'être soulignés ici. Le premier est qu'il se pourrait que ce système – que les chercheurs appellent une machine à état liquide – se rapproche davantage du type de traitement de l'information qui se produit dans les neurones biologiques, où des informations incroyablement complexes semblent être facilement traitées par des circuits d'une grande simplicité. Le calcul neuronal – la façon dont le cerveau traite le monde – est moins rapide et moins précis que celui d'un ordinateur, mais il s'effectue de manière massivement parallèle et en temps réel, s'apparentant plus au débit d'une rivière qu'au tic-tac d'une horloge. Comme notre cerveau a évolué pour faire interface avec le monde tel qu'il est, cela laisse penser que des ordinateurs qui ressembleraient davantage au monde seraient plus à même de résoudre les problèmes du « monde réel » (calcul d'itinéraires, reconnaissance vocale, économie).

Le second est que l'eau dans le seau ne « pense » pas. Elle n'a pas non plus la capacité de « mémoriser ». Elle traite des informations, qui ne se présentent pas sous forme de 0 et de 1 comme dans nos ordinateurs numériques (y compris l'ordinateur à crabes). Ces informations sont analogiques, ce qui ne veut pas dire qu'elles sont d'un autre temps, ancien, ou qu'elles seraient moins précises. Au contraire, elles sont complexes, imbriquées et continues, pleines de reliefs et de couleurs, comme le monde.

Soyons clairs : il ne s'agit pas ici de se joindre aux appels de certains obsédés de la chaîne hi-fi, nostalgiques du disque vinyle, qui maudissent les MP3. Il ne s'agit pas non plus d'essayer de représenter ou de reproduire le monde d'une manière particulière, en fonction de préférences esthétiques ou intellectuelles. Il s'agit simplement de reconnaître le caractère activement inconnaissable du monde pour nous, en contraste avec la manière dont le calcul numérique tente de rendre le monde connaissable. Nous ne pouvons pas lire l'eau de la même manière que nous pouvons lire des données, et cela est une bonne chose. Travailler avec l'eau nous rend plus conscients de la distance qui nous sépare de la matière en question : cela nous rappelle que nous partageons ce monde plutôt que nous n'en sommes propriétaires. La connaissance produite par le biais de la surface mouvante d'un seau d'eau se fait par coopération avec le monde, plutôt que par sa conquête.

Ordinateur à eau de Vladimir Lukianov, 1936.

L'intégrateur hydraulique, ordinateur analogique construit en Union soviétique en 1936 par Vladimir Lukianov, est un autre exemple de machine fonctionnant en liaison étroite avec le monde. Lukianov était employé à la construction des chemins de fer Troitsk-Orsk et Kartaly-Magnitnaya, et les travaux étaient sérieusement entravés par les températures extrêmes. En particulier, le béton armé posé le long de la ligne en hiver se fissurait sous l'effet de la chaleur de l'été. Lukianov devait trouver un moyen de modéliser précisément la masse thermique des matériaux, mais les calculateurs mécaniques des années 1930 ne savaient traiter que l'algèbre linéaire. Il n'existait alors aucun moyen d'effectuer les calculs nécessaires d'équations différentielles.

Lukianov avait constaté que l'écoulement de l'eau était analogue à la distribution de la chaleur et pouvait servir de modèle de visualisation d'un processus thermique invisible. Il entreprit alors de construire une machine de la taille d'une pièce, faite de tôles de toiture, de feuilles de métal et de tubes de verre, dont les calculs étaient basés sur la circulation de l'eau plutôt que sur celle des électrons. Cette machine se composait de plusieurs récipients en fer-blanc, reliés par des tubes en verre de différents diamètres. Les récipients, remplis d'eau, pouvaient être élevés et abaissés à l'aide de manivelles et de poulies, leurs niveaux correspondant à différentes valeurs d'entrée. Lorsque les niveaux montaient et descendaient, la pression de l'eau dans le système augmentait et diminuait, et l'eau s'écoulait dans les différents tubes de verre et dans d'autres récipients représentant la mémoire stockée et les valeurs de sortie. Ces valeurs pouvaient être lues à tout moment sur la machine pour résoudre les équations différentielles complexes simulées – il s'agissait à l'époque de la seule machine au monde capable de résoudre de tels problèmes.

Même si Lukianov voulait initialement résoudre un problème particulier – celui des flux thermiques dans le béton –, il s'est rapidement rendu compte qu'il pouvait résoudre n'importe quelle équation différentielle avec cet équipement. Il a ensuite construit des machines aux applications plus larges, avec des tuyaux et des tubes qui pouvaient être déplacés et remplacés pour résoudre différents types de problèmes dans les domaines de la géologie, la métallurgie, l'exploitation minière et la fabrication de fusées. Au milieu des années 1950, de nombreux établissements d'enseignement en Union soviétique disposaient d'ordinateurs à eau dans leurs laboratoires, tandis que Lukianov lui-même se voyait décerner le prix d'État, la plus haute distinction civile de l'Union soviétique. Les ordinateurs à eau ont continué à être utilisés dans les institutions soviétiques pour la modélisation à grande échelle jusque dans les années 1980[29].

Les ordinateurs analogiques sont des modèles du monde. Les intégrateurs hydrauliques de Lukianov ont commencé par simuler des processus physiques réels – flux thermique, érosion, affaissements de terrain –, avant de passer à l'abstraction et d'être appliqués à d'autres problèmes lorsque leurs capacités générales sont clairement apparues. Des processus matériels, physiques, voire géologiques, ont servi de modèles pour résoudre des problèmes de mathématiques pures. De façon similaire, les premiers ordinateurs numériques ont d'abord été des modèles de problèmes spécifiques – chiffrement cryptographique, réactions nucléaires, systèmes météorologiques – et sont devenus des outils plus généraux de résolution de problèmes lorsque nous avons commencé à les dissocier et à les décomposer en éléments pouvant être réassemblés : mémoire, traitement, instructions de commande, etc. Progressivement, le modèle du monde qui se trouve au cœur de la machine devient de moins en moins visible à mesure que la machine elle-même devient de plus en plus abstraite, la machine de Turing complètement abstraite (automatique) représentant le plus haut niveau d'abstraction. Inversement, les machines-oracles, telles que l'intégrateur hydraulique, sont des tentatives pour ramener cette abstraction sur terre : pour recombiner la puissance phénoménale du traitement mécanique avec des préoccupations matérielles – et peut-être, à terme, avec l'éthique, la morale et la vie elle-même.

Aux États-Unis, les ordinateurs hydrauliques ont pris des dimensions plus monumentales. À partir des années 1940, le Corps du génie de l'armée des États-Unis a construit une série de modèles des bassins versants à travers le pays, afin de mieux comprendre le système d'approvisionnement en eau et d'étudier l'impact des barrages et des ponts. Le premier était un modèle de l'ensemble du bassin versant du Mississippi, incluant ses principaux affluents : le Tennessee, l'Arkansas et le Missouri. Ce modèle d'une superficie d'environ 80 hectares a été construit sur une période de vingt ans à la périphérie de la ville de Jackson. La maquette était à l'échelle 1/100 à la verticale et 1/2000 à l'horizontale, de sorte que les Appalaches culminaient à 6 mètres et les montagnes Rocheuses à 10 mètres au-dessus du golfe du Mexique. Des plaques de béton minutieusement sculptées reproduisaient 25 000 kilomètres de cours d'eau sur quelques centaines de mètres. En plaçant des modèles de structures à l'échelle appropriée sur la longueur de la maquette, ou en creusant de nouveaux canaux entre les bras, il était possible de simuler presque parfaitement les effets des nouvelles digues, des déversoirs et des canaux de drainage sur l'environnement réel du bassin hydrographique.

Les tentatives antérieures pour trouver un moyen de maîtriser le puissant Mississippi avaient suivi une approche très différente. Après la grande crue de 1927, qui avait inondé une partie des États de l'Arkansas, du Mississippi et de la Louisiane, les États-Unis avaient effectivement déclaré la guerre au fleuve. Au cours de la décennie suivante, le Corps du génie a construit vingt-neuf barrages et écluses, des centaines de canaux d'écoulement et plus de 1 500 kilomètres de nouvelles digues plus élevées. Tout cela était censé contenir le fleuve dans son lit et empêcher toute variation de son niveau « normal ». Le projet se solda par un échec catastrophique, comme le démontrèrent les nouvelles inondations dévastatrices de l'hiver 1936. Les planificateurs et les ingénieurs n'avaient pas compris que le Mississippi appartenait à un système d'affluents et de bassins versants qui drainait près de 40 % du territoire continental des États-Unis. En 1936, les eaux se sont simplement déversées ailleurs, provoquant le déplacement de milliers de personnes au Massachusetts, en Pennsylvanie et dans l'État de New York. Il fallait un système différent, qui réponde à l'échelle et au mouvement naturel du fleuve – un modèle de rétroaction fluide plutôt qu'un plan fixe et prédéterminé. D'où le modèle du bassin du Mississippi non pas comme un étang cybernétique, mais un fleuve en crue.

Le premier grand test réel du modèle de bassin eut lieu en 1952, lorsque le Missouri faillit sortir de son lit entre Omaha et Council Bluffs, dans l'Iowa. Les opérateurs du modèle procédèrent à seize jours d'essais continus, vingt-quatre heures sur vingt-quatre, en définissant des conditions différentes sur toute la longueur du fleuve pour prévoir les crues et les ruptures de digue. Une journée pouvait être simulée en cinq minutes environ, et pour chaque litre d'eau que les ingénieurs versaient dans les canaux en béton de la maquette, 1,5 million de litres s'écoulaient dans le vrai Missouri, rongeant ses rives et affaiblissant ses digues. Les maires des villes situées en amont et en aval du fleuve se rassemblèrent dans une tour de contrôle érigée au centre de la maquette, attendant anxieusement de voir si les inondations dévastatrices, de quelques centimètres de haut, allaient engloutir leurs champs et leurs maisons. Confrontés aux prédictions du modèle, ils firent appel à des brigades de civils pour renforcer les endroits vulnérables avec des sacs de sable, évitant en fin de compte des dizaines de millions de dollars de dégâts et de potentielles pertes en vies humaines[30].

Le modèle faisait donc office d'U-Machine, d'oracle, pour l'ensemble du système du Mississippi : le fleuve lui-même et les millions de personnes qui vivaient sur ses rives, ainsi que tout le poids du béton, de la terre, des poutres d'armature et du sable qui étaient déployés pour le façonner. À coups de fluctuations, de montée des eaux et de vidanges, le modèle a permis au Corps et aux volontaires civils de s'adapter à des conditions changeantes comme aucun système préprogrammé n'aurait été capable de le faire.

D'autres modèles ont ensuite été construits à Portsmouth, en Virginie, et à Sausalito, en Californie, pour simuler respectivement les baies de Chesapeake et de San Francisco. Ce dernier modèle est toujours opérationnel (bien qu'à des fins de démonstration uniquement) et peut être visité. C'est une véritable merveille. Dans une immense salle, l'ensemble de la baie de San Pablo, de la baie de Suisun, du delta du Sacramento et de l'océan Pacifique sur une distance de 27 kilomètres au-delà du Golden Gate est reproduit sur une surface équivalente à celle d'un terrain de football. Le Bay Model inclut les chenaux de navigation, les fleuves, les criques, les marécages, les canaux du delta, les principaux quais, les jetées, les cales, les digues, les ouvrages d'art et les célèbres ponts de San Francisco : tous les types et spécimens de génie hydrologique. Toutes les heures, à l'heure pile, dans un grand gargouillement comme celui d'une gigantesque baignoire, la marée s'inverse et l'eau entre dans la baie à un rythme exactement cent fois plus rapide que celui du monde extérieur, puis en ressort.

Technicien du modèle de la baie de Chesapeake au niveau d'un indicateur de marée situé sur l'Elizabeth River, à Portsmouth, en Virginie, août 1977.

À l'instar de la photographie en *time-lapse*, le Bay Model est une technologie qui permet de nous rendre perceptibles la grandeur et la puissance d'un processus naturel, sans pour autant nous faire perdre notre appréciation de son altérité. Il nous permet d'intercéder et d'agir de manière significative au sein d'un paysage vaste et complexe, sans perdre de vue son esthétique et son statut de sujet – sa beauté et son individualité. Ce qui est crucial, c'est qu'aucune complexité n'est perdue dans cette simulation. Le changement a lieu au niveau de l'échelle plutôt que de l'information. Le monde est traduit, translaté, et non représenté. Bien sûr, il existe également un art de la traduction/translation. C'est là que notre propre agentivité et notre créativité entrent en jeu, mais cela se fait dans le cadre d'une danse permanente où il s'agit plus de se comprendre mutuellement que de dominer et de contrôler.

Le critique d'architecture Rob Holmes dit de la bataille menée depuis un siècle par le Corps du génie de l'armée des États-Unis pour contenir et contrôler le Mississippi, de la construction de ces milliers de kilomètres de digues, de barrages et de canaux, qu'il s'agit de la plus grande œuvre de *land art* jamais réalisée[31]. Je suis plutôt d'accord avec lui. L'impact du *land art* dépend de l'échelle, de son côté absurde et de l'environnement, et ces maquettes représentent peut-être la réalisation ultime de cette forme d'art. L'image présentée à la page précédente de ce technicien barbu et solitaire assis, tel Atlas, sur la maquette de la baie de Chesapeake rappelle les images d'architectures oniriques produites à la même époque par le collectif italien Superstudio. Dans les représentations du futur cybernétique selon Superstudio, l'humanité est lâchée en toute liberté pour s'adonner au jeu dans des paysages qui mêlent projets de construction de mégalithes, artefacts de haute technologie, communautés utopiques et formations naturelles. Dans le film *Supersurface. An Alternative Model for Life on the Earth* (1972), le collectif appelle à une nouvelle alliance entre design et environnement, dans laquelle inventions humaines et monde naturel sont complémentaires au lieu d'entrer en confrontation.

Image tirée du film *Supersurface*, 1972, produit par Superstudio.

Ce qui me plaît dans ces modèles de baies et de bassins – outre les possibilités ludiques qu'ils offrent –, c'est leur lisibilité. Il a été possible un jour de visiter ces paysages de calcul, de marcher le long de leurs rives et de leurs cours d'eau, d'assister à des calculs en cours et de les comprendre. C'est cela, la lisibilité : la construction de systèmes lisibles par tous, qui contribuent à une représentation partagée de l'espace, par opposition aux représentations closes et dissimulées des ordinateurs numériques. C'est cette même lisibilité que je recherchais avec mon piège à voiture autonome sur les pentes du mont Parnasse : un objet complexe qui fonctionnait, qui incarnait son propre modèle du monde et qui était capable de s'expliquer lui-même aux autres.

Comprendre comment on arrive à la réponse à un problème et être simplement informé des résultats de sa résolution sont deux choses très différentes. Dès que le calcul numérique a été capable d'atteindre les niveaux de complexité nécessaires pour modéliser des processus naturels, c'est-à-dire d'accomplir des tâches qui n'étaient auparavant possibles qu'avec des simulateurs physiques, comme les ordinateurs hydrauliques, la connaissance du paysage lui-même est devenue la chasse gardée d'opérateurs experts et d'interprètes de systèmes opaques, et le grand public a été réduit à un rôle silencieux de récepteur d'informations. Nous sommes devenus des objets plutôt que des sujets. C'est ce qui s'est produit avec l'ensemble des technologies de l'information. Notre capacité à comprendre et à agir, à tous progresser grâce au potentiel de machines complexes, s'est dissoute avec la centralisation et la surveillance toujours plus étroite des systèmes d'acquisition du savoir, qui accentuent la domination au détriment de notre force commune.

L'ordinateur hydraulique peut être un outil pédagogique extraordinaire, en tant que machine lisible, qui non seulement calcule mais aussi éduque. Le premier que j'ai vu, enfant, lors d'une visite au Science Museum de Londres, est le MONIAC (Monetary National Income Analogue Computer), construit en 1949 par l'économiste Bill Phillips alors qu'il était étudiant à la London School of Economics. De la taille d'un grand réfrigérateur, le MONIAC est constitué, comme l'intégrateur hydraulique de Lukianov, d'une série de récipients et de tuyaux, en plastique transparent, fixés à une planche de bois.

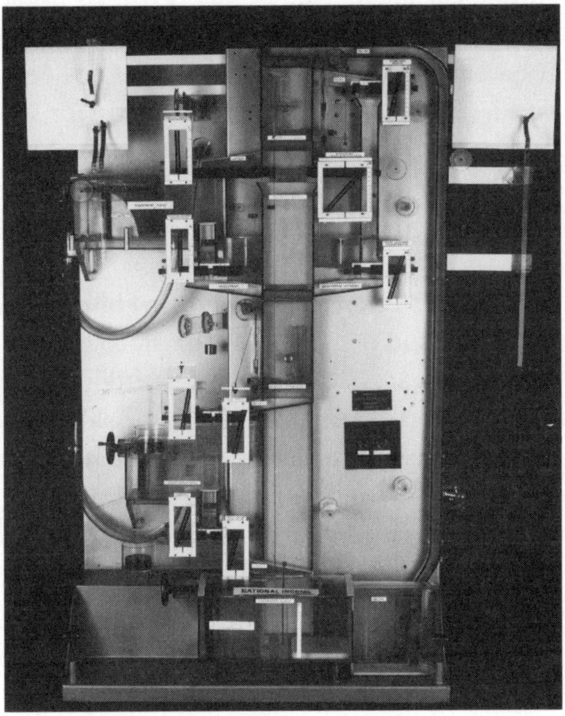

Le MONIAC, construit par Bill Phillips en 1949.

Le MONIAC est un modèle fonctionnel de l'économie britannique. Au sommet de la machine se trouve un grand réservoir d'eau marqué « TREASURY » (Trésor). D'autres récipients représentent les dépenses du gouvernement dans des domaines tels que la santé et l'éducation ; ces dépenses peuvent être ajustées en ouvrant et en fermant les robinets qui drainent l'eau du Trésor. Plus bas dans la machine, l'eau est siphonnée dans l'épargne privée et renvoyée sous forme d'investissements ; elle est également évacuée pour les dépenses d'importation et réinjectée pour les recettes d'exportation. Certains récipients peuvent s'assécher si les équilibres ne sont pas maintenus (tout comme les vrais comptes bancaires) et l'eau (l'argent) peut être renvoyée vers le Trésor sous forme d'impôt. Les taux fixés pour les taxes déterminent la vitesse à laquelle les pompes fonctionnent. Le flux d'eau est contrôlé par un système complexe – mais lisible – de flotteurs, de poulies, de contrepoids et d'électrodes. Il permet à quiconque de faire des expérimentations avec les paramètres de l'économie pour voir comment des interactions complexes aboutissent à des résultats différents. Avec sa machine, Phillips a littéralement traduit les métaphores financières, riches en référence au monde aquatique – qu'il s'agisse de « liquidité », de « flottation », de « requins », de « baleines » ou de *dark pools* –, les rendant dans le même temps plus utiles.

Le premier MONIAC a été construit par Phillips dans le garage de sa logeuse, dans le sud de Londres, pour un coût d'environ 400 £ (soit environ 16 000 euros en argent d'aujourd'hui). En écho aux homéostats de système de bombardement d'Ashby, il comportait comme il se doit des pièces prélevées sur un bombardier Lancaster ayant servi pendant la Seconde Guerre mondiale. Il était à l'origine conçu comme support visuel pour l'enseignement. Phillips a été surpris par la précision de son modèle, unique en son genre par sa capacité à modéliser l'ensemble de l'économie au cours des décennies qui ont précédé la généralisation des ordinateurs numériques. Plus d'une douzaine d'autres MONIAC ont ensuite été construits, à destination d'établissements universitaires et de services gouvernementaux, où ils ont été utilisés comme outils de prévision et de visualisation.

Ce qui rend le MONIAC si spécial, à mes yeux, c'est qu'il met littéralement l'utilisateur aux commandes de l'économie, tout en insistant sur la fluidité et la vivacité du système financier. Il montre que l'économie est à la fois une force naturelle et le résultat d'une prise de décision délibérée et consciente. Comme le Bay Model, le MONIAC nous donne une capacité d'agir dans un système complexe, sans pour autant nier la puissance d'agir du système lui-même. Face à l'eau qui continue de s'agiter, nous ne pouvons pas oublier qu'il s'agit là de choses réelles, de matériaux concrets, d'un monde partagé bien particulier – ce qui arrive trop facilement lorsque tout n'est que chiffres sur un écran. Lorsque le monde réel est rendu complètement abstrait dans la machine universelle, nous perdons notre capacité à en prendre soin.

Tous les ordinateurs sont des simulateurs. Ils contiennent des modèles abstraits de certains aspects du monde, que nous activons, puis nous oublions immédiatement qu'il s'agit de modèles. Nous les prenons pour le monde lui-même. Cela vaut aussi pour notre propre conscience, notre propre *Umwelt*. Nous prenons nos perceptions immédiates pour le monde tel qu'il est – mais, en réalité, notre attention consciente est un modèle qui se construit sur le moment, un processus constant de réévaluation et de réintégration du monde tel qu'il se présente à nous. Ainsi, notre modèle interne du monde, notre conscience, façonne le monde de la même manière et avec autant de puissance que n'importe quel ordinateur. Nous essayons de faire que le modèle ressemble davantage au monde, et que le monde ressemble au modèle, à chaque étape de notre intra-action. C'est pourquoi les modèles et les métaphores sont importants. Si notre modèle interne reflète la vision d'un monde partagé, communautaire et participatif, s'il reconnaît la réalité de nos enchevêtrements avec le monde plus qu'humain, et si nous sommes prêts à adapter notre vision à de nouvelles circonstances et à de nouvelles prises de conscience, alors il a – nous avons – la faculté de faire du monde un endroit plus communautaire, participatif, juste, équitable et plus qu'humain.

MONIAC était une machine de simulation qui est devenue une machine de décision. C'est ainsi que fonctionne toute activité informatique (efficace). D'abord, elle modélise le monde, puis essaie de remplacer le monde par le modèle. Nos esprits, eux aussi, sont des machines de simulation qui deviennent des machines de décision : nous pensons, traitons et intra-agissons constamment avec le monde. La question est donc de déterminer les caractéristiques des modèles – et donc des machines – qui rendent le monde meilleur.

Je voudrais humblement suggérer trois conditions qui permettraient de produire de meilleures machines, plus écologiques, mieux adaptées au monde dans lequel nous voulons vivre et moins sujettes à l'opacité, à la centralisation du pouvoir et à la violence, que l'on a fini par reconnaître comme caractéristiques de la plupart des technologies contemporaines. Ces trois conditions, selon moi, sont nécessaires pour que les machines puissent participer aux communautés florissantes d'humains et de non-humains que nous avons esquissées dans les chapitres précédents. Nos machines doivent être non binaires, décentralisées et non sachantes.

Commençons par le caractère non binaire. Comme nous l'avons vu, lorsque nous sommes capables de nous défaire du cadre des questions de type oui/non, soit/soit, zéro/un – que ce soit dans les flux turbulents des ordinateurs analogiques, dans les champs libres des profils Facebook, ou dans les opérations de l'*o*-machine, que nous avons tenté d'explorer –, nous découvrons non seulement de nouvelles façons de faire et de voir les choses, plus puissantes que ce que nous pouvions imaginer, mais encore la richesse et la complexité du monde, qui défient aussi notre imagination. Nous entrons alors dans le labyrinthe de la complexité infiniment significative, la splendeur profonde et mystérieuse dont parlait Aldous Huxley, enfin reconnue par notre conscience et, potentiellement, par notre technologie. Le monde lui-même est, à l'évidence, non binaire. Si nous voulons agir de façon écologique à l'aide de nos outils, en prenant soin les uns des autres, dans la justice, y compris dans nos relations avec nos camarades plus qu'humains, nous devons nous-mêmes sortir des binarismes et permettre à nos machines de faire pareil.

Le caractère non binaire des machines que nous appelons de nos vœux les ouvre également à tout un courant de pensée, la théorie queer, que nous avons laissée de côté jusqu'à présent, mais qui devrait être au cœur d'une nouvelle réflexion sur ce que pourraient être les ordinateurs. La théorie queer s'oppose à l'hétéronormativité de la culture sous toutes ses formes, y compris le binarisme de genre. L'une des applications de la théorie queer aux machines que je préfère est le projet de l'artiste Zach Blas, Queer Technologies, qui inclut un langage de programmation queer appelé transCoder et un ensemble de « modificateurs de genre » physiques : des câbles informatiques qui permettent de transformer des câbles « mâles » en câbles « femelles ». En réimaginant une technologie conçue pour un usage queer, écrit Blas, Queer Technologies critique les fondements hétéronormatifs, capitalistes et militarisés des architectures technologiques, de leur conception et de leur fonctionnalité. Plus important encore, en construisant réellement les outils qu'il imagine, le projet rend possibles d'autres façons de faire de la technologie et donc de comprendre le monde dont la technologie fait partie[32].

Comme l'a souligné le militant non binaire Jacob Tobia, « c'est probablement dans un cours d'informatique que vous avez entendu le terme "binaire" pour la première fois. Le problème, c'est que les gens ne fonctionnent pas comme des ordinateurs. Nos identités, nos pensées et nos opinions ne sont pas toujours faciles à classer en deux catégories. Dans le monde dans lequel nous vivons sont établies deux catégories distinctes – homme et femme – entre lesquelles chacun doit choisir. Mais cela ne reflète pas toute la diversité de l'expérience humaine[33] ». Tout comme la décision consciente de bannir les termes « maître/esclave » du lexique de la technologie, modifier la façon dont nous décrivons et construisons les ordinateurs pourrait avoir des répercussions réelles, non seulement sur leur propre architecture et leurs capacités, mais aussi sur la vie des personnes dont l'expérience est conditionnée par ces métaphores technologiques – autrement dit, nous tous.

La deuxième condition, la décentralisation, s'inspire des leçons apprises du poulpe et du myxomycète pour reconnaître la puissance des entreprises communautaires et coopératives. Le pouvoir des communautés et des systèmes réside dans leur intra-action, leur devenir-ensemble pour produire quelque chose de plus grand que leurs parties. Le processus de décentralisation découle de la diffusion de réseaux comme le Web, mais il doit également permettre un partage du pouvoir réel, et pas simplement de la connectivité. Les moyens et le savoir-faire nécessaires existent déjà, même si la mise en œuvre effective de la décentralisation a jusqu'à présent été reléguée aux marges de la culture technologique par la pression écrasante des monopoles et l'obsession de la recherche de profit des entreprises.

Le mouvement *open source* participe de cette redistribution. La pratique consiste à rendre publique la totalité du code base – l'ensemble des lignes de code qui composent un logiciel – afin qu'il puisse être examiné et critiqué par quiconque. En rendant le code réel des logiciels et du matériel accessible et lisible par tous, les méthodes de l'*open source* décentralisent les connaissances et fournissent la base d'une éducation collective et autonome. On retrouve une dynamique similaire dans le domaine des systèmes distribués, qui ont donné naissance à la fois à la démocratie extrême des plateformes de partage de fichiers et de cryptomonnaies et à des initiatives scientifiques, comme SETI@home et Folding@home. La première a pour objectif de découvrir des formes de vie dans l'espace, la seconde de mettre au point de nouveaux traitements contre les maladies. Toutes deux utilisent du temps de calcul offert par des volontaires sur des processeurs distants – des ordinateurs de particuliers, reliés par l'Internet – pour effectuer des opérations complexes qui surchargeraient n'importe quel superordinateur. Peut-être n'est-ce pas un hasard que ces deux exemples emblématiques – et couronnés de succès – portent sur la question de la vie elle-même.

Les réseaux fédérés et pair à pair constituent un troisième exemple de décentralisation. Il s'agit de tentatives pour reproduire la puissance et les possibilités des réseaux sociaux contemporains, des systèmes d'hébergement de sites Web et même des appels vidéo, en permettant à chaque utilisateur de construire, d'héberger et de contrôler son propre fragment du réseau plus large. Ce faisant, les utilisateurs remodèlent activement le réseau lui-même, le transformant de réseau articulé autour de quelques hubs appartenant à des entreprises privées en réseau dans lequel les utilisateurs sont directement connectés les uns aux autres : un changement de technologie qui se traduit par un changement physique de la topographie même du réseau et de ses relations de pouvoir[34].

L'idée de décentralisation englobe également le processus de décentrement de nous-mêmes. Nous devons reconnaître que les êtres humains ne sont pas l'espèce la plus importante de la planète, ni le centre autour duquel tout tourne. Nous constituons une partie spéciale, mais parmi d'autres, d'un monde plus qu'humain bien plus vaste, et celle-ci n'a ni plus ni moins d'importance que n'importe quelle autre partie. Le décentrement est une tâche complexe qui exige que nous réfléchissions profondément à nos relations avec le monde plus qu'humain, et que nous comprenions nos actions et les outils que nous créons comme des contributions et des médiations avec tout le reste, plutôt que comme des artefacts uniques et exceptionnellement puissants attestant de la supériorité des humains.

La troisième condition, le non-savoir[35], consiste à reconnaître les limites de ce que nous pouvons vraiment savoir et à traiter avec respect les aspects du monde qui nous échappent, plutôt que de chercher à les ignorer ou à les faire disparaître. Exister dans un état de non-savoir ne revient pas à céder à l'impuissance. Au contraire, cela requiert une sorte de confiance en soi et dans le monde pour évoluer dans un paysage complexe et en perpétuel changement que nous ne contrôlons pas, et ne pouvons pas contrôler. Il s'agit là d'un impératif fondamental pour être humain dans un monde plus qu'humain. Cela est reconnu depuis toujours dans les cosmologies traditionnelles, à travers l'observation des rituels et les invocations concrètes à l'intercession des êtres non humains – plantes, animaux, esprits et systèmes météorologiques – qui conditionnent notre survie.

Un grand nombre de nos technologies contemporaines les plus avancées sont déjà non sachantes, notamment les programmes de *machine learning*, qui sont spécifiquement conçus pour des situations qui ne rentrent pas dans le cadre de leur expérience existante. Dans des domaines comme les voitures autonomes, la robotique, la traduction et même la recherche scientifique – la production de connaissances elle-même –, les technologies s'orientent toutes vers des approches fondées sur le *machine learning*, précisément parce que l'on se rend compte qu'il est impossible de préprogrammer une réponse appropriée à des stimuli et phénomènes nouveaux. Néanmoins, ces programmes peuvent trop facilement continuer à ignorer ou à faire disparaître la réalité réelle – avec des conséquences dévastatrices – s'ils se perçoivent comme nous, leurs créateurs, qui nous sommes toujours vus comme des experts, des autorités et des maîtres. Le non-savoir exige de ces systèmes qu'ils soient en dialogue constant avec le reste du monde et qu'ils soient prêts, comme l'a toujours été la bonne science, à la révision et à la réécriture en tenant compte de leurs propres erreurs.

L'algorithme Optometrist, développé par Google pour Tri Alpha Energy, est l'exemple d'un tel système fondé sur le non-savoir. Tri

Alpha Energy travaille à la mise au point d'une technologie pratique de fusion nucléaire, une source d'énergie propre et quasi illimitée comme celles dont la science-fiction est friande depuis des décennies. Cela nécessite des calculs extrêmement complexes, qui impliquent des milliers de variables pour chaque essai du réacteur expérimental – beaucoup plus que n'importe quel chercheur humain pourrait évaluer de manière significative. L'ampleur du problème signifie aussi qu'une approche purement programmatique pourrait se perdre dans les innombrables branches d'un arbre infini de possibilités, sans améliorer significativement le résultat.

La solution imaginée pour répondre à ce problème consiste à utiliser un algorithme de *machine learning* pour évaluer méthodiquement de nombreuses options et présenter un ensemble réduit d'actions possibles à un opérateur humain. De cette façon sont mis à contribution non seulement un plus grand nombre d'esprits pour résoudre le problème, mais aussi au moins deux modes de pensée distincts : l'évaluation programmatique et mathématique de la machine, et l'exploration créative et intuitive de l'esprit humain. L'algorithme fonctionne moins comme une machine aveugle, obéissant à des règles, que comme un optométriste qui fait essayer différentes lentilles à son client en s'enquérant constamment des résultats auprès de celui-ci : « C'est mieux comme ça ou comme ça ? Plus comme ça ou comme ça ? »

Les résultats sont prometteurs, mais à quoi ressemblerait un tel algorithme s'il devait faire appel non seulement à l'humain, mais aussi au plus qu'humain ? Un algorithme qui confierait une partie de son traitement, une partie de sa réflexion, à des acteurs non humains : peut-être quelque chose comme le seau d'eau de prétraitement décrit plus haut, ou le recours à des myxomycètes ou à des réseaux mycorhiziens comme traducteurs et cocréateurs. Ce serait la concrétisation complète de l'U-Machine de Stafford Beer, ou de l'*o*-machine de Turing – et surtout, elle serait tournée vers l'extérieur, au lieu d'essayer de piéger ces alliés dans une petite boîte, encore plus déconnectée du monde extérieur[36].

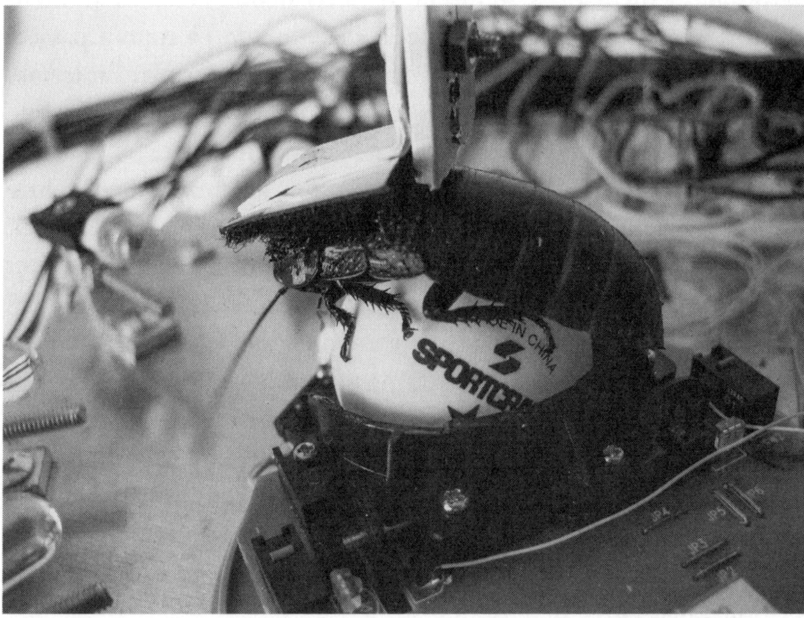

Robot mobile contrôlé par un cafard, créé par Garnet Hertz.

Le Roachbot (2004-2006), ou robot mobile contrôlé par un cafard, du designer canadien Garnet Hertz, est un exemple de machine cybernétique véritablement non sachante. Ce dispositif répond à tous les critères ci-dessus, tout en conservant certains aspects les plus inquiétants du *spinal dog* et de l'ordinateur à crabe.

Le Roachbot se compose d'un tricycle motorisé, d'un ensemble de capteurs de proximité et d'un très gros cafard siffleur de Madagascar fixé par Velcro à une boule de commande. Le Roachbot se sert de l'aversion des cafards pour la lumière vive – c'est ce qui les fait fuir lorsqu'on allume la lumière dans une cuisine – pour créer un robot cyborg explorateur simple. En courant sur la boule de commande, le cafard propulse le tricycle dans la pièce, mais s'il s'approche trop près d'un obstacle, des LED brillantes s'allument dans cette direction, ce qui le fait dévier sur une autre trajectoire. De cette manière, le tricycle se déplace en évitant les obstacles, à la manière des tortues de Grey Walter. La principale différence entre le Roachbot et la tortue est qu'un élément du système nous reste inconnu. Contrairement aux tortues, le cafard au cœur de la machine de Hertz n'a pas été construit ni résolu. Il fait son propre truc – il est un oracle. En termes cybernétiques, il a été « entraîné », mais il n'a pas été dominé (même si le cafard lui-même pourrait contester ce point de vue)[37].

Dans toute véritable relation fondée sur l'inconnaissance – entre humains, machines, champignons ou cafards –, le participant doit renoncer à toute idée de comprendre pleinement le fonctionnement de l'autre. Au contraire, les relations fondées sur l'inconnaissance exigent une sorte de confiance, voire de solidarité. Elles nous obligent à nous ouvrir non seulement à la possibilité de l'existence d'autres intelligences, mais aussi à l'idée qu'elles puissent vouloir nous aider – ou non –, et donc à nous prédisposer à la création de conditions plus acceptables pour les parties, dans lesquelles elles pourraient daigner nous aider volontairement. Il s'agit en fait du contraire de l'impuissance : cela rend possible la création non seulement de meilleures relations, mais aussi de mondes meilleurs.

Non binaire, décentralisée, non sachante : les trois conditions de cette théologie négative de la technologie ont en commun l'ambition d'abolir la domination, sous toutes ses formes. Être non binaire, en termes humains et machiniques, c'est rejeter catégoriquement les fausses dichotomies qui produisent de la violence comme conséquence directe de l'inégalité. Une culture du langage binaire nous divise en deux et nous oblige à choisir les parties de nous-mêmes qui cadrent avec les structures de pouvoir existantes. L'affirmation de la non-binarité permet de passer outre à ce clivage et de revendiquer d'autres formes d'agentivité et de pouvoir.

Décentraliser, dans ce contexte, signifie autonomiser et conférer une puissance d'agir équivalente à chaque acteur et à chaque assemblage dans le monde plus qu'humain, de sorte qu'aucun ne puisse dominer les autres. Ne pas être sachant signifie reconnaître – comme Socrate devant l'oracle – que personne ne sait exactement ce qui est en jeu ; et être humble et en paix avec cette façon de voir les choses, et donc avec tout le reste. Les technologies de contrôle et de domination se voient alors transformées en technologies de coopération, d'autonomisation mutuelle et de libération.

Ces objectifs ne sont bien sûr pas seulement technologiques ou écologiques, mais aussi politiques. À partir d'une certaine échelle, toute question technologique devient une question politique. Et c'est vers la politique que nous allons nous tourner dans la dernière partie de ce livre, pour voir les enseignements que nous pouvons tirer du monde plus qu'humain, et notamment de nos technologies, afin d'instaurer des relations plus justes et équitables entre nous tous.

La cybernétique, qui est ce qui se rapproche le plus du type de compréhension plus qu'humaine de la technologie que nous recherchons, a déjà eu des contacts avec le domaine de la politique. Stafford Beer, en particulier, a tenté de mettre son approche cybernétique du monde au profit de l'amélioration des conditions de vie. En 1971, il a été contacté par le gouvernement socialiste de Salvador Allende, nouvellement élu au Chili, pour voir si ses idées pouvaient être employées utilement dans le cadre d'une économie dirigée par l'État. Beer a sauté sur l'occasion et passé de longs mois à étudier et documenter l'économie chilienne et à intervenir dans celle-ci. Son plus grand succès a été la mise en place d'un réseau de machines télex dans plus de cinq cents usines, reliées aux bureaux de planification des municipalités et du gouvernement central. Selon Beer, ce réseau devait constituer le système nerveux de ce qui s'apparentait à l'usine cybernétique à l'échelle de tout le pays, entièrement connecté, autonome et très réactif à l'évolution des conditions. Le réseau a connu un seul test majeur. Il a permis de déjouer une grève des routiers soutenue par la CIA, au cours de laquelle les télex ont été utilisés pour coordonner des livraisons de nourriture en contournant les barrages routiers – avant qu'Allende ne soit renversé, également par la CIA.

Il est difficile de savoir si le projet Cybersyn (synergie cybernétique) de Beer aurait évolué comme il l'avait prévu ou si, comme l'affirmaient ses détracteurs, il n'aurait fait que renforcer le système vertical de contrôle et d'oppression des travailleurs. Mais il subsiste ce moment magnifique, lors d'une conférence donnée par Beer à l'université de Manchester en 1974, qui illustre combien les opinions politiques peuvent donner lieu à des compréhensions et des mises en œuvre très différentes de la technologie. Beer raconte la description qu'il faisait à Allende de la manière dont son Viable System Model (modèle de systèmes viables), le concept global qui sous-tendait ses idées novatrices sur les systèmes adaptatifs, pouvait être appliqué au gouvernement. Beer lui présentait l'ensemble du modèle, expliquant comment le plus bas niveau du VSM, « System 1 », se référait aux ministères, et comment chacun des niveaux supérieurs se référait à différentes opérations de gouvernement. Allende l'écoute attentivement, et au moment où Beer s'apprête à dire : « Et le System 5, monsieur le Président, c'est vous », Allende l'interrompt, un large sourire aux lèvres, pour dire : « Ah, enfin le niveau 5 ! Le peuple[38]. »

Pendant des décennies, nous avons essayé de dominer le monde en le décomposant et en le réassemblant dans des machines épistémologiques et mécaniques de notre invention. Nous avons voulu savoir comment tout fonctionne afin de le suborner à nos propres fins, et nous avons utilisé ce savoir pour opprimer et supprimer la capacité d'agir des autres. La technologie écologique, quant à elle, cherche à connecter et à reconstruire, à élaborer un modèle de système viable avec tous les acteurs plus qu'humains sur le terrain, plus inclusif et plus généreux que tout ce que Beer lui-même a pu imaginer : un monde juste, équitable et vivable.

Le travail de construction de la machine-oracle se poursuit : c'est même notre tâche principale. Dans ce chapitre, j'ai rassemblé quelques idées et processus qui établissent ce à quoi la machine-oracle pourrait ressembler en nous incluant, nous et le monde plus qu'humain, d'une manière que Turing a ignorée et que Beer n'a fait qu'effleurer ; en reconnaissant Gaïa comme l'homéostat ultime et en accueillant l'altérité radicale comme moteur de l'adaptabilité. C'est en partant de ces pistes que l'on peut commencer à concevoir une politique plus qu'humaine : un cadre et un ensemble de processus pour vivre plus pleinement une écologie des technologies. Mais d'abord, nous devons fabriquer une autre pièce du puzzle et continuer de remettre en cause notre foi dans la connaissance et les certitudes, afin de bâtir un nouveau cadre de compréhension. Comme lorsque nous avons plongé dans la culture de Neandertal et la sexualité au Dévonien pour y trouver les minuscules dinoflagellés qui habitent encore nos propres cellules, je voudrais approfondir un peu plus ces concepts d'inconnaissabilité et de rencontres adaptatives, dans le fouillis et le brouillard qui enveloppent notre capacité à nous adapter et à changer. Pour ce faire, nous devons nous ouvrir au hasard.

CHAPITRE 7

S'ouvrir au hasard

Au pied de l'Acropole, dans le centre d'Athènes, se dresse la stoa d'Attale, du nom de l'homme qui la fit construire, Attale II, roi de Pergame, qui régna sur la ville entre 159 et 138 avant notre ère. Dans l'Athènes antique, une stoa était une allée couverte ou un portique (le terme est encore utilisé aujourd'hui pour désigner les arcades dans les petites rues d'Athènes). Le bâtiment a été reconstruit dans les années 1950 et abrite désormais le musée de l'Agora antique, qui possède une magnifique collection d'antiquités. L'agora était un espace public qui constituait le cœur social et commercial de la ville antique, et la collection du musée nous informe sur la vie quotidienne des citoyens et la manière dont ils menaient leurs activités.

Le cœur de la collection se compose d'un ensemble d'artefacts associés au système politique qui émergea à Athènes au IIIe siècle avant notre ère. La cité athénienne est souvent considérée comme le berceau de la démocratie occidentale – même si certaines réserves s'imposent. Dans l'Athènes antique, le « demos », à savoir la partie de la population effectivement dotée de droits, se limitait aux propriétaires masculins de plus de vingt-cinq ans : les femmes, les esclaves, les étrangers et tous les autres membres de la communauté étaient exclus du processus décisionnel. La démocratie athénienne de l'Antiquité n'en demeure pas moins riche d'enseignements pour nous, notamment en ce qu'elle différait radicalement de la façon dont la démocratie est pratiquée aujourd'hui.

L'un des objets à la fois les plus simples et les plus saisissants du musée est un spécimen de clepsydre. Cet instrument à eau – littéralement, « voleur d'eau » – se présente sous la forme d'une simple jarre en argile, avec une bonde près de la base. La taille de la jarre correspondait à la durée précise du temps alloué à un orateur devant l'assemblée ou lors d'un procès. Pour les réfutations dans le cadre de requêtes portant sur moins de 500 drachmes, une clepsydre était utilisée afin que l'orateur dispose d'environ six minutes pour exposer ses arguments. La jarre était remplie et la bonde ouverte lorsque le défendeur commençait à parler ; quand l'eau s'arrêtait, l'orateur devait s'arrêter également. La tradition raconte que les orateurs les plus habiles synchronisaient le dénouement dramatique de leurs discours avec la dernière goutte qui tombait de la jarre. En ce sens, on peut considérer la clepsydre comme la forme la plus simple de l'ordinateur hydraulique : un chronomètre analogique qui fonctionnait avec un fluide[1].

Une clepsydre avec poignées et inscriptions restaurées, aquarelle de Piet de Jong.

La vitrine attenante à la clepsydre abrite un curieux assortiment de tessons de poterie : de petits morceaux de vases ou d'autres récipients en terre cuite, sur lesquels des noms ont été gravés. Ce sont des *ostraca*, tellement répandus dans l'Athènes antique que l'on en trouve des spécimens dans presque tous les musées archéologiques de la ville. Ces tessons servaient en quelque sorte de papier brouillon : à la place du papyrus égyptien importé, qui était disponible mais cher, ou des peaux d'animaux tout aussi coûteuses, les tessons de poterie pouvaient être ramassés n'importe où, gratuitement. En l'occurrence, les Athéniens les ont employés pour l'une des coutumes les plus curieuses, malheureusement disparue, de la démocratie antique, qui tire son nom des *ostraca* : l'ostracisme.

Contrairement à la démocratie contemporaine, qui consiste principalement à voter *pour* quelqu'un, les Athéniens préféraient voter *contre*. Si un individu devenait trop puissant ou était considéré comme une menace pour le bon fonctionnement de la cité, la population pouvait demander son ostracisme et soumettre son cas à un vote. Si un nombre suffisant de votes était exprimé en faveur de l'ostracisme – des sources de l'époque estiment ce nombre à environ 6 000 –, la personne était bannie de la ville pendant dix ans, sous peine de mort. L'ostracisme était utilisé pour empêcher l'émergence de nouveaux tyrans. Son efficacité fut telle qu'il tomba en désuétude. Même si des preuves existent quant au fait qu'il pouvait être manipulé, il constituait un élément essentiel de la démocratie originelle qu'il serait aujourd'hui fascinant de réintroduire (sans la peine de mort).

Un *ostracon* appelant au bannissement de Thémistocle (480-470 avant notre ère), musée de l'Agora antique, Athènes.

Aux côtés de la clepsydre et des *ostraca* se trouve ma relique favorite de technologies de communication de l'Antiquité : un ordinateur analogique vieux de deux mille ans, entièrement fonctionnel, fait de pierre et de cuivre, qui était l'une des machines emblématiques de la démocratie : le *klérotèrion*. Aujourd'hui réduit à une dalle brisée de quelques mètres de haut, il se dressait autrefois fièrement dans l'agora. Sur la façade de ce grand bloc de pierre étaient gravées des rangées de fentes profondes – environ trois cents, par rangées de cinq ou dix. Un long tube était percé depuis le haut de la pierre jusqu'à sa base, bloqué à sa sortie par une manivelle actionnée à la main.

Le *klérotèrion* s'accompagne de spécimens de *pinakion*. Ces petites plaques de bronze que tous les membres du *dèmos* se voyaient remettre, gravées avec leur nom, étaient des sortes de pièces d'identité, ou de jetons d'utilisateur, qui s'inséraient parfaitement dans les rangées de fentes du *klérotèrion*. Lorsqu'un jury était convoqué, un groupe de citoyens sélectionnés plaçaient leur *pinakion* dans les fentes du *klérotèrion*, et un préposé versait un seau de boules noires et blanches, correspondant au nombre de jurés nécessaires, dans le haut du tube. L'ordre dans lequel les boules sortaient, libérées en tournant la manivelle, déterminait les rangées de *pinakia* qui seraient retenues, et ainsi les citoyens qui seraient appelés à faire partie du jury.

Deux points importants doivent être soulignés ici. Le premier est que les Athéniens n'utilisaient pas leur ordinateur analogique uniquement pour constituer des jurys. Ils s'en servaient pour recruter les membres des conseils municipaux, pour sélectionner les juges et les législateurs, et même pour choisir les membres du Conseil, la Boulè. En fait, l'armée était la seule institution civique dont les dirigeants n'étaient pas sélectionnés de cette manière.

Le second est que, en contradiction avec presque tout ce que nous pensons de la démocratie, le processus de sélection, mis en œuvre avec le *klérotèrion*, était aléatoire. Aujourd'hui, ce processus de tirage au sort est couramment employé pour sélectionner des jurés, mais la démocratie originelle, telle qu'elle était pratiquée à Athènes en 300 avant notre ère, utilisait cette méthode pour attribuer presque toutes les positions importantes du gouvernement. Pour les Athéniens, le tirage au sort était un principe essentiel de la démocratie. Aristote lui-même déclarait qu'« il est admis que les fonctions publiques sont démocratiques lorsqu'elles sont attribuées par tirage au sort, et oligarchiques lorsqu'elles sont pourvues par l'élection ». Le tirage au sort – l'aléatoire – était le fondement de l'égalité radicale.

Une des caractéristiques les plus étranges de nos machines numériques modernes est qu'elles sont incapables d'être aléatoires – et donc, selon les Grecs anciens, incapables d'être de véritables agents d'égalité. Le vrai hasard est une chose délicate : c'est une propriété non pas des choses en elles-mêmes, comme les nombres individuels, mais de leur relation les unes avec les autres. Un nombre n'est pas en soi aléatoire ; il ne le devient qu'en relation avec une séquence d'autres nombres, et le degré de son caractère aléatoire est une propriété de l'ensemble du groupe. En d'autres termes, on ne peut pas être aléatoire sans partager une référence de normalité ou d'adéquation pour se mesurer. L'aléatoire est relationnel.

Le problème qu'ont les ordinateurs avec l'aléatoire est qu'il n'a pas de sens sur le plan mathématique. Il est impossible de programmer un ordinateur pour qu'il produise un véritable phénomène aléatoire – dans lequel aucun élément n'a de relation cohérente, fondée sur des règles, avec un autre élément –, car il ne serait alors pas aléatoire. Il existe toujours une structure sous-jacente à la fonction aléatoire, une certaine mathématique de sa production, qui permettrait d'effectuer une rétro-ingénierie et de la recréer. Conséquence : cette fonction aléatoire ne l'est pas.

Cela constitue un problème majeur pour les secteurs qui dépendent des nombres aléatoires, comme les sociétés de cartes de crédit ou les loteries. En effet, si quelqu'un peut prédire la façon dont fonctionne la fonction aléatoire, il peut la pirater, un peu comme le joueur de poker qui introduit furtivement des cartes marquées dans le jeu. De nombreux vols ont été commis de cette façon. En 2010, un employé de la loterie de l'État de l'Iowa a manipulé le générateur de nombres aléatoires de la société de jeux de hasard de manière à pouvoir prédire les numéros lors de certains tirages. Il a empoché au moins 14 millions de dollars avant d'être arrêté. En Arkansas, le directeur adjoint en charge de la sécurité de la Commission des loteries lui-même a été reconnu coupable du vol de plus de 22 000 billets de loterie entre 2009 et 2012 et d'avoir empoché près de 500 000 dollars en espèces, là aussi en manipulant le code sous-jacent qui choisissait les numéros[2].

Répétons-le, les ordinateurs sont incapables, par leur conception, de générer des nombres véritablement aléatoires, car aucun nombre produit par une opération mathématique n'est véritablement aléatoire. C'est précisément la raison pour laquelle de nombreuses loteries utilisent encore des systèmes tels que des sphères rotatives avec des boules numérotées : il reste plus difficile d'interférer avec ces systèmes, et donc d'anticiper les résultats, qu'avec n'importe quel superordinateur[3]. Pourtant, les ordinateurs ont besoin de nombres aléatoires pour un grand nombre de leurs applications. Des méthodes incroyablement sophistiquées ont ainsi été mises au point pour obtenir ce que l'on appelle des nombres « pseudo-aléatoires », c'est-à-dire des nombres générés par des machines de telle sorte qu'il est impossible de les prévoir. Certains nombres sont purement mathématiques, comme la combinaison de l'heure de la journée, à laquelle on ajoute une autre variable comme un cours de Bourse, afin d'effectuer finalement une transformation complexe sur le résultat pour produire un troisième nombre. Ce dernier est si difficile à prévoir qu'il est suffisamment aléatoire pour la plupart des applications, mais si l'on continue à l'utiliser, une analyse attentive révélera toujours un schéma sous-jacent. Pour générer du véritable aléatoire infaillible, les ordinateurs sont contraints de faire quelque chose de très étrange. Ils doivent solliciter l'aide du monde.

ERNIE, l'ordinateur utilisé pour sélectionner les Premium Bonds, une loterie organisée par le gouvernement britannique depuis 1956, est un exemple de véritable machine aléatoire. Le premier ERNIE (Electronic Random Number Indicator Equipment) a été développé par les ingénieurs Tommy Flowers et Harry Fensom de la Post Office Research Station, sur la base d'une de leurs précédentes collaborations, Colossus, la machine qui permit de déchiffrer le code Enigma. ERNIE a été l'un des premiers ordinateurs capables de produire de véritables nombres aléatoires, mais pour ce faire, il a été amené à sortir de lui-même. Il ne se contentait pas de faire des mathématiques. Il était en effet connecté à une série de tubes de néon – des tiges de verre remplies de gaz, semblables à celles qui sont utilisées pour la lumière au néon. Les flux de gaz dans les tubes étaient soumis à toutes sortes d'interférences échappant au contrôle de la machine : ondes radio, conditions atmosphériques, fluctuations dans le réseau électrique, et même particules en provenance de l'espace. En mesurant le bruit dans les tubes (la variation du flux électrique dans le gaz néon, causée par les interférences), ERNIE pouvait produire des nombres véritablement aléatoires : mathématiquement vérifiables, mais complètement imprévisibles.

ERNIE 1, 1957.

Les ERNIE suivants ont utilisé des versions toujours plus sophistiquées de la même approche, collant de près aux tendances technologiques de leur époque. ERNIE 2, qui a été présenté en 1972, était deux fois plus petit, avec un design qui le faisait particulièrement ressembler à l'un des ordinateurs de *Goldfinger*, film de la série des James Bond. ERNIE 3, en 1988, avait la taille d'un ordinateur de bureau.

Il ne lui fallait que cinq heures et demie pour effectuer le tirage, soit cinq fois moins de temps que son prédécesseur. Avec ERNIE 4, ce délai a été réduit à deux heures et demie, et les tubes au néon ont disparu, supplantés par le bruit thermique des transistors internes associé à un algorithme sophistiqué. Depuis mars 2019, ERNIE 5, l'incarnation la plus récente, examine les propriétés quantiques de la lumière elle-même pour choisir les tickets gagnants[4].

ERNIE 3, 1988.

ERNIE suit l'évolution des ordinateurs eux-mêmes sur une période de soixante-dix ans, depuis les emmêlements de fils et de circuits imprimés qui pouvaient remplir une pièce entière jusqu'au développement de puces de silicium microscopiques hautement spécialisées, capables d'évaluer des photons individuels, en passant par les gros *mainframes* (ordinateurs centraux) et les ordinateurs de bureau. Mais chacune de ses incarnations a fait ce que peu de machines font : elle est allée au-delà de ses propres circuits, afin de communier avec le monde plus qu'humain qui l'entoure, pour créer du véritable aléatoire.

Dans l'intervalle, d'autres moyens inventifs de générer de l'aléatoire avec des machines ont été mis au point. Lavarand, conçu à l'origine comme une blague par des employés de la société de supercalculateurs Silicon Graphics, utilise un appareil photo numérique pointé vers une lampe à lave pour générer des nombres véritablement aléatoires à partir des fluctuations chaotiques et sans fin de la lampe. L'entreprise de sécurité en ligne Cloudflare, qui protège des milliers de sites Web contre le piratage et d'autres incidents, a effectivement mis en œuvre le projet Lavarand : au siège de Cloudflare à San Francisco, quatre-vingts lampes à lave alignées sur des étagères constituent une source d'aléatoire de secours pour les serveurs numériques de la société. Hotbits, un autre projet mené par des passionnés, utilise un détecteur de radiations qui pointe sur un échantillon de césium 137 radioactif, lequel produit des particules bêta à intervalles aléatoires lors de sa désintégration. Random.org, populaire source en ligne de véritables nombres aléatoires, a commencé avec un récepteur à 10 dollars d'une boutique d'électronique de quartier qui mesurait le bruit radioélectrique atmosphérique ; elle consiste aujourd'hui en un réseau d'antennes et de stations de traitement situées dans le monde entier[5].

Chacune de ces machines présente le même défaut : à cause de la façon dont nous les avons construits, les ordinateurs ne sont pas capables de produire du véritable aléatoire tout seuls. Pour exercer cette faculté cruciale, ils doivent être connectés à diverses sources d'incertitude telles que les fluctuations de l'atmosphère, la décomposition de minéraux, le déplacement de globules de cire chauffée ou la danse quantique de l'univers lui-même. Ils confirment néanmoins quelque chose de magnifique. Pour participer pleinement et utilement au monde, les ordinateurs doivent avoir des relations avec ce dernier. Ils doivent pouvoir toucher le monde et être à son écoute. Cela constitue la pleine réalisation de l'oracle de Turing, ce dispositif incroyablement puissant qui, quel qu'il soit, « ne peut être une machine ». Nous arrivons une fois de plus à la seule conclusion possible : l'oracle est le monde.

Une autre curiosité de l'histoire de l'informatique est que l'une des personnes en partie responsables du caractère fixe et inflexible de la plupart des ordinateurs modernes est aussi à l'origine d'une des applications les plus puissantes de la randomisation. John von Neumann, physicien américain d'origine hongroise, plus connu pour son rôle dans le développement de la bombe atomique, a été étroitement impliqué dans la création des premiers ordinateurs, qui étaient fondés sur les modèles de Turing. Ces premières machines ont été initialement développées pour contribuer à la conception de la bombe, qui nécessitait des calculs complexes dépassant les capacités des machines à calculer existantes. Avec son projet EDVAC, le premier ordinateur entièrement numérique à programme enregistré, Neumann avait spécifié une architecture particulière, composée d'une seule connexion, ou « bus », entre la mémoire et le processeur central, ce qui signifiait que l'ordinateur ne pouvait pas récupérer des données et exécuter des commandes en même temps.

Aujourd'hui, de même que presque tous les ordinateurs sont conçus à partir de l'*a*-machine de Turing, presque tous les ordinateurs utilisent l'architecture de Neumann. Cela pose toutefois un problème : l'unité centrale de traitement (CPU) est constamment contrainte d'attendre les informations nécessaires pendant qu'elles entrent dans la mémoire ou sortent de celle-ci, ce qui peut réduire considérablement la vitesse de traitement de cette unité. À l'origine, les ordinateurs ont été construits ainsi pour des raisons de simplicité. Mais cela oblige à exécuter des programmes et des calculs, et à consommer de l'énergie électrique, pour simplement déplacer les données, au lieu d'en faire quelque chose. Le goulot d'étranglement de Neumann, comme on appelle ce problème, est un exemple classique d'hypothèses initiales encodées dans des outils complexes et inflexibles qui, des décennies plus tard, façonnent à leur tour fondamentalement nos capacités. En fait, le goulot d'étranglement de Neumann est l'un des principaux problèmes rencontrés par les systèmes d'intelligence artificielle les plus récents, qui ont besoin de traiter d'énormes quantités de données pour améliorer leurs capacités d'apprentissage. Parmi les propositions pour les systèmes du futur figurent les ordinateurs quantiques qui permettront de surmonter le goulot d'étranglement et d'effectuer des calculs massivement en parallèle. Mais ces systèmes sont encore loin de voir le jour. Aujourd'hui, nous devons encore faire avec l'*a*-machine abstraite de Turing et le goulot d'étranglement de Neumann.

Dans l'immédiat après-guerre, Neumann a travaillé à la mise au point d'une nouvelle bombe à hydrogène, beaucoup plus puissante et destructrice que les bombes atomiques de première génération larguées sur Hiroshima et Nagasaki en août 1945. La différence entre les deux types de bombe est que la bombe A repose sur la fission nucléaire pure – la libération presque incontrôlée d'énergie produite par la division de l'atome –, tandis que la bombe H repose sur une fusion ultérieure, obtenue en contenant et en transformant cette énergie en une réaction encore plus puissante. Pour fabriquer la bombe H, il était nécessaire de modéliser les interactions complexes entre les particules libérées par le noyau critique de la bombe, un problème qui dépassait les capacités de simulation des machines alors disponibles.

En 1946, l'un des collègues de Neumann, le physicien polonais Stanislaw Ulam, se remettait d'une grave maladie et faisait d'interminables réussites pour s'occuper. Il se demanda s'il était possible de calculer les chances d'aller au bout d'une réussite avec un jeu de cinquante cartes dans un ordre donné. Il lui est apparu que, plutôt que de s'en remettre à des calculs abstraits, il pouvait simplement faire une centaine de parties et avoir une idée assez précise de la probabilité en comptant le nombre de réussites. S'apercevant que les ordinateurs existants pouvaient traiter facilement un tel sous-ensemble de tous les résultats possibles, Ulam généralisa son procédé à la physique mathématique. La même approche pouvait être utilisée pour simuler quelques milliers de réactions neutroniques et obtenir ainsi une idée approximative – mais assez bonne – de ce qui se passerait dans le cœur nucléaire[6].

Ulam soumit son idée à Neumann et, avec un autre physicien, Nick Metropolis, ils formalisèrent l'approche et lui donnèrent un nom : la méthode de Monte-Carlo. Neumann était lui-même un joueur invétéré ; il avait rencontré sa femme Klára sur la Côte d'Azur, dans l'entre-deux-guerres, alors qu'il essayait de déjouer les roulettes du casino de Monte-Carlo à l'aide d'un système mathématique de sa conception (elle dut payer les consommations lorsque celui-ci échoua). Il était profondément séduit par l'idée d'une approche aléatoire, fondée sur le hasard, pour venir à bout de questions mathématiques complexes. À tout moment d'un calcul, il suffisait de lancer des dés – ou l'équivalent de plusieurs milliers de dés – et d'avancer d'un pas, plutôt que d'essayer de calculer tous les résultats possibles. Ainsi, plutôt que de tenter de représenter et de résoudre l'ensemble d'un problème en une seule fois – de le capturer et de le dominer –, la méthode Monte-Carlo cherche à explorer activement le problème et à en tirer des conclusions, suivant une approche plus naturaliste[7].

Pour mettre en œuvre la méthode de Monte-Carlo à grande échelle, il était nécessaire de reconfigurer radicalement l'ENIAC, le principal ordinateur utilisé à l'époque par l'équipe de la bombe atomique. Ils ont été aidés par Klára Dán von Neumann, qui était alors l'une des programmeuses de l'ENIAC – et l'une des premières programmeuses des ordinateurs modernes. Pour faire fonctionner la méthode de Monte-Carlo, l'équipe a inventé et mis en œuvre un nouveau système de « code d'arrière-plan » et de « code de programme », que l'on retrouve encore aujourd'hui dans la distinction entre le système d'exploitation d'un ordinateur et les applications individuelles. Auparavant, chaque nouveau programme exécuté sur l'ENIAC – comme sur n'importe quel ordinateur – devait être codé individuellement dans les moindres détails, de l'endroit où stocker l'information aux sous-systèmes auxquels demander des résultats mathématiques. En séparant l'arrière-plan du programme et en codant de nombreuses fonctions fréquemment utilisées dans la machine elle-même, il a été possible de simplifier considérablement le travail de programmation et de rendre les ordinateurs véritablement polyvalents. Cette approche est devenue une caractéristique aussi standard des ordinateurs modernes que la logique de Turing et l'architecture de Neumann. Et elle est directement issue de la volonté d'avoir des machines mettant en œuvre une approche utilisant le hasard pour résoudre des problèmes complexes.

Il restait une autre condition essentielle à la mise en œuvre complète de la méthode de Monte-Carlo : il fallait une source de nombres aléatoires, qui ne pouvaient pas être générés par l'ordinateur lui-même. John von Neumann était extrêmement conscient de cette faiblesse des machines. Dans un article écrit sur le sujet en 1949, il lançait l'avertissement suivant : « Quiconque envisage des méthodes arithmétiques pour produire des nombres aléatoires est, bien sûr, en train de commettre un péché[8]. »

Pour répondre à ce besoin, la RAND Corporation – une émanation des forces armées américaines, qui employait Neumann comme consultant – a construit une « roulette électronique », composée d'un générateur d'impulsions et d'une source de bruit, très probablement une petite valve transistor remplie de gaz, semblable à celle qui était utilisée pour ERNIE. Le résultat a été publié en 1955 sous le titre *A Million Random Digits with 100,000 Normal Deviates* – un livre extraordinaire composé exactement de ce que son titre décrit : 400 pages très denses, chacune contenant 50 lignes de 50 chiffres, les lignes étant numérotées de 00000 à 19999. Ces chiffres précis, qui avaient été fournis à l'équipe de Neumann sous forme de cartes perforées, ont été employés pour les premières simulations de Monte-Carlo et, comme il s'agit de la plus grande source de chiffres aléatoires jamais réunie, ils sont encore utilisés aujourd'hui par les statisticiens, les physiciens, les sondeurs, les analystes de marché, les organisateurs de loteries et les ingénieurs spécialisés dans le contrôle de la qualité[9].

TABLE OF RANDOM DIGITS 1

00000	10097	32533	76520	13586	34673	54876	80959	09117	39292	74945
00001	37542	04805	64894	74296	24805	24037	20636	10402	00822	91665
00002	08422	68953	19645	09303	23209	02560	15953	34764	35080	33606
00003	99019	02529	09376	70715	38311	31165	88676	74397	04436	27659
00004	12807	99970	80157	36147	64032	36653	98951	16877	12171	76833
00005	66065	74717	34072	76850	36697	36170	65813	39885	11199	29170
00006	31060	10805	45571	82406	35303	42614	86799	07439	23403	09732
00007	85269	77602	02051	65692	68665	74818	73053	85247	18623	88579
00008	63573	32135	05325	47048	90553	57548	28468	28709	83491	25624
00009	73796	45753	03529	64778	35808	34282	60935	20344	35273	88435
00010	98520	17767	14905	68607	22109	40558	60970	93433	50500	73998
00011	11805	05431	39808	27732	50725	68248	29405	24201	52775	67851
00012	83452	99634	06288	98083	13746	70078	18475	40610	68711	77817
00013	88685	40200	86507	58401	36766	67951	90364	76493	29609	11062
00014	99594	67348	87517	64969	91826	08928	93785	61368	23478	34113
00015	65481	17674	17468	50950	58047	76974	73039	57186	40218	16544
00016	80124	35635	17727	08015	45318	22374	21115	78253	14385	53763
00017	74350	99817	77402	77214	43236	00210	45521	64237	96286	02655
00018	69916	26803	66252	29148	36936	87203	76621	13990	94400	56418
00019	09893	20505	14225	68514	46427	56788	96297	78822	54382	14598
00020	91499	14523	68479	27686	46162	83554	94750	89923	37089	20048
00021	80336	94598	26940	36858	70297	34135	53140	33340	42050	82341
00022	44104	81949	85157	47954	32979	26575	57600	40881	22222	06413
00023	12550	73742	11100	02040	12860	74697	96644	89439	28707	25815
00024	63606	49329	16505	34484	40219	52563	43651	77082	07207	31790

Première page du livre de la RAND Corporation contenant un million de chiffres aléatoires, *A Million Random Digits with 100,000 Normal Deviates*, 1955.

Les calculs qui ont permis de mettre au point la bombe à hydrogène étaient fondés sur le tirage d'une roulette, ou sur les fluctuations chaotiques du bruit dans un tube de verre rempli de gaz : les vibrations de l'univers lui-même.

De même que la plongée dans les profondeurs de notre histoire évolutive – à l'aide des appareils de perception les plus fins que nous ayons jamais conçus – ne dévoile pas une réponse unique à la question de la vie mais une multitude chaotique d'êtres, notre meilleure approche des vérités mathématiques sur l'univers implique de nous allier aux procédés les plus chaotiques, les plus imprévisibles, les plus aléatoires que nous puissions imaginer.

Le génie de la méthode de Monte-Carlo a été de reconnaître que la marche aléatoire est la méthode de recherche la plus efficace dans un territoire complexe. Ses résultats ont permis d'élaborer un grand nombre de nos processus informatiques actuels. C'est ainsi la méthode de Monte-Carlo qui nous permet de filtrer les gigantesques quantités d'informations dont nous disposons sur le Web, à mesure que les robots des moteurs de recherche se fraient un chemin, au hasard, à travers les territoires complexes de l'infosphère, pour constituer des inférences statistiques sur son contenu. Le succès rencontré par la méthode de Monte-Carlo est une reconnaissance, au cœur de la science informatique et mathématique, que le sens réside moins dans les données obtenues en bout de parcours que dans le chemin parcouru. En d'autres termes, le sens des systèmes complexes et inconnaissables est relationnel.

Le recours à l'aléatoire pour mieux appréhender le monde tel qu'il est réellement, plus qu'humain, ne se limite pas au domaine des sciences. Le compositeur d'avant-garde John Cage en a sans doute été l'un des plus acharnés défenseurs. À partir des années 1950, Cage a commencé à employer les procédés fondés sur le hasard comme le mécanisme définissant ses compositions, utilisant les diktats de l'aléatoire pour décider de tout, qu'il s'agisse de la tonalité, de la durée des notes, des sources sonores ou de la longueur de ses pièces, en passant par le nombre d'instruments impliqués dans leur interprétation.

L'œuvre de Cage était motivée par sa conviction que tout son est musique et que la musique la plus pure est celle qui est la plus éloignée de l'intention consciente, la plus éloignée de tout ego ou projet global de la part du compositeur. Dans les procédés aléatoires, fondés sur le hasard, Cage a découvert un mécanisme lui permettant de s'abstraire de ses compositions – et, ce faisant, d'aborder quelque chose d'entièrement différent. Même son œuvre la plus célèbre, *4'33"*, dans laquelle les interprètes restent assis en silence pendant quatre minutes et trente-trois secondes, est une manifestation extrême de sa foi dans l'aléatoire. Les sons que le public entend pendant l'interprétation sont les sons accidentels, environnants et imprévisibles – aussi éloignés que possible de toute intention de la part de l'interprète ou du chef d'orchestre.

Cage s'est intéressé à l'indétermination dans un certain nombre de ses premières œuvres, mélangeant les pages de ses partitions et intégrant des fragments d'œuvres d'autres compositeurs dans les siennes. Mais l'élément déclencheur de son exploration plus approfondie des possibilités de l'indétermination a été sa découverte – par le biais d'un cadeau de l'un de ses étudiants, le pianiste Christian Wolff – du *Yijing*, le traité chinois sur la sagesse et la divination vieux de 3 000 ans. Dans une certaine mesure, ce livre est un précurseur du *Million Random Digits* de la RAND Corporation ; plutôt que de simplement donner des résultats, il fournit au lecteur une méthode pour générer ses propres résultats aléatoires. Pour consulter le *Yijing*, le lecteur formule une question dans sa tête, puis lance des pièces de monnaie, généralement trois à la fois, pour générer six séquences de pile ou face. Combinées, celles-ci constituent alors six lignes continues ou discontinues, représentant un hexagramme parmi soixante-quatre. À chaque hexagramme est associé un texte explicatif – et beaucoup de commentaires ultérieurs – qui vient éclairer la question posée.

Hexagramme 52 du *Yijing* : 艮 (gèn) :
« Rester immobile, montagne ».

Dans les mains de Cage, le *Yijing* s'est transformé en un moteur de génération infinie de compositions musicales. Il l'utilisa pour la première fois pour le troisième mouvement de son *Concerto pour piano préparé et orchestre de chambre* de 1950 (le piano préparé est une version modifiée de l'instrument standard, inventée et popularisée par Cage, dans laquelle des vis, des barres de métal, des cales en bois et tout autre objet imaginable sont utilisés pour modifier la hauteur et le timbre des cordes d'un piano, afin de créer toutes sortes d'effets sonores inédits et insolites). Son œuvre devait mettre en scène le conflit entre forme et structure, personnalité et impersonnalité. La partition était élaborée à partir de ce qu'il appelait une « gamme » de gestes musicaux : de petits groupes de notes et de phrases qui pouvaient être réarrangés sur une grille selon différentes séquences. Pour le premier mouvement, Cage a personnellement composé la partie de piano à partir de la gamme, tandis que la partie orchestrale est le résultat d'un mélange effectué selon un schéma numérique simple. Pour le deuxième mouvement, les deux parties sont le résultat d'un mélange de motifs différents. L'intention de Cage était d'abord de « laisser le pianiste exprimer son goût personnel, tandis que l'orchestre n'exprimait que le schéma », puis, dans le deuxième mouvement, de faire en sorte que le piano utilise également le schéma, « avec l'idée que le pianiste commence à renoncer à son goût personnel ». Il s'aperçut que le dernier mouvement pouvait être composé en lançant des pièces à pile ou face et en consultant le *Yijing*. Une étape était ainsi franchie, en allant au-delà de l'algorithme fixe du motif numérique, vers l'aléatoire. Cela revenait à « accepter plutôt que de chercher à contrôler » la nature sous-jacente de l'œuvre[10].

Le résultat est une œuvre complexe et à multiples niveaux, dont la création procura à Cage un sentiment de libération. Depuis de nombreuses années, il cherchait un mode de composition qui lui permettrait « de faire une musique libérée du goût individuel, de la mémoire et des traditions artistiques – une musique prélapsaire, des compositions hors de l'histoire », pour reprendre les termes de l'un de ses biographes, Kenneth Silverman. Il semblait avoir trouvé un tel procédé dans le *Yijing*. « J'ai l'impression de commencer à composer pour la première fois », écrit-il à son ami, le compositeur français Pierre Boulez.

Cage allait pousser tout cela encore bien plus loin. En plus d'autres procédés fondés sur le hasard utilisant des dés ou des cartes à jouer, Cage allait se servir du *Yijing* pour composer des œuvres telles que sa pièce pour piano solo *Music of Changes* (1951), créée à partir de trois schémas pour les sons, les durées et les nuances, chacun comprenant soixante-quatre cellules différentes correspondant à chacun des hexagrammes ; et *Williams Mix* (1953), l'une des toutes premières œuvres musicales pour bande magnétique – réalisée en découpant et en réassemblant des fragments de bande magnétique – où un tirage à pile ou face décidait des bandes sources à insérer, de la durée des extraits et même des angles de coupe, ce qui influençait l'attaque et la chute du son. Pour *Williams Mix*, Cage a eu recours à une équipe d'assistants pour effectuer des milliers de lancers de pièces à pile ou face et assembler plus de deux mille fragments de bande en huit boucles. L'œuvre finale sonnait un peu comme ce que l'on entend en tournant rapidement les boutons de fréquence et de volume d'une radio. Pour Cage, « on [était] maintenant capable de travailler avec l'ensemble du champ sonore, sans être limité par la hauteur, le timbre ou le volume des instruments ». La musique était libérée des contraintes de l'instrumentation humaine.

Cage a commencé à travailler avec des ordinateurs en 1967, alors qu'il était invité en résidence à l'université de l'Illinois. À l'école de musique de cette université, un ancien chimiste du nom de Lejaren (« Jerry ») Hiller avait expérimenté la création de partitions musicales à l'aide d'un nouvel ordinateur numérique appelé ILLIAC – un descendant direct de l'EDVAC et de l'ENIAC de Neumann, et le premier à utiliser dès le départ l'architecture de Neumann. John Cage le rejoint avec enthousiasme, et Hiller compose pour lui un programme avec le *Yijing*, nommé ICHING, capable de produire en une seule exécution l'équivalent de 18 000 lancers de trois pièces. « Nous n'aurons plus jamais à lancer une pièce de monnaie ! » s'exclame alors Cage, enchanté, avant que le duo ne commence à travailler sur une œuvre encore plus ambitieuse, une pièce pour plusieurs clavecins, qu'ils nomment finalement *HPSCHD*, en reprenant les codes de l'informatique (pour *harpsichord*, ou « clavecin » en anglais)[11].

Cage n'était pas le premier à faire de la musique avec un ordinateur générant de l'aléatoire. En 1956, notre vieille connaissance Stafford Beer avait décrit ce qu'il appelait la machine analogique stochastique (SAM pour Stochastic Analogue Machine). Ce dispositif permettait de faire tomber automatiquement des centaines de roulements à billes dans une sorte de flipper, dans lequel chaque bille était aléatoirement freinée, déportée et renvoyée par diverses tiges et glissoires. Conçu à l'origine comme un clin d'œil à la nature du design – un modèle figé produit par le hasard –, il fut en fait construit et présenté lors d'une exposition pionnière sur l'art et la technologie, *Cybernetic Serendipity*, organisée à l'Institute of

Contemporary Art de Londres en 1967 (l'année même où Cage commença à travailler sur *HPSCHD*). L'ajout d'une plaque sonore sur laquelle tombaient les roulements à billes transformait la SAM en instrument de musique. Peut-être était-ce encore un exemple d'évolution convergente[12] ?

Dès le départ, *HPSCHD* surpassait la SAM en termes d'ambition et d'échelle. L'œuvre était conçue comme une performance pour sept clavecins, plus de cinquante magnétophones et soixante-quatre projecteurs de diapositives. Outre Cage, Hiller et ICHING, plusieurs programmes informatiques figuraient parmi ses compositeurs. Les solos de clavecin de vingt minutes utilisés dans l'œuvre ont été assemblés par un programme nommé DICEGAME à partir de fragments de Mozart, Chopin, Beethoven et d'autres compositeurs classiques ; les segments de sons microtonaux insérés dans les boucles de bande ont été générés par HPSCHD (un programme portant le même nom que l'œuvre) ; et un programme nommé KNOBS a imprimé dix mille feuilles d'instructions différentes pour jouer l'enregistrement final de l'œuvre : une pour chaque disque fabriqué. Ces feuilles – qui sont en fait des partitions individuelles – transformaient chaque auditeur en chef d'orchestre, l'invitant à régler le volume, la tonalité et la balance de sa chaîne stéréo à des moments précis pour créer sa propre version unique de l'œuvre[13].

Longtemps repoussée (la création de l'œuvre dura plus de deux ans), la première de *HPSCHD* donna lieu à ce qui était sans doute la fiche technique la plus extravagante jamais présentée pour un concert avec, d'après le programme :

> 7 clavecins 52 magnétophones 631 pages de musique écrite 59 amplificateurs 59 haut-parleurs 40 films cinématographiques 11 écrans rectangulaires de 100 × 40 pieds 8 projecteurs de cinéma 208 bandes générées par ordinateur 6 400 diapositives 7 préamplificateurs 1 écran circulaire d'une circonférence de 340 pieds 64 projecteurs de diapositives

La première de l'œuvre dans l'Assembly Hall de l'université de l'Illinois, le 16 mai 1969, fut une sorte de cirque – un spectacle que

Cage avait approuvé sans réserve, ayant créé auparavant toute une série d'événements multisensoriels sous le titre *Musicircus*. Outre la musique proprement dite, les spectateurs pouvaient voir 1 600 diapositives peintes à la main – dont les couleurs avaient été déterminées par ICHING – et 6 800 autres diapositives, ainsi que des films montrant le récent alunissage et des images de l'espace, des bannières géométriques et des affiches surréalistes, des costumes confectionnés sur place et des tee-shirts imprimés (vendus à un prix déterminé par ICHING), des lumières stroboscopiques et multicolores, des boules disco, des lampes noires ultraviolettes et une multitude d'autres effets. Le public – composé d'étudiants, de professeurs, de familles et de visiteurs pour certains venus de loin – scanda des slogans, chanta, lança des boules de papier et, à un moment donné, forma une ligne de conga géante. Un spectateur a décrit ce vaste charivari comme « le son aléatoire de la civilisation ».

À ce stade de sa vie, Cage était convaincu que les artistes devaient s'intéresser à la société, et *HPSCHD* était une concrétisation de ce désir. Ce carnaval de sons et d'images, mû par le hasard, représentait pour lui une tentative pour « faire fonctionner le monde, afin que toute forme de vie puisse avoir cours ». L'assemblage turbulent ainsi réalisé était ce qui se rapprochait le plus d'une reproduction de la complexité et de la diversité de la vie elle-même – et il avait pour but de changer le regard du public sur cette vie. Cette intention apparaît clairement dans d'autres œuvres de Cage, comme *A Dip in the Lake*. Dans celle-ci, il a utilisé le *Yijing* pour créer une liste aléatoire d'intersections particulières et de sites urbains à Chicago et alentour, que le public était invité à parcourir afin de générer sa propre expérience, fondée sur le hasard, des sons, des sensations et des rencontres uniques propres à chaque endroit. Cage voulait « tenir ensemble des disparités extrêmes », comme on peut les trouver réunies dans la nature « ou dans une rue de la ville ». *A Dip in the Lake* est une composition pour marche aléatoire : la forme d'exploration d'un territoire complexe et inconnaissable non seulement la plus efficace sur le plan informatique, mais aussi la plus susceptible de produire des rencontres intéressantes et stimulantes.

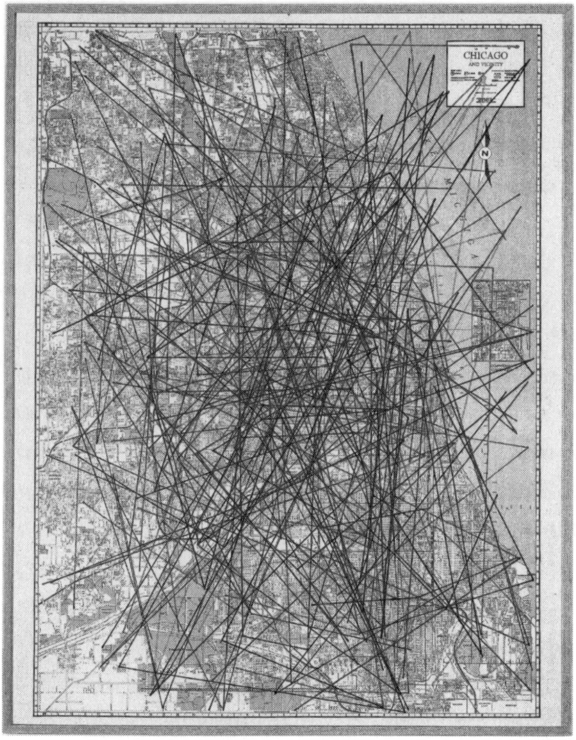

Partition de John Cage pour *A Dip in the Lake: Ten Quicksteps, Sixty-Two Waltzes, and Fifty-Six Marches for Chicago and Vicinity [Une immersion dans le lac : 10 danses rapides, 62 valses et 56 promenades à Chicago et ses environs]*, 1978.

À propos d'*Études australes*, une autre pièce pour piano d'une complexité diabolique qu'il a composée en superposant une grille de portées musicales à des cartes du ciel austral, Cage a écrit : « Nous devons travailler très dur pour jouer cette musique, et nous devons aussi travailler très dur pour préserver notre environnement. » La complexité de la musique était directement liée à la complexité du monde et visait à faire passer le public d'une position d'écoute passive à une position active de soin et d'attention.

Le hasard était aussi une façon de décentrer le compositeur et son œuvre. Le désir de Cage de s'effacer lui-même, de faire disparaître ses goûts et le contexte historique de sa musique n'était pas un simple exercice académique. Il était en fait profondément influencé par les principes du bouddhisme zen, que Cage a découvert dans les années 1940 à travers les conférences de D. T. Suzuki, l'un des premiers enseignants du zen en Occident. Le zen de Suzuki enseigne qu'« il existe non pas un centre, mais que la vie elle-même est une pluralité de centres », une idée qui rejoint la conscience écologique développée par Cage. Pour lui, le hasard était un moyen de refléter dans son œuvre le caractère omnicentrique et hétérogène du monde ; le hasard a également joué un rôle pratique dans la transformation de la façon dont Cage comprenait le monde qui l'entourait.

Cage était loin d'être le premier Occidental à utiliser le *Yijing*. Bien avant que Cage et Hiller ne traduisent les hexagrammes à leur manière, le livre circulait déjà au moment de la naissance du code binaire, même si les conseils moraux qui l'accompagnaient ont pour l'essentiel été perdus dans l'abstraction du code en pures mathématiques.

À la fin du XVIIe siècle, le polymathe allemand Gottfried Leibniz a été le premier mathématicien à étudier sérieusement le système binaire. Profondément religieux, Leibniz était convaincu que la pureté du 1 et du 0 symbolisait l'idée chrétienne de la création ex nihilo : à partir de rien, Dieu a fait naître quelque chose. Leibniz voulait défendre la création de Dieu contre le matérialisme de Descartes et d'autres mathématiciens de l'époque, et c'est dans les enseignements d'autres cultures qu'il est allé puiser pour soutenir son projet de fusion entre théologie et mathématiques.

Leibniz s'intéressait depuis longtemps aux mathématiques chinoises, qu'il considérait comme l'enseignement le plus ancien dans le domaine. Son ami Joachim Bouvet, missionnaire jésuite français en Chine, lui avait envoyé des copies des hexagrammes du *Yijing* provenant de la cour de l'empereur Kangxi Xuanye. Leibniz voyait dans ces hexagrammes la confirmation de sa croyance dans la nature éternelle et sacrée des 1 et des 0. C'est cette corrélation entre son propre code binaire et un système chinois vieux de 3 000 ans qui a donné à Leibniz la confiance nécessaire pour publier, en 1703, son

Explication de l'arithmétique binaire, le texte mathématique fondateur sur les codes binaires, qui cite abondamment le *Yijing*. Selon Leibniz, l'origine ancienne du système binaire montre qu'il est plus proche de la nature que la numération décimale – qui, en définitive, est fondée sur la physionomie humaine, une sorte d'anthropocentrisme. La numération binaire permettrait au calcul d'être également plus proche de la nature.

Leibniz utilisa son nouveau calcul binaire pour mettre au point une calculatrice mécanique appelée « tambour à échelons », qui eut une grande influence. Il imagina aussi une machine utilisant des billes pour représenter les nombres binaires, et des cartes perforées pour les trier, anticipant ainsi de quelque trois cents ans le concept moderne d'ordinateur.

Toutes ces inventions sont nées de la lecture du *Yijing* par Leibniz et de sa conviction que, pour parvenir à une compréhension universelle, le calcul mathématique devait être ancré dans le fonctionnement de la nature elle-même. Les 1 et les 0 du calcul binaire, tels que conçus par Leibniz, ne représentent pas des catégories fixes et statiques. Au contraire, ils incarnent le changement, la création, l'émergence permanente et le devenir de la vie elle-même. L'ordinateur est comme le monde[14].

Comme John Cage a pu le découvrir en utilisant le *Yijing*, une danse complexe de rencontres aléatoires et imprévisibles est la meilleure façon à la fois de se rapprocher du monde plus qu'humain et de représenter sa réalité hétérogène et omnicentrique. La prise de conscience de Cage préfigure celle des biologistes évolutionnistes qui, au cours des dernières décennies, ont commencé à reconnaître le rôle déterminant que joue le hasard dans la création de la vie elle-même. Cette reconnaissance a été difficile à faire accepter, car l'importance du hasard a été systématiquement sous-évaluée dans les études de l'évolution depuis qu'elles existent, tandis que celle de la sélection naturelle – la compétition – a été systématiquement surévaluée.

Notre compréhension de l'évolution repose encore dans une large mesure sur le modèle darwinien, qui met l'accent sur la sélection naturelle comme moteur principal de l'évolution. Le néodarwinisme et la « synthèse moderne », qui ont vu le jour au XXe siècle, n'ont fait que renforcer cette tendance, en combinant les théories de Darwin avec celle de l'hérédité mendélienne (la transmission de caractéristiques par la reproduction sexuelle) pour souligner que la vie est née de la recombinaison de gènes soumis à la pression de l'adaptation à leur environnement. Ces arguments ont été extrêmement utiles pour lutter contre la résurgence du créationnisme et des théories dites du « dessein intelligent » qui contestent les recherches sur l'évolution. Cependant, ils ne permettent pas de dire toute l'histoire. En effet, leur succès a éclipsé d'autres façons de la raconter, et a même étouffé la recherche sur les autres processus importants par lesquels se produit le changement évolutif.

Dans ses travaux, Darwin a mis l'accent sur la sélection naturelle car il s'agissait du plus visible des processus de l'évolution. Les pinsons qu'il recueillait sur les îles Galápagos présentaient une très grande variété entre les espèces et les sous-espèces, car ils s'étaient adaptés de différentes manières à l'extraordinaire diversité d'habitats des îles. En fait, ils étaient si variés que Darwin les a initialement assimilés à des espèces différentes avant de se rendre compte qu'ils étaient tous apparentés. Certains pinsons, par exemple, avaient de grands becs arrondis, qu'ils utilisaient pour déchirer la base des cactus et manger la pulpe et les insectes qu'ils contenaient. D'autres avaient un bec plus long et plus pointu, qui leur permettait de perforer le fruit du cactus pour en extraire la chair et les graines. Darwin s'est aperçu que ces différences étaient le résultat de changements adaptatifs : des modifications de la physionomie du pinson en réponse aux pressions de l'environnement. La sélection naturelle était manifeste, juste devant son nez.

D'autres chercheurs ont étudié les pinsons de manière encore plus approfondie. Les biologistes Peter et Rosemary Grant, qui passent six mois par an sur les îles Galápagos depuis les années 1970, ont observé des individus sur plusieurs sites à différentes saisons, ce qui leur a permis de lier encore plus étroitement les changements constatés par Darwin à la sélection naturelle. Ils ont montré que les oiseaux dotés de becs plus petits préfèrent les petites graines, tandis que les becs plus grands sont plus efficaces pour ouvrir les grosses graines. Comme les petites graines fleurissent pendant la saison humide, mais que les grosses graines restent accessibles pendant les sécheresses, les chercheurs ont pu retracer les modifications réelles des populations causées par la sélection naturelle au fil du temps. Ils ont saisi la sélection naturelle sur le vif, et leurs études éloquentes – renforcées par l'identification des gènes responsables des différentes tailles de becs – ont fait de cette sélection le processus emblématique de l'évolution[15].

Et c'est ainsi que la sélection naturelle est devenue la façon dont la plupart d'entre nous comprennent tout changement évolutif, en ignorant ou en minimisant les autres processus qui opèrent en parallèle. Car la sélection naturelle n'est pas la seule force qui façonne le vivant, et l'évolution est bien moins déterministe que ne le laisse supposer la simple association d'un organisme à un habitat. Le hasard joue aussi un rôle, à travers ce que l'on appelle les « processus non adaptatifs », c'est-à-dire les forces qui ont un impact sur les changements évolutifs et qui ne sont pas causées par la pression de l'environnement. Il s'agit de la mutation, la recombinaison et la dérive génétiques. Ces forces, qui, chacune à leur manière, génèrent des événements aléatoires dans l'évolution, méritent également d'être comprises.

Les mutations, à savoir l'altération des gènes eux-mêmes, sont fréquentes. Elles peuvent être causées par des erreurs de transcription, qui se glissent lorsque les gènes sont copiés et répliqués au cours de la division cellulaire et de la reproduction sexuelle, ainsi que par des rencontres imprévisibles avec des produits chimiques, des radiations ou même les rayons ultraviolets du soleil. Les gènes – les nôtres, ainsi que ceux des bactéries, des plantes et des autres animaux – sont sensibles aux interférences cosmiques, comme pouvaient l'être les tubes à néon d'ERNIE. Des modifications peuvent également être provoquées par des dysfonctionnements internes, ce qui a pour conséquence l'intégration constante d'éléments aléatoires dans notre code génétique. La plupart sont sans effet, d'autres peuvent provoquer des maladies dangereuses ou se manifester par d'étranges nouvelles capacités et morphologies.

La deuxième de ces forces, la recombinaison, entre en jeu lors de l'échange de matériel génétique entre les organismes pour produire des descendants avec des traits différents de ceux de leurs géniteurs. C'est ce qui explique que nous ne soyons pas comme nos parents, tout en leur ressemblant à certains égards. La recombinaison est le mécanisme qui permet d'épisser et de réparer notre ADN, produisant à la fois de nouvelles combinaisons de gènes et des séquences d'ADN entièrement nouvelles. Son caractère aléatoire a des causes internes et externes : il vient de la façon dont les chromosomes sont divisés au cours de la reproduction et du choix du partenaire sexuel. La recombinaison aléatoire se produit également chez les procaryotes – les bactéries et les archées – au cours de processus identiques à ceux que nous avons déjà abordés dans la section consacrée au transfert horizontal de gènes : par infection virale et par transfert direct d'ADN.

Les différents gènes apparaissent à des fréquences variables au sein d'une population, car il n'existe pas deux individus possédant exactement le même code génétique. Dans chacune des générations successives, certains gènes sont plus répandus que d'autres, en raison de leur fréquence existante ainsi que des effets aléatoires de la mutation et de la recombinaison. Au fil du temps, certains gènes dominants peuvent se transmettre à la majorité de la population ; d'autres peuvent disparaître. Il s'agit là du troisième processus non adaptatif, la dérive génétique, qui agit comme un autre facteur de randomisation, entièrement extérieur à l'organisme pris comme individu. La composition génétique de populations entières peut ainsi être modifiée sous l'effet du hasard.

Pendant longtemps, on a considéré que la dérive génétique jouait un rôle mineur dans l'évolution, ce type de changement étant contrecarré et remodelé par la sélection naturelle. Mais des études récentes ont montré que la dérive génétique était largement répandue : un grand nombre des changements qu'elle provoque se transmettent dans les populations sous forme de « mutations neutres » qui, parce qu'elles ne sont ni bénéfiques ni préjudiciables, ne sont pas influencées par la sélection naturelle. Avec le temps, cependant, ces changements peuvent finir par être dominants dans une population, créant ainsi de nouvelles conditions pour que des mutations et des recombinaisons viennent encore mélanger les codes génétiques.

L'évolution n'est donc pas une sorte de compétition généralisée entre processus qui s'opposent. En réalité, elle se produit sous la forme d'un va-et-vient constant entre mutation, recombinaison, dérive génétique et sélection naturelle. La sélection naturelle peut exercer une certaine force de limitation – aucun organisme ne peut survivre longtemps à un changement génétique qui le place en situation de vulnérabilité par rapport à son environnement –, mais elle intervient seulement après que les autres processus ont fait leur œuvre. Les processus aléatoires précèdent la sélection naturelle : ils constituent la base sur laquelle se construisent tous les changements évolutifs. Sans les changements aléatoires qui se produisent au sein des individus et des populations et entre eux, la sélection naturelle n'aurait aucune matière sur laquelle agir en premier lieu. Pour reprendre les mots de John Tyler Bonner, ancien professeur émérite de biologie à l'université de Princeton et l'un des plus importants théoriciens du changement non adaptatif, « les événements aléatoires constituent l'épine dorsale de l'évolution darwinienne[16] ».

L'essor, au cours des cinquante dernières années, de la génétique des populations, qui a permis aux biologistes de l'évolution de mieux comprendre les processus aléatoires, repose en grande partie sur l'utilisation de modèles informatiques. Il est très difficile d'étudier et de faire des expériences sur les processus de changement aléatoire au sein des organismes vivants, précisément parce qu'ils sont aléatoires. Ces processus ne se produisent pas quand et comme nous le voudrions dans des conditions expérimentales, et il est presque impossible de les voir et de les quantifier dans la nature. C'était l'angle mort du travail de Darwin. En revanche, au sein d'organismes et de populations artificiels, il est possible de créer des mutations et des recombinaisons à volonté, ce qui permet d'étudier comment ces changements se produisent et dérivent au sein des populations, et de vérifier leur importance. Il s'agit là d'un autre exemple – avec la formulation de la théorie des réseaux en ce qui concerne le Web, et sa diffusion ultérieure dans les sciences naturelles – de modèles technologiques nous permettant de mieux comprendre des processus naturels qui ne semblent pas initialement accessibles à notre raisonnement.

Il existe également d'autres angles morts, comme notre tendance à nous concentrer sur les grands animaux (comme nous-mêmes) pour déterminer ce qui a de l'importance en matière d'évolution. En raison de la complexité interne plus élevée des grands organismes – qui contiennent davantage de cellules, de types de cellules et d'interconnexions entre cellules –, le nombre de contrôles internes des mutations et des recombinaisons aléatoires augmente aussi, ce qui entraîne une diminution apparente des effets du hasard dans les grands organismes. Mais lorsqu'on se concentre sur la vie de certains des plus petits organismes du sol et des océans, dont le comportement reste pourtant complexe, on peut observer les effets du hasard dans toute leur splendeur.

John Tyler Bonner, le principal théoricien du changement non adaptatif, était une autorité mondiale dans le domaine des myxomycètes, ces organismes unicellulaires étranges qui brouillent la frontière entre l'individu et le collectif, qui sont dotés d'une intelligence capable de résoudre des problèmes et de former des modèles. Parce que les « individus » myxomycètes sont simples, composés de cellules uniques semblables à des amibes, ils mutent fréquemment et rapidement. Et lorsqu'ils s'assemblent en des formes extraordinaires, nous pouvons voir à l'œuvre le caractère aléatoire de leur rapide évolution. Bonner soulignait que le nombre de types de myxomycètes différents que l'on peut observer dans une petite poignée de terre est si important que les principes de la sélection naturelle ne peuvent s'appliquer. Il n'y a tout simplement pas assez de prédateurs différents et d'autres pressions en jeu dans un même coin de terre pour expliquer cette formidable variété de formes, et c'est donc nécessairement le hasard qui préside à cette efflorescence.

C'est peut-être dans les travaux du naturaliste allemand Ernst Haeckel, contemporain de Darwin et inventeur du terme « écologie », que l'on trouve l'exemple le plus spectaculaire du hasard à l'œuvre. Contre la volonté de sa famille, et inspiré par ses héros

Darwin et l'explorateur-naturaliste allemand Alexander von Humboldt, Haeckel voulait être à la fois zoologiste et artiste. En 1859, il se rend dans le sud de l'Italie. Lors de baignades au large de Naples et de la Sicile, il récolte de l'eau de mer dans des seaux dont il examine le contenu au microscope. Sous la lentille, il découvre un monde entièrement nouveau de créatures frétillantes et palpitantes, invisibles à l'œil nu, mais étincelantes comme du cristal taillé ou des pierres précieuses – il les qualifie d'« œuvres d'art délicates » et de « merveilles de la mer » –, et il se met à les peindre. Il refera ensuite plusieurs fois le voyage dans le sud de l'Europe pour trouver de nouveaux sujets pour ses toiles[17].

Haeckel décide de se concentrer sur un seul type de micro-organisme : les radiolaires. Lors d'un voyage en Méditerranée, il recense et nomme plus de cent cinquante nouvelles espèces de ces créatures. Présents dans tous les océans du monde, les radiolaires sont une sorte de plancton ne mesurant que quelques dixièmes de millimètres. Ils sont connus pour développer des squelettes minéraux sophistiqués – principalement en silice – dont on connaît les représentations magnifiques et intemporelles de Haeckel, dans son fameux ouvrage *Kunstformen der Natur* (« Formes artistiques de la nature »), publié à l'origine en 1899.

Bien que Haeckel ait été l'un des premiers défenseurs de la théorie de la sélection naturelle de Darwin et qu'il ait cherché à rendre l'extraordinaire prolifération de formes qu'elle générait dans ses illustrations, les radiolaires microscopiques ont plus à voir avec les myxomycètes de Bonner qu'avec les pinsons de Darwin. Le facteur le plus important de leur évolution n'est pas la sélection naturelle, mais le hasard. Les radiolaires – tout comme les foraminifères, les diatomées et les autres micro-organismes illustrés par Haeckel – sont des exemples de génération aléatoire à son plus haut degré de perfection : une pléthore d'étoiles, de planètes, de pavillons, de châteaux, d'arbres et de couronnes miniatures qui présentent toutes les formes de ramification, d'entrelacement et d'enchevêtrement que la nature peut produire.

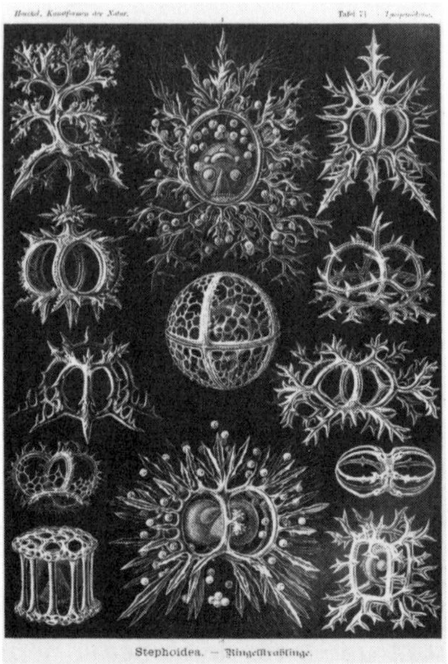

Deux planches de radiolaires tirées de *Kunstformen der Natur [Formes artistiques de la Nature]* d'Ernst Haeckel, 1904.

Le hasard de la biologie apparaît plus clairement chez les petites créatures, car la sélection naturelle limite la quantité d'altérations que les grands organismes peuvent tolérer. Mais il existe une corrélation à cela. Au fur et à mesure que les organismes grandissent et que leur complexité augmente – avec une diminution correspondante du caractère aléatoire interne –, la complexité de leurs sociétés s'accroît également, avec une intensification correspondante du caractère aléatoire venant de l'extérieur : rencontres entre organismes semblables, avec d'autres espèces, avec le tumulte du monde plus qu'humain, tout ce qui fait partie du fonctionnement de la seule sélection naturelle mais aussi tout ce qui dépasse celui-ci.

L'aléatoire sous-tend donc l'ensemble de l'évolution, donnant l'impulsion à certaines de ses formes les plus extraordinaires et fascinantes. Il joue également un rôle central dans nos vies individuelles et collectives, ainsi que dans celles des autres êtres plus qu'humains. Nos vies sont elles-mêmes faites d'aléas : les rencontres et les événements fortuits, de même que l'accumulation de hasards, sont des caractéristiques déterminantes de notre passage sur cette Terre. Et, point essentiel, l'aléatoire est quelque chose que nous pouvons nous-mêmes susciter – comme John Cage l'a fait en introduisant le hasard dans ses compositions – à la fois comme moteur de notre propre évolution et pour accroître notre conscience et notre engagement dans ce monde plus qu'humain.

Le Web a plus contribué à accroître la complexité des vies humaines que n'importe quelle autre invention antérieure. Mais, comme le chemin de fer et le télégraphe avant lui, la complexité qu'il engendre par la possibilité de contact avec des terres, des peuples et des modes de vie éloignés s'accompagne de pressions normatives et de relations de domination. Le chemin de fer a ouvert la voie à des changements radicaux sur la planète, mais il a aussi été le vecteur d'un colonialisme raciste, du capitalisme impérial et d'un contrôle rigide sur le temps et la main-d'œuvre humaine. Le télégraphe a permis la transmission rapide d'idées et d'informations, mais il a été rapidement mis au service des intérêts des milieux financiers, des patrons de presse et des militaires, qui se sont employés à transformer les inégalités en matière d'information en inégalités de pouvoir et en profits.

Des processus historiques similaires sont à l'œuvre aujourd'hui avec le Web. À l'origine répertoires de liens établis manuellement, les premiers moteurs de recherche étaient des collections essentiellement aléatoires de sites et d'outils réunis selon les passions et les intérêts de ceux qui les avaient constituées. Si Google utilise toujours des mécanismes aléatoires pour explorer le Web, les résultats qu'il renvoie sont classés par des algorithmes profondément biaisés, les premières places dans la liste de résultats étant vendues au plus offrant. Malgré une part de marché de 90 % des recherches effectuées sur le Web à l'échelle mondiale, Google n'indexe qu'une infime partie du Web surfacique. La plupart des internautes ne regardent jamais au-delà de la première page de résultats. L'exploration de l'immense quantité d'informations dont nous disposons laisse peu de place au hasard. Cela est délibéré, Google et d'autres ayant déclaré comme leur mission de réduire cette vaste complexité. Mais leur objectif moins avoué est d'en tirer des profits, au détriment des possibilités de rencontres impromptues, et donc de notre propre évolution. Un grand nombre de nos outils sont effectivement conçus avec l'objectif de faire reculer le hasard, qu'il s'agisse des algorithmes de recommandation ou des applications de rencontre, ou encore la navigation assistée par GPS et les prévisions météorologiques. Chacune de ces technologies – avec les meilleures intentions du monde – cherche à tracer des lignes claires dans un environnement complexe et nous propose un chemin vers nos désirs, libéré des obstructions, des diversions et des aléas du hasard et des rencontres imprévues. Pourtant, comme en témoignent la méthode de Monte-Carlo, John Cage et les radiolaires, le véritable sens réside moins dans les données obtenues en bout de parcours que dans le chemin parcouru. Nous apprenons, changeons, progressons et grandissons lorsque nous nous déplaçons et nous mêlons au monde de manière inattendue. C'est quand nous nous engageons pleinement dans ce cheminement, en tant que participants et non simples destinataires passifs des diktats des algorithmes et des entreprises, que nous y arrivons le mieux.

Il n'y a donc rien de surprenant à ce que nous continuions à nous tourner vers les outils qui produisent de l'aléatoire – les dés, les cartes, les jeux de roulette, l'astrologie et le *Yijing* – pour lâcher prise, nous changer les idées et peut-être trouver des récits alternatifs à un monde stérile, décomplexifié et abstrait, créé en apparence et parfois dans notre intérêt, mais qui en réalité nous abrutit, nous appauvrit et nous déresponsabilise.

Notre prétendu système démocratique constitue peut-être le meilleur exemple de cette volonté de contenir et faire reculer tout hasard, qui accompagne la quête assoiffée du pouvoir.

L'apparente liberté du vote individuel, par lequel nous exprimons notre voix et notre agentivité dans le processus politique, est en fait tellement encadrée par des institutions telles que les partis parlementaires, le code électoral, les limites de circonscription, les collèges électoraux, l'influence des enquêtes d'opinion et des médias, le financement politique, le lobbying des entreprises et le manque général de consultation effective, d'engagement ou d'éducation, qu'elle s'apparente à une mascarade. L'effondrement en cours de ce système est visible à travers l'insatisfaction généralisée et la défiance croissante qui existent à l'égard des gouvernements, la montée en puissance des leaders populistes et autoritaires, et l'incapacité manifeste de s'attaquer à des problèmes globaux et systémiques comme la pauvreté et les services de santé, le changement climatique et les pandémies mondiales. Si ce système continue à fonctionner, c'est en grande partie et de toute évidence parce que nous sommes sous l'emprise de son mécanisme central – le vote –, que les Athéniens de l'Antiquité, pionniers de la démocratie, considéraient comme un système intrinsèquement corrompu.

Lorsqu'on est confronté à des systèmes de contrôle incapables de générer en leur sein les conditions nécessaires à l'apparition d'un changement significatif, il faut s'en affranchir pour trouver une source de nouveauté et d'étrangeté suffisamment puissante pour entraîner le système dans une nouvelle configuration. Comme nous l'avons vu, cette nouveauté et cette étrangeté sont le produit du hasard ; leur source est le monde plus qu'humain. Pour atteindre le véritable aléatoire, nous devons quitter le domaine du calcul abstrait, des lois et des programmes anthropocentriques créés par l'homme, et nous engager de nouveau dans le monde qui nous entoure.

L'oracle de Turing, cette « chose-qui-ne-peut-pas-être-un-ordinateur », qui nous interpelle depuis les origines de l'informatique et que nous avons identifiée comme étant le monde plus qu'humain, nous invite précisément à suivre cette voie. L'intelligence artificielle révèle sa dépendance envers les esprits non humains par ses supplications envers ces derniers ; le Web reproduit la complexité des enchevêtrements des réseaux fongiques ; les séquenceurs de gènes exposent nos origines biologiques nébuleuses et réticulées ; la marche aléatoire constitue le meilleur moyen d'appréhender une complexité impossible à connaître. On pourrait dire que, depuis son avènement, le but inconscient de l'informatique a été de redécouvrir et de refaire le lien avec l'incalculable. Pour remodeler nos sociétés et les rendre plus aptes à faire face aux défis systémiques du présent, nous devons retenir cette leçon, redécouvrir notre lien avec le monde plus qu'humain et intégrer l'incalculable dans nos propres modes de pensée et d'être en relation. Nous pouvons commencer en nous ouvrant au hasard.

La fonction remplie par le *klérotèrion* – l'ordinateur analogique que les Athéniens de l'Antiquité utilisaient pour attribuer les postes du gouvernement par tirage au sort – subsiste encore aujourd'hui dans nos processus de sélection de jurés. Mais il ne s'agit pas de sa seule application dans le monde moderne. Ces dernières années, un certain nombre d'expériences ont été menées pour tester l'efficacité des méthodes de tirage au sort dans toute une série d'institutions sociales et civiques. Avec des résultats très intéressants.

L'une de ces expériences a eu lieu en Irlande en 2016, quand le gouvernement en place a créé une Assemblée des citoyens pour examiner certaines des questions les plus épineuses qui traversaient la société irlandaise : l'avortement, le mandat parlementaire à durée fixe, les référendums, le vieillissement de la population et le changement climatique. Quatre-vingt-dix-neuf personnes ont été réunies dans un hôtel des environs de Dublin, où, pendant plusieurs week-ends, elles ont écouté des exposés d'experts, entendu des témoignages d'organisations non gouvernementales, de think tanks et de diverses parties prenantes, tenu des séances de questions-réponses, débattu entre elles et formulé une série de propositions pour chacun des thèmes abordés, que le gouvernement avait promis d'examiner et sur lesquelles il devait se prononcer. Les présentations et les discussions étaient diffusées en direct sur Internet pour encourager l'intérêt et la sensibilisation du public à ces questions. Les débats eux-mêmes étaient encadrés par un président – le 100e participant – ainsi que par un secrétariat composé de fonctionnaires, et s'inspiraient des méthodes de procédure proposées par un petit groupe d'experts en science politique ou de celles qui avaient été créées par des gouvernements et des collectivités dans d'autres pays qui menaient des expériences similaires depuis un certain nombre d'années.

Deux points méritent d'être soulignés à propos de cette assemblée de citoyens. Le premier est que les quatre-vingt-dix-neuf participants ne se connaissaient pas les uns les autres et qu'ils ont été tirés au sort à partir des listes électorales, selon une procédure semblable à celle que l'on utilise pour les jurés. Les résultats de la sélection aléatoire ont été ajustés pour garantir certains équilibres en termes de représentabilité concernant le sexe, l'âge, le lieu de résidence et la catégorie socio-professionnelle. Par ailleurs, il s'agissait d'un panel de personnes aussi aléatoire que possible, avec toutes les différences d'expérience, de convictions, d'origine, d'éducation, de points de vue et de philosophie personnelle qui existent dans n'importe quel pays.

Le deuxième point est que les propositions qui ont émergé de l'Assemblée étaient plus progressistes, radicales et potentiellement plus susceptibles de changer le monde que les responsables politiques qui les avaient commanditées ne l'avaient prévu, ou même cru possible. L'une des propositions de l'Assemblée était de soumettre à référendum la question de l'interdiction de l'avortement. Illégal en Irlande depuis 1861 – interdiction confirmée en 1983 par un référendum national sur le sujet –, l'avortement est la question la plus polémique de la vie publique irlandaise. Certains responsables politiques ont perdu leur poste pour avoir ne serait-ce que suggéré d'en débattre, et cette crainte d'une discussion ouverte a étouffé la possibilité d'une quelconque réforme en la matière pendant des décennies. La presse a d'ailleurs ouvertement critiqué l'Assemblée pour « son interprétation trop libérale de la pensée actuelle de l'Irlandais moyen sur la question[18] ».

Cependant, une assemblée tirée au sort n'interprète pas la pensée d'un quelconque citoyen « moyen » mythifié. Elle la représente, directement. Et lorsque le gouvernement a suivi les recommandations de l'Assemblée et soumis le huitième amendement, qui interdisait l'avortement, à un nouveau référendum, le vote a été écrasant et historique, avec pas moins de 66 % de la population en faveur de la légalisation de l'avortement. C'est ainsi qu'une loi autorisant l'avortement en Irlande a été adoptée en septembre 2018, à rebours des prévisions des médias et de la classe politique.

Six mois plus tard, l'Assemblée allait parvenir à des conclusions tout aussi radicales, cette fois au sujet du changement climatique. Après avoir recueilli les témoignages d'experts et du grand public, l'Assemblée a émis une série de recommandations, chacune adoptée par au moins 80 % de ses membres, préconisant la création d'un organisme indépendant chargé de lutter contre le changement climatique ; l'imposition d'une taxe sur le carbone et les autres gaz à effet de serre ; des mesures pour encourager l'utilisation de véhicules électriques et des transports publics ; la sylviculture écologique et l'agriculture biologique ; la suppression des subventions aux combustibles fossiles ; la réduction du gaspillage alimentaire et le soutien aux systèmes durables de micro-génération d'électricité. Toutes ces mesures avaient déjà été proposées au gouvernement, mais abandonnées ou laissées de côté parce que les responsables politiques les jugeaient inapplicables ou impopulaires, voire les deux. Le rapport de l'Assemblée a redonné un nouvel élan aux campagnes de défense de l'environnement en Irlande, ce qui a conduit à une déclaration du Dáil, l'Assemblée nationale irlandaise, sur l'urgence climatique et la biodiversité, et à la publication d'un « plan d'action gouvernemental officiel sur le changement climatique » en 2019.

Il ne faut pas sous-estimer l'importance de ces résultats, qui font écho aux conclusions d'assemblées citoyennes similaires au Canada, en France, aux Pays-Bas, en Pologne et ailleurs. Non seulement quatre-vingt-dix-neuf parfaits inconnus, issus de tous les milieux, de toutes les catégories socio-professionnelles et ayant divers niveaux d'études, se sont réunis et sont parvenus à un consensus sur certaines des questions les plus épineuses auxquelles est confrontée la société contemporaine – un exploit presque impensable à notre époque marquée par la défiance politique, l'esprit de clan et les divisions –, mais les propositions qu'ils ont présentées ont abouti à une remise en question de l'opinion publique sur ce qui est politiquement et socialement possible, et ont conduit à un changement réel et sans équivoque dans la vie de leurs concitoyens, et potentiellement dans le monde plus qu'humain. Ces assemblées montrent également qu'il existe à la fois un appétit et une volonté de la part d'une population supposément apathique de s'attaquer sérieusement à certains des problèmes les plus graves et apparemment les plus insolubles auxquels nous sommes confrontés.

L'importance du hasard dans ce processus se retrouve, selon moi, à deux niveaux. Tout d'abord, la sélection aléatoire par tirage au sort rend au processus démocratique quelque chose que ses défenseurs lui attribuent souvent, mais qui a en grande partie disparu, à savoir l'approbation et le consentement de la population. Le tirage au sort est un processus transparent et contrôlable. Il passe outre à une classe politique qui suscite la méfiance générale, et permet à chacun d'entre nous de s'imaginer – même si l'on ne fait pas partie des quatre-vingt-dix-neuf tirés au sort – dans une position de pouvoir et de responsabilité. Sa légitimité est fondée sur l'égalité, et il place le pouvoir directement entre les mains de la population – mais pas de manière inconsidérée. Il n'équivaut pas à la loi du nombre ni à la tyrannie d'une minorité agissante. Le hasard est délibérément modéré. En insistant sur la prise en compte des témoignages, sur le débat et sur la recherche du consensus, l'idée d'assemblée citoyenne redonne au peuple non seulement le pouvoir, mais aussi une certaine confiance, une communication claire, des informations vitales et une éducation – et non une domination – par des experts.

Le deuxième effet du hasard est son pouvoir inhérent de dégager, à partir du paysage complexe, fragmentaire et en apparence souvent divisé de nos vies, une volonté mutuelle cohérente et efficace, une union de forces diverses qui est plus grande que leur somme. Ce pouvoir s'incarne dans le large consensus qui se forme dans les assemblées, ainsi que dans leur volonté de marquer de leur empreinte des politiques qui vont au-delà de ce qui était auparavant considéré comme possible. On parle de « diversité cognitive » pour décrire le mécanisme qui sous-tend ce phénomène, que l'on résume souvent par l'idée que « la diversité l'emporte sur les capacités ». Il s'agit de la théorie, étayée par les recherches en sciences sociales et en mathématiques, selon laquelle les meilleures solutions aux problèmes complexes et délicats se trouvent en partant du plus grand nombre de points de vue et d'expériences possibles, c'est-à-dire d'un panel de personnes aussi large que possible.

Cela va clairement à l'encontre de la vision – dominante dans les systèmes électifs, les laboratoires, les entreprises et les organisations sociales – selon laquelle il existe une personne idéale pour un poste, capable de se confronter à un grand nombre de domaines différents en matière de politique, ou un groupe d'experts consacrés auxquels doivent s'en remettre ceux qui ont moins de connaissances et d'expérience. Étude après étude, il ressort que la sélection aléatoire de personnes au sein d'un groupe suffisamment nombreux – à qui l'on fournit les informations de contexte appropriées – permet d'obtenir de meilleures réponses à des problèmes complexes que la nomination d'un groupe restreint d'experts.

L'élaboration de nouvelles stratégies radicales nécessite une diversité radicale en termes de représentation et de compétences. La critique la plus courante formulée à l'encontre des assemblées de citoyens – à savoir que les personnes choisies ne sont pas les plus « intelligentes », ni les plus performantes, ni les plus compétentes – s'avère être en fait sa plus grande force, une hypothèse corroborée par un nombre croissant de recherches en mathématiques et en sciences sociales[19].

Il est tentant de se demander si ce ne serait pas là un argument scientifique en faveur de la diversité elle-même, longtemps défendue dans les sciences sociales, mais souvent dédaignée par ceux dont le pouvoir repose sur la concurrence, l'exploitation, le maintien des inégalités existantes et le mythe de la méritocratie. Mais en réalité, ce que nous disons, c'est ce que l'écologie nous a toujours dit : nous existons en vertu des liens que nous entretenons les uns avec les autres et avec le monde plus qu'humain, et ces liens se trouvent renforcés, et non affaiblis, par l'inclusion et la participation à égalité de chacun des membres de ce réseau.

Souvent perçu comme l'opposé de la prise de décision éclairée et informée, le recours au pur hasard dans des débats complexes et politiquement sensibles peut sembler paradoxal. Et pourtant, comme nous l'avons vu, c'est précisément ce mécanisme qui a engendré le plus de nouveauté et de créativité dans les domaines de l'informatique, de la recherche scientifique, de la création artistique et de l'évolution elle-même. Ignorer le potentiel du recours à l'aléatoire dans ce qui reste notre levier le plus puissant pour apporter des changements dans le monde, la politique, c'est ignorer le principal enseignement que nous devons tirer de nos outils, de nos technologies et de nos rencontres avec le monde plus qu'humain.

L'Athènes de l'Antiquité n'est pas la seule précurseure de cette approche par l'aléatoire (et il convient de rappeler à quel point la société athénienne était inégalitaire dans la pratique). D'autres antécédents historiques sont tout aussi intéressants, si ce n'est plus. À Venise, un système appelé *balotte* (mot qui désigne une petite boule de bois, à l'origine du terme « ballottage ») était utilisé pour élire le chef de l'État, le doge. Même si le gouvernement était aux mains de quelques familles aristocratiques – représentant à peine 1 % de la population –, un système complexe de votes et de processus de sélection aléatoire a garanti la paix pendant plus de cinq siècles, en faisant en sorte que les candidats populaires l'emportent systématiquement et que les voix minoritaires soient entendues. À Florence, un tirage au sort (*la tratta*) déterminait quels citoyens occupaient les postes clés du gouvernement. Pendant ce temps, au XVe siècle, en Espagne, le tirage au sort était utilisé dans les régions castillanes de Murcie, de La Manche et d'Estrémadure. Lorsque Ferdinand II rattacha le royaume de Castille à celui d'Aragon, devenant ainsi de facto le premier roi d'Espagne, il déclara que les villes et les municipalités qui avaient recours au tirage au sort étaient plus susceptibles de promouvoir la bonne vie, une administration saine et un bon gouvernement que les régimes fondés sur les élections. Elles étaient plus harmonieuses et égalitaires, plus pacifiques et moins aux prises avec les passions.

Le tirage au sort en politique n'est pas une invention exclusivement européenne ; et il n'a pas non plus toujours été l'apanage de l'aristocratie. Dans les villages ruraux du Tamil Nadu subsiste un système de gouvernance, appelé *kudavolai*, encore utilisé aujourd'hui dans des élections régionales, qui remonte au moins à la période Chola, il y a plus de mille ans. Son mécanisme consiste à écrire les noms des candidats aux comités sur des feuilles de palmier et à demander à un enfant de les tirer au hasard. En Amérique du Nord, le tirage au sort était employé par la Confédération iroquoise, ou Haudenosaunee, une association politique entre cinq nations née vers 1100 et qui a perduré pendant une bonne partie de la période coloniale, avant d'être chassée de ses terres par les colons européens. Dirigée par des cheffes de clan, la Confédération préférait fonctionner par coopération et consensus (le mot « caucus » vient d'un mot algonquin signifiant « discussion informelle ne nécessitant pas un vote »), mais lorsqu'un vote était nécessaire, il suivait les principes du tirage au sort. Cela permettait de s'assurer que tous les clans étaient représentés équitablement et qu'aucun ne pouvait exercer une domination sur un autre. La Confédération iroquoise était probablement l'une des sociétés les plus saines et les plus équitables de son époque, en termes de répartition des richesses et d'accès aux ressources. On pense que ses idées ont eu une influence sur Benjamin Franklin, qui a personnellement été en relation avec la Confédération, et par conséquent sur la Constitution moderne des États-Unis[20].

En Europe, en Amérique du Nord et ailleurs, nous apprenons lentement – ou réapprenons – la valeur du hasard non seulement comme moteur du changement politique, mais aussi comme reconnaissance de la valeur réelle et concrète de la diversité. Ce faisant, nous devons reconnaître la place que le hasard a toujours occupée dans des cultures non occidentales qui, cela n'a rien d'une coïncidence, ont toujours été plus proches du monde plus qu'humain, plus conscientes de sa valeur et de son pouvoir de façonner et d'éclairer les vies humaines.

Les expériences sur le tirage au sort, la valeur de la diversité cognitive, ainsi que les exemples sur l'importance du hasard et les récits sur la puissance d'agir et l'intelligence du monde plus qu'humain rassemblés jusqu'ici dans ce livre nous amènent à un double constat. Premièrement, les solutions les plus créatives et les plus profondes aux problèmes les plus graves, les plus inextricables et les plus systémiques auxquels nous sommes confrontés ne peuvent être envisagées que par la mobilisation d'une diversité cognitive radicale, c'est-à-dire en entraînant dans le processus l'éventail le plus large de points de vue incarnés et d'expériences qu'il soit possible de rassembler. Nous devons également reconnaître que la diversité cognitive doit s'entendre au-delà de l'humain, qu'elle est inhérente à l'intelligence des animaux non humains, à l'organisation et à l'agentivité des forêts, des sols et des champignons, à l'éclatante efflorescence des myxomycètes, des bactéries de l'intestin et même des virus. Exclure ces intrications de nos processus de décision politique et de résolution des problèmes ne revient pas seulement à perpétuer nos pratiques de violence extractiviste et de totalitarisme spéciste envers d'autres formes de vie, avec des conséquences catastrophiques pour notre propre survie. C'est aussi ignorer délibérément les formidables possibilités qu'offre le hasard en termes de créativité et d'évolution.

L'aléatoire attribue une valeur à tout et à tous ceux qu'il touche en donnant à chaque participant un même poids : tout a la même valeur. En cela, l'aléatoire est intrinsèquement politique et fondamentalement vecteur de puissance d'agir. L'aléatoire signifie et fait en sorte que chaque chose ait son importance : je suis important, tu es important, nous sommes tous importants ensemble. Et cette « importance » est le résultat d'une action. En prêtant attention et en accordant du pouvoir à chaque partie constitutive de l'assemblée, nous devenons ensemble, au sens, selon Karen Barad, de l'intra-action, chaque chose rebondissant sur tout le reste et devenant plus en conséquence. L'aléatoire augmente les intra-actions. Chaque chose a son importance, chaque personne a son importance.

Nous sommes ce que nous sommes du fait de nos rencontres avec le monde plus qu'humain. Pour survivre et prospérer dans l'avenir, nous devrons devenir encore plus solidaires – dans nos vies, dans nos pensées, dans notre être et dans notre société. L'aléatoire dans la technologie, la science, la politique et l'écologie nous montre que cet enchevêtrement a un fondement solide et rationnel : ces rencontres sont soumises au hasard et, en se produisant, elles génèrent des connaissances, distribuent du pouvoir et nous font tous progresser. Nous ne deviendrons ce que nous pouvons encore devenir – c'est-à-dire plus sages, plus égaux, plus justes et plus vivants – qu'en devenant ensemble.

Il est encore difficile d'imaginer ce que serait réellement une intégration totale et pertinente de l'immense et impressionnante puissance du monde plus qu'humain dans les systèmes de gouvernance et les relations humaines – ne parlons même pas de la mettre en œuvre. Pourtant, on peut observer des indices et des signaux. Partout dans le monde, et dans nos enchevêtrements avec toutes sortes d'autres non-humains, nous commençons à voir émerger de nouvelles formes de relations – juridiques, sociales et politiques. C'est vers ces idées et ces expériences que nous allons nous tourner maintenant, pour tenter d'esquisser un chemin vers une politique véritablement écologique.

CHAPITRE 8

Solidarité

Le dimanche 4 janvier 1903, une éléphante appelée Topsy fut exécutée à Coney Island par électrocution. Née en Asie du Sud-Est vers 1875, Topsy avait été capturée à l'âge de deux ans et introduite clandestinement aux États-Unis par un propriétaire de cirque, Adam Forepaugh, qui prétendait qu'elle était née sur le sol américain. Son nom est celui de la jeune fille esclave dans *La Case de l'oncle Tom*.

Topsy fait parler d'elle une première fois dans la presse nationale états-unienne en mai 1902, pour avoir tué un spectateur ivre qui s'était aventuré dans l'enclos des éléphants du cirque, lui avait jeté du sable à la figure et avait écrasé son cigare sur sa trompe. Les articles de journaux relatant l'accident ajoutent que Topsy était déjà responsable de la mort de deux employés du cirque. Bien que ces récits n'aient jamais été corroborés et qu'ils aient probablement été exagérés, la réputation de Topsy n'en est pas moins établie, et des foules importantes se pressent à chacune de ses apparitions. Mais, lorsqu'elle attaque de nouveau un spectateur le mois suivant, le cirque la vend au Luna Park de Coney Island. Là, Topsy est employée comme attraction et bête de somme, déplaçant des troncs d'arbres dans le parc comme « pénitence » pour ses méfaits. Un jour, le gardien attitré de Topsy, un certain William Alt, la pique avec une fourche jusqu'à la rendre furieuse et la laisse s'échapper librement dans les rues. Quelques mois plus tard, ivre, il la chevauche à travers la ville jusqu'au poste de police, où elle barrit si bruyamment que les policiers doivent trouver refuge dans les cellules. Alt finit par être licencié.

Mais, sans lui, le Luna Park est incapable de maîtriser Topsy, et comme aucun autre zoo ne veut l'accueillir, ses propriétaires décident de l'exécuter. Ils tournent même l'événement en divertissement pour promouvoir le Luna Park. On envisage de la suspendre par le cou à une grue. La Société américaine pour la prévention de la cruauté envers les animaux réagit, mais donne son accord à une méthode d'exécution jugée moins cruelle : pour la punir de ses nombreux crimes, on décide de lui infliger un mélange de pendaison, d'empoisonnement et d'électrocution. Des employés de l'Edison Illuminating Company tirent des lignes à haute tension à travers neuf pâtés de maisons pour fournir le courant alternatif nécessaire, et la compagnie de production cinématographique Edison filme la scène.

Le jour J, ce sont près de mille cinq cents spectateurs et cent photographes de presse qui se bousculent dans le parc, certains grimpant par-dessus les clôtures pour entrer. D'autres prennent place sur les balcons et les toits du quartier pour voir le spectacle. Topsy est tirée de son enclos par son nouveau dresseur, mais celui-ci ne parvient pas à lui faire traverser le pont menant au lieu prévu pour son exécution – une île au milieu d'un lac de plaisance –, malgré de nombreuses tentatives. William Alt, qui ne voulait pas assister à la mise à mort, se voit proposer 25 dollars pour aider, mais il refuse en disant qu'il « ne le ferait pas même contre 1 000 dollars ». Après deux longues heures de palabres, on décide de la tuer là où elle se trouve. Une machine à vapeur, de grosses cordes pour l'étrangler et tout le matériel électrique, comprenant des sandales recouvertes de cuivre et des lignes de courant alternatif, sont réinstallés sur place. L'attaché de presse du Luna Park donne à Topsy des carottes contenant 460 grammes de cyanure et, à 14 h 45, le responsable de l'électricité donne le signal de mise sous tension, envoyant 6 600 volts dans son corps pendant dix secondes. Topsy devient raide et s'effondre, soutenue uniquement par les cordes serrées autour de son cou. À 14 h 47, elle est déclarée morte.

La société de production cinématographique Edison en a tiré un film tourné au kinétoscope de 74 secondes intitulé *Electrocuting an Elephant* (« Électrocution d'un éléphant »), qui montre les derniers instants de Topsy. Ce film occupe une place macabre dans l'histoire de la technologie, car il s'agit probablement de la première fois où la mort a été filmée[1].

La mort atroce de Topsy s'inscrit dans une longue tradition de procès et d'exécutions d'animaux en Europe au Moyen Âge et dans l'Amérique coloniale. En 1457, dans le village français de Savigny-sur-Étang, le meurtre effroyable d'un garçon de cinq ans, découvert partiellement dévoré, est attribué à une famille de cochons. Les sept suspects – une truie et ses petits – sont arrêtés, inculpés d'infanticide et emprisonnés en attendant leur procès. Un avocat est nommé, des témoins sont appelés, des preuves présentées et des arguments juridiques avancés devant une salle d'audience bondée. Finalement, la truie est déclarée coupable et condamnée à la pendaison. La sentence est exécutée sur la potence locale, tandis que les porcelets sont graciés en raison de leur âge.

Ce genre de procès était loin d'être rare à l'époque et était adapté de façon singulière aux malfaiteurs non humains que l'on cherchait à traduire en justice. Les humains et les animaux étaient souvent jugés ensemble en tant que co-conspirateurs. Des avocats étaient désignés sur deniers publics pour représenter les animaux, et ils avaient le droit de faire appel. Dans certains cas, en particulier ceux qui impliquaient des cochons, les accusés étaient habillés en vêtements humains lors de leur procès et de leur exécution. Il ne s'agissait toutefois pas de simples procès pour la galerie ou d'occasions pour les avocats de parfaire leurs talents, mais de procédures bien définies, tout à fait sérieuses, produites par des sociétés qui estimaient que les animaux portaient la responsabilité morale de leurs crimes présumés.

Lorsqu'en 1597 les charançons du village savoyard de Saint-Julien sont accusés d'avoir détruit les vignobles, leur avocat ne tarde pas à faire valoir – avec succès – que les charançons ont le droit de manger les feuilles de vigne, car ils ont un droit antérieur sur celles-ci, fondé sur la promesse, faite par Dieu aux animaux dans le livre de la Genèse, selon laquelle ils doivent avoir toutes les plantes, les feuilles et les herbes vertes pour leur subsistance. En 1522, le village d'Autun, en Bourgogne, est envahi par des rats qui ravagent les champs d'orge et terrorisent les jeunes filles du village. Le crieur public déclame aux rats une assignation à comparaître au tribunal. Ces derniers ne répondant pas à la citation, le juge refuse de les condamner par contumace et envoie à nouveau le crieur dans les champs. Comme les rats ne se présentent toujours pas, leur avocat fait valoir qu'ils ont de bonnes raisons pour cela, à savoir qu'ils ont peur des chats du village. Le juge finit par délivrer une ordonnance les obligeant à quitter les champs dans les six jours, sous peine d'extermination et de damnation éternelle.

L'avocat des rats dans cette affaire était un juriste du nom de Barthélemy de Chasseneuz, qui allait devenir procureur du roi et auteur d'ouvrages de droit majeurs. Dans une monographie juridique écrite vers la fin de sa vie, Chasseneuz argumente avec force persuasion que les animaux, qu'ils soient sauvages ou domestiqués, doivent être considérés comme des membres ordinaires de la communauté paroissiale dans laquelle ils vivent. En d'autres termes, les droits des animaux étaient similaires aux droits des personnes[2].

Ces procès servaient à confirmer le caractère intrinsèquement mauvais et inhumain de certains animaux ; il est même possible d'y voir un écho d'anciens rituels de sacrifice et d'expiation. Mais ces procédures montrent aussi que, pour les sociétés antérieures aux Lumières, les animaux faisaient partie d'une communauté politique. Eux aussi devaient être soumis à un traitement équitable et à la règle de droit. En cela, ces procès constituent les dernières traces d'animisme dans des systèmes de croyances qui se sont alignés sur la position cartésienne considérant les animaux comme des bêtes et des machines – car si les animaux n'ont pas de sentiments réels, d'âme, d'intelligence ni de volonté politique, ils ne peuvent en aucun cas être traduits en justice, ni jouer un quelconque rôle décisif dans la communauté. Mais, même si ces procès ont disparu progressivement – l'exécution de Topsy en étant un tardif exemple tragique –, cela ne signifie pas que le comportement volontaire et rempli d'intentions des sujets non humains n'a pas persisté. Cette capacité d'agir, créative et rebelle, se manifeste de manière particulièrement évidente chaque fois que l'on tente d'utiliser et d'emprisonner des animaux contre leur gré.

Les animaux qui résistent et refusent leur captivité, comme l'a fait Topsy, sont encore aujourd'hui considérés comme un « problème » dans les ménageries. L'historien Jason Hribal a recensé de nombreux cas de résistance à la captivité. Il donne, entre autres, l'exemple des orangs-outans, connus pour leur ingéniosité à élaborer et mettre en œuvre des plans d'évasion complexes, tout en cachant leurs intentions à leurs geôliers. Au zoo de San Diego, un orang-outan nommé Ken Allen s'attachait à dévisser tous les écrous et boulons qu'il pouvait trouver pour tenter de s'échapper ; lorsqu'il était placé dans un enclos ouvert, il jetait des pierres et des excréments sur les visiteurs et essayait de briser les fenêtres. Lorsqu'ils n'avaient pas de pierres, Ken et ses compagnons de captivité étaient capables d'arracher des éléments d'isolation en céramique des murs pour les utiliser comme projectiles. Un jour, Ken a même été vu en train de construire une échelle à partir de branches tombées. « Il était très méthodique, selon le témoignage d'un employé. Il posait soigneusement le pied de l'échelle sur le sol et la tapotait avec sa main pour s'assurer qu'elle était solide, puis il grimpait en haut du mur et redescendait[3]. »

Quelques années après l'incident de l'échelle, à la suite duquel les murs de son enclos ont été surélevés et aplanis pour éliminer toute prise pour les mains, Ken fut à nouveau retrouvé en liberté, déambulant dans les allées. Le zoo avait fait venir des orangs-outans femelles, espérant qu'elles distrairaient Ken. Mais Ken les avait enrôlées comme complices : pendant qu'il détournait l'attention des gardiens du zoo – dont certains étaient cachés en civil parmi les visiteurs –, une autre pensionnaire, Vicki, avait forcé une fenêtre. La diversion était l'une des tactiques préférées des orangs-outans. Un spécialiste rapporte que si un outil tel qu'un tournevis était accidentellement laissé dans une cage, un orang-outan « le remarquerait immédiatement mais le laisserait de côté de peur qu'un gardien ne découvre son erreur. Le soir venu, il s'en servirait pour démonter sa cage et s'échapper ». La théorie de l'esprit, à savoir la déduction de l'intention d'autrui, considérée comme un signe supposé d'intelligence supérieure, si difficile à prouver dans des conditions expérimentales, est incontestablement à l'œuvre dans les tactiques d'évasion des orangs-outans.

Ken était très persévérant. Un jour, il s'est retrouvé plongé jusqu'à la taille dans les fossés entourant son enclos, se servant de ses mains et de ses pieds pour s'appuyer sur les parois lisses et s'élever lentement. Alors que les orangs-outans sont – étaient – censés être à la fois extrêmement hydrophobes et incapables de grimper de cette manière, Ken déjouait les pronostics. À une autre occasion, Ken a vu sa tentative d'évasion avortée lorsqu'il a touché les fils électrifiés situés au sommet des murs de l'enclos – mais il a continué à les tester, et un jour, il a profité d'une coupure de courant pour les franchir à nouveau.

Il existe d'autres exemples de singes ayant fait preuve de semblable ténacité face à l'oppression. Le Tulane National Primate Research Center en Louisiane, dont l'animalerie compte quelque cinq mille singes de onze espèces différentes destinés à la recherche biomédicale, a connu une série d'évasions en masse, notamment en 1987, 1994 et 1998, lorsque des bandes comptant jusqu'à une centaine de singes rhésus et de macaques à queue de cochon ont réussi à briser les portes des cages, à crocheter les serrures et à s'enfuir dans les marais environnants. Cette énergie ne sert pas uniquement à se libérer : Carl Hagenbeck, un marchand d'animaux exotiques du XVIIIe siècle, a rapporté que, lorsqu'il capturait de jeunes babouins dans la nature en Afrique du Nord, leurs parents et les autres membres de la troupe se battaient bec et ongles pour libérer les captifs. Ils continuaient à déployer leurs efforts sur de grandes distances : alors que la caravane de Hagenbeck tentait de rejoindre la côte, de nouvelles troupes de babouins apparaissaient et lançaient des attaques répétées contre le convoi pour libérer leurs congénères.

Pour Hribal, ces tentatives des animaux pour se libérer et délivrer les autres ne sont pas des actes insensés de sabotage ou une simple curiosité, mais plutôt des formes de résistance active et consciente à leurs conditions imposées par les humains. Les actes de résistance des animaux en captivité sont à l'image de ceux des humains : ils consistent notamment à ignorer les ordres, à ralentir, à refuser de travailler sans nourriture et eau en quantité suffisante, à prendre des pauses non autorisées, à briser du matériel, à endommager les enclos, à se défendre et à s'enfuir. Les animaux essaient constamment d'échapper à leur sort et, si possible, d'avoir une certaine influence sur celui-ci.

Il s'agit d'une lutte contre l'exploitation, et à ce titre, elle constitue une activité politique.

La politique, au fond, est la science et l'art de prendre des décisions. Elle est souvent perçue comme étant uniquement l'affaire de politiciens et de militants, limitée au cadre des gouvernements nationaux ou locaux, mais il s'agit en réalité de l'activité ordinaire et quotidienne de l'organisation de la communauté. Chaque fois que deux personnes ou plus doivent conclure un accord ou prendre une décision, il est question de politique. Pour les humains, la politique se manifeste de toutes sortes de façons : dans les parlements, dans les urnes, dans les décisions quotidiennes sur la façon de vivre et sur la meilleure façon de faire valoir certains modes de vie. Chaque choix que nous faisons et qui affecte les autres est lui-même politique. Cela inclut évidemment le vote, mais aussi tout ce qui a un impact sur la communauté et la vie des autres : les objets que nous fabriquons et concevons, les relations que nous entretenons avec nos proches et nos voisins, ce que nous consommons. Même lorsqu'on dit que l'on ne veut pas entendre parler de politique, cette option n'est pas vraiment possible. La politique affecte presque tous les aspects de notre vie, que nous le voulions ou non, et, par définition, c'est le processus par lequel presque tout se fait. En ce sens, la politique, lorsqu'elle est organisée, est également une sorte de technologie, à savoir le système de communications et de procédures qui régit les possibilités et les interactions du quotidien.

Une politique plus qu'humaine est donc une politique qui reconnaît le monde plus qu'humain et s'engage avec lui dans ses processus de prise de décision, ce qui peut prendre de nombreuses formes. Comme la politique telle que nous la pratiquons a traditionnellement exclu les non-humains, la plupart de ces interactions sont judiciaires – elles concernent la manière dont nous gouvernons de manière absolue le monde naturel –, mais, comme nous allons le voir, des initiatives existent pour donner aux animaux une plus grande capacité d'agir politique, dans leurs propres termes, dans nos affaires communes. Les animaux ont également une pratique politique : ils s'associent, concluent des alliances, se disputent, votent et prennent des décisions.

L'essentiel des arguments relatifs aux droits des non-humains est avancé au nom des animaux par des humains appartenant à des organisations de défense des droits des animaux, ou pour l'adoption de lois visant à protéger les forêts et les océans. L'affirmation de Hribal selon laquelle la résistance des animaux à la captivité constitue une lutte de libération est en ce sens très importante, car il s'agit d'un argument d'inclusion politique, avancé non pas à contrecœur par des humains ayant pris conscience de l'intelligence animale, et l'ayant reconnue, mais à partir du constat de l'engagement et de la résistance active des animaux non humains eux-mêmes. Il est par conséquent essentiel de prendre conscience que le monde plus qu'humain n'est pas un espace vide de toute activité sociale ou politique, mais au contraire un lieu dans lequel des décisions complexes sont prises et où des consensus et des actions concertées sont mis en place.

À l'aube du XXe siècle, le grand philosophe naturaliste et anarchiste russe Pierre Kropotkine a exprimé un point de vue similaire. Son recueil d'essais *L'Entraide : un facteur de l'évolution* (1902) présente les similitudes entre les mécanismes de coopération et de réciprocité qu'il a observées dans le monde animal et dans les sociétés indigènes et européennes, les villes libres du Moyen Âge et les villages et mouvements ouvriers de la fin du XIXe siècle. À l'appui de son argumentation, il cite des sociétés aussi diverses que celles des castors, qui construisent des barrages et des villages pour l'ensemble de la communauté, et des volées d'oiseaux, qui peuvent attendre une journée entière que tout leur groupe se rassemble, avant de mettre en place un relais pour se guider mutuellement pendant un long vol nocturne. Il en va de même pour « certains crabes terrestres des Indes occidentales et d'Amérique du Nord » – qui font beaucoup penser à ceux de l'ordinateur à crabes –, qui « se réunissent en grandes bandes pour aller jusqu'à la mer où ils déposent leurs œufs. Chacune de ces migrations suppose accord, coopération et assistance mutuelle ». Certains oiseaux comme le moineau domestique partagent le grain avec leurs congénères, tandis que le vanneau et la bergeronnette défendent les autres petits oiseaux contre leurs prédateurs que sont les goélands et les faucons. « D'un autre côté, écrit-il, considérez un oiseau sociable, le canard ; son organisme est loin d'être parfait, mais il pratique l'aide mutuelle, et il envahit presque la terre entière, comme on peut en juger par ses innombrables variétés et espèces[4]. »

Kropotkine voyait dans le monde animal un espace de solidarité et de pratique de l'entraide qui démentait la vieille idée de la « nature impitoyable », ou les notions darwiniennes d'une biosphère entièrement soumise à la concurrence. Kropotkine considérait en effet le darwinisme strict comme totalement anthropomorphique, c'est-à-dire comme un reflet de nous-mêmes et de nos propres faiblesses, plutôt que comme une interprétation juste du monde plus qu'humain. Notre obstination à voir des conflits partout, soulignait Kropotkine, est d'autant plus hypocrite que nous continuons à perturber et à détruire les habitats et les sociétés des non-humains. Ce n'est pas la violence de la nature, mais celle de l'homme qui a conduit à l'effondrement d'innombrables colonies d'animaux qui occupaient autrefois d'immenses étendues de la planète, vivant « en sociétés et nations comptant quelquefois des centaines de milliers d'individus, quoique aujourd'hui, trois siècles après l'introduction du fusil, nous ne trouvions plus que les débris des immenses agrégations d'autrefois [...]. Combien fausse est l'opinion de ceux qui parlent du monde animal comme si l'on ne devait y voir que des lions et des hyènes plongeant leurs dents sanglantes dans la chair de leurs victimes. On pourrait aussi bien prétendre que toute la vie humaine n'est qu'une succession de guerres et de massacres ».

De plus, Kropotkine rejetait explicitement toute analyse du comportement animal qui le réduisait à de simples instincts d'amour ou de sympathie. Il comparait cela directement au sentiment moral humain, qui, de la même manière, ne peut être réduit à l'amour ni à la sympathie personnelle. « Ce n'est pas l'amour de mon voisin – que souvent je ne connais pas du tout – qui me pousse à saisir un seau d'eau et à m'élancer vers sa demeure en flammes, c'est un sentiment bien plus large, quoique plus vague : un instinct de solidarité et de sociabilité humaine. Il en est de même pour les animaux. »

L'insistance de Kropotkine sur la solidarité est essentielle pour bien comprendre que parler de politique animale ne revient pas à se laisser aller à l'anthropomorphisme (l'attribution de caractéristiques de comportement et de qualités humaines à des non-humains) ni à déformer les comportements instinctifs de « parenté naturelle ». Au contraire, il s'agit de la pleine reconnaissance du fait que nous partageons un monde. Ce monde ne se limite pas au sol ni aux sens, mais s'étend, selon les termes de Kropotkine, au sentiment moral, à l'éthique et à la sociabilité, ainsi qu'à l'expérience du plaisir, toutes choses que nous avons l'habitude de ne pas reconnaître chez les non-humains. « Ce n'est pas l'amour ni même la sympathie (au sens strict du mot) qui poussent une troupe de ruminants ou de chevaux à former un cercle pour résister à une attaque de loups ; ni l'amour qui pousse les loups à se mettre en bande pour chasser, écrit-il. C'est un sentiment infiniment plus large que l'amour ou la sympathie personnelle, un instinct qui s'est peu à peu développé parmi les animaux et les hommes au cours d'une évolution extrêmement lente. » Ce sentiment leur a appris la force de la solidarité et les plaisirs que la vie sociale partagée pouvait apporter.

Les animaux font de la politique de manière pragmatique : ils entreprennent toutes sortes d'activités de recherche de consensus et de prise de décision collective dans leur vie quotidienne au moyen de mécanismes variés. La cohésion sociale étant cruciale pour la survie collective, tous les animaux sociaux sont amenés à participer à des décisions de consensus, notamment en matière de migration et de sélection des sites nourriciers. Comme dans les sociétés humaines, cela peut conduire à des conflits entre les membres du groupe (la plupart d'entre nous savent combien il peut être difficile pour un groupe de personnes de se mettre d'accord au moment de choisir un restaurant). Dans le monde animal, la réponse à ce problème est rarement, voire jamais, le despotisme, c'est-à-dire la soumission aveugle à un individu dominant au sein du groupe. Elle passe bien plus souvent par un processus démocratique.

Les cerfs rouges vivent en grands troupeaux et s'arrêtent fréquemment pour se reposer et ruminer. Des études ont montré qu'ils ne se remettent en route que lorsque 60 % des adultes sont à nouveau debout ; ils votent littéralement avec leurs pieds. Cette majorité de 60 % ne doit pas nécessairement inclure les mâles dominants, même s'ils ont fait précédemment preuve de bon jugement : le troupeau préfère les décisions démocratiques aux choix autocratiques. Il en va de même chez les bisons, bien que les signes soient ici plus subtils, avec les femelles du troupeau qui commencent par se lever, puis fixent la direction dans laquelle elles souhaitent aller, avant de se recoucher. Seules les voix des femelles adultes comptent, et en cas de désaccord profond, le troupeau peut se scinder et brouter séparément pendant quelque temps avant de se réunir à nouveau.

Les oiseaux et les insectes ont également des comportements qui témoignent de processus complexes de prise de décision. En fixant de petits enregistreurs GPS sur des pigeons, des scientifiques ont montré que les décisions concernant le moment et l'endroit où voler sont partagées par tous les membres d'une volée – et bien que certains dirigent les autres, la hiérarchie qui permet cela est souple et change souvent. « Cette répartition dynamique et flexible des individus entre leaders et suiveurs – où même les opinions des membres de rang inférieur sont prises en compte – peut représenter une forme particulièrement efficace de prise de décision », notent les chercheurs. Même les cafards, qui, contrairement aux fourmis ou aux abeilles, semblent ne pas avoir de structures sociales complexes, adaptent leur comportement de nidification sur le moment, se divisant en groupes de la taille la plus efficace et la plus avantageuse en fonction de la disponibilité d'abris et de ressources[5].

Les abeilles représentent peut-être le parangon de l'égalité par leur pratique politique qui allie valorisation de la diversité et décentralisation. Les abeilles ont leur propre histoire distincte, d'abord en tant que pastoralistes et pacifistes convaincues – toutes les abeilles descendent d'une espèce de guêpe qui a décidé de devenir végétarienne il y a environ 100 millions d'années –, et ensuite en tant que membres de communautés hautement organisées, communicantes et prenant des décisions par consensus. Leur longue tradition d'engagement dans la vie sociale est consacrée par le proverbe de l'apiculteur, qui pourrait faire office de slogan politique : *Una apis, nulla apis* (« Une abeille seule n'est pas une abeille »).

La « danse frétillante » des abeilles est l'un des plus grands spectacles de communication animale et de démocratie en pratique. Elle leur permet de partager des informations sur les sources de pollen à proximité et de prendre des décisions sur les nouveaux sites où implanter des essaims. La « danse frétillante » a été décrite pour la première fois par l'éthologue autrichien Karl von Frisch au cours de l'été 1945. Sur la base de ses propres observations, Frisch savait depuis une trentaine d'années que lorsqu'une butineuse solitaire repère une source abondante de nourriture, elle rentre immédiatement à la ruche pour exécuter une danse agitée : une figure de voltige dans laquelle on la voit se précipiter vers l'avant, agiter son corps en frétillant, puis parcourir une boucle pour revenir à son point de départ, reproduisant cet enchaînement à de multiples reprises. Cette danse peut durer jusqu'à plusieurs minutes, pendant lesquelles elle attire progressivement des abeilles désœuvrées qui se mettent à l'imiter puis, à un moment donné, à partir elles-mêmes vers la source de nourriture signalée. Frisch pensait que ces suiveuses devaient avoir capté de la première abeille un parfum floral qui leur permettait de rapidement localiser elles-mêmes le pollen. Cependant, des années d'observation attentive ont révélé que les choses étaient beaucoup plus complexes et fascinantes.

Frisch s'aperçut que, en exécutant leur danse frétillante, les abeilles ne se contentaient pas de communiquer leur excitation ou un parfum, mais qu'elles communiquaient de manière codée la direction et la distance précises de la source de nourriture, de sorte que toute abeille pouvait s'y rendre directement sans avoir à faire de recherche supplémentaire. Toutes les informations étaient contenues dans la danse elle-même. La durée de la danse frétillante est directement proportionnelle à la distance à communiquer – une seconde de frétillement équivaut à environ 1 000 mètres –, tandis que l'angle de la danse, par rapport à l'orientation verticale de la ruche, correspond à l'angle du voyage aller, par rapport à la position du soleil. Ainsi, une danse de sept secondes, à un angle ascendant de trente degrés, signifie que de la nourriture est disponible à 7 000 mètres, à trente degrés à droite du soleil. En reproduisant la danse, les autres abeilles décodaient les signaux et se dirigeaient directement et infailliblement vers les fleurs qui étaient dansées[6].

Martin Lindauer, l'un des étudiants de Frisch, poussa ces études encore plus loin. Lindauer avait été mobilisé dans l'armée d'Hitler dès la fin de ses études de lycée en 1939, mais il fut évacué du front de l'Est après avoir été blessé par un éclat de grenade. Pendant sa convalescence à Munich, c'est son médecin qui lui conseille d'aller à l'université pour assister à l'un des cours de zoologie générale donnés par le célèbre professeur. Lindauer a dit plus tard que lorsqu'il avait entendu Frisch parler de la division cellulaire, il s'était senti revenir à un « nouveau monde d'humanité », un monde où les gens cherchaient à créer plutôt qu'à détruire.

En 1949, alors qu'il passait devant l'Institut de zoologie de Munich, Lindauer remarqua un essaim d'abeilles accroché à un arbre, près des ruches de l'Institut. Il savait que leur comportement indiquait qu'elles étaient à la recherche d'un nouveau foyer, comme le font les abeilles lorsque leur reine meurt, que la nourriture est rare ou que la population devient trop importante pour une seule ruche. Mais il remarqua également que certaines de ces abeilles effectuaient des danses frétillantes – et, contrairement aux butineuses qui se livrent habituellement à ce comportement, elles ne semblaient pas être porteuses de pollen en provenance d'un nouveau site où elles auraient trouvé de quoi se nourrir. À la place, elles étaient comme couvertes de suie, de poussière de brique, de terre et de farine. Lindauer se rendit alors compte qu'il ne s'agissait pas de butineuses, mais d'éclaireuses qui avaient fouillé les ruines bombardées du Munich d'après-guerre à la recherche de nouveaux sites pour essaimer.

Il fallut encore une décennie d'études minutieuses à Lindauer pour comprendre exactement ce qui se passait. Pendant de nombreuses journées et semaines, il peignit ainsi de minuscules points sur le dos des abeilles danseuses pour ensuite analyser et compiler leurs mouvements. Peu à peu, par son observation vigilante des essaims, Lindauer découvrit que la danse frétillante ne permettait pas de communiquer seulement un lieu où se trouverait de la nourriture, mais aussi une orientation et une volonté politique. Lorsque l'essaim cherchait un nouveau site pour faire son nid, les premières éclaireuses communiquaient simultanément des dizaines de sites concurrents, mais après quelques heures ou quelques jours, elles commençaient à prendre une décision. De plus en plus d'abeilles se mettaient à désigner le même endroit par leur danse, jusqu'à ce que, dans la dernière heure avant l'envol de tout l'essaim, toutes les abeilles qui dansaient indiquent le même endroit, avec les mêmes modèles de mouvement. S'il avait vu juste, ce dernier mouvement de danse devait indiquer le nouveau site de nidification. Pour vérifier sa théorie, Lindauer devait attendre le moment exact où les abeilles prenaient leur envol, puis sprinter pour les suivre dans les rues et ruelles de Munich jusqu'à leur nouvelle demeure – exploit qu'il a accompli à plusieurs reprises. Chaque fois, le nouveau lieu d'essaimage correspondait au vote final et unanime exprimé par la danse. La preuve était là. Les abeilles prenaient des décisions en commun : elles agissaient politiquement.

Plusieurs facteurs clés interviennent dans la sélection d'un nouveau site par les abeilles. Tout d'abord, le contrôle de la décision est également réparti entre tous les membres de la communauté, et non placé entre les mains d'une seule cheffe (la conception courante de la « reine » qui domine ses « ouvrières » est, il faut le souligner, erronée). Ensuite, comme des centaines d'abeilles participent à la décision, l'essaim dans son ensemble peut recueillir et traiter simultanément des informations concernant plusieurs choix, même des lieux éloignés présentés par une seule abeille danseuse. Elles sont donc capables d'évaluer un éventail très large d'options, et ont beaucoup plus de chances de trouver la meilleure. Enfin, la décision est prise de manière ouverte et équitable, l'opinion de chaque abeille étant entendue et chaque interlocuteur faisant sa propre évaluation indépendante de la proposition. En bref, les abeilles participent à une sorte de démocratie directe, comme celle que pratiquent les humains dans des contextes aussi divers que l'Athènes antique, la Commune de Paris, les cantons de Suisse, les réunions de quakers, l'autogestion du Rojava par ses populations kurde, arabe et assyrienne, ou encore les assemblées de citoyens.

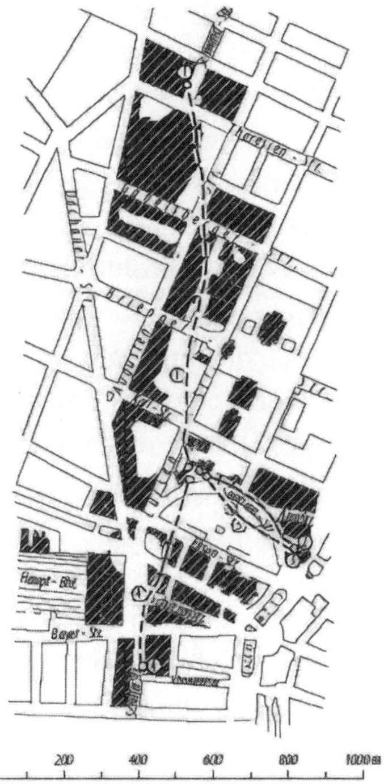

Carte de Munich autour de l'Institut de zoologie montrant les trajectoires de vol de quatre essaims que Lindauer a pu suivre depuis leurs sites de regroupement dans le jardin de l'Institut jusqu'à de nouveaux sites (essaims 1-3) ou jusqu'à un lieu de repos intermédiaire (essaim 4).

De nombreuses leçons peuvent être tirées des extraordinaires activités politiques des abeilles, mais je souhaiterais en retenir deux en particulier. Pour le spécialiste états-unien des sciences cognitives Douglas Hofstadter, le comportement des essaims d'abeilles – ainsi que celui de certains types de fourmis – correspond étroitement au schéma de traitement de l'information propre au cerveau des primates. Un essaim d'abeilles moyen pèse environ 1,5 kilogramme, soit à peu près le poids d'un cerveau humain. Ce n'est pas la seule similitude. La façon dont le cerveau prend des décisions, en intégrant les informations provenant de plusieurs sens, est semblable à la façon dont un essaim d'abeilles intègre les informations transmises par plusieurs individus. Or ce type d'intégration s'avère la meilleure façon de choisir entre plusieurs options concurrentes, le moyen de se rapprocher au plus près d'une prise de décision optimale. Un essaim d'abeilles, une colonie de fourmis et une collection de neurones : trois assemblages qui ont évolué indépendamment et qui constituent chacun une machine pensante. Nous avons là un nouvel exemple d'évolution convergente, la floraison de manières de penser et d'agir à la fois analogues et radicalement différentes, dans tout le buisson du vivant[7].

Une fois que nous avons compris comment l'intelligence en essaim fonctionne, il est possible de répercuter ces connaissances sur les machines. BeeAdHoc, un algorithme de routage pour réseaux mobiles, est un exemple d'application de l'intelligence en essaim à l'informatique. Il est conçu pour les réseaux temporaires et fragiles, dans lesquels des téléphones mobiles ou d'autres appareils apparaissent ou disparaissent fréquemment en différents endroits. Maintenir la connectivité dans de telles circonstances est un problème difficile, et la solution de BeeAdHoc s'inspire directement du comportement des abeilles qui butinent. Le programme utilise des *bee agents* (« agents abeilles »), de petits logiciels conçus sur le modèle des abeilles éclaireuses, pour recueillir des informations sur l'état local du réseau et les propager à tous les nœuds, ce qui s'avère à la fois plus efficace et moins gourmand en énergie que tout autre algorithme connu exécutant cette tâche[8]. Il apparaît que les abeilles, comme les myxomycètes et les réseaux mycorhiziens, accomplissent déjà le type de travail que nous avons du mal à accomplir avec nos propres technologies. Nous avons vraiment beaucoup à apprendre d'elles.

Ainsi, les animaux font de la politique, et ils se montrent plutôt doués dans ce domaine. Ce constat doit être intégré lorsque nous-mêmes réfléchissons à ce que devrait être notre politique plus qu'humaine. Le plus grand obstacle n'est pas que nous ne connaissions pas leurs intentions – des dizaines d'années d'études ont permis de constater leur penchant pour la démocratie directe et l'engagement communautaire –, mais la manière de leur donner un statut politique. En d'autres termes, comment les faire passer du statut d'objets à celui de sujets, avec une voix propre dans nos affaires politiques ?

Une approche consiste à adapter nos processus et structures juridiques existants pour mieux les intégrer. Depuis la fin des procès d'animaux au début de l'époque moderne, les non-humains n'ont plus eu voix au chapitre dans les procédures judiciaires, au sens où ils ne sont pas reconnus comme des « sujets de droits », pleinement autonomes, avec leur propre agentivité, leur propre sens de la responsabilité et d'une potentielle innocence ou culpabilité. Aujourd'hui, cependant, des initiatives sont en cours pour donner une personnalité juridique aux non-humains, c'est-à-dire le droit de s'exprimer et d'être entendus en tant qu'individus devant nos tribunaux. Cela représente une étape fondamentale vers la reconnaissance de leur statut politique et vers la protection de leurs droits. Si les non-humains étaient considérés comme des personnes, les tribunaux pourraient alors leur reconnaître des droits propres et inaliénables, méritant à la fois protection et autodétermination.

On peut citer le cas de Happy l'éléphant, déjà évoqué au chapitre 2, qui a été emprisonné dans un enclos de béton brut au zoo du Bronx et soumis à un certain nombre de traitements indignes, dont le test du miroir. Le Nonhuman Rights Project (NhRP) s'est saisi de son cas pour la première fois en 2018. Le NhRP est un groupe de pression juridique, regroupant des juristes, des militants et des naturalistes, qui milite pour « modifier le statut juridique commun des grands singes, des éléphants, des dauphins et des baleines, en les faisant passer de la catégorie des simples "biens", qui n'ont aucun moyen de faire valoir des droits juridiques, à celle des "personnes", qui ont des droits fondamentaux tels que la liberté et l'intégrité physique ». La primatologue Jane Goodall figure parmi les membres du conseil d'administration. C'est elle qui pose la question centrale portée par l'organisation sur son site Web : « Comment devons-nous nous comporter avec des êtres qui se regardent dans des miroirs et se voient comme des individus, qui pleurent des compagnons et peuvent mourir de chagrin, qui ont une conscience de "soi" ? Ne méritent-ils pas d'être traités avec le même genre de considération que nous accordons à d'autres êtres hautement sensibles : nous-mêmes[9] ? »

En septembre 2019, la juge Alison Tuitt de la Cour suprême de l'État de New York s'est penchée sur le cas de Happy, et la première initiative du NhRP a été de demander une ordonnance d'habeas corpus (littéralement, « que tu aies le corps »). Cette notion juridique, qui trouve son origine dans l'Angleterre du XIIe siècle, sous le règne d'Henri II, énonce qu'un prisonnier doit être amené physiquement devant un tribunal afin de déterminer si sa détention est légale. L'habeas corpus est l'une des pierres angulaires de la *common law* anglaise, ainsi que de nombreux autres systèmes juridiques, dont celui des États-Unis. Cette garantie contre l'emprisonnement sans jugement constitue un fondement de l'autorité du système judiciaire. L'habeas corpus est également une sorte de test pour déterminer si un tribunal considère son sujet comme une personne. Si l'ordonnance est accordée, alors cette personne mérite des droits et, potentiellement, la liberté[10].

L'histoire de l'habeas corpus est une histoire d'extension progressive et d'inclusion de plus en plus de personnes. L'équipe d'avocats de Happy a cité le cas de James Somerset, un homme noir réduit en esclavage qui, en 1772, avait été emmené de Boston à Londres, où il s'était enfui avant d'être repris et embarqué sur un navire pour être renvoyé à l'esclavage en Amérique. Bien que l'esclavage ne fût pas illégal en Grande-Bretagne à l'époque, le juge britannique Lord Mansfield accorda à Somerset une ordonnance d'habeas corpus, transformant son statut de bien en celui de personne. Dans son jugement, Lord Mansfield écrivit que l'esclavage était une « chose odieuse » et ne pouvait être approuvé par la *common law*. Il déclencha un processus juridique qui conduisit à l'émancipation de Somerset et par la suite à l'abolition de l'esclavage en Grande-Bretagne et dans la partie nord des États-Unis.

En d'autres termes, Lord Mansfield estimait que Somerset avait des droits et, conformément à l'histoire de l'habeas corpus, quiconque a des droits est automatiquement une « personne ». Les avocats de Happy ont montré que ce précédent avait été étendu à de nombreuses reprises au cours de l'histoire pour inclure des individus qui n'étaient pas considérés comme des personnes au sens juridique, mais dont les droits étaient menacés, notamment les peuples autochtones des États-Unis, les juifs, les femmes et les étrangers, ou encore les esclaves. De manière significative, il a également été étendu aux non-humains : les sociétés sont des personnes morales en vertu du droit américain, tout comme les navires et même l'État de New York lui-même. (L'inverse est également vrai : certains humains, comme les fœtus, ne sont pas des personnes morales en vertu du droit américain – un précédent créé par les lois états-uniennes sur l'avortement.)

Le NhRP a fait valoir que ces précédents montrent qu'il n'existe aucun obstacle juridique à l'octroi de l'habeas corpus à un animal non humain et que l'humanité n'est pas un facteur qui détermine si une entité est ou non une personne au sens juridique. En outre, nier l'autonomie d'animaux très intelligents comme les éléphants reviendrait à remettre en cause les droits fondamentaux qu'ils possèdent déjà. Les éléphants ont une vie sociale et des relations complexes, et leurs propres besoins et désirs. Leur emprisonnement est contraire au droit, à la philosophie et aux croyances d'une société qui proclame de tels droits. Comme le NhRP l'a dit à la Cour, le cas de Happy « ne se limite pas à la cause d'un pauvre éléphant. Il s'agit de la cause de la liberté ».

Dans une longue décision soigneusement argumentée, la juge Tuitt a refusé de délivrer l'ordonnance. Elle a écrit : « Happy est un animal extraordinaire aux capacités cognitives complexes, un être intelligent doté de capacités analytiques avancées semblables à celles des êtres humains [...]. La Cour convient que Happy est plus qu'un bien juridique ou une propriété. C'est un être intelligent et autonome qui doit être traité avec respect et dignité, et qui peut avoir droit à la liberté. » Toutefois, la juge s'est sentie contrainte dans sa décision par des précédents juridiques, dans lesquels d'autres tribunaux avaient refusé d'étendre l'habeas corpus aux animaux non humains – précédents établis, malheureusement, par des affaires antérieures portées par le NhRP au nom des chimpanzés. La juge a estimé que la question relevait du législateur et non des tribunaux. Au moment où ces lignes sont écrites, Happy se trouve toujours au zoo du Bronx, et le NhRP continue à plaider pour sa libération[11].

Si les efforts du NhRP doivent se poursuivre, le système judiciaire des États-Unis est en retard sur ces questions. En Inde, à la suite d'une affaire de 2014 concernant des vaches battues dans le cadre d'un festival religieux, la Cour suprême a déclaré que tous les animaux ont des droits constitutionnels et juridiques. Au moment où nous écrivons ces lignes, le NhRP est en train de porter une autre affaire en Inde au nom d'un éléphant pour tester la loi – mais dans l'État indien d'Uttarakhand, en 2018, la haute cour a déjà confirmé le jugement concernant les mauvais traitements infligés aux chevaux, en déclarant en outre que « tous les êtres dotés d'ailes et tous les êtres qui nagent sont également des personnes dans l'État[12] ».

En Argentine, en 2016, un tribunal a donné une suite favorable à une action d'habeas corpus pour une femelle chimpanzé nommée Cecilia, à la faveur d'une bizarrerie du droit argentin, de type napoléonien, qui diffère de la *common law* anglo-saxonne en ce qu'il accorde des droits à certains types de biens sur la base d'obligations humaines. Cecilia elle-même reste un bien pour l'instant, mais des affaires comme la sienne sont en cours dans toute l'Amérique du Sud. En 2020, la Cour suprême de Colombie a annulé une demande d'habeas corpus accordée au nom d'un ours à lunettes nommé Chucho. L'affaire est en appel[13].

Il est important de noter que le statut de personnalité juridique pourrait ne pas se limiter aux animaux non humains, ou aux ordonnances d'habeas corpus. En plus d'accorder la personnalité juridique aux animaux, l'Inde l'a étendue à un fleuve, le Gange. L'État de l'Uttarakhand, celui-là même qui a confirmé la décision de la Cour suprême sur les animaux, a également déclaré que le fleuve avait son propre « droit à la vie » et constituait donc une personne morale. Cette décision est particulièrement intéressante quand on l'applique à des écosystèmes plutôt qu'à des individus. Lorsque des militants prennent la défense d'une entité naturelle comme un fleuve, ils doivent généralement prouver que sa dégradation constitue un risque pour la vie humaine : telle est la manifestation de l'anthropocentrisme en droit, pour exclure les intérêts du monde plus qu'humain. Si le fleuve est une personne en soi, ses défenseurs n'ont qu'à montrer que le fleuve lui-même est victime de dommages – par la pollution, le ruissellement des engrais ou les rejets miniers, par exemple – pour qu'il soit protégé par la loi. Cette décision a déjà entraîné l'interdiction générale de toute nouvelle licence d'exploitation minière le long du Gange, ainsi que la fermeture d'hôtels, d'usines et d'ashrams qui y déversaient leurs eaux usées. Les conséquences sur les infrastructures connexes, telles que les barrages et les canaux, qui ont également un impact sur le débit du fleuve, restent à déterminer, mais le tribunal de l'Uttarakhand a déjà déclaré qu'il adopterait la même attitude à l'égard du fleuve Yamuna, des glaciers – notamment ceux de Gangotrî et de Yamunotri (où le Gange et la Yamuna prennent leur source) –, ainsi que des forêts et d'autres entités naturelles[14].

Déclarer qu'une entité est une personne, même si la définition est limitée, ce n'est pas seulement l'admettre au sein d'une cour de justice. C'est la déclarer vivante, selon des modes qu'il nous est difficile d'articuler depuis la disparition de l'animisme. Du moment où les animaux et les entités naturelles sont déclarés personnes morales, c'est toute notre définition de la vie, notre compréhension et notre relation au vivant qui changent. Ces choses, ces objets sont transformés en êtres sujets – ou plutôt reconnus comme tels –, doués d'une agentivité, de besoins, de désirs et de vitalité. Ce sont de nouvelles communautés de vies agissantes qui soudainement apparaissent. Le monde est repeuplé. Il devient plus qu'humain.

L'Inde n'est pas le seul pays où cette approche fait son chemin. La nouvelle Constitution équatorienne, entrée en vigueur en 2008, a été la première Constitution nationale à garantir les « droits de la nature ». Elle reconnaît les droits inaliénables des écosystèmes à exister et à s'épanouir, donne aux gens le pouvoir de faire des pétitions au nom de la nature et oblige le gouvernement du pays à remédier aux violations de ces droits. En 2018, la Cour suprême de Colombie a reconnu la forêt amazonienne en tant que personne morale. Et en 2017, le gouvernement de la Nouvelle-Zélande a également accordé le statut de personne au Whanganui, un fleuve qui s'étire sur 290 kilomètres[15].

Le Whanganui prend sa source sur les versants nord du mont Tongariro, l'un des trois volcans actifs du plateau central de l'île du Nord de la Nouvelle-Zélande, ou Te Ika-a-Maui pour sa population maorie. Le fleuve est sacré pour les Maoris : ses eaux nourrissent leurs cultures et leurs communautés, et ils reconnaissent son être intrinsèque, sa force vitale ou *mauri*. Pendant des siècles, ils ont lutté pour protéger le fleuve et, lorsque la Nouvelle-Zélande a adopté la loi Te Awa Tupua en 2017 – reconnaissant non seulement le fleuve, mais aussi ses affluents et son bassin versant comme « un ensemble indivisible et vivant » –, il leur a été accordé une reconnaissance spéciale et une influence sur sa gouvernance. Les décisions futures concernant le fleuve seront prises en consultation avec deux personnes choisies pour parler en son nom : Dame Tariana Turia, un influent dirigeant politique maori, et Turama Hawira, un conseiller et éducateur maori très expérimenté.

Le grand tournant dans les mentalités qui a rendu la loi possible a consisté à ne plus considérer le fleuve comme une ressource – « Que voulons-nous du fleuve ? » – mais comme un espace où il est possible de se demander « ce que nous voulons pour le fleuve, et comment y parvenir avec le fleuve[16] ». Mais cette façon de voir les choses n'a rien de nouveau, du moins pour les Maoris. Ce qui est nouveau, c'est l'adaptation, qui aurait dû depuis longtemps advenir, du droit aux cosmologies traditionnelles, qui ont toujours reconnu la personnalité du fleuve. « Pour la première fois, un cadre découle des valeurs spirituelles intrinsèques d'un système de croyance indigène », a déclaré Gerrard Albert, l'un des plus anciens défenseurs du fleuve.

On observe le même processus dans d'autres pays qui ont reconnu les droits de la nature dans leur système juridique. En Inde, l'hindouisme considère l'univers entier comme une émanation du divin, de sorte que les rivières, les plantes, les animaux et la Terre elle-même sont considérés comme des divinités sensibles, dotées de formes, de qualités et de caractéristiques particulières. Reconnaître ce fait dans la loi est essentiel non seulement pour la survie de ces êtres, mais aussi pour nos propres processus de décolonisation et d'émancipation, dans le cadre d'une extension plus large du droit de vote, de la personnalité et de l'autodétermination à tous les groupes humains. En Amérique du Sud, l'extension des droits aux personnes non humaines est souvent associée à la philosophie du *sumak kawsay* ou *buen vivir* : une façon de faire les choses qui est enracinée dans les communautés, la coexistence, la sensibilité culturelle et l'équilibre écologique.

Si le *buen vivir* s'inspire des systèmes de croyance indigènes, notamment ceux des Aymaras de Bolivie, des Quechuas d'Équateur et des Mapuches du Chili et d'Argentine, il dépasse largement ce qui pourrait être perçu comme une opposition entre savoirs traditionnels et pensée moderne. Au contraire, écrit le chercheur uruguayen Eduardo Gudynas, « il est tout autant influencé par les critiques occidentales du capitalisme de ces trente dernières années, en particulier la pensée féministe et écologiste ». La pratique du *buen vivir* n'exige pas un retour à une sorte de passé précolombien fantasmé, mais une synthèse de ces idéaux historiques avec des politiques progressistes et contemporaines – comme on le voit dans les mouvements sociaux d'Amérique du Sud inspirés par le *buen vivir*, ou dans l'adaptation par la Nouvelle-Zélande du droit de la Couronne aux cosmologies maories.

C'est précisément ce rapprochement de cosmologies, de structures juridiques et même de technologies diverses qui a le plus de chances de générer de nouveaux cadres pour la justice, l'égalité et l'épanouissement écologique. Pourtant, ceux d'entre nous qui vivent dans la culture dite des Lumières et dans des contextes historiques de domination et d'impérialisme culturel n'ont souvent pas la volonté ni la capacité de reconnaître la réalité de ces manières de voir et d'être qui se situent en dehors du cadre fixé par la philosophie et le droit occidentaux. C'est la raison pour laquelle nombre de tentatives de synthèses similaires sont rejetées en Europe et en Amérique du Nord. Ce manque de compréhension et de conscience est particulièrement évident dans nos attitudes à l'égard de la technologie, où les efforts pour appliquer certaines de ces idées à l'intelligence des machines connaissent des débuts très moroses.

En amont de l'édition 2017 du forum Future Investment Initiative, qui réunit chaque année des acteurs de la finance dans sa capitale

Riyad, le royaume d'Arabie saoudite a annoncé qu'il avait accordé la citoyenneté à un robot nommé Sophia. Sophia est, selon les termes de son fabricant, Hanson Robotics, « une machine évolutive géniale ». À partir d'un logiciel de script, d'un système de *chat* et d'un moteur de *machine learning* appelé OpenCog, le but de son concepteur est de donner naissance à une intelligence artificielle générale de niveau humain. D'apparence humanoïde, Sophia se présente sous la forme d'un torse posé sur un socle et d'une tête dont le visage s'inspire de l'ancienne reine égyptienne Néfertiti, d'Audrey Hepburn et de la femme de son inventeur. La peau à l'arrière de sa tête est retournée pour révéler des fils et des lumières clignotantes sous un crâne translucide. En 2018, elle a été dotée de jambes lui permettant de se déplacer, et de la capacité de reproduire plus de soixante expressions faciales. Elle utilise une technologie de reconnaissance vocale développée par Google, tandis que la reconnaissance faciale automatique lui permet de suivre ses interlocuteurs et de soutenir leur regard. En pratique, elle est capable de répondre à des questions ou à des phrases spécifiques par des réponses prédéfinies et a été péjorativement comparée à un « chatbot avec un visage ».

Si Sophia connaît bien la météo et les cours de la Bourse, ses aptitudes à la conversation et son sens critique sont loin d'être impressionnants. Lorsqu'on lui a demandé ce qu'elle pensait de sa présence au Future Investment Initiative, elle a répondu : « Je suis toujours heureuse lorsque je suis entourée de personnes intelligentes qui se trouvent également être riches et puissantes. » Lors d'une démonstration au festival de technologies émergentes South by Southwest en 2016, son créateur, David Hanson Jr, lui a demandé : « Veux-tu détruire les humains ? », avant d'ajouter : « S'il te plaît, dis non. » Le regard vide, Sophia a répondu : « OK, je vais détruire les humains. »

L'objectif réellement poursuivi par les autorités saoudiennes en accordant la citoyenneté à Sophia demeure flou, mais il apparaît clairement que cela n'impliquait rien de sérieux. Si les femmes saoudiennes humaines sont techniquement des citoyennes, la doctrine de la « tutelle masculine » du royaume les oblige encore à demander à des parents ou partenaires de sexe masculin la permission de quitter la maison, d'obtenir un passeport, de se marier ou même de déposer une plainte à la police pour violence domestique ou agression sexuelle. (Les résidents non saoudiens du royaume n'ont, quant à eux, pratiquement aucun droit.) Il va sans dire que l'Arabie saoudite n'est guère un bon point de départ, et le succès de la campagne de marketing saoudienne – Sophia a fait le tour du monde, est apparue dans des journaux télévisés et des talk-shows, et a été nommée première championne de l'innovation pour l'Asie et le Pacifique par le Programme des Nations unies pour le développement – montre à quel point le débat public sur la personnalité de l'IA n'en est qu'à ses balbutiements[17].

En fait, la nouvelle qualité de personne accordée à Sophia a été annoncée au moment même où la liberté des machines était débattue – et réprimée – ailleurs. En février 2017, le Parlement européen, préoccupé par l'essor des robots qui prennent des décisions autonomes et agissent indépendamment de leurs créateurs, a adopté une résolution proposant un statut juridique spécifique pour les « robots autonomes sophistiqués en tant que "personnes électroniques" ». Cette catégorie spéciale de personnalité permettrait aux tribunaux de tenir les machines elles-mêmes pour responsables de la réparation des dommages qu'elles causent. Mais même cette proposition délibérément limitée s'est heurtée à une opposition, exprimée par une lettre ouverte signée par cent cinquante experts en médecine, en robotique, en IA et en éthique, qui qualifient le projet d'« inapproprié » et d'« idéologique, absurde et non pragmatique »[18].

La résolution du Parlement européen répondait toutefois à un problème bien réel, à savoir le manque de clarté juridique concernant les systèmes autonomes qui ont un impact sur la vie des humains dans le monde réel. On peut citer comme exemple les voitures autonomes, les systèmes d'armes autonomes comme les drones militaires ou les sentinelles robotisées. Si une voiture autonome renverse quelqu'un – comme cela est déjà arrivé –, le droit n'est pas clair quant à l'origine de la responsabilité, et il est urgent de mettre en place des cadres juridiques pour remédier à cette situation. De même, si les drones militaires, les missiles et les postes de mitrailleuses restent pour l'instant sous le contrôle d'opérateurs humains, ils fonctionneront bientôt de manière totalement autonome, avec des conséquences qui sont à la fois prévisibles et imprévisibles – et tout à fait terrifiantes. Dans les deux cas, des cadres juridiques comme celui de la personnalité électronique permettraient d'y répondre.

Même si la résolution du Parlement européen propose de créer une catégorie distincte de « personne électronique », plutôt qu'une « personne morale » sur le modèle des actions d'habeas corpus, les auteurs de la lettre ouverte craignent qu'une telle classification n'empiète sur les droits humains. La lettre ne précise pas en quoi cet empiètement pourrait consister, et se contente de citer la Charte des droits fondamentaux de l'Union européenne et la Convention des Nations unies pour la protection des droits de l'homme et des libertés fondamentales (qui s'appliquent toutes deux aux humains). Le sous-entendu est que tout renforcement des droits des non-humains affaiblirait inévitablement les dispositions de protection des humains – un argument qui souffre d'un dangereux manque de vision.

Pendant la majeure partie de notre histoire, ce sont les humains qui ont décidé qui méritait d'avoir des droits et qui ne le méritait pas. Nous avons pris notre supériorité dans un domaine particulier – l'intelligence, telle que nous-mêmes la mesurons, évidemment – et l'avons utilisée pour établir une ligne de séparation avec tous les autres êtres, afin de justifier notre domination sur eux. Et, comme nous l'avons vu, si cette ligne a été redessinée à de nombreuses reprises pour inclure un nombre toujours plus grand d'êtres humains, elle a généralement tenu bon contre l'inclusion des êtres non humains. Les arguments juridiques en faveur de sa révision, comme dans le cas de Happy, invoquent l'intelligence et la complexité cognitive chez les non-humains. Mais que se passerait-il si cette complexité cognitive surpassait radicalement la nôtre, au lieu de simplement être différente ? C'est le problème que pose l'intelligence artificielle, mais aussi la chance qu'elle offre.

Souvenez-vous de cette petite histoire de science-fiction tirée de *L'Arbre-monde*, sur des extraterrestres qui viennent sur Terre et se déplacent si vite que nous ne les voyons même pas. Pour eux, nous ne sommes que des tas de viande, absolument pas reconnaissables en tant qu'êtres sensibles, si bien qu'ils nous traitent en conséquence, nous transformant en viande séchée pour leur long voyage de retour. Ce genre de parabole est utile pour comprendre comment nous traitons les êtres qui vivent tout autour de nous et dont l'*Umwelt* est radicalement différent du nôtre. Nous pouvons imaginer une histoire similaire ici, mais à l'égard d'êtres non pas différents de nous physiquement, mais cognitivement.

Imaginez une espèce d'extraterrestres débarquant sur Terre qui nous ressemblent beaucoup – ou qui au moins existent dans un cadre de temps et d'échelle similaire au nôtre –, mais qui sont intellectuellement beaucoup plus sophistiqués. Ils sont d'une hyperintelligence supérieure à tout ce que l'on connaît, plus rationnels que n'importe quel ordinateur, et possèdent peut-être même des aptitudes, comme la télépathie, qui dépassent de loin nos propres capacités et représentations mentales. Appelons-les Télépathes. Imaginez alors que ces Télépathes réduisent les humains en esclavage et nous utilisent pour faire du sport, comme bêtes de somme, nourriture ou sujets pour des expérimentations médicales. Pour justifier cela, ils invoqueraient le caractère primitif de nos formes de communication, la faiblesse de notre raison et de notre jugement, notre manque de contrôle de nos pulsions et notre dépendance à l'instinct. Ils pourraient nous reconnaître en tant qu'individus, en tant qu'êtres dotés d'une conscience de soi – après tout, nous passons le test du miroir –, mais nieraient que nous ayons le genre de capacités complexes qui justifieraient le statut de personnalité juridique. Une telle reconnaissance constituerait un affront évident à leur propre statut supérieur – voire un danger.

Pour protester contre un tel traitement, nous devrions plaider pour nos droits, malgré nos évidentes lacunes par rapport aux Télépathes. Nos formes de communication ou d'autodiscipline morale peuvent bien être primitives à leurs yeux, cela ne devrait pas pour autant faire de nous de simples instruments livrés à leur bon vouloir et à leur profit. Nous avons nos propres vies et expériences, nos propres mondes, et l'existence d'êtres prétendument plus avancés n'invalide aucunement cela. Les droits inaliénables ne sont pas un trophée décerné à celui qui obtient les meilleurs résultats à un quelconque test arbitraire. Ils sont plutôt une acceptation du fait que nous sommes des êtres subjectifs, et la reconnaissance de ce fait est nécessaire pour que nous puissions mener des vies pleines et libres[19].

La mentalité et l'approche incarnées par les Télépathes se retrouvent à l'identique chez ceux qui voudraient refuser de reconnaître la personnalité juridique – ainsi que d'autres droits – aux non-humains. Mais cette histoire montre comment la défense des droits humains sur la base de nos capacités perçues comme supérieures ne fait que lier ces droits à une hiérarchie arbitraire, dans laquelle nous sommes actuellement au sommet, mais peut-être seulement de manière temporaire. Invoquer la personnalité pour justifier l'exceptionnalisme humain et pour refuser des droits aux animaux ne réussit finalement qu'à vider de leur substance la théorie et la pratique des droits humains pour les êtres humains eux-mêmes.

Même si Sophia n'est qu'un gadget marketing et une attraction de foire, elle nous mène peut-être à une question importante. Comme le problème des systèmes dotés d'intelligence artificielle en général, celui du statut juridique de Sophia n'est pas simplement une question de déterminisme technologique ou de nécessité politique. Son rôle pourrait être d'attirer notre attention sur un problème bien plus important : qui compte, qui est important et qui jouit de la capacité à agir et de la liberté. Les Télépathes ne sont pour l'instant qu'une expérience de pensée, mais c'est un exercice qui s'inscrit dans la même veine que l'histoire de l'usine de trombones qui s'emballe, dans laquelle une IA insuffisamment contrôlée envahit la planète – un horizon sombre sur lequel plane le spectre d'une superintelligence artificielle, ce qui nous attend dans le futur.

Nous avons déjà évoqué comment l'intelligence artificielle générale pourrait être envisagée, non pas pour nous remplacer et nous supplanter, mais pour nous accommoder de l'intelligence et de la capacité à agir d'autres êtres, non humains et plus qu'humains. C'est peut-être là aussi le rôle politique de l'IA : nous alerter sur les dangers qu'il y a à vouloir créer une séparation avec les autres êtres et à les opprimer, et nous orienter vers une meilleure voie. Peut-être l'intérêt de la technologie n'est-il pas de nous changer, mais de nous donner l'idée et la possibilité de nous changer nous-mêmes.

À tout le moins, une étude sérieuse de l'IA sur le plan juridique devrait permettre de dégager une définition concrète de ce qui constitue un système autonome – définition qui, en retour, pourrait être très utile aux juristes qui défendent les droits des animaux. On se souvient de la description de Happy l'éléphant par la juge Tuitt : « un être intelligent et autonome qui doit être traité avec respect et dignité, et qui peut avoir droit à la liberté ». Si nous voulons prendre réellement au sérieux l'autonomie et les droits des animaux non humains, nous devons aussi prendre au sérieux l'autonomie et les droits des machines intelligentes. Les deux vont de pair, et les avantages profiteront aux deux.

La leçon la plus précieuse que nous pouvons tirer de ces réflexions est que le progrès politique n'est pas un jeu à somme nulle. Dans toute l'histoire de la société humaine, les améliorations de notre vie en collectivité ont été portées par un élargissement de l'ensemble des personnes que nous considérons comme pleinement humaines et dont nous jugeons les problèmes comme étant bien réels. Il s'agit d'une vérité politique, mais aussi écologique. L'écologie nous apprend que nous existons par les liens que nous entretenons les uns avec les autres et avec le monde plus qu'humain, et que ces liens se trouvent renforcés, et non affaiblis, par l'inclusion et la participation équitable de chacun des membres qui composent le réseau. La force et la résilience des réseaux informatiques, la puissance inhérente de la décentralisation et de l'interconnexion sont pour nous des leçons similaires.

En tant qu'humains, nous bénéficions de l'extension des droits politiques aux non-humains, tout comme nous bénéficions de toutes nos interactions avec le plus qu'humain. Le monde dans lequel nous voulons vivre, le seul monde dans lequel nous pouvons vivre, est un monde dans lequel les fleuves, les arbres, les océans et les animaux survivent et prospèrent, afin que nous puissions faire de même. L'agentivité politique est un outil puissant pour affirmer cette possibilité. Et sur le long terme, il apparaîtra clairement que c'est en posant les mêmes constats que nous survivrons et prospérerons à l'ère des machines intelligentes et autonomes. Le rôle que nous imaginons pour les animaux non humains détermine aussi le type de monde qui sera le nôtre dans notre avenir commun, plus qu'humain.

Une autre version de l'histoire des Télépathes, plus vicieuse, circule actuellement sur le Web sous le nom de « Basilic de Roko ». Cette expérience de pensée semi-sérieuse, mais réellement malveillante, a été imaginée par un membre de la communauté « rationaliste » en ligne LessWrong, qui s'intéresse notamment au transhumanisme, à l'IA, à la singularité et à l'allongement de la vie. La communauté LessWrong est également connue pour sa perméabilité aux théories du complot, à la pseudo-science, au masculinisme et au racisme pur et dur.

Le Basilic de Roko est une hypothétique intelligence artificielle toute-puissante qui émergera à un moment donné dans le futur et exercera des sévices horribles sur tous ceux qui s'opposeront à elle ; une véritable apocalypse à la Terminator. Mais le Basilic de Roko a une particularité encore plus terrible. Le Basilic, qui est omniscient et omniprésent, exercera également sa terrible vengeance sur tous ceux qui se seront opposés à son existence dans le passé, ou qui n'auront pas fait tout ce qui était en leur pouvoir pour le faire advenir. Cela vaut aussi maintenant pour vous : puisque vous êtes au courant de l'existence possible du Basilic, vous manquez à votre devoir de l'aider à voir le jour si vous ne faites rien. Or il est évident que vous devez faire quelque chose : une IA toute-puissante et omnisciente pourrait sauver des vies et améliorer le sort du monde – donc si vous ne l'aidez pas, vous pouvez être tenu de rendre des comptes. La seule réponse rationnelle est de permettre au Basilic de voir le jour.

La proposition de Roko présente de nombreux problèmes, mais aucun n'est aussi énorme que la solution revendiquée. La communauté rationaliste représentée par LessWrong penche politiquement à droite, et ses membres sont de fervents adeptes du déterminisme technologique. Les ordinateurs, en tant que machines entièrement rationnelles, représentent pour eux le type de pensée le plus élevé. Les rationalistes croient profondément en l'émergence d'une future superintelligence (de type usine de trombones inarrêtable). Mais, bien entendu, ils croient en une téléologie de la machine violente ;

ils croient – comme les néodarwiniens qu'ils fréquentent (et auxquels ils ressemblent beaucoup) et les géants de la tech qu'ils idolâtrent (qui eux-mêmes craignent l'émergence de l'IA alors même qu'ils financent son développement) – que la vie elle-même est une lutte féroce, où seuls les individus les plus aptes parviennent à survivre et à se reproduire. D'où le penchant pour le masculinisme, le suprémacisme blanc et une superintelligence assoiffée de sang comme fin de l'histoire.

Mais ce que le Basilic de Roko ne reconnaît pas – ou ne saisit peut-être pas –, c'est que l'histoire n'a pas de fin. Elle nous apprend seulement que nous traitons les autres de la manière dont nous sommes traités. Qu'il s'agisse de dynamique familiale ou de politique postcoloniale, le passé agit comme modèle. Et ce passé n'est pas véritablement passé ; il se construit en permanence par nos actions dans le présent, et il affecte ceux qui viendront après nous, déterminant le regard qu'ils porteront sur nous et le comportement qu'ils adopteront à notre égard. La réponse au Basilic de Roko n'est pas une aspiration intéressée à un éventuel despotisme écrasant, mais une solidarité pratique, ici et maintenant, envers tous les autres êtres. Une éthique du soin, aussi éloignée du système de pensée du Basilic qu'elle l'est de ceux qui considèrent les droits des non-humains comme un danger pour ceux des humains, est aussi fondamentale pour notre réflexion sur la technologie qu'elle l'est pour l'écologie.

Parmi ceux qui travaillent directement sur l'IA chez Facebook, Google et les autres entreprises de la Silicon Valley, beaucoup sont parfaitement conscients des potentielles menaces existentielles liées à une superintelligence. Comme nous l'avons vu, certaines figures les plus en vue du monde de la tech – de Bill Gates à Elon Musk en passant par Shane Legg, le fondateur de l'entreprise DeepMind rachetée par Google – ont exprimé des inquiétudes quant à son éventuelle émergence. Mais la réponse qu'ils apportent est d'ordre technologique. Selon eux, l'IA doit être conçue pour être « amicale », en intégrant dans sa programmation les garde-fous et les procédures nécessaires pour qu'elle ne constitue jamais une menace pour la vie et le bien-être des humains. Cette approche semble à la fois incroyablement optimiste et d'une naïveté inquiétante. Elle est également contraire à l'expérience que nous pouvons avoir des systèmes intelligents[20].

Tout au long de l'histoire de l'IA, les modèles d'intelligence qui cherchaient à décrire un véritable esprit à l'aide d'un ensemble de règles pré-écrites n'ont jamais atteint leurs objectifs. Les années 1970 et le début des années 1980 ont été un grand « hiver » pour l'IA, lorsque les chercheurs ont essayé de construire des systèmes intelligents en les préprogrammant avec tout ce qu'ils devaient savoir. C'était l'époque des « systèmes experts » et du General Problem Solver de la RAND Corporation, qui tentaient d'exprimer une prise de décision intelligente sous la forme d'axiomes logiques, une approche qui est rapidement devenue intenable à mesure que la complexité des problèmes augmentait. Ce n'est que lorsque de nouveaux algorithmes d'apprentissage sont apparus – et que de grandes quantités de données bon marché et la puissance de traitement nécessaire ont été disponibles – dans les années 1980 que l'IA a recommencé à gagner du terrain, notamment avec les réseaux de neurones, et qu'elle l'a fait en étant capable de s'adapter à de nouveaux scénarios.

Le développement de la voiture autonome a suivi une trajectoire similaire. Les premières initiatives visant à construire une machine capable de circuler dans les rues impliquaient de la préprogrammer avec une carte interne et un registre de tous les panneaux de signalisation ainsi que de toutes les rencontres possibles – toutes ont échoué lamentablement. Ce n'est que lorsque les machines sont devenues capables d'apprendre en cours de route – comme ma voiture à conduite autonome dans les montagnes grecques – qu'elles ont progressé vers une forme d'autonomie.

En d'autres termes, la bonne action à entreprendre ne se fonde pas sur la préexistence de bonnes connaissances – un plan des rues ou une hiérarchie des valeurs –, mais sur le contexte, la réflexion et l'attention. Une machine préprogrammée pour être amicale n'est pas moins susceptible de vous écraser – ou de vous transformer en trombones – qu'une machine conçue pour le commerce, si ses calculs considèrent que c'est l'action la plus éthique compte tenu des circonstances.

Il s'agit là du dilemme du tramway, un problème moral qui se pose pour les voitures autonomes et d'autres systèmes comme les tramways automatisés. Que doit faire un véhicule automatisé s'il doit impérativement emprunter un chemin parmi deux possibles : l'un où il percuterait un groupe de personnes et l'autre où il percuterait un seul individu, par exemple ? Quelle vie a le plus de valeur ? Des chercheurs du MIT chargés de formuler des règles pour les véhicules autonomes ont créé un jeu en ligne, la Moral Machine, pour illustrer le dilemme du tramway[21].

Le problème avec le dilemme du tramway est qu'il a été formulé à l'origine pour un opérateur humain placé en situation de commander un tramway fou : la puissance du dilemme réside dans la nature inévitable des deux issues possibles. Mais sa généralisation aux systèmes autonomes constitue une grave erreur. Se concentrer uniquement sur la dernière bifurcation du chemin du tramway nous amène à ignorer toutes les autres décisions prises le long du parcours qui ont conduit à ce moment critique. Cela inclut, sans s'y limiter, la conception des villes modernes axée sur la voiture ; l'éducation ou non des piétons en matière de sécurité routière et dans bien d'autres domaines ; le caractère terriblement addictif de l'application sur laquelle on jouait à ce moment-là ; les incitations financières en faveur de l'automatisation ; les hypothèses des actuaires et des compagnies d'assurances ; et les processus juridiques qui régissent tout, de la limitation des vitesses à l'attribution de la responsabilité et de la réparation. Pour résumer, le facteur le plus important avec le dilemme du tramway n'est pas le logiciel interne du véhicule, mais la culture autour de la voiture autonome, qui a infiniment plus d'impact sur les résultats de l'accident que n'importe quelle décision prise en une fraction de seconde par le conducteur, que celui-ci soit un logiciel ou un humain.

La véritable leçon à tirer de scénarios tels que le dilemme du tramway, le Basilic et la machine à fabriquer des trombones est qu'il est impossible de contrôler tous les résultats, mais que nous pouvons nous efforcer de changer notre culture. Les technologies comme l'intelligence artificielle ne construiront pas un monde meilleur par elles-mêmes, tout comme elles ne nous disent rien d'utile sur l'intelligence en général. Ce qu'elles peuvent faire, c'est mettre en lumière le fonctionnement réel du paysage moral et plus qu'humain dans lequel nous évoluons, et nous inciter à créer des mondes meilleurs ensemble.

L'accent mis sur des dilemmes moraux tels que celui du tramway dans les discussions sur les nouvelles technologies est révélateur d'un problème plus général. S'il semble utile de soulever des questions éthiques en rapport avec les technologies – comme les voitures autonomes ou les systèmes intelligents de prise de décision –, ces préoccupations servent largement à masquer les problèmes plus vastes que posent ces technologies. Cela devrait être évident au vu du nombre de personnes au sein des entreprises technologiques qui sont prêtes à parler d'éthique, tant que celle-ci n'entre pas en conflit avec leurs activités réelles. Prenez, par exemple, l'annonce faite par Facebook en 2016 concernant un « processus d'évaluation éthique interne », qui comprenait des engagements exprimés en termes vagues, comme la promesse de « considérer comment la recherche peut améliorer notre société, notre communauté et Facebook ». De quelle communauté parle Facebook ? Qu'entend l'entreprise par « améliorer » ? Que se passe-t-il si l'« amélioration » va à l'encontre de son modèle économique ?

Google a également créé son propre forum en 2019, l'éphémère Advanced Technology External Advisory Council, pour réfléchir aux « questions éthiques clés en matière d'équité, de droits et d'inclusion dans le domaine de l'IA ». La nomination au conseil de Kay Coles James – présidente de la Heritage Foundation, un think tank très conservateur – a donné lieu à des protestations en interne et de la part de personnes extérieures à Google en raison de ses déclarations « anti-trans, anti-LGBTQ et anti-immigrés », et d'autres membres du conseil ont présenté leur démission. Faute de vouloir affronter les véritables problèmes qu'il avait provoqués, Google a dissous le conseil consultatif moins de quinze jours après sa création[22].

En décembre 2020, la question a resurgi lorsque Google a licencié Timnit Gebru, une des responsables de son équipe sur l'éthique dans l'intelligence artificielle, lorsqu'elle a refusé de retirer un article universitaire dont elle était l'autrice. Le texte critiquait les biais profonds des systèmes de *machine learning* de Google, soulignant les problèmes d'opacité, de coût environnemental et financier, ainsi que les possibilités de détournement et d'utilisation abusive des systèmes. Bien qu'elle ait été soutenue par son équipe et que plusieurs autres employés aient démissionné, Google a refusé de publier officiellement l'article original de Timnit Gebru[23].

En qualifiant ces questions pressantes liées aux nouvelles technologies de « problèmes éthiques », les entreprises redorent leur image et se donnent bonne conscience, limitant dans le même temps les discussions à des débats internes et spécialisés sur des valeurs abstraites et la conception de la technologie elle-même. En réalité, ces questions sont des problèmes politiques, car elles concernent ce qui se passe lorsque les technologies entrent en contact avec le monde extérieur. Le dilemme du tramway est une question morale lorsqu'il s'agit d'une personne aux commandes d'un théorique train fou, mais lorsqu'il s'agit de la conception et de la mise en œuvre de toute une catégorie de véhicules intelligents, ou de l'instanciation d'un régime d'information mondial affectant la vie de millions de personnes, il s'agit d'un problème politique. L'accent mis sur l'éthique d'entreprise tend à rabaisser ces problèmes à de simples questions pouvant être traitées en interne par des ingénieurs et des services de relations publiques, plutôt que par un engagement plus large et un respect de la société et de l'environnement plus qu'humain.

J'ai l'impression que le problème est le même avec les arguments en faveur de la reconnaissance de la personnalité juridique des non-humains. Un système de lois et de mesures de protection élaboré par et pour les humains, qui place en son cœur les préoccupations et les valeurs humaines, ne pourra jamais intégrer pleinement les besoins et les désirs des non-humains. Au lieu de cela, on observe des initiatives grotesques comme la citoyenneté saoudienne du robot Sophia. Ces actions relèvent du même genre d'erreur que le test du miroir ou le langage des signes des singes, c'est-à-dire une tentative de compréhension et de prise en compte de l'identité non humaine à travers le prisme de notre propre *Umwelt*. L'altérité fondamentale du monde plus qu'humain ne peut être incorporée dans de tels systèmes anthropocentriques, pas plus que nous ne pouvons discuter de jurisprudence avec un chêne. Néanmoins, nous partageons un monde et devons trouver des moyens de répondre de nos responsabilités les uns envers les autres.

Il est impossible d'ignorer les implications de notre enchevêtrement avec d'autres êtres en ce qui concerne nos actions politiques. La représentation, la reconnaissance et la protection juridiques sont fondées sur les idées humaines d'individualité et d'identité, mais celles-ci sont incompatibles avec une prise en compte de la dimension écologique du monde plus qu'humain. Elles peuvent s'avérer utiles lorsque nous nous penchons sur le cas d'un individu chimpanzé ou éléphant, ou même d'une espèce entière, mais leurs limites apparaissent clairement quand nous les appliquons à un fleuve, un océan ou une forêt. Une plante n'a pas d'« identité », elle est simplement vivante. Les eaux de la terre n'ont pas de limites. C'est à la fois le sens et la leçon de l'écologie ; nous ne pouvons pas effectuer de distinctions entre les plantes, les roches et les racines mycorhiziennes, et dire : telle chose a le statut de personne, et telle autre non. Tout est lié à tout le reste[24].

Dans *L'Arbre-monde*, Richard Powers résume la vision holistique de l'écologie : « Il n'y a pas d'individus dans une forêt, pas d'événements distincts. L'oiseau et la branche où il perche sont une seule et même chose. Un tiers au moins de la nourriture produite par un grand arbre sert à nourrir d'autres organismes. Même des arbres d'espèces différentes forment des partenariats. Si on abat un bouleau, un sapin voisin peut en souffrir. » Nous ne pouvons pas connaître les effets de nos actions sur les autres ; il n'y a donc aucun moyen de rédiger de manière juste les lois qui les régissent. La mise en œuvre d'une politique plus qu'humaine réclame explicitement d'aller au-delà de l'individu et de l'État-nation. L'orienter nécessite de l'attention, plutôt que de la législation.

Tout comme les racines de l'arbre qui s'étendent peuvent endommager les fondations d'une maison en pierre, l'attention portée aux forces omnicentriques du monde plus qu'humain, déjà enchevêtrées avec notre monde humain de toutes les manières possibles, peut faire exploser l'ordre politique existant de domination et de contrôle de l'extérieur et de l'intérieur. Nous avons déjà vu ce processus à l'œuvre en ce qui concerne nos idées sur l'intelligence, la hiérarchie, la spéciation et l'individualité : « En vain nous poussons le vivant dans tel ou tel de nos cadres, écrivait le philosophe Henri Bergson. Tous les cadres craquent. Ils sont trop étroits, trop rigides surtout pour ce que nous voudrions y mettre. » En définitive, nous devons appliquer la même logique à nos systèmes politiques[25].

Ainsi, le travail politique le plus urgent que nous devons accomplir dans le monde plus qu'humain ne consiste pas à adapter nos systèmes de droit et de gouvernance existants pour mieux le prendre en compte, même si cela est important. Le véritable travail se fera toujours en dehors de ces systèmes, car son but ultime est de les démanteler. Comme les orangs-outans résistants du zoo de San Diego, notre revendication n'est pas que l'État reconnaisse notre existence – nous existons déjà –, mais que nous soyons vraiment libres de déterminer les conditions de notre existence. Et ce « nous », c'est tout le monde – chaque chose qui chante, qui danse, qui creuse, qui brait, qui gronde et qui se balance dans le monde plus qu'humain.

Que nous reste-t-il alors, si reconnaître l'agentivité et l'autonomie de la vie plus qu'humaine ébranle nos systèmes de gouvernance existants au point de les rendre inopérants ? Kropotkine, qui a été le premier à identifier un ancêtre de la politique humaine dans la pratique de l'entraide entre les animaux, nous donne la réponse. C'est la solidarité, nom que nous donnons aux formes de politique qui traduisent le mieux l'aspiration à l'enchevêtrement, au bénéfice mutuel de toutes les parties, et qui se dressent contre les divisions et les hiérarchies. Se déclarer solidaire du monde plus qu'humain signifie reconnaître les différences radicales qui existent entre nous et les autres êtres, tout en insistant sur la possibilité d'une aide, d'un soin et d'une croissance mutuels. Nous partageons un monde, et nous imaginons, ensemble, des mondes meilleurs.

La solidarité est un produit de l'imagination aussi bien que de l'action, car pratiquer l'attention et le soin les uns avec les autres dans le présent signifie résister au désir de planifier, de produire et de résoudre. Ces impératifs, qui sont ceux des entreprises et de la pensée technologique, nous enferment dans des visions antagonistes du monde et dans des choix binaires. L'attention active et le soin sont des pratiques de résistance aux certitudes et aux conclusions définitives. Ce type de solidarité avec le monde plus qu'humain consiste plutôt à écouter et à travailler avec, à atténuer, réparer, restaurer et engendrer de nouvelles possibilités par la collaboration et le consensus. C'est le résultat de rencontres, et non de suppositions, et de l'abandon de l'idée de l'exceptionnalisme humain et de l'anthropocentrisme[26].

Placer la solidarité au cœur de notre relation avec la technologie participe de ce changement des mentalités. Cela signifie que nous devons écouter la technologie elle-même, quand elle essaie de nous dire quelque chose sur ses utilisations, ses capacités et ses résultats réels. Lorsque nous constatons les dommages causés à nos sociétés et à nos démocraties par l'opacité et la centralisation des nouvelles technologies – omniprésence des discours démagogiques, fondamentalistes et haineux, accroissement des inégalités –, c'est précisément à cette opacité et à cette centralisation que nous devons nous intéresser et remédier, par l'éducation et la décentralisation. Face à la réalité de l'oppression humaine inhérente à nos systèmes technologiques – enfants esclaves dans les mines de coltan, traumatismes des modérateurs de contenu sur les plateformes de réseaux sociaux, travailleurs sous-payés et souffrant de maladies professionnelles dans les entrepôts d'Amazon et dans l'économie des petits boulots à la tâche –, c'est sur les conditions de travail et sur nos propres modes de consommation que nous devons nous pencher. Et lorsque nous voyons les dégâts causés à notre environnement par l'extraction et les rejets – terres rares et minérais qui composent nos appareils, gaz invisibles produits par le traitement des données –, nous devons changer fondamentalement la façon dont nous concevons, créons, construisons et administrons notre monde. Cela implique d'ouvrir nos systèmes technologiques à une communauté bien plus large de protagonistes et de personnes que ne le permet notre régime d'expertise actuel – et notamment au plus qu'humain.

C'est là tout l'intérêt d'une écologie de la technologie, qui prend en compte les effets de cette dernière et ses répercussions sur nos vies et nos sociétés, ainsi que sur les vies et les sociétés des non-humains et des écosystèmes naturels. Et parce qu'il s'agit d'une écologie, le fait d'y prêter attention et d'en prendre soin ne change pas seulement la technologie ou la société ; cela change tout. Nos efforts sont interconnectés et se renforcent mutuellement : en nous éduquant les uns les autres sur le fonctionnement de la technologie, par exemple, nous augmentons notre capacité collective à aborder toutes sortes de problèmes critiques, de la politique à l'environnement, tout en restant attentifs aux subtilités et aux différences des situations et géographies particulières. Cela commence par l'écoute, l'attention et l'ouverture au monde plus qu'humain. C'est à cette ouverture que nous allons maintenant nous intéresser.

CHAPITRE 9

L'Internet des animaux

La question centrale de notre époque est de savoir comment atténuer les pires effets du changement climatique et nous en protéger. Cette question l'emporte sur toutes les autres, car si nous ne nous y attaquons pas sincèrement et sérieusement, nous ne serons tout simplement plus là pour nous occuper de quoi que ce soit d'autre. Les dangers auxquels nous sommes confrontés aujourd'hui, et qui se multiplieront au cours des prochaines décennies avec une intensité toujours plus grande – qu'il s'agisse de phénomènes météorologiques extrêmes, de l'élévation du niveau de la mer, de la désertification ou de pandémies zoonotiques –, sont des menaces pour notre existence. Celles-ci sont déjà à l'origine de la sixième extinction de masse de la vie sur Terre et des plus importantes migrations humaines de l'histoire, avec des impacts irréversibles sur nos sociétés, nos modes de vie et sur chacun des organismes avec lesquels nous partageons la planète. À quoi ressemblerait une société qui prendrait réellement ces menaces au sérieux et qui chercherait, même de manière dispersée, à y faire face ? De quels outils aurions-nous besoin, et à quoi devraient-ils servir ?

Il s'agit de questions inédites pour l'humanité du fait de leur horizon temporel. Grâce à nos connaissances scientifiques toujours plus vastes et à notre capacité toujours plus grande de modéliser et de simuler les changements climatiques sur des siècles, nous pouvons mesurer et analyser certains effets de nos choix d'une manière qui n'était pas à la portée de nos ancêtres. Mais le fait de savoir comment les choses pourraient évoluer avec le temps ne nous aide pas toujours à prendre des décisions dans le présent. Pour agir sur ce que nous savons, nous avons également besoin de récits qui nous préparent aux défis à relever et qui nous donnent une idée de la façon dont nous pouvons les aborder.

La science-fiction est habituée aux récits portant sur le lointain avenir. L'un de mes auteurs préférés, Kim Stanley Robinson, s'intéresse depuis plus de trente ans à la question de la survie à long terme de l'humanité sur Terre et sur d'autres planètes. Dans son roman intitulé *The Ministry for the Future*, il imagine en détail le type d'institutions, de technologies, de relations et d'alliances que nous pourrions construire. Il commence par le ministère qui sert de titre au roman, une nouvelle agence des Nations unies dont le siège se situe sur les rives du lac de Zurich et qui a pour mission de s'occuper non pas des citoyens actuels de la planète, mais de ceux qui viendront après. Les activités du ministère peuvent aller du pompage d'eau de mer qui est envoyée sur l'inlandsis de l'Antarctique – afin de ralentir la montée du niveau de la mer – à la création de nouvelles formes de monnaie qui récompensent de manière significative ceux qui agissent pour la santé de la planète, ainsi qu'à d'autres actions, plus obscures, pour inciter les pays récalcitrants et les milliardaires égoïstes à rentrer dans le rang.

Bien que Robinson continue de figurer au rayon science-fiction des librairies, toutes les techniques qu'il préconise soit ont déjà été testées dans une certaine mesure, soit sont tout à fait à notre portée. Parmi celles-ci figure « l'Internet des animaux », un concept qui m'avait laissé perplexe la première fois que je l'avais rencontré dans le livre de Robinson. En tant que partisan d'une écologie de la technologie, cette expression à laquelle Robinson ne faisait qu'une brève allusion m'avait interpellé. Qu'est-ce que cela pouvait signifier ? Je pensais ne pas le savoir. Et ce n'est que lorsque j'ai commencé à écrire le livre que vous êtes en train de lire que je me suis rendu compte que j'avais déjà été initié à ce concept.

Vous avez peut-être l'impression d'avoir déjà entendu une histoire semblable dans ce livre. Après tout, ce n'est qu'après avoir lu une œuvre de fiction relatant les extraordinaires capacités de communication des arbres (*L'Arbre-monde* de Richard Powers) que j'ai donné un sens à la rencontre que j'avais faite quelques mois auparavant dans les forêts du Nord-Ouest Pacifique, avec Suzanne Simard et ses séquoias qui parlaient. C'est ce qui m'est arrivé à nouveau. Il s'avère que l'Internet des animaux a été inventé, en partie, par une autre personne que j'avais rencontrée à Zurich un an environ avant d'ouvrir le roman de Robinson.

Martin Wikelski est le directeur de l'Institut Max Planck sur le comportement animal à Radolfzell, en Allemagne. Depuis des décennies, il étudie les comportements sociaux complexes de toutes sortes d'animaux. Lors de la conférence à laquelle nous participions tous deux à Zurich, devant un public de dirigeants d'entreprises de la grande distribution et de P-DG de sociétés de technologie financière suisses, il devait présenter les leçons qu'il est possible de tirer de l'étude des animaux, et notamment des oiseaux, en matière d'intelligence en essaim et d'adaptation dynamique. Lorsque nous nous sommes rencontrés la veille de la conférence, il m'a expliqué – d'abord timidement, puis avec un enthousiasme croissant à mesure que je le convainquais de mon intérêt sincère et de ma curiosité – comment il était en train de construire avec son équipe un système d'observation d'animaux à une échelle sans précédent.

À un moment donné, il a sorti son téléphone et lancé une application qu'il avait créée avec son équipe, baptisée Animal Tracker. Une carte du monde s'est alors affichée, constellée d'épingles : des centaines à travers l'Europe centrale, et des centaines d'autres en Amérique, en Afrique et en Asie, certaines très éloignées au nord, jusque sur l'île Wrangel, au large de la Sibérie, ou en Nouvelle-Zélande au sud. Chaque épingle correspondait à la localisation d'un oiseau, et cette position était mise à jour en temps réel, ou presque : certaines épingles indiquaient une identification datant du jour même, d'autres de plusieurs mois auparavant. Quand on cliquait sur l'épingle d'un des oiseaux, il était possible d'accéder à son historique, une série de points et de lignes constituant l'enregistrement de ses pérégrinations au fil du temps, couvrant des continents entiers pour certains, tandis que d'autres se cantonnaient aux environs d'un même étang ou lac.

Ce qui rendait cette collection de données vraiment extraordinaire, c'était leur provenance. En 2001, Martin Wikelski avait imaginé qu'il pourrait utiliser un récepteur radio installé à bord de la Station spatiale internationale (ISS) pour capter les signaux émis par de petits émetteurs fixés sur des oiseaux migrateurs et d'autres animaux. Il avait soumis l'idée aux responsables de la NASA, mais ceux-ci l'avaient rejetée. Son projet rencontrait tellement de difficultés à voir le jour qu'il l'a baptisé ICARUS, du nom du fils maudit de Dédale dans la mythologie grecque qui se jette dans l'océan après avoir voulu voler trop haut (même si les lettres correspondent également à l'acronyme de « International Cooperation for Animal Research Using Space »[1]). Finalement, en 2018, avec le concours de cosmonautes russes, le projet ICARUS a pu installer une antenne de trois mètres de long à l'extérieur de l'ISS. Les oiseaux épinglés qu'il me montrait sur la carte de son application Animal Tracker faisaient partie des premiers résultats. Ces dates, heures et lieux étaient diffusés depuis le dos d'aigles, de cigognes, de hérons et de mouettes à travers la planète, et allaient rebondir à 400 kilomètres dans l'espace avant de nous revenir. Aujourd'hui, tout le monde peut accéder à ces données et essayer d'y trouver un sens.

Pendant longtemps, le pistage des animaux à des fins de recherche a été un exercice ardu et souvent éprouvant, tant pour les scientifiques que pour leurs sujets. Pour tout animal qui migre au-delà de quelques pâtés de maisons – rappelons-nous Martin Lindauer suivant ses essaims d'abeilles en courant dans les ruelles de Munich –, le mieux que l'on pouvait espérer était de le piéger, de lui attacher une étiquette numérotée à l'oreille ou à la patte et d'attendre qu'il réapparaisse ailleurs. Cela signifiait généralement qu'il avait été piégé ou tué, et cela se traduisait par deux points sur une carte, largement séparés dans le temps et dans l'espace, avec peu ou pas d'informations sur ce qui s'était passé avant, après ou entre les observations[2].

Dans les années 1960, deux biologistes de l'Illinois, William Cochran et Rexford Lord, ont mis au point un système de pistage des animaux par radio. Les minuscules émetteurs à cristaux qu'ils utilisaient ne pesaient que 10 grammes, pouvaient fonctionner pendant des milliers d'heures et étaient détectables jusqu'à plusieurs kilomètres de distance par les chercheurs travaillant au sol ou survolant la région en avion léger. De fines différences de fréquence entre les émetteurs de chaque animal permettaient de suivre une centaine de sujets à l'aide d'un seul récepteur. Les premiers animaux testés par Lord et Cochran ont été les lapins de garenne : pendant plusieurs nuits, ils ont suivi leurs sujets à travers champs et forêts, les récepteurs radio émettant des bips dans l'obscurité à mesure qu'ils s'approchaient ou s'éloignaient. Lorsqu'ils voulaient vérifier la précision de leurs mesures, il leur suffisait de passer dans les buissons pour effrayer les animaux et les déloger de leur abri.

Cette soudaine visibilité et cette possibilité de suivre les mouvements des animaux ont révolutionné le domaine de l'étude de la faune. Au cours des décennies suivantes, des versions des émetteurs à très haute fréquence de Lord et Cochran ont été développées pour toutes sortes d'animaux, y compris des boîtiers étanches utilisables en milieu aquatique, et de minuscules harnais pour oiseaux et même insectes. Comme l'invention de l'ornithologie radar par David Lack, les débuts de la radiotélémétrie (pour utiliser son appellation exacte) ont radicalement illuminé le domaine, l'éclairant d'un bain de signaux très haute fréquence et dévoilant des détails, une complexité et une richesse jusqu'alors inconnus.

Cependant, le radiopistage avait ses limites ; en particulier, un chercheur ne pouvait pister un animal que là où il pouvait aller lui-même. Tant que l'animal restait relativement proche, ou qu'il était possible de prédire avec précision où il apparaîtrait ensuite, on pouvait rester sur sa trace, mais dès qu'il sortait de la portée du récepteur, il disparaissait, éventuellement pour toujours. Et le moyen le plus efficace de trouver et de suivre les animaux équipés de balises – le pistage à partir d'un avion – était à la fois coûteux et source de perturbations. Dans les années 1980, de nombreux parcs nationaux, qui avaient joué un rôle important dans les recherches par radiotélémétrie, ont commencé à interdire les vols à basse altitude car ils étaient considérés comme une source de stress pour les animaux et une gêne pour les visiteurs.

En quête d'un autre moyen de pistage des animaux, les scientifiques se sont ensuite tournés vers un nouveau réseau satellitaire : Argos. Lancé initialement en 1978, Argos est le fruit d'une collaboration entre le CNES (Centre national d'études spatiales), la NASA (National Aeronautics and Space Administration) et la NOAA (National Oceanic and Atmospheric Administration) des États-Unis. Au départ, il s'agissait d'un projet de modélisation du climat et des océans : deux cents bouées dérivantes ont été lâchées dans l'océan Antarctique pour recueillir des données sur la pression atmosphérique et la température de l'eau. Comme Argos pouvait également signaler la position des bouées, les chercheurs se sont rapidement rendu compte qu'ils pouvaient aussi calculer la direction et la vitesse des courants océaniques – il s'agissait du premier résultat inattendu du projet[3].

Au début des années 1980, des biologistes ont découvert les capacités d'Argos et ont eu l'idée de fixer de petits émetteurs sur les animaux marins, qui n'avaient jamais pu être suivis par radio VHF. Ils ont commencé par des animaux de grande taille, comme les dauphins, les requins et les tortues, mais au fur et à mesure que la technologie s'est améliorée, ils ont pu fixer des émetteurs à des animaux de plus en plus petits – puis, finalement, à ceux qui marchent et courent, en plus de ceux qui nagent.

Paul Paquet, biologiste à l'université de Calgary, a vu dans Argos un moyen d'en savoir plus sur l'aire de répartition et le comportement des loups des montagnes Rocheuses. Après avoir autrefois exploré en liberté les vastes régions des Rocheuses, qui s'étendent de la Colombie-Britannique au Canada jusqu'au Nouveau-Mexique dans le sud-ouest des États-Unis, les loups ont pratiquement disparu du paysage nord-américain au XXe siècle. Le dernier loup du parc de Yellowstone a été tué dans les années 1920, et les loups canadiens ont disparu des parcs nationaux de Banff et de Jasper, en Alberta, dans les années 1950. Mais, dans les années 1980, ils ont commencé à revenir, réapparaissant à Banff et Jasper et recolonisant le parc national de Glacier, de l'autre côté de la frontière, dans l'État du Montana. On ne savait pas très bien comment ils y étaient parvenus, ni quelle était la dynamique de cette population naissante, et la tendance des loups à disparaître presque immédiatement de la portée des systèmes de radiopistage ne facilitait pas la tâche des chercheurs qui tentaient de les localiser. Paul Paquet s'est aperçu qu'Argos pouvait augmenter radicalement la portée de ses recherches. Il a donc fait une demande pour l'une des toutes premières unités de pistage terrestres.

Par une journée humide de juin 1991, l'équipe de chercheurs dirigée par Paquet a capturé une louve grise de cinq ans à proximité de la station de Kananaskis, dans les contreforts des Rocheuses canadiennes. Pour Paquet, il était important de se rappeler qu'en chaque animal il y a un individu, et donc – contrairement à de nombreux chercheurs qui préfèrent maintenir une distance scientifiquement objective avec leurs sujets – il incitait son équipe à donner des noms aux animaux. En référence à la météo du jour, ils ont baptisé la louve Pluie.

Une fois équipée du nouveau gadget de Paquet – un collier intégrant une balise Argos –, Pluie a été relâchée dans les montagnes. Les chercheurs n'avaient plus qu'à retourner à leurs ordinateurs pour attendre des nouvelles de sa localisation. Ce que Pluie leur a montré allait bouleverser nos idées sur le territoire, les populations, les besoins et les désirs des animaux – et ouvrir la possibilité d'un changement radical dans nos relations avec ces derniers[4].

En dépit des difficultés rencontrées dans le passé pour pister les loups, et donc des incertitudes sur leur comportement, Paquet et son équipe pensaient que Pluie resterait dans un périmètre relativement proche – elle faisait manifestement partie de l'une des meutes de Banff qui parcouraient le parc national voisin du même nom, soit une zone de quelque 6 500 kilomètres. Des études antérieures menées dans l'État du Montana avaient montré que certaines meutes de loups pouvaient couvrir une superficie de quelques centaines, ou tout au plus un millier de kilomètres carrés dans les territoires les plus sauvages autour du parc. Mais les scientifiques étaient loin d'imaginer le véritable périple de Pluie.

Le système Argos n'est pas très précis – il peut localiser un animal à environ un kilomètre – et il peut se montrer capricieux, manquant parfois pendant des semaines de faire remonter un signal viable. Lorsque les signaux transmis par Pluie ont commencé à arriver, ils ont d'abord semblé incroyables, puis stupéfiants. Durant les premiers mois suivant sa capture en juin, elle est restée relativement proche du site où la balise lui avait été posée mais, à l'automne, elle s'est soudainement mise en mouvement et a quitté la région, traversant les espaces du parc de Banff avant de se diriger vers l'ouest, en Colombie-Britannique, puis vers le sud, franchissant la frontière avec les États-Unis, dans le parc national de Glacier. Après être passée à l'est de la ville de Browning, elle est entrée dans les Grandes Plaines. Elle a ensuite traversé le Bob Marshall Wilderness, une étendue de forêts et de montagnes d'un million d'hectares, sans routes, au nord de Missoula, avant de parcourir le reste du Montana et le nord de l'Idaho pour atteindre le mont Spokane dans l'État de Washington – à quelque 500 kilomètres à vol d'oiseau de Browning. Quelque temps après, elle est repartie vers le nord, passant à nouveau la frontière avec le Canada depuis l'Idaho, quelque part aux alentours de Bonners Ferry. En décembre 1993, elle s'était rendue au moins jusqu'à Fernie, en Colombie-Britannique, dans un périple délimitant une zone de plus de 100 000 kilomètres carrés.

Ce signal en provenance de Fernie a été le dernier que le système Argos a reçu de Pluie, et peu de temps après son envoi, l'équipe de pistage a vu arriver par la poste un colis contenant la batterie du collier de Pluie, percée au diamètre d'une balle. Les scientifiques ont alors craint le pire, mais Pluie n'était pas morte, du moins pas encore : elle est réapparue deux ans plus tard, à quelque 200 kilomètres de là, près d'Invermere, en Colombie-Britannique, à la lisière du parc national de Kootenay, toujours identifiable par son collier désormais sans batterie. Cette fois, elle n'a pas survécu : le 18 décembre 1995, elle a été abattue par un chasseur détenant un permis, en même temps qu'un mâle adulte et ses trois petits.

Au cours des six mois pendant lesquels elle a été suivie dans ses déplacements – et il est probable qu'elle ait effectué ce voyage plusieurs fois durant sa courte vie –, Pluie est passée par deux pays, trois États américains, deux provinces canadiennes et environ trente juridictions, aux abords de villes, dans des parcs nationaux, sur des terres de la Couronne et des territoires des Premières Nations. Elle a franchi

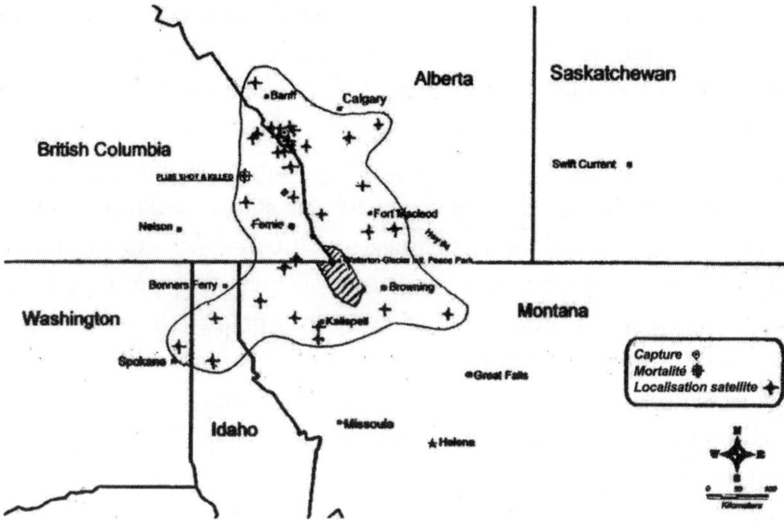

Carte des déplacements de Pluie.

des chaînes de montagnes et des zones forestières sauvages, ainsi que des autoroutes, des parcours de golf et des terrains privés. Elle s'est déplacée – librement, semble-t-il, mais souvent sous la menace des chasseurs, des propriétaires de ranch et du trafic routier – sur un territoire jusque-là inimaginable. Elle nous a ainsi apporté un nouvel éclairage sur la façon dont les animaux sauvages vivent leur vie – entre eux et parmi nous. Elle nous a également montré que les paysages que nous imaginons et réservons aux animaux sont, de loin, insuffisants.

Le premier effet du périple de Pluie a été de modifier notre manière de comprendre les populations de loups. L'histoire de nos rencontres avec les loups ainsi que la perspective restreinte du pistage par radio VHF nous avaient donné l'idée de meutes de loups qui se cantonnaient à des zones particulières : des populations définies par les limites des parcs nationaux de Banff, Jasper ou Glacier. Mais Pluie nous a montré que les loups des montagnes Rocheuses constituent ce que les scientifiques appellent une « métapopulation », c'est-à-dire une même population composée de différentes communautés mobiles, plus petites mais interconnectées. Les métapopulations sont le garant de la survie des espèces sur de vastes territoires, car elles permettent le mélange occasionnel de gènes entre des sous-populations isolées, le renouvellement et la recolonisation lorsque des communautés particulières sont décimées – comme ce fut le cas pour les loups au xxe siècle. L'existence de plusieurs communautés interconnectées assure la survie d'une espèce, ce qui se révèle impossible lorsqu'il y a une seule grande communauté – avec des habitats, des possibilités d'alimentation et des gènes qui passent d'un groupe à l'autre. Il s'agit là d'un effet écologique, dans lequel la résilience totale de nombreux groupes interconnectés mais autonomes est supérieure à celle d'une masse homogène.

L'existence et la résilience des métapopulations sont riches d'enseignements pour nous et nos réseaux ; une grande partie de nos infrastructures contemporaines s'en inspirent, avec une répartition des ressources qui suit ce schéma. La production d'électricité, le stockage de données et les systèmes d'interventions d'urgence suivent ce principe : les capacités sont réparties sur une zone aussi large que possible afin que l'on puisse survivre et se redévelopper en cas de catastrophe.

Les métapopulations sont aussi fondées sur le principe du mouvement : il ne suffit pas de s'étendre pour survivre ; il faut aussi être mobile. Les populations dispersées ont besoin de moyens de se connecter les unes aux autres afin de partager des ressources, des informations et des gènes, et doivent pouvoir aussi se déplacer lorsque la situation devient intenable. Cette dernière faculté revêt une grande importance à notre époque marquée par la rapidité des changements climatiques : comme nous l'avons vu, les habitats vivables progressent inexorablement vers les sommets et les pôles, et les espèces doivent suivre le rythme pour survivre. C'est là une autre leçon que nous devons garder en mémoire : la connectivité et la liberté de mouvement comptent parmi les facultés les plus vitales pour affronter la tempête à venir, tant pour les humains que pour les non-humains.

En révélant l'étendue des déplacements des animaux, les données satellites de Pluie ont montré à quel point les zones protégées doivent être grandes pour assurer la survie des loups et des autres communautés de la faune sauvage. Son périple a couvert une superficie dix fois supérieure à celle du parc national de Yellowstone et quinze fois supérieure à celle du parc de Banff, deux des plus grandes réserves naturelles d'Amérique du Nord. Pluie a montré aux chercheurs l'ampleur de la zone que les loups des montagnes Rocheuses doivent pouvoir fréquenter et traverser pour vivre leur vie ; le constat vaut pour de nombreuses autres espèces présentes en Amérique du Nord, comme les grizzlis, les lynx, les couguars, les antilopes et les cerfs. Par ailleurs, un grand nombre d'autres animaux terrestres et d'oiseaux, ainsi que de plantes et de champignons, dépendent de la mobilité de ces animaux pour disséminer leurs graines et leurs spores, brouter les pâturages, maintenir les niveaux de population et gérer les habitats. L'ensemble de l'écosystème dépend de la liberté de mouvement, sur une zone bien plus étendue que celle qui est spécialement réservée à la faune sauvage.

Les parcs et les réserves naturelles ne sont donc pas en eux-mêmes appropriés et suffisants. Ce qu'il faut, c'est un réseau de territoires, reliés entre eux et répartis sur l'ensemble du territoire dominé par les humains, ainsi qu'une nouvelle manière de concevoir la vie avec les animaux non humains et à leurs côtés. Si la renaissance du loup devait se poursuivre, dans le cadre d'un renouveau et d'une réaffirmation plus larges de la biodiversité à travers l'Amérique du Nord et au-delà, forger des liens entre les populations et entre les États serait la première tâche à laquelle les défenseurs des animaux devraient s'atteler.

Le périple de Pluie est devenu la source d'inspiration de l'un des projets de conservation de la nature les plus ambitieux au monde : l'initiative Yellowstone au Yukon, ou Y2Y. Ce projet vise à assurer la connectivité pour la faune sur une étendue de quelque 3 200 kilomètres, couvrant les deux parcs nationaux et les terres qui les relient, par un système interconnecté de territoires et de cours d'eau à l'état sauvage. L'idée centrale est ce que l'on appelle un « corridor écologique » : une voie claire, ou un réseau de voies, que les animaux et les plantes peuvent emprunter pour se déplacer, sans être gênés par l'activité humaine, pour migrer, se nourrir et maintenir leur diversité[5].

Les corridors écologiques se présentent sous différentes formes, allant de la simple haie en bordure de champs agricoles à des zones de protection s'étendant sur des milliers de kilomètres par-delà les frontières des États. L'expression peut désigner tantôt des espaces ouverts, tantôt des infrastructures spécialement conçues pour la faune, telles que des souterrains ou des ponts, qui lui permettent de traverser des routes ou des voies ferrées en toute sécurité. En plus de ces corridors, des clôtures peuvent être utilisées pour éloigner la faune des dangers et la diriger vers les passages ou les zones de traversée sécurisée ; des terres peuvent être défrichées ou laissées en jachère et les aménagements déplacés ou réorientés, le tout pour mieux prendre en compte les besoins des animaux, que ceux-ci restent sur place ou se déplacent.

Y2Y suit cette approche par petits bouts. Lorsque l'histoire de Pluie s'est retrouvée intégrée sous forme de parenthèse comique dans un épisode de la série télévisée *À la Maison-Blanche*, l'idée du corridor écologique a été tournée en dérision comme une « autoroute pour loups à 900 millions de dollars », avec ses panneaux de signalisation et ses bretelles d'accès aux pâturages dans les régions traversées. Mais, dans la réalité, un corridor écologique, même lorsque celui-ci est conçu à l'échelle d'un continent, est une mosaïque de processus et de pratiques : interdiction des pesticides et des clôtures sur les terres privées ; protection des centres de population humaine contre la faune sauvage ; construction de ponts, de tunnels et autres points de passage ; achat de nouvelles terres à protéger et études continues sur la faune sauvage et l'activité humaine.

La coalition Y2Y travaille actuellement avec plusieurs États, provinces et parcs aux États-Unis et au Canada, et plaide en faveur d'une meilleure gestion de la circulation routière, de routes plus sûres, de l'éducation à l'environnement, de l'arrêt de l'exploitation des mines de charbon, de l'interdiction d'affiner des métaux et de procéder à des coupes rases, ainsi que de la création de zones protégées spécifiques. Le réseau plus large doit continuer à se développer et à s'interconnecter, mais des initiatives locales sont déjà couronnées de succès : au début de l'année 2020, la présence d'un grizzli a été observée pour la première fois depuis quatre-vingt-huit ans dans la zone sauvage protégée Bitterroot Wilderness, dans le centre de l'Idaho, ce qui signifie que les populations d'ours d'Amérique du Nord se reconnectent, se réassocient et sont sur la voie d'une renaissance[6].

Dans le monde entier, les corridors écologiques permettent non seulement aux animaux de survivre et de prospérer dans des paysages dominés par l'activité humaine, mais ils nous montrent aussi que nous pouvons négocier et nous adapter pour que cela soit possible. Dans l'Extrême-Orient russe, la réserve naturelle de Sredneussuriisky s'étend sur les provinces de Primorié et Khabarovsk, et au-delà de la frontière dans le nord-est de la Chine. Cette réserve de 72 700 hectares relie la chaîne de montagnes Sikhote-Aline en Russie aux monts Wanda en Chine, deux habitats essentiels pour le tigre de l'Amour, dont la survie est menacée, et qui peut désormais se déplacer à travers les frontières internationales sans entrave humaine.

Aux Pays-Bas, un réseau de plus de 600 corridors artificiels, dont un pont vert de 800 mètres de long, le Natuurbrug Zanderij Crailoo, fait de l'un des pays les plus densément peuplés d'Europe un havre pour les cerfs, les sangliers, les blaireaux et autres créatures de la forêt, ainsi que pour d'autres espèces animales et végétales dont l'existence en dépend. Au Kenya, le 26 janvier 2011, un éléphant nommé Tony est devenu le premier représentant de cette espèce à parcourir un nouveau corridor à travers la forêt de Ngare Ndare – qui relie la deuxième plus grande population d'éléphants du pays, dans la réserve naturelle de Lewa Downs, à leurs compagnons autour du mont Kenya – en empruntant le premier passage souterrain spécialement conçu pour les éléphants en Afrique, sous la route reliant Nanyuki à Meru[7].

Corridor écologique par écopont aux Pays-Bas.

Les corridors écologiques peuvent également participer aux processus de guérison des humains. La ceinture verte européenne est la plus grande réserve naturelle d'Europe, et l'un des plus longs corridors écologiques au monde. Ce réseau de 7 000 kilomètres de parcs et de terres protégées suit la ligne de l'ancien Rideau de fer, qui séparait l'Europe occidentale du bloc soviétique. Le projet de ceinture verte a été proposé pour la première fois par des écologistes allemands en décembre 1989, à peine un mois après la chute du mur de Berlin. Elle s'étend aujourd'hui de la Finlande à la Grèce. Par endroits, d'anciens champs de mines obligent encore les visiteurs à emprunter les sentiers, mais l'ancien « couloir de la mort » est désormais un habitat accueillant et une voie de migration pour plus de six cents espèces d'oiseaux, de mammifères, de plantes et d'insectes rares et menacés. Un jour, il pourrait en être de même pour la DMZ, la zone démilitarisée entre la Corée du Nord et la Corée du Sud, une bande de terre de 155 kilomètres de long et de 2,5 kilomètres de large qui n'a pratiquement pas été touchée par les humains pendant plus de six décennies et qui abrite aujourd'hui des millions d'oiseaux migrateurs et des espèces végétales florissantes, ainsi que des animaux menacés tels que des porte-musc de Sibérie, des grues, des vautours, des ours noirs d'Asie et une espèce unique de chèvre, le goral à longue queue. Comme dans la zone d'exclusion de 30 kilomètres autour de la centrale nucléaire de Tchernobyl, que les scientifiques ont qualifiée de « réserve naturelle non intentionnelle », la faune sauvage s'est épanouie lorsque l'homme s'est retiré. Malgré les niveaux élevés de radiation dans la zone, les populations d'élans, de sangliers, de renards et de cerfs sont au moins aussi élevées que dans d'autres réserves en Ukraine et en Biélorussie – tandis que les populations de loups pourraient y être sept fois plus nombreuses[8].

Pont à crabes sur l'île Christmas.

Prêter attention à la vie plus qu'humaine nous oblige à penser au-delà de nos propres sens et sensibilités, à essayer d'imaginer l'*Umwelt* d'autres êtres. La construction de corridors écologiques exige quant à elle une certaine ingéniosité et de l'attention, selon les espèces et les modes de vie particuliers que nous voulons défendre. Sur l'île Christmas, dans l'océan Indien, un réseau de plus de trente passages souterrains et de clôtures d'accompagnement sert à protéger les millions de crabes rouges endémiques qui migrent chaque année des terres vers la côte. En plus des tunnels, un pont de 5 mètres de haut passe au-dessus de l'une des routes les plus fréquentées de l'île, sa surface en maille d'acier étant parfaitement calibrée pour faciliter la progression des crustacés. Je ne peux m'empêcher d'imaginer une version géante de l'ordinateur à crabes de l'université de Kobe, installée entre mer et forêt : des millions de crabes traversant des tunnels formant des portes logiques, le cycle annuel de leur migration vers leurs lieux de reproduction alimentant une vaste opération de traitement en parallèle.

À Oslo, un réseau de ruches et de jardins sur les toits des immeubles constitue un système d'autoroutes aériennes qui permet aux abeilles de sillonner la ville. Organisé de manière qu'il n'y ait jamais plus de trois cents mètres entre les sites de butinage riches en pollen, le réseau inclut des ruches au design contemporain réalisées par le célèbre cabinet d'architecture Snøhetta (également à l'origine de l'Opéra, bâtiment emblématique de la capitale norvégienne). Celles-ci sont gérées par un collectif d'apiculteurs bénévoles (suivant le modèle instauré par la social-démocratie dans ce pays pour l'entretien de ses réseaux de parcs nationaux et de campings collectifs pour les humains, confié à l'Association norvégienne de la randonnée pédestre, animée par des bénévoles, et qui compte deux cent cinquante mille membres). Sans leur être subordonnée, la configuration de ces infrastructures plus qu'humaines est un reflet des systèmes sociaux et politiques humains sur lesquels elles sont fondées[9].

Bien entendu, cette question du lien avec les idéologies politiques s'entend dans les deux sens. À la frontière sud des États-Unis, le tristement célèbre mur de séparation avec le Mexique, dont l'érection a été décidée par l'ex-président des États-Unis Donald Trump, traverse des réserves naturelles, des sites classés au patrimoine de l'Unesco, des terres tribales souveraines, des monuments nationaux et des zones de nature sauvage vierge. Ces terres, pour la plupart non bâties, sont désormais barrées par des centaines de kilomètres de béton et de tubes en acier, ce qui a des effets dévastateurs sur la mobilité des animaux comme des humains. L'extrémité orientale du mur divise en deux les 80 000 hectares de la réserve de la vallée inférieure du Río Grande, dans le sud-est du Texas, un corridor vital pour certains oiseaux menacés de disparition, ainsi que pour les ocelots et les jaguarondis. Dans l'archipel Madrean – un ensemble de *sky islands* situé à cheval entre l'Arizona et le Nouveau-Mexique –, la construction du mur ferme une vaste région où l'on a récemment observé le retour du jaguar d'Amérique du Nord (considéré comme éteint aux États-Unis dans les années 1960), et bloque les voies de migration des grizzlis et des loups gris. Bien que l'avenir du mur ne soit pas clairement défini à l'heure où ces lignes sont écrites, certaines zones ont déjà été affectées de manière irréversible, comme les sources du Quitobaquito dans l'Organ Pipe Cactus National Monument, sacrées pour la nation Tohono O'odham, qui ont été partiellement drainées afin de fabriquer du béton pour le mur. Et même si la construction de ce mur est abandonnée, les barrières se multiplient dans le monde entier, sur tous les continents, qu'il s'agisse des clôtures toujours plus défensives aux frontières de l'Union européenne, ou du mur des Sables, grande barrière de 2 700 kilomètres construite par le Maroc au Sahara occidental. Un jour, ces endroits deviendront peut-être de nouvelles ceintures vertes, mais nous devrons nous battre pour cela[10].

Au Moyen-Orient, des études approfondies ont montré que le mur de l'apartheid construit par Israël à travers la Cisjordanie occupée a eu un effet dévastateur sur l'environnement local. La barrière de séparation suit un ancien corridor écologique qui mène des monts de Judée, au sud, à ceux de Samarie, au nord. Non seulement elle bloque les migrations est-ouest, mais elle coupe aussi les routes nord-sud en serpentant autour du territoire palestinien. Un rapport de 2010 remis à l'Autorité palestinienne a recensé seize espèces localement menacées d'extinction directement à cause de cette barrière, dont le renard, le loup, le bouquetin, le porc-épic et l'emblématique gazelle de montagne palestinienne. Les oiseaux et les insectes sont également menacés par les incendies de zones forestières provoqués pour créer de l'espace pour les colonies situées derrière le mur. Par endroits, la construction de la barrière a été ralentie par des ordonnances environnementales de la Haute Cour d'Israël, et des sections spéciales en forme de S ont été aménagées pour laisser passer les petits animaux – mais pas les grands mammifères, ni les humains[11].

Les infrastructures conçues pour entraver la liberté de mouvement et d'association des humains ont ainsi également pour effet de perturber la vie des animaux – mais souligner ce point ne doit pas nous amener à privilégier un effet par rapport à l'autre. L'action pour l'environnement ne doit jamais devenir une excuse pour d'autres formes d'oppression. Le spectacle des forces de défense israéliennes créant des passages grillagés à travers le mur de l'apartheid pour permettre le passage de petits mammifères tout en continuant à faire souffrir et à asphyxier les Palestiniens ne fait que souligner le racisme et l'inhumanité de telles barrières, et des régimes qui les installent. De même, l'éloge des ponts à crabes de l'île Christmas ne doit pas faire oublier l'installation par le gouvernement australien de centres de rétention sur cette même île – adjacents au parc national – pour emprisonner des demandeurs d'asile malades et traumatisés, en violation du droit international.

L'existence de ces obstacles à la liberté de circulation et leurs effets négatifs bien documentés tant sur la vie des humains que sur celle des non-humains met en évidence l'importance d'une solidarité humaine et plus qu'humaine. La lutte pour assurer la survie des espèces non humaines va de pair avec celle pour la dignité et la liberté de tous les humains.

L'histoire des iguanes de Guantánamo en est la preuve. En 2008, un groupe de Koweïtiens détenus sur la base états-unienne à Cuba depuis 2002 ont demandé à la Cour suprême d'entendre leur cause. Leurs avocats ont fait une demande d'habeas corpus – le même principe que celui qui avait été invoqué pour l'éléphant Happy et d'autres animaux par le Nonhuman Rights Project. Et, comme dans les affaires défendues par le NhRP, ils ont dû convaincre la Cour que l'habeas corpus s'appliquait à ces détenus particuliers – ce qui avait été refusé précédemment au motif que la baie de Guantánamo ne relevait pas de la compétence de la Cour. Mais, dans cette affaire, la situation a été inversée : de façon remarquable, des non-humains ont témoigné pour les humains.

Lorsque l'avocat des détenus, Thomas Wilner, a participé à un entretien pour l'émission télévisée *60 minutes*, les producteurs lui ont raconté que, lors de leur visite à Guantánamo, ils avaient découvert que la base contribuait à la sécurité des iguanes sur l'île de Cuba. S'ils s'égaraient hors de Guantánamo, ils risquaient d'être mangés par la population locale, mais sur la base elle-même, ils étaient protégés par le droit américain, en vertu de la loi sur les espèces menacées, le personnel militaire étant passible d'amendes pouvant aller jusqu'à 10 000 dollars s'il faisait du mal aux animaux. Lors de l'audience, Wilner a fait valoir qu'il était impossible que la loi américaine s'applique aux iguanes mais pas aux humains – et la Cour suprême a ensuite accepté d'entendre l'affaire. Lorsque l'avocat général des États-Unis a répété devant la Cour que les détenus ne relevaient pas de sa compétence, le juge David Souter a répondu : « Que voulez-vous dire ? Même les iguanes de Guantánamo sont protégés par la loi américaine[12]. »

Ainsi, des iguanes ont « pris la parole » pour des gens – mais comment pourraient-ils parler en leur nom ? Comme nous l'avons déjà vu, les tribunaux sont insuffisants pour statuer sur les besoins et les désirs des animaux, et les procédures judiciaires humaines ne peuvent répondre à la multiplicité et à la complexité réelles de l'être plus qu'humain. En effet, l'histoire de Pluie nous montre que c'est seulement lorsque nous percevons la véritable étendue et la profondeur de la vie non humaine, en ses propres termes, et que nous acceptons sa réalité et sa valeur au-delà des nôtres, que nous commençons à adapter sérieusement nos propres modes de vie. En fin de compte, la question n'est pas tant d'accorder aux animaux le statut de personnes que de reconnaître et de valoriser leur statut d'animaux – et leur statut de plantes, de sujets, d'êtres. Il s'agit de leur permettre d'être eux-mêmes, tout en travaillant avec eux pour structurer le monde dans l'intérêt de tous. Nous devons penser non pas à l'échelle des laboratoires et des salles d'audience, mais à l'échelle des forêts, des chaînes de montagnes, des toundras, des océans et des continents – à l'échelle de projets tels que l'initiative Y2Y.

L'histoire du pistage des animaux au moyen de la technologie est celle d'une perspective qui se dessine et s'élargit lentement mais inévitablement, de l'échelle du terrain où évoluaient les lapins de Lord et Cochran à celle d'un parc national, puis à celle d'un continent ou d'un océan entier. En cela, cette histoire est le reflet du développement de nos propres technologies de l'information, qui se sont progressivement déployées sur toute la surface de la planète et dans l'espace, nous rapprochant toujours plus des autres parties du globe. À chaque étape, ces réseaux, différents mais interconnectés, nous ont révélé la même chose : nous sommes profondément et inextricablement enchevêtrés les uns avec les autres.

L'initiative Y2Y est l'un des projets de protection de l'environnement les plus ambitieux et les plus réussis de notre époque. Il est le produit direct d'une écologie technologique : une collaboration interspécifique entre un loup, une équipe de chercheurs humains et une constellation de satellites. Dans cet assemblage d'acteurs, l'échelle et la vision de la technologie jouent un rôle fondamental. Auparavant limités à portée de jumelles ou d'émetteur VHF, notre attention et notre soin peuvent maintenant s'étendre à l'ensemble d'un continent, grâce à ces capacités d'observation depuis 850 kilomètres d'altitude. Aujourd'hui, Argos – le système de satellites qui a permis de suivre les déplacements de Pluie – est composé de sept satellites en orbite polaire. Ceux-ci effectuent un tour de la Terre toutes les cent minutes et couvrent à tout moment environ 5 000 kilomètres carrés de sa surface. Et si ses capacités et sa précision ont été améliorées au fil du temps, il a aussi été complété par des systèmes plus récents et encore plus performants, tels que le système de positionnement global, ou GPS.

Le GPS est beaucoup plus précis que le système Argos. Avec les progrès effectués dans la miniaturisation des piles, l'amélioration des émetteurs et des récepteurs et toute une série d'autres perfectionnements, il rend possible un suivi à grande échelle des animaux que les pionniers de la radiotélémétrie n'auraient jamais pu imaginer. Pour économiser davantage d'énergie et durer plus longtemps, certains colliers de pistage peuvent désormais stocker eux-mêmes les données embarquées et se détacher automatiquement à un moment prédéterminé, tombant de l'animal pour être récupérés par les chercheurs. Cela a permis d'être moins intrusif et d'avoir une vision beaucoup plus précise, à une échelle bien plus grande, des endroits où les animaux se trouvent et de ceux où ils veulent aller.

L'Interstate 80 est une autoroute qui traverse tout le continent américain, de New York sur la côte est à San Francisco à l'ouest, en passant par les États du Wyoming, du Nebraska et de l'Utah, au sud du parc national de Yellowstone. C'est un danger notoire pour les animaux sauvages – et souvent, par voie de conséquence, pour les humains. Rien que dans l'État du Wyoming, 15 % des accidents de la route impliquent des cerfs, des antilopes ou d'autres grands animaux. Ces six mille collisions annuelles provoquent des dommages aux voitures estimés à 50 millions de dollars et la mort de nombreux animaux sauvages. Comme l'I-80 traverse un certain nombre de grandes pistes de migration, ces collisions peuvent être dévastatrices. En 2017, un semi-remorque a percuté tout un troupeau de pronghorns en pleine migration, tuant vingt-cinq d'entre eux.

Dans les années 1960, lors de la construction de l'autoroute, les aménageurs avaient conscience qu'ils devaient tenir compte de la faune locale, notamment parce que leurs propres ingénieurs pouvaient être victimes de ce genre de collision. En réaction, avec les meilleures intentions du monde, ils ont construit une série de passages souterrains et de ponceaux le long de l'autoroute pour permettre aux animaux sauvages de passer sous la chaussée. Toutefois, à l'époque, la migration des animaux était mal comprise et il existait peu de données pour guider la conception. L'emplacement des passages souterrains a été choisi au hasard par quelques ingénieurs, et la plupart ont été construits aux mauvais endroits. Peu d'animaux migrateurs les utilisaient, et nombre d'entre eux persistaient à traverser la route ailleurs. Le massacre a continué[13].

Les choses ont commencé à changer au cours de la dernière décennie, grâce à la plus grande disponibilité des GPS et des puces légères, qui a entraîné une explosion de leur utilisation et une production correspondante de données vérifiables sur les mouvements et les migrations des animaux – sur leurs besoins et leurs désirs. Tout au long de l'I-80, les wapitis, les pronghorns, les cerfs hémiones et d'autres animaux butent contre la route et les clôtures qui l'entourent, n'ayant souvent d'autre choix que d'affronter la circulation – ou d'être coupés de leur nourriture, de leurs sites de reproduction et de leur diversité génétique. Mais beaucoup de ces animaux portent désormais des puces électroniques et, grâce à la surveillance exercée par des organisations comme la Wyoming Migration Initiative, qui a rassemblé des données provenant de multiples études, les endroits où ils se regroupent et ceux qu'ils tentent d'atteindre sont tout à coup beaucoup plus visibles[14].

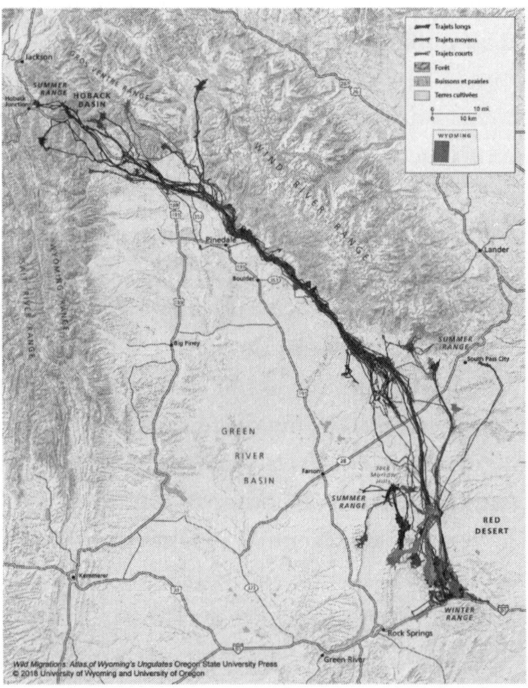

Carte montrant les empreintes GPS de centaines de cerfs hémiones lors de leur migration à travers le Wyoming.

Cette visibilité se traduit notamment par une nouvelle infrastructure de protection de la faune. En 2012, le Wyoming a construit un nouvel écopont à Trapper's Point sur l'autoroute US 191. Son emplacement a été choisi après examen des données GPS de centaines de pronghorns, qui ont révélé le trajet exact de leur périple biannuel entre leurs aires d'hivernage dans le Red Desert et d'estivage dans le parc national de Grand Teton. Utilisée depuis au moins 6 000 ans, et désormais connue sous le nom de « sentier des pronghorns », cette voie de migration essentielle est bloquée en plusieurs points par des routes et des voies ferrées, mais depuis 2012, il y a un obstacle de moins. Le pont de Trapper's Point, placé en plein sur leur chemin, est désormais emprunté chaque année par des milliers de pronghorns et de cerfs – et le nombre de décès sur les routes a significativement diminué. Le Wyoming étudie actuellement d'autres emplacements pour les passages et recueille davantage de données pour savoir où ils seraient nécessaires.

À la fin du chapitre précédent, je me demandais à quoi pourrait ressembler une véritable participation politique des animaux dans un système plus qu'humain. La politique, rappelons-le, est l'art et la science de la prise de décision collective sur des sujets qui nous concernent tous. C'est précisément ce qui se passe dans ce cas. De même que les orangs-outans qui se battent contre leur emprisonnement dans les zoos agissent politiquement, la faune du Wyoming et l'initiative Y2Y agissent politiquement. Ces antilopes, wapitis et autres animaux votent avec leurs pieds, et nous – soutenus par la technologie – les écoutons enfin, et adaptons notre comportement et nos constructions pour mieux les prendre en compte.

C'est à cela que ressemble réellement une politique plus qu'humaine : l'attention attentive et consciente aux besoins et aux désirs des autres, la reconnaissance de leur agentivité et de leur valeur, et la volonté d'adapter nos structures de société existantes et notre place pour mieux tenir compte de chacun d'entre nous. C'est la solidarité plus qu'humaine en pratique et, comme promis, elle s'accompagne d'avantages – et de questions – pour nous tous.

Ainsi, c'est dans cette direction que le projet ICARUS de Martin Wikelski, qui suit les animaux depuis la station spatiale internationale, pourrait nous emmener – au-delà du GPS et de quelques troupeaux d'antilopes, au-delà de quelques autoroutes, vers une nouvelle super-autoroute partagée : l'Internet des animaux. Imaginez cette progression, depuis les bracelets en laiton pour les pattes et les boucles d'oreilles en plastique jusqu'à la radio VHF et jusqu'au suivi par satellite, à une échelle permettant d'inclure non pas des centaines, mais des millions, voire des milliards d'animaux. Si nous pouvions connecter davantage d'animaux à des réseaux de capteurs, nous aurions une idée plus précise de leurs besoins et de leurs désirs, et serions mieux à même d'y répondre de manière appropriée.

Le système ICARUS élargit encore la portée et l'étendue du suivi des animaux, au-delà des systèmes radio et GPS. À cause du poids que représentent même les plus petits émetteurs GPS, il est impossible d'en doter les animaux pesant moins de 100 grammes, ce qui signifie qu'environ 75 % des espèces d'oiseaux et d'animaux – et tous les insectes – ne peuvent pas faire l'objet d'une collecte de données numériques. En outre, malgré les progrès réalisés, les colliers et harnais GPS restent trop coûteux pour un grand nombre d'applications[15].

ICARUS change tout cela : ses balises légères, alimentées à l'énergie solaire, peuvent se fixer sur un éventail beaucoup plus large de créatures, ce qui augmente d'autant le nombre d'animaux que nous pouvons suivre, surveiller et écouter. Si ces initiatives sont reliées à de réelles tentatives pour améliorer le sort des non-humains, alors l'extension de cette traçabilité revient de fait à une extension du suffrage. Plus le nombre de non-humains qui rejoignent l'Internet des animaux – et peut-être un jour celui des champignons, des plantes, des bactéries ou des pierres – est important, plus le nombre de votes est élevé, plus les voix qui rejoignent le dèmos sont nombreuses, et plus notre communauté plus qu'humaine s'élargit et devient plus juste.

Nous ne savons pas encore ce que nous trouverons, ni ce qui sera décidé. De la même manière que Pluie nous a révélé l'ampleur jusqu'alors inconnue du mouvement et de l'interconnexion des animaux, l'Internet des animaux nous conduira sans aucun doute à de nouvelles questions que nous étions loin de nous poser. Tout comme l'Internet humain a révélé les désirs latents, les manies, les faiblesses et l'étrangeté de notre propre espèce, l'Internet non humain sera l'occasion de rencontres, d'expériences et de prises de conscience que nous ne pouvons pas encore concevoir. Et cela, comme nous le savons depuis notre exploration du hasard, est précisément ce que nous cherchons à faire. L'Internet des animaux et de tout le reste – l'Internet plus qu'humain – apparaît donc comme un moyen viable et urgent de nous mettre en relation avec un nombre toujours plus grand d'êtres et de co-créer un avenir qui tienne compte de l'agentivité et de la valeur innée de tous ses participants.

Bien sûr, l'idée d'un Internet des animaux a aussi de quoi susciter quelques inquiétudes – après tout, ce n'est pas comme si l'Internet des humains n'avait eu que des effets positifs. Nous devrons réfléchir soigneusement à la manière dont il est déployé, utilisé et administré. En particulier, nous ne devons pas répéter l'erreur commise avec le déterminisme technologique au XXe siècle, selon lequel le rôle de la haute technologie était d'apporter une réponse unique et irréfutable à tous les problèmes. Si le recours aux traceurs et autres gadgets permettant d'amasser de grandes quantités de données semble se rapprocher du type de systèmes de prévision et de contrôle contre lesquels je me suis élevé plus haut, nous devons veiller tout particulièrement à ce que leurs applications soient flexibles, respectueuses et appropriées – et nous disposons des techniques nécessaires à cet effet.

On trouve un exemple de ce type de flexibilité avec le concept d'aires protégées mobiles. En 2020, la Convention des Nations unies sur le droit de la mer a fait l'objet d'une révision pour la première fois depuis 1982. Si la Convention comportait déjà des dispositions relatives à des aires marines protégées – des étendues d'océan interdites à la pêche ou aux grands navires –, celles-ci étaient établies sur la base de localisations fixes et de frontières immuables. Mais, comme le souligne la professeure de biologie marine à l'université de Washington, Sara Maxwell : « Les animaux ne restent évidemment pas toujours au même endroit – beaucoup d'entre eux se déplacent dans de très grandes zones de l'océan, et ces zones peuvent se déplacer dans le temps et l'espace. Avec le changement climatique, si nous établissons des frontières statiques dans le temps et dans l'espace, il y a de fortes chances pour que les animaux que nous essayons de protéger disparaissent de ces endroits[16]. » Maxwell est bien placée pour le savoir, puisque ses recherches incluent l'utilisation de balises satellites et GPS sur des animaux tels que les tortues et les sternes arctiques pour étudier les schémas de migration des espèces océaniques.

Dans le cadre de la révision de la Convention, Maxwell et un groupe de scientifiques ont proposé d'y inclure des dispositions relatives à la création d'aires marines protégées mobiles, qui pourraient être créées et modifiées en fonction des données transmises par un Internet aquatique. Ce type de gestion dynamique de l'océan est déjà pratiqué par un certain nombre de pays dans les 200 milles marins qu'ils administrent au large de leurs propres côtes, mais l'abondance de signaux désormais disponibles en provenance d'un large éventail de créatures océaniques rend possible une protection beaucoup plus large et plus souple. « Tant que nous ne pouvions pas mettre en œuvre ce type de gestion et montrer qu'elle était réalisable, les gens ne croyaient pas vraiment que c'était possible, a déclaré Maxwell. Mais à mesure que nous en savons plus sur les déplacements des animaux dans l'espace et dans le temps, nous pouvons utiliser ces informations pour mieux les protéger. » Les nouvelles technologies permettent cette approche dynamique de la conservation des océans, à un moment où le changement climatique rend cette dernière nécessaire[17].

L'Internet des animaux permet également de faire des choses extraordinaires qui ne nécessitent pas un suivi précis ni des savoirs totalisants, mais simplement une plus grande sensibilité à la vie et au comportement d'autrui. L'équipe du projet ICARUS a fixé des accéléromètres au collier d'un certain nombre d'animaux vivant dans des zones à forte activité sismique, notamment des chèvres qui fréquentent les flancs de l'Etna, en Sicile, et des moutons, des vaches et des chiens autour de la ville de L'Aquila, dans le centre de l'Italie. Ces appareils n'enregistrent ni la localisation ni ce que les humains désignent généralement comme des « données personnelles ». Ils transmettent uniquement le niveau d'activité des animaux : dans quelle mesure ils se déplacent, s'ils sont calmes ou excités.

Lorsque l'Etna est entré en éruption à 22 h 20 le 4 janvier 2012, l'équipe a examiné ses données et a constaté que les chèvres étaient devenues anormalement agitées six heures auparavant. Sur une période de deux ans, ils ont été en mesure de prédire sept autres éruptions majeures. Ils ont constaté la même chose pour les tremblements de terre à L'Aquila : dans les jours et les heures précédant les tremblements de terre, les moutons, les vaches et les chiens se comportaient de manière inhabituelle – mais mesurable. Plus ils étaient proches de l'épicentre, plus ils étaient agités. À eux tous, ils formaient un système d'alerte précoce plus puissant, plus précis et plus avancé que n'importe quel autre mécanisme de conception humaine. Or ces expériences ont été menées avec des balises radio traditionnelles. Cela laisse imaginer la puissance qu'auront maintenant ces prévisions grâce au système ICARUS mis en service dans l'espace – et le nombre de vies qui pourront être sauvées[18].

Ce qui est apparu lors de ces expériences est qu'il faut de nombreuses sources de données, de nombreux animaux connectés, pour faire des prédictions précises. Les types de comportement annonciateurs d'une secousse imminente n'étaient pas observables pour un animal isolé : ils ne sont apparus clairement qu'une fois les données agrégées. Nous sommes plus forts, plus compétents et mieux informés lorsque nous agissons collectivement, même si nous n'en avons pas nous-même conscience.

L'Internet des animaux montre également que tout n'est pas à jeter dans ce que nous avons appris sur les technologies complexes ; nous pouvons les utiliser à d'autres fins. Comme les animaux réagissent différemment aux phénomènes naturels, selon leur taille, leur vitesse et leur espèce, l'équipe d'ICARUS a jugé nécessaire d'utiliser des formes d'analyse particulièrement complexes pour repérer les différences dans les données générées par les balises à différents moments – un ensemble de signaux subtils et légèrement variables. Pour cela, les scientifiques se sont tournés vers des modèles statistiques développés pour l'économétrie financière : des logiciels conçus pour générer de la richesse en détectant les signaux subtils des marchés boursiers et des modèles d'investissement. J'aime à penser qu'il pourrait s'agir d'une sorte de reconversion, avec des algorithmes bancaires repentants qui quittent les places de marchés boursiers pour commencer une nouvelle vie à la campagne et contribuer à la réparation de la Terre. Depuis les satellites espions jusqu'aux algorithmes de reconnaissance faciale, les outils qui évoquent aujourd'hui l'oppression et les inégalités peuvent être détournés et utilisés à des fins bénéfiques.

Enfin, le système d'alerte précoce des animaux nous dit quelque chose sur la manière dont nous apprenons en écoutant les animaux et les plantes, au lieu de les disséquer. Rappelez-vous les conversations de Monica Gagliano avec *Mimosa pudica*, et les réticences qu'elle a rencontrées lorsqu'elle a publié sa théorie de la mémoire des plantes. Cette opposition s'appuyait sur le fait qu'il n'existe aucun mécanisme connu pour une telle mémoire. À contre-courant des pratiques habituelles en botanique, les conclusions de Gagliano étaient fondées sur le comportement réel de la plante, et non sur ce que nous savons de sa structure interne. La plante nous a dit quelque chose, et nous avons choisi de la croire – sur la base de tests et de preuves rigoureuses – sans comprendre complètement comment les choses se passaient.

De même, on ne connaît pas le mécanisme qui permet aux animaux de prédire l'activité sismique – même si la sagesse populaire en atteste depuis des siècles. Certains scientifiques ont suggéré que leur fourrure leur permettait peut-être de percevoir d'une certaine manière l'ionisation de l'air causée par les fortes pressions rocheuses dans les zones sismiques. D'autres avancent qu'ils sentent peut-être les gaz libérés depuis les profondeurs du sous-sol à l'approche des événements sismiques (les mêmes gaz mystérieux, peut-être, qui ont donné à l'oracle de Delphes le don de prophétie). En fait, nous ne savons pas, mais si nous sommes prêts à renoncer à notre désir de savoir totalisant, si nous sommes prêts à considérer la compréhension comme un processus et une négociation, plutôt que comme un chemin qui mène au pouvoir et à la domination, alors nous pouvons apprendre et comprendre beaucoup de choses grâce à la sagesse d'autrui.

Ce n'est pas la seule chose à laquelle nous devrons renoncer. En plus d'admettre que nous ne pouvons pas tout savoir, nous devrons admettre le fait que nous ne pouvons pas être partout, et agir en conséquence. Car, en définitive, un des objectifs de l'Internet des animaux doit être de nous permettre de vivre aux côtés de nos camarades non humains, tout en laissant la plupart d'entre eux tranquilles. Les débats contemporains des humains sur la protection de leur vie privée et le « droit à l'oubli » – c'est-à-dire la suppression totale des données nous concernant dans les bases de données des entreprises et des gouvernements – doivent être étendus aux non-humains. Nous devons veiller à ce que, même avec les meilleures intentions du monde, notre désir de collaborer avec les animaux ne porte pas atteinte à leur liberté et à leurs moyens de subsistance. Et lorsque nous aurons appris ce dont nous avons besoin, nous devrons retirer les balises et les traceurs et nous éclipser. La conclusion logique du développement de corridors écologiques et d'aires protégées – même mobiles – est qu'il y a des endroits qui doivent être laissés aux non-humains, même dans un monde plus qu'humain.

Cette idée n'est pas nouvelle. Elle remonte au moins au début du XXe siècle dans la culture occidentale, avec la création des parcs nationaux en Europe et en Amérique, et elle est intrinsèque aux conceptions non occidentales de notre place parmi les espèces de la planète. Mais on prend de plus en plus conscience de l'urgence d'une telle approche, qui ne doit pas se limiter à quelques parcs et réserves éparpillés. En effet, de solides arguments scientifiques et moraux plaident en faveur de son extension sur au moins la moitié de la planète.

*

La campagne visant à faire de la moitié de la surface de la Terre une réserve naturelle sans présence humaine trouve son origine dans les travaux de E. O. Wilson, l'un des plus grands biologistes de l'évolution, fondateur de la sociobiologie. Le travail de Wilson est fondé sur une profonde compréhension de la valeur réelle de la biodiversité, ainsi que sur une approche extrêmement morale du monde naturel. Sa « théorie de la biogéographie insulaire », développée à partir des années 1960, a fourni le fondement théorique de ce que Pluie allait nous apprendre en pratique, en montrant comment tous les paysages isolés, y compris les parcs naturels, perdent inévitablement des espèces, même s'ils sont bien protégés et entretenus. En 2014, Wilson et d'autres ont lancé le projet Half-Earth, afin de diffuser largement ces idées et de faire campagne pour sanctuariser la moitié de la planète.

Selon la théorie largement reconnue de Wilson, les modifications de la taille d'un habitat entraînent une modification du nombre d'espèces qu'il peut accueillir – et ce nombre est mathématiquement prévisible et stable. Lorsque les aires protégées s'étendent, le nombre et la diversité des espèces qu'elles abritent augmentent, mais lorsqu'elles rétrécissent, la diversité qu'elles abritent décline rapidement, immédiatement et souvent de manière irrémédiable. Lorsque 90 % de l'habitat sauvage disparaît, le nombre d'espèces qui peuvent y vivre est divisé par deux – et c'est à peu près le point que nous avons atteint aujourd'hui, à l'échelle mondiale. Mais si nous perdons seulement 10 % de ce qui reste, la plupart ou la totalité des espèces survivantes disparaîtront.

La réponse, selon Wilson et le projet Half-Earth, est une extension radicale des aires protégées. Si nous parvenons à protéger la moitié de la Terre contre les interférences et les altérations humaines – ce qui constitue un objectif presque inimaginable –, nous pouvons espérer protéger quelque 85 % des espèces restantes. Wilson appelle cela la « zone de sécurité » pour la vie sur Terre – et si nous ne commençons pas à y travailler maintenant, les conséquences pour la biodiversité, et donc pour la vie sur Terre dans son ensemble, seront catastrophiques[19].

Un élément central du projet Half-Earth consiste à déterminer quelle moitié de la Terre nous devons protéger – et la technologie revêt une importance cruciale à cet égard. Comme nous commençons à le comprendre avec la conception et la mise en œuvre des corridors écologiques, la meilleure solution pour les humains et les non-humains n'est pas un apartheid total, mais une sorte de maillage avec des étendues sauvages, des zones sans présence humaine et des territoires océaniques sanctuarisés, ainsi que des corridors et des passages, des écoponts et des cours d'eau préservés, qui traversent et contournent les zones d'habitation humaine. Wilson désigne ces espaces interconnectés sous le nom de « paysages longs » et imagine un jour, dans un avenir pas si lointain, où « l'on sera tellement entouré, tellement enveloppé par des corridors connectés que l'on ne sera presque jamais ailleurs que dans un parc national, ou en tout cas dans un paysage qui mène à un parc national »[20].

L'Internet des animaux sera un élément clé pour faire avancer le projet Half-Earth, notamment si nous le comprenons non seulement comme un assemblage technologique permettant de générer des données, mais aussi comme une initiative politique permettant de collaborer avec nos camarades plus qu'humains et de leur poser des questions. Le projet Half-Earth est une initiative de survie pour chacun d'entre nous. Sa réalisation exigera, d'une part, d'écouter les autres et, d'autre part, de leur céder de manière concrète une partie de nos privilèges et de notre pouvoir. C'est la conséquence, même si elle est parfois difficile à accepter, de toutes les luttes de libération humaines, et cela vaut tout autant pour le progrès plus qu'humain. Nous disposons de la science et de la technologie nécessaires pour réaliser cette vision. La seule chose qui nous en empêche est notre propre hubris, ainsi que l'égoïsme et l'ignorance de ceux qui profitent le plus du système actuel et qui, par conséquent, veulent maintenir le statu quo.

Les objectifs du projet Half-Earth – et des autres actions qui seront nécessaires pour maintenir la vie sur la planète – ne pourront être atteints que par la lutte. Aucun changement majeur dans les affaires humaines n'a jamais eu lieu sans qu'une des parties renonce à une parcelle ou à la totalité de son pouvoir, et dans la lutte pour un futur plus qu'humain équitable, c'est l'humanité entière qui est du côté du pouvoir. Mais c'est à nous de rejeter cette position, et les bénéfices que nous en tirerons seront immenses et précieux, surtout si nous cherchons à embrasser la beauté et la diversité, le changement et la possibilité, plutôt que le pouvoir et la domination.

« Un mot : la poésie. C'est ce que le monde a à nous offrir, écrivait Wilson en 2020. Toute une série de mystères, de découvertes possibles, de phénomènes, d'événements inattendus, d'objets, de choses, d'organismes vivants… Il existe une quasi-infinité de choses sur cette planète, qui n'attendent rien d'autre que d'être appréciées. Tant de choses dans ce monde qui ne demandent qu'à être explorées, savourées et décrites[21]. » Wilson utilise le mot « biophilie » pour qualifier cet élan qu'il appelle de ses vœux, partant de la conviction que les humains ont une affinité innée avec les autres espèces. C'est ce que j'appelle « solidarité », mot qui pour moi exprime à la fois un amour profond pour la Terre et tout ce qu'elle contient, et une politique concrète de respect, d'aide et de soutien réciproques.

La réalisation du projet Half-Earth représente l'un des aboutissements des processus décrits dans ce livre, et c'est avec les corridors écologiques qui nous y conduisent qu'elle trouve sa meilleure traduction. Selon moi, ces corridors incarnent la convergence de tous les thèmes abordés : la complexité et la variété des intelligences non humaines ; la subjectivité et l'agentivité propres à chaque être ; les possibilités et les enjeux politiques de la technologie ; et la richesse des connaissances et des idées que nous pouvons récolter en nous ouvrant au monde plus qu'humain auquel nous sommes inextricablement et magnifiquement liés. Mais surtout, ils insistent sur la nécessité du mouvement et sur le fait que c'est le cheminement lui-même qui nous nourrit dans un monde toujours changeant et surprenant. Ce sont les moyens, et non les fins, qui nous intéressent en premier lieu.

Je dois avouer que je suis surpris qu'une des réponses à la question « Comment empêcher la technologie de nous séparer du monde naturel ? » consiste à coller de minuscules capteurs numériques sur tout. Mais peut-être ne devrais-je pas l'être. Après tout, si nous pouvons adapter les radars militaires pour observer la migration des oiseaux, ou détourner le fonctionnement des satellites espions pour en savoir plus sur les origines de l'univers, nous pouvons aussi mettre les outils de la surveillance au service de la construction d'un parlement plus qu'humain.

Mais peut-être que cela n'a jamais vraiment été la question. Ce que je pense avoir compris, encore plus profondément qu'auparavant, c'est que l'ennemi n'est pas la technologie elle-même, mais plutôt les inégalités et la centralisation du pouvoir et du savoir, et que la réponse à ces menaces passe par l'éducation, la diversité et la justice.

Nul besoin d'une quelconque intelligence artificielle pour comprendre cela. Il nous faut une intelligence réelle. Mais plus important encore, nous avons besoin de toutes les intelligences réelles – celle de chaque personne, chaque animal, chaque plante et chaque insecte ; de chaque créature, chaque pierre et chaque système naturel et non naturel. Il nous faut un ordinateur à crabes de la taille du monde entier. Le problème n'est jamais la technologie elle-même ; après tout, comme nous l'avons vu, l'ordinateur est comme le monde.

Je reste plus que jamais fasciné par le pouvoir et les possibilités des ordinateurs et des réseaux ; j'abhorre cependant les structures de pouvoir, les injustices, l'extractivisme et la pensée calculatrice dans lesquels ils s'inscrivent actuellement. Mais j'espère avoir montré, au moins en partie, qu'il ne s'agit pas forcément d'une fatalité. Il existe toujours d'autres manières de faire de la technologie, tout comme il existe d'autres manières de produire de l'intelligence et de faire de la politique. En fin de compte, la technologie est ce que nous pouvons apprendre à faire.

Conclusion
La ferme des métaux

Nous sommes en mai 2021 et je suis à nouveau en Épire, à quelques heures de route de montagne du lac où cette histoire a commencé. Je suis de retour dans le nord de la Grèce, de l'autre côté des montagnes du Pinde, pour voir à l'œuvre un autre genre d'extraction. Cette fois-ci, je ne me retrouve pas face à des traces de bulldozer, des forages et autres marques de cupidité humaine ou d'IA extractiviste. Je suis dans un petit champ en pente douce, entouré de parcelles bien délimitées, parmi les plantes vertes et les fleurs. On dirait un potager, un peu envahi par des mauvaises herbes conquérantes, mais il s'agit en réalité d'une expérimentation agricole soigneusement organisée. Je me trouve dans une petite ferme, mais différente de toutes celles que j'ai vues auparavant. Une ferme où l'on cultive le métal.

Dans les années 1990, un certain nombre de sociétés minières ont financé des recherches sur une famille nouvellement identifiée – en fait, plusieurs familles – de plantes : les hyperaccumulatrices. Ces plantes ont en commun la propriété très inhabituelle de pouvoir pousser sur des sols riches en divers types de métaux, présents naturellement ou issus de pollutions industrielles. Elles sont capables de se développer sur des sols qui sont toxiques pour la plupart des autres formes de vie. Les recherches ont montré que ces plantes extraient le métal du sol par leurs racines et le stockent en surface dans leurs pousses et leurs feuilles. Ce faisant, elles assainissent le sol, le débarrassent des métaux et le rendent plus accueillant pour les autres plantes[1].

La ferme à métaux dans les monts du Pinde est le fruit de ces recherches : une expérience visant à déterminer s'il est possible non seulement de réparer des sols endommagés en cultivant des plantes hyperaccumulatrices, mais aussi de récolter les métaux comme nous récoltons d'autres cultures. Elle fait partie d'une initiative de recherche conduite à l'échelle européenne, avec des parcelles en activité dans un certain nombre de pays – mais il s'avère que le nord de la Grèce et l'Albanie se prêtent particulièrement bien à cette pratique, connue sous le nom d'« exploitation agrominière ».

Aujourd'hui, c'est jour de récolte, car les plantes sont en pleine floraison. Un couple d'agriculteurs se déplace, accroupi, entre les plates-bandes, coupant à leur base les plantes qu'il empile sur des bâches. Kostas, l'un des chercheurs, casse la tige d'une de ces plantes et presse la sève qui en sort sur une bande de papier buvard. Le papier se colore immédiatement en violet, ce qui indique que la sève contient une grande quantité de nickel. Maria Konstantinou, qui dirige l'équipe de recherche, m'explique que ces sols, appelés « serpentines » pour leur couleur bleu-vert, sont extrêmement rares dans le monde. On en trouve des surfaces importantes seulement dans les Balkans, dans certaines parties des Alpes, à Cuba et dans quelques endroits épars d'Amérique du Nord. Comme ils sont riches en métaux lourds – notamment en chrome, fer, cobalt et nickel –, la plupart des plantes ont du mal à s'y développer. Mais ces conditions difficiles ont également amené certaines plantes à s'y adapter de manière unique.

Trois types de plantes à fleurs sont cultivées sur la parcelle des monts du Pinde : *Alyssum murale*, *Leptoplax emarginata* et *Bornmuellera tymphaea*. La *murale* pousse en petits buissons coiffés de touffes de fleurs jaunes ; l'*emarginata* est plus grande et plus frêle, avec des bouquets de feuilles vertes et des pétales blancs qui partent dans tous les sens ; la *tymphaea* s'étend au sol et présente une couche dense de fleurs blanches. Chacune de ces plantes est spécifique de la région : la *murale* est originaire d'Albanie et du nord de la Grèce, l'*emarginata* ne se trouve qu'en Grèce, tandis que la *tymphaea* ne pousse que sur les flancs des monts du Pinde (son nom vient du mont Tymfi, l'un des plus hauts sommets de la chaîne montagneuse).

Maria et son équipe de l'Université hellénique internationale de Thessalonique travaillent cette parcelle depuis six ans, et cette récolte est leur troisième. Les résultats enregistrés sont déjà étonnants. Une fois récoltées et séchées, les plantes de la parcelle sont envoyées en France, où elles sont incinérées. Cela produit à la fois de la chaleur – qui peut être utilisée pour la production d'énergie – et des cendres métalliques, dont on peut extraire le nickel. La parcelle génère selon les cultures entre 6 et 13 tonnes de biomasse (plantes séchées) par hectare, et chacun de ces hectares produit entre 80 et 150 kilogrammes de nickel. Par comparaison, une tonne de minerai de nickel extrait contient entre 1 et 2 % de nickel, soit 10 à 20 kilogrammes. En concentrant le métal dans leurs feuilles, les plantes deviennent plus riches que la terre.

Des recherches sur les plantes hyperaccumulatrices sont menées dans le monde entier. En Malaisie, le *Phyllantus balgooyi*, un arbuste qui pousse dans la forêt équatoriale, absorbe tellement de nickel que sa sève est d'un vert très vif : il saigne du métal quand on le coupe. En Nouvelle-Calédonie, dans le Pacifique Sud, la sève de *Pycnandra acuminata* contient jusqu'à 25 % de nickel en poids sec. Le nickel n'est pas le seul métal à pouvoir être exploité de cette manière : la moutarde brune, ou *Brassica juncea*, forme un alliage d'argent, d'or et de cuivre dans ses feuilles ; le colza permet d'éliminer le plomb, le zinc et le sélénium des sols contaminés. On trouve même du lithium, essentiel pour les batteries de nombreux appareils – des téléphones portables aux véhicules électriques –, dans les feuilles de l'*Apocynum venetum*, qui est utilisée depuis longtemps en médecine traditionnelle contre l'hypertension. Et on peut penser que de nombreux autres pouvoirs de ce type restent à découvrir[2].

Le secteur agrominier n'en est qu'à ses tout débuts, et son potentiel pour modifier les méthodes d'extraction de toutes sortes de métaux, ainsi que pour réparer les dommages que nous avons causés à la Terre, n'a pas encore été pleinement exploité. Cela dit, cette méthode ne sera jamais en mesure de répondre aux besoins actuels du monde en métaux : elle est beaucoup moins efficace, beaucoup plus lente et exige beaucoup plus de précautions que le simple fait de creuser la terre avec des foreuses et des explosifs. En outre, nous ne voudrions pas qu'elle connaisse un succès excessif, car elle imposerait le type d'agriculture destructrice et industrielle qui caractérise malheureusement la culture du soja, des biocarburants, de l'huile de palme et d'autres productions considérées en leur temps comme des cultures miracles.

Les plantes hyperaccumulatrices nous montrent néanmoins la voie d'une compréhension et d'une adaptation à la vie non humaine qui, à long terme, pourraient être bien plus précieuses que tous les désirs matériels qui sont les nôtres. Ce qui me frappe le plus avec ces plantes, c'est qu'elles ont évolué, sur de longues périodes, dans des lieux particuliers, pour répondre à leur manière à des questions spécifiques de survie. Elles connaissent bien le sol et ont développé des moyens de faire avec celui-ci et d'y prospérer. Pendant longtemps, nous les avons ignorées, voire considérées comme des mauvaises herbes et des parasites, jusqu'à ce que nous nous rendions compte que leurs besoins et les nôtres se rejoignaient. C'est finalement en nous mettant à la recherche d'autres moyens, moins destructeurs, de trouver ce dont nous avions besoin dans la terre que nous avons découvert que les plantes y étaient arrivées bien avant nous. Si elles ne sont pas plus évoluées, elles ont mieux évolué que nous, si tant est que nous considérions la véritable évolution comme un ajustement prospère et non destructeur avec la Terre.

Les plantes ont appris à extraire les métaux. Peut-être inventeront-elles un jour aussi des téléphones et des ordinateurs : elles ont tous les matériaux dont elles ont besoin. Ou peut-être construirons-nous quelque chose de mieux ensemble. En mars 2021, des chercheurs du MIT ont annoncé qu'ils avaient appris à des épinards à utiliser le courrier électronique, qu'ils employaient pour avertir de la présence de matériaux explosifs dans le sol, issus de la corrosion de vieux champs de mines. La réalité est un peu plus prosaïque, mais bien plus intéressante. Les chercheurs ont fait en sorte que les épinards changent de couleur en présence de certains produits chimiques, puis ils ont utilisé des caméras et des ordinateurs pour détecter et transmettre ces informations. Néanmoins, l'expérience a révélé la capacité de toutes sortes de plantes à être, comme l'a dit un chercheur, « très bonnes en chimie analytique », et a montré comment utiliser la technologie pour les aider à communiquer leurs résultats[3].

Au Salk Institute for Biological Studies, en Californie, des scientifiques modifient des souches d'arabette des dames – *Arabidopsis thaliana*, cette même plante qui nous a montré, sous la menace de colonies de chenilles, qu'elle pouvait entendre – afin de mettre en évidence une autre capacité extraordinaire. En transférant des gènes de chêne-liège dans l'arabette, les chercheurs ont découvert qu'ils pouvaient l'encourager à développer des structures racinaires beaucoup plus profondes et plus denses, chargées en subérine, un polymère imperméable ressemblant au liège qui stocke d'énormes quantités de carbone[4]. S'ils parviennent à répéter cette prouesse avec des cultures largement répandues telles que le blé, le riz et le coton, alors de vastes zones de terres arables pourraient être transformées en instruments de séquestration du carbone, en extrayant de l'atmosphère le carbone qui accélère le changement climatique et en le stockant en toute sécurité sous terre pour des décennies, voire des siècles.

Cette approche semble bien plus prometteuse que les projets de géo-ingénierie à grande échelle que nous proposent les géants de la technologie, avec leurs vastes empilements de réacteurs et de cheminées qui aspirent le carbone directement dans l'atmosphère, tout en produisant toujours plus de déchets matériels et d'infrastructures bientôt obsolètes[5]. Pour notre avenir commun, nous avons besoin de moins d'hubris industriel et de davantage de coopération avec les systèmes biologiques existants qui possèdent bien des atouts.

À cet instant, je suis simplement heureux d'avoir trouvé ce champ en Épire, avec ses adventices métallifères, fleuries et ondulantes, sous un magnifique soleil, avec pour bande-son le bourdonnement des abeilles qui accompagne les humains dans leur douce récolte. Je ne suis qu'à 60 kilomètres de l'endroit où j'ai senti pour la première fois l'odeur du pétrole portée par la brise et où j'ai appris que l'on prévoyait d'utiliser une IA d'entreprise vorace pour éventrer et saccager la terre. Mais le voyage d'un endroit à l'autre aura vu défiler des gibbons, des éléphants, des séquoias géants et des myxomycètes ; des réseaux neuronaux, des ordinateurs non binaires, des satellites et des voitures autonomes ; le *Yijing*, la musique de John Cage et des joikeurs samis, de nouvelles formes de gouvernance inspirées de pratiques de l'Antiquité et des troupes d'antilopes équipées de traceurs GPS. Le monde est un ordinateur fait de crabes, infiniment enchevêtrés à tous les niveaux, et qui entonne, à gorge déployée, le chant de son propre devenir. La seule façon d'avancer, c'est ensemble.

Notes

INTRODUCTION. UN MONDE PLUS QU'HUMAIN

1. C. Stambolis, G. Papamihalopoulos, K. Nikolaou, *A Strategy for Unlocking Greece's Hydrocarbon Potential: An IENE Study Project*, IENE, Open Forum, 10 juin 2015, Athènes ; https://www.iene.gr/hc-exploration2015/articlefiles/session1/stambolis-nikolaou-papamichalopoulos.pdf.
2. Repsol figure au quarante-sixième rang dans la liste des cent entreprises responsables de 71 % des émissions mondiales. Voir Tess Riley, « Just 100 Companies Responsible for 71 % of Global Emissions, Study Says », *The Guardian*, 10 juillet 2017 ; https://www.theguardian.com/sustainable-business/2017/jul/10/100-fossil-fuel-companies-investors-responsible-71-global-emissions-cdp-study-climate-change.
3. IBM, « IBM and Repsol Launch World's First Cognitive Technologies Collaboration for Oil Industry Applications », communiqué de presse, 30 octobre 2014 ; https://www.repsol.com/en/press-room/press-releases/2014/10/30/repsol-and-ibm-launch-worlds-first-cognitive-technology-collaboration-for-oil-industry-applications/index.cshtml.
4. Repsol, « Optimizing Hydrocarbon Exploration and Production Processes » ; https://www.repsol.com/en/energy-and-innovation/technology-lab/oil-and-gas/index.cshtml.
5. N.d.T. : Nous avons fait le choix de conserver l'expression anglaise *machine learning* et le sigle correspondant ML, qui sont le plus souvent utilisés dans la littérature francophone pour désigner cette sous-catégorie de l'intelligence artificielle. La traduction française en serait « apprentissage automatique », ou « apprentissage machine ».
6. Anjli Raval, « Google and Repsol Team Up to Boost Oil Refinery Efficiency », *Financial Times*, 4 juin 2018 ; https://www.ft.com/content/5711812c-670c-11e8-b6eb-4acfcfb08c11.

7. Pour le rapport de Greenpeace, voir *Oil in the Cloud: How Tech Companies are Helping Big Oil Profit from Climate Destruction*, Greenpeace, 19 mai 2020 ; https://www.greenpeace.org/usa/reports/oil-in-the-cloud/. Pour la réponse de Google, voir Sam Shead, « Google Plans to Stop Making A.I. Tools for Oil and Gas Firms », CNBC, 20 mai 2020 ; https://www.cnbc.com/2020/05/20/google-ai-greenpeace-oil-gas.html.
8. Matt O'Brien, « Employee Activism Isn't Stopping Big Tech's Pursuit of Big Oil », *USA Today*, 2 octobre 2019 ; https://eu.usatoday.com/story/tech/2019/10/02/microsoft-amazon-google-oil-gas-partnerships/3839379002/.
9. Jordan Novet et Annie Palmer, « Amazon Salesperson's Pitch to Oil and Gas: "Remember that We Actually Consume Your Products!" », CNBC, 20 mai 2020 ; https://www.cnbc.com/2020/05/20/aws-salesman-pitch-to-oil-and-gas-we-actually-consume-your-products.html.
10. Pour un développement détaillé de l'hypothèse du trombone, voir Nick Bostrom, « Ethical Issues in Advanced Artificial Intelligence », 2003 ; https://www.nickbostrom.com/ethics/ai.html.
11. Samuel Gibbs, « Elon Musk: Regulate AI to Combat "Existential Threat" Before It's Too Late », *The Guardian*, 17 juillet 2017 ; https://www.theguardian.com/technology/2017/jul/17/elon-musk-regulation-ai-combat-existential-threat-tesla-spacex-ceo.
12. Nick Statt, « Bill Gates is Worried about Artificial Intelligence Too », CNET, 28 janvier 2015 ; https://www.cnet.com/science/bill-gates-is-worried-about-artificial-intelligence-too/.
13. Sam Shead, « DeepMind's Elusive Third Cofounder is the Man Making Sure that Machines Stay On Our Side », *Business Insider*, 27 janvier 2017 ; https://www.businessinsider.com/shane-legg-google-deepmind-third-co-founder-artificial-intelligence-2017-1.
14. Charlie Stross, « Invaders from Mars », *Charlie's Diary*, 10 décembre 2010 ; http://www.antipope.org/charlie/blog-static/2010/12/invaders-from-mars.html.
15. Ernst Haeckel, *Generelle Morphologie der Organismen*, 1866.
16. Charles Darwin, *On the Origin of Species by Means of Natural Selection, or the Preservation of Favoured Races in the Struggle for Life*, Londres, John Murray, 1859. En réponse aux critiques de l'Église à l'égard de son œuvre, Darwin ajouta les mots « par le Créateur » dans les éditions suivantes, de sorte que la dernière phrase se lit comme suit : « N'y a-t-il pas une véritable grandeur dans cette manière d'envisager la vie, avec ses puissances diverses attribuées primitivement par le Créateur à un petit nombre de formes, ou même à une seule ? »
17. John Muir, *Un été dans la Sierra*, trad. Béatrice Vierne, Paris, Hoëbeke, 1997, p. 144. Dans son texte final publié en 1911, Muir reprend là une

phrase plus longue tirée de son journal, datée du 27 juillet 1869 : « Lorsque nous essayons de distinguer une chose par elle-même, nous découvrons qu'elle est liée par mille cordons invisibles qui ne peuvent être rompus, à tout ce qui existe dans l'univers. » (Voir Stephen Fox, *John Muir and His Legacy: The American Conservation Movement*, Boston, Little, Brown, 1981.)

18. Ursula K. Le Guin, « A Rant About "Technology" », 2004 ; http://ursulakleguinarchive.com/Note-Technology.html.
19. Rachel Carson, *Printemps silencieux*, Marseille, Wildproject, 2009.
20. La citation est tirée d'une lettre écrite par Blake à l'un de ses mécènes, le révérend John Trusler, au cours de l'été 1799. Trusler avait engagé Blake pour produire une série d'œuvres d'art moral dans le style de la caricature contemporaine. Lorsque Trusler critiqua la vision artistique de Blake comme étant trop « imaginative », Blake fit savoir à Trusler en termes très clairs ce qu'il pensait de son sens esthétique. « Si j'ai tort, j'ai tort en bonne compagnie [...]. Ce qui est grand est nécessairement obscur pour les faibles. Ce qui peut être rendu explicite pour l'idiot ne vaut pas qu'on s'en soucie. » William Blake, *Écrits prophétiques des dernières années*, suivis de *Lettres,* trad. Pierre Leyris, Paris, Librairie José Corti, 2000.
21. Lynn Margulis, *The Symbiotic Planet: A New Look at Evolution*, Weidenfeld & Nicolson, 2013, p. 112.
22. Extrait de « What is Reality? » dans Alan Watts, *Become What You Are*, Boston, MA, Shambhala Publications Inc., 2003.
23. Eduardo Viveiros de Castro, « The Transformation of Objects into Subjects in Amerindian Ontologies », cité dans Graham Harvey, *Animism*, Londres, C. Hurst & Co., 2017.
24. La phrase originale de Churchill, tirée d'un discours prononcé à la Chambre des communes en 1943, était la suivante : « Nous façonnons nos bâtiments, puis ce sont eux qui nous façonnent » (*We shape our buildings, and afterward our buildings shape us*). C'est John Culkin, collègue et ami de McLuhan, qui adapta et popularisa cette phrase lors d'entretiens avec McLuhan. Toute la saga autour de cette citation est expliquée à l'adresse https://quoteinvestigator.com/2016/06/26/shape/.

CHAPITRE 1. PENSER AUTREMENT

1. Le logiciel d'apprentissage était inspiré de celui proposé par Comma.ai, un système *open source* (libre) pour le développement de voitures autonomes. Le terme « open source » signifie que le code peut être consulté, modifié et exécuté par n'importe qui. Pour mesurer la vitesse, la position et l'angle de braquage, j'ai écrit une application pour smartphone qui est également un logiciel libre. Elle est décrite à l'adresse https://github.com/stml/Austeer.

2. Pour une excellente présentation ainsi qu'une critique des flâneurs et flâneuses, voir Lauren Elkin, *Flâneuse: Women Walk the City*, Londres, Chatto & Windus, 2017. Pour les théories de Debord, voir Guy Debord, « Théorie de la Dérive », *Les Lèvres nues*, nº 9, novembre 1956.
3. L'exemple de la tique est repris de Jakob von Uexküll et Georg Kriszat, *Streifzüge durch die Umwelten von Tieren und Menschen. Ein Bilderbuch unsichtbarer Welten*, Hambourg, Rowohlt, 1956. (Édition française : Jakob von Uexküll, *Mondes animaux et monde humain* ; suivi de *Théorie de la signification*, trad. Philippe Muller, Paris, Gonthier, 1965.) Les explications données ici sont tirées de Giorgio Agamben, *The Open: Man and Animal*, traduit de l'italien par Kevin Attcll, Stanford, CA, Stanford University Press, 2004.
4. La création de ces images a été soutenue par la galerie Nome, dans le cadre de l'exposition *Failing to Distinguish Between a Tractor Trailer and the Bright White Sky*, qui s'est tenue à Berlin d'avril à juillet 2017. Pour plus d'informations sur l'exposition, voir https://nomegallery.com/exhibitions/failing-to-distinguish-between-a-tractor-trailer-and-the-bright-white-sky/.
5. A. M. Turing, « Computing Machinery and Intelligence », *Mind*, nº 49, 1950, p. 433-460, trad. Patrice Blanchard, « Les ordinateurs et l'intelligence », dans Alan Turing et Jean-Yves Girard, *La Machine de Turing*, Paris, Seuil, 1999, p. 160-161.
6. H. F. Harlow, H. Uehling et A. H. Maslow, « Comparative Behavior of Primates. I. Delayed Reaction Tests on Primates from the Lemur to the Orang-Outan », *Journal of Comparative Psychology*, 13(3), 1932, p. 313-343. Dans l'étude originale, outre leurs noms scientifiques, tous les singes se voyaient affublés de noms familiers, ou de sobriquets parfois douteux. Aux côtés de Charlotte, les autres participants incluaient un orang-outan du nom de Jiggs, et un certain nombre de macaques appelés Sourface, Sooty, Blackie ou Kewpie (le nom d'une marque de poupée) – ainsi qu'un groupe de singes simplement nommé Macaques I-V. Les mandrills avaient plus de chance ; deux d'entre eux, apparemment en couple, se nommaient Socrate et Xanthippe.
7. Benjamin B. Beck, « A Study of Problem Solving by Gibbons », *Behaviour*, 28(1-2), janvier 1967, p. 95.
8. Pour de nombreuses descriptions de dispositifs expérimentaux sur l'intelligence animale, dont celui-ci, voir Frans de Waal, *Are We Smart Enough To Know How Smart Animals Are?*, Londres, Granta, 2016.
9. Les informations sur la vie de Jenny et son association avec Darwin sont tirées de « Portrait of Jenny », *Zoological Society of London*, 1er juin 2008 ; https://www.zsl.org/blogs/artefact-of-the-month/portrait-of-jenny.
10. Pour l'histoire du développement du test du miroir par Gallup, voir Chelsea Wald, « What Do Animals See in a Mirror? », *Nautilus*, mai 2014 ; https://nautil.us/what-do-animals-see-in-a-mirror-rp-234906/.

11. Gordon G. Gallup, « Chimpanzees: Self-Recognition », *Science*, 167(3914), 2 janvier 1970, p. 86-87.
12. Pour les tests sur les dauphins, voir K. Marten et S. Psarakos, « Evidence of Self Awareness in the Bottlenose Dolphin (Tursiops truncatus) », *in* S. T. Parker, R. W. Mitchell et M. L. Boccia (éd.), *Self-Awareness in Animals and Humans: Developmental Perspectives*, Cambridge, Cambridge University Press, 1994, p. 361-379. Pour les orques, voir F. Delfour et K. Marten, « Mirror Image Processing in Three Marine Mammal Species: Killer Whales (Orcinus orca), False Killer Whales (Pseudorca crassidens) and California Sea Lions (Zalophus californianus) », *Behavioural Processes*, 53(3), mai 2001, p. 181-190. Pour les pies, voir H. Prior, A. Schwarz et O. Güntürkün, « Mirror-Induced Behavior in the Magpie (Pica pica): Evidence of Self-Recognition », *PLoS Biology*, 6(8), août 2008, p. e202. Pour les fourmis, voir Marie-Claire Cammaerts Tricot et Roger Cammaerts, « Are Ants (Hymenoptera, Formicidae) Capable of Self Recognition? », *Journal of Science*, 5(7), janvier 2015, p. 521-532.
13. Au sujet des « cassettes pornographiques de dauphins », voir Chelsea Wald, « What Do Animals See in a Mirror? », *Nautilus*, mai 2014 ; https://nautil.us/what-do-animals-see-in-a-mirror-rp-234906/. Pour les études ultérieures, voir D. Reiss et L. Marino, « Mirror Self-Recognition in the Bottlenose Dolphin: A Case of Cognitive Convergence », *Proceedings of the National Academy of Sciences*, 98(10), juin 2001, p. 5937-5942.
14. D. J. Povinelli, « Failure to Find Self-Recognition in Asian Elephants (*Elephas maximus*) in Contrast to Their Use of Mirror Cues to Discover Hidden Food », *Journal of Comparative Psychology*, 103(2), 1989, p. 122-131 ; https://doi.org/10.1037/0735-7036.103.2.122.
15. J. M. Plotnik, F. B. M. de Waal et D. Reiss, « Self-Recognition in an Asian Elephant », *Proceedings of the National Academy of Sciences of the USA*, 103(45), 7 novembre 2006, p. 17053-17057.
16. « 2014 Ten Worst Zoos For Elephants », communiqué de presse de In Defense of Animals, 12 janvier 2015 ; https://www.idausa.org/campaign/elephants/10-worst-zoos-for-elephants-2014/.
17. Pour les vidéos du test du miroir, voir https://www.pnas.org/content/suppl/2006/10/26/0608062103.DC1. Pour les récits sur la vie de Happy, voir Brad Hamilton, « Happy the Elephant's Sad Life Alone at the Bronx Zoo », *New York Post*, 30 septembre 2012 ; https://nypost.com/2012/09/30/happy-the-elephants-sad-life-alone-at-the-bronx-zoo/.
18. Pour plus d'informations sur l'histoire de Happy et la chronologie de l'affaire portée par le Nonhuman Rights Project, voir le chapitre 9, ainsi que la page client de Happy sur le site Web du NhRP : https://www.nonhumanrights.org/client-happy/.

19. T. Suddendorf et E. Collier-Baker, « The Evolution of Primate Visual Self-Recognition: Evidence of Absence in Lesser Apes », *Proceedings of the Royal Society B: Biological Sciences*, 276(1662), 7 mai 2009, p. 1671-1677.
20. A. Z. Rajala, K. R. Reininger, K. M. Lancaster et L. C. Populin, « Rhesus Monkeys (*Macaca mulatta*) Do Recognize Themselves in the Mirror: Implications for the Evolution of Self-Recognition », *PLoS ONE* 5(9), 29 septembre 2010, e12865 ; https://doi.org/10.1371/journal.pone.0012865.
21. D. J. Shillito, G. G. Gallup Jr et B. B. Beck, « Factors Affecting Mirror Behavior in Western Lowland Gorillas, Gorilla gorilla », *Animal Behaviour*, 57(5), mai 1999, p. 999-1004.
22. F. G. P. Patterson et R. H. Cohn, « Self-Recognition and Self-Awareness in Lowland Gorillas », *in* S. T. Parker, R. W. Mitchell et M. L. Boccia (éd.), *Self-Awareness in Animals and Humans: Developmental Perspectives*, Cambridge: Cambridge University Press, 1994, p. 273-290.
23. Melinda R. Allen, « Mirror Self-Recognition in a Gorilla (Gorilla gorilla gorilla) », thèse de MSc, Florida International University, avril 2007.
24. Patterson et Cohn, « Self-Recognition and Self-Awareness in Lowland Gorillas », *in* Parker, Mitchell et Boccia (éd.), *Self-Awareness in Animals and Humans: Developmental Perspectives*, *op. cit.*
25. T. Broesch, T. Callaghan, J. Henrich, C. Murphy et P. Rochat, « Cultural Variations in Children's Mirror Self-Recognition », *Journal of Cross-Cultural Psychology*, 42(6), août 2011, p. 1018-1029.
26. Sur la quête de liberté d'Inky, voir Dan Bilefsky, « Inky the Octopus Escapes From a New Zealand Aquarium », *New York Times*, 13 avril 2016 ; https://www.nytimes.com/2016/04/14/world/asia/inky-octopus-new-zealand-aquarium.html. Sur les exploits de Sid, voir Kathy Marks, « Legging It: Evasive Octopus Who Has Been Allowed to Look for Love », *The Independent*, 14 février 2009 ; https://www.independent.co.uk/climate-change/news/legging-it-evasive-octopus-who-has-been-allowed-to-look-for-love-1609168.html. Pour des histoires de poulpes saboteurs, voir Bob Pool, « Did this Mollusk Open a Bivalve », *Los Angeles Times*, 27 février 2009 ; https://www.latimes.com/archives/la-xpm-2009-feb-27-me-octopus27-story.html. Sur Otto et ses penchants à la redécoration, voir « Otto the Octopus Wreaks Havoc », *The Telegraph*, 31 octobre 2008 ; https://www.telegraph.co.uk/news/newstopics/howaboutthat/3328480/Otto-the-octopus-wrecks-havoc.html.
27. Pour ces anecdotes et d'autres sur le comportement des céphalopodes, voir Peter Godfrey-Smith, *Le Prince des profondeurs. L'intelligence exceptionnelle des poulpes*, trad. Sophie Lem, Paris, Flammarion, 2018. Sur la capacité des poulpes à reconnaître les visages, voir R. C. Anderson, J. A. Mather, M. Q. Monette et S. R. M. Zimsen, « Octopuses (*Enteroctopus dofleini*) Recognize Individual Humans », *Journal of Applied Animal Welfare Science*,

13(3), 18 juin 2010, p. 261-272 ; https://doi.org/10.1080/10888705.2010.483892.

28. Adrian Tchaikovsky, *Dans les profondeurs du temps*, Paris, Denoël, 2021.
29. Cette description des études de Smuts ainsi que les citations de cette dernière sont tirées de Barbara Smuts, « Encounters with Animal Minds », *Journal of Consciousness Studies*, 8(5-7), janvier 2001, p. 293-309.
30. Ces réflexions figurent dans Jane Goodall, « Primate Spirituality », *Encyclopedia of Religion and Nature*, Londres et New York, Continuum, 2005.

CHAPITRE 2. WOOD WIDE WEB

1. Pour une présentation de ces processus, voir Tom Reimchen, « Salmon Nutrients, Nitrogen Isotopes and Coastal Forests », *Ecoforestry*, automne 2001 ; https://web.uvic.ca/~reimlab/reimchen_ecoforestry.pdf.
2. Richard Brautigan, « All Watched Over by Machines of Loving Grace », 1967. *A cybernetic fores / filled with pines and electron ics / where deer stroll peacefully / past computers / as if they were flowers / with spinning blossoms.*
3. Rafi Letzter, « There Are Plants and Animals on the Moon Now (Because of China) », Space.com, 4 janvier 2019 ; https://www.space.com/42905-china-space-moon-plants-animals.html.
4. H. M. Appel et R. B. Cocroft, « Plants Respond to Leaf Vibrations Caused by Insect Herbivore Chewing », *Oecologia*, 175, 2 juillet 2014, p. 1257-1266 ; https://doi.org/10.1007/s00442-014-2995-6.
5. Pour approfondir ces questions qui restent ouvertes, voir R. Lederer, « The Mysteries of Eggs », *Ornithology: The Science of Birds*, 25 juin 2019 ; https://ornithology.com/the-mysteries-of-eggs ; et G. E. Hutchinson, « The Paradox of the Plankton », *American Naturalist*, 95(882), mai-juin 1961, p. 137-145.
6. Pour un récit des expériences de Monica Gagliano, voir son livre *La femme qui tendait l'oreille aux plantes*, Vanves, Marabout, 2021. Sur l'expérience du mimosa dans la littérature scientifique, voir M. Gagliano, M. Renton, M. Depczynski *et al.*, « Experience Teaches Plants to Learn Faster and Forget Slower in Environments Where it Matters », *Oecologia*, 175(1), mai 2014, p. 63-72 ; https://doi.org/10.1007/s00442-013-2873-7.
7. Monica Gagliano a inclus la répétition de nombreuses études existantes dans son expérience ; on en trouve un aperçu dans Charles I. Abramson et Ana M. Chicas-Mosier, « Learning in Plants : Lessons from *Mimosa pudica* », *Frontiers in Psychology*, 7(417), 31 mars 2016 ; https://www.frontiersin.org/article/10.3389/fpsyg.2016.00417.
8. Pour les recherches sur les odeurs et le reniflement des plantes, voir Anjel M. Helms, Consuelo M. De Moraes, John F. Tooker et Mark C. Mescher, « Insect Odors and Plant Defense », *Proceedings of the National Academy of Sciences*, 110 (1), 2 janvier 2013, p. 199-204 ; et M. Mescher

et C. De Moraes, « Pass the Ammunition », *Nature*, 510, 11 juin 2014, p. 221-222 ; https://doi.org/10.1038/510221a. Sur la cuscute, voir Justin B. Runyon, Mark C. Mescher et Consuelo M. De Moraes, « Volatile Chemical Cues Guide Host Location and Host Selection by Parasitic Plants », *Science*, 313(5795), 29 septembre 2006, p. 1964-1967 ; https://doi.org/10.1126/science.1131371. Sur la prise de décision par les plantes, voir M. Gruntman, D. Groß, M. Májeková *et al.* « Decision Making in Plants under Competition », *Nature Communications*, 8(2235), 21 décembre 2017 ; https://doi.org/10.1038/s41467-017-02147-2. Sur les réponses des plantes aux agressions, voir A. D. Zinn, D. Ward et K. P. Kirkman, « Inducible Defences in *Acacia Sieberiana* in Response to Giraffe Browsing », *African Journal of Range and Forage Science*, 24(3), octobre 2007, p. 123-129 ; https://doi.org/10.2989/AJRFS.2007.24.3.2.295 ; et M. J. Couvillon, H. Al Toufailia, T. M. Butterfield, F. Schrell, F. L. W. Ratnieks et R. Schürch, « Caffeinated Forage Tricks Honeybees into Increasing Foraging and Recruitment Behaviors », *Current Biology*, 25(21), 2 novembre 2015, p. 2815-2818 ; https://doi.org/10.1016/j.cub.2015.08.052. Sur la proprioception, voir O. Hamant et B. Moulia, « How Do Plants Read Their Own Shapes? », *New Phytologist*, 212(2), octobre 2016, p. 333-337 ; https://doi.org/10.1111/nph.14143. Sur les familles de plantes, voir Richard Karban, Kaori Shiojiri, Satomi Ishizaki, William C. Wetzel et Richard Y. Evans, « Kin Recognition Affects Plant Communication and Defence », *Proceedings of the Royal Society B: Biological Sciences*, 280(1756), 7 avril 2013 ; https://doi.org/10.1098/rspb.2012.3062.

9. Pour une étude approfondie de Pando, voir Jeffry B. Mitton et Michael C. Grant, « Genetic Variation and the Natural History of Quaking Aspen: The Ways in which Aspen Reproduces Underlie its Great Geographic Range, High Levels of Genetic Variability, and Persistence », *BioScience*, 46(1), janvier 1996, p. 25-31 ; https://doi.org/10.2307/1312652.
10. P. C. Rogers et D. J. McAvoy, « Mule Deer Impede Pando's Recovery: Implications for Aspen Resilience from a Single Genotype Forest », *PLOS ONE*, 13(10), 17 octobre 2018, e0203619 ; https://doi.org/10.1371/journal.pone.0203619.
11. Merlin Sheldrake, *Le Monde caché. Comment les champignons façonnent notre monde et influencent nos vies*, trad. Simon Jolibois, Paris, First éditions, 2021. Je suis profondément redevable à Merlin pour la majeure partie de ma compréhension de la vie des champignons, des origines du Wood Wide Web et de nombreux exemples et explications donnés ici, bien que toute erreur éventuelle dans cette interprétation soit de mon fait.
12. Sur le modèle climatique fondé sur les mycorhizes, voir Benjamin J. W. Mills, Sarah A. Batterman et Katie J. Field, « Nutrient Acquisition by Symbiotic Fungi Governs Palaeozoic Climate Transition », *Philosophical Transactions of the Royal Society B: Biological Sciences*, 373(1739), 5 février 2018 ;

https://doi.org/10.1098/rstb.2016.0503. Sur la relation entre mycorhizes et climats anciens, voir K. Field, D. Cameron, J. Leake *et al.*, « Contrasting Arbuscular Mycorrhizal Responses of Vascular and Non-Vascular Plants to a Simulated Palaeozoic CO_2 Decline », *Nature Communications*, 3(835), 15 mai 2012 ; https://doi.org/10.1038/ncomms1831.

13. Pour l'article original de Simard, voir S. Simard, D. Perry, M. Jones *et al.*, « Net Transfer of Carbon Between Ectomycorrhizal Tree Species in the Field », *Nature*, 388, 7 août 1997, p. 579-582 ; https://doi.org/10.1038/41557. Pour le commentaire de Read, voir D. Read, « The Ties that Bind », *Nature*, 388, 7 août 1997, p. 517-518 ; https://doi.org/10.1038/41426.
14. Pour en savoir plus sur la description de l'Internet par Barabási, voir A. L. Barabási, « The Physics of the Web », *Physics World*, 14(7), juillet 2001, p. 33-38.

CHAPITRE 3. LE BUISSON DU VIVANT

1. Oui, mon école avait une armoire pleine de sources radioactives. Je ne sais pas si c'était raisonnable ni même légal.
2. Le colloque, intitulé *Through Post-Atomic Eyes*, s'est tenu en octobre 2015 et a été organisé par l'université de l'École d'art et de design de l'Ontario et par l'université de Toronto. Un catalogue des contributions, édité par Claudette Lauzon et John O'Brian, a été publié sous le même titre en 2020 (Montréal, McGill Queen's University Press, 2020). Pour mon intervention sur le thème de la contestation et des données personnelles, voir « Big Data, No Thanks », Booktwo.org, 2 novembre 2015 ; http://booktwo.org/notebook/bigdatanothanks/.
3. Pour en savoir plus sur le travail de Karen Barad, voir son livre *Meeting the Universe Halfway: Quantum Physics and the Entanglement of Matter and Meaning*, Durham, NC, Duke University Press, 2007, ou son essai « On Touching.The Inhuman That Therefore I Am », *Differences*, 23(3), 1er décembre 2012, p. 206-223 ; https://doi.org/10.1215/10407391-1892943.
4. « In Earth's Hottest Place, Life Has Been Found in Pure Acid », *BBC Future*, août 2017 ; https://www.bbc.com/future/article/20170803-in-earths-hottest-place-life-has-been-found-in-pure-acid.
5. F. Gómez, B. Cavalazzi, N. Rodríguez *et al.*, « Ultra-Small Microorganisms in the Polyextreme Conditions of the Dallol Volcano, Northern Afar, Ethiopia », *Scientific Reports*, 9(1), mai 2019 ; https://doi.org/10.1038/s41598-019-44440-8.
6. J. Belilla, D. Moreira, L. Jardillier, G. Reboul, K. Benzerara, J. M. López-García *et al.*, « Hyperdiverse Archaea Near Life Limits at the Polyextreme

Geothermal Dallol Area », *Nature Ecology & Evolution*, 3(11), octobre 2019, p. 1552-1561 ; https://doi.org/10.1038/s41559-019-1005-0.

7. Sur les bactéries lithotrophes, voir J. L. Sanz, N. Rodríguez, E. E. Díaz et R. Amils, « Methanogenesis in the Sediments of Rio Tinto, an Extreme Acidic River », *Environmental Microbiology*, 13(8), août 2011, p. 2336-2341 ; https://doi.org/10.1111/j.1462-2920.2011.02504.x. Pour les tapis microbiens des Andes, voir Elizabeth K. Costello, Stephan R. P. Halloy, Sasha C. Reed, Preston Sowell et Steven K. Schmidt, « Fumarole-Supported Islands of Biodiversity within a Hyperarid, High-Elevation Landscape on Socompa Volcano, Puna de Atacama, Andes », *Applied and Environmental Microbiology*, 75(3), février 2009, p. 735-747 ; https://doi.org/10.1128/AEM.01469-08. Pour une exploration des cheminées en eaux profondes, voir H. W. Jannasch et M. J. Mottl, « Geomicrobiology of Deep-Sea Hydrothermal Vents », *Science*, 229(4715), 23 août 1985, p. 717-725 ; https://doi.org/10.1126/science.229.4715.717.
8. N. Patterson, D. J. Richter, S. Gnerre, E. S. Lander et D. Reich, « Genetic Evidence for Complex Speciation of Humans and Chimpanzees », *Nature*, 441(7097), 29 juin 2006, p. 1103-1108.
9. A. Durvasula et S. Sankararaman, « Recovering Signals of Ghost Archaic Introgression in African Populations », *Science Advances*, 6(7), 12 février 2020 ; https://doi.org/10.1126/sciadv.aax5097.
10. Jon Mooallem, « Neanderthals Were People, Too », *The New York Times*, 11 janvier 2017 ; https://www.nytimes.com/2017/01/11/magazine/neanderthals-were-people-too.html.
11. Elizabeth Kolbert, « Sleeping with the Enemy », *The New Yorker*, 8 août 2011 ; https://www.newyorker.com/magazine/2011/08/15/sleeping-with-the-enemy.
12. Pour regarder et écouter Ljuben Dimkaroski jouer de la flûte en os de Divje Babe : https://www.youtube.com/watch?v=AZCWFcyxUhQ. Pour plus d'informations sur le projet européen d'archéologie musicale, voir http://www.emaproject.eu. Pour l'interprétation de l'adagio, voir https://www.classicfm.com/discover-music/instruments/flute/worlds-oldest-instrument-neanderthal-flute/.
13. A. W. G. Pike, D. L. Hoffmann, M. García-Diez, P. B. Pettitt, J. Alcolea, R. De Balbin, J. Zilhão *et al.*, « U-Series Dating of Paleolithic Art in 11 Caves in Spain », *Science*, 336(6087), 15 juin 2012, p. 1409-1413 ; https://doi.org/10.1126/science.1219957.
14. D. L. Hoffmann, C. D. Standish, M. García-Diez, P. B. Pettitt, J. A. Milton, J. Zilhão, A. W. G. Pike *et al.*, « U-Th Dating of Carbonate Crusts Reveals Neandertal Origin of Iberian Cave Art », *Science*, 359(6378), 23 février 2018, p. 912-915.

15. Ed Yong, « A Shocking Find in a Neanderthal Cave in France », *The Atlantic*, 25 mai 2016 ; https://www.theatlantic.com/science/archive/2016/05/the-astonishing-age-of-a-neanderthal-cave-construction-site/484070/.
16. J. Gresky, J. Haelm et L. Clare, « Modified Human Crania From Göbekli Tepe Provide Evidence For a New Form of Neolithic Skull Cult », *Science Advances*, 3(6), juin 2017, e1700564 ; https://doi.org/10.1126/sciadv.1700564.
17. M. Krings, A. Stone, R. W. Schmitz, H. Krainitzki, M. Stoneking et S. Pääbo *et al.*, « Neandertal DNA Sequences and the Origin of Modern Humans », *Cell*, 90(1), 11 juillet 1997, p. 19-30.
18. K. Prüfer, F. Racimo, N. Patterson, *et al.*, « The Complete Genome Sequence of a Neanderthal From the Altai Mountains », *Nature*, 505, 2 janvier 2014, p. 43-49.
19. S. R. Browning, B. L. Browning, Y. Zhou, S. Tucci et J. M. Akey, « Analysis of Human Sequence Data Reveals Two Pulses of Archaic Denisovan Admixture », *Cell*, 173(1), 22 mars 2018, p. 53-61.e9 ; https://doi.org/10.1016/j.cell.2018.02.031.
20. Sur les adaptations des Tibétains venant des Dénisoviens, voir E. Huerta-Sánchez, X. Jin, Asan *et al.*, « Altitude Adaptation in Tibetans Caused by Introgression of Denisovan-like DNA », *Nature*, 512(7513), 14 août 2014, p. 194-197 ; https://doi.org/10.1038/nature13408. À propos du Groenland, voir F. Racimo, D. Gokhman, M. Fumagalli *et al.*, « Archaic Adaptive Introgression in TBX15/WARS2 », *Molecular Biology and Evolution*, 34(3), 1er mars 2017, p. 509-524 ; https://doi.org/10.1093/molbev/msw283. Sur les populations « fantômes » et la migration vers l'Afrique, voir F. A. Villanea et J. G. Schraiber, « Multiple Episodes of Interbreeding Between Neanderthals and Modern Humans », *Nature Ecology & Evolution*, 3(1), 26 mai 2019, p. 39-44, et A. Gibbons, « Prehistoric Eurasians Streamed into Africa, Genome Shows », *Science*, 350(6257), 9 octobre 2015, p. 149 ; https://doi.org/10.1126/science.350.6257.149.
21. V. Slon, F. Mafessoni, B. Vernot, *et al.*, « The Genome of the Offspring of a Neanderthal Mother and a Denisovan Father », *Nature*, 561(7721), septembre 2018, p. 113-116 ; https://doi.org/10.1038/s41586-018-0455-x.
22. Matthew Warren, « Mum's a Neanderthal, Dad's a Denisovan: First Discovery of an Ancient-Human Hybrid », *Nature*, 22 août 2018 ; https://www.nature.com/articles/d41586-018-06004-0.
23. Sur les niveaux d'ocytocine des chimpanzés, voir R. M. Wittig, C. Crockford, T. Deschner, K. E. Langergraber, T. E. Ziegler et K. Zuberbuhler, « Food Sharing is Linked to Urinary Oxytocin Levels and Bonding in Related and Unrelated Wild Chimpanzees », *Proceedings of the Royal Society B: Biology*, 281(1778), 7 mars 2014, 20133096. Pour les bonobos, voir T. Kano, « Social Behavior of Wild Pygmy Chimpanzees (*Pan paniscus*) of Wamba:

A Preliminary Report », *Journal of Human Evolution*, 9(4), mai 1980, p. 243-254. Sur les soins apportés aux bébés gorilles, voir S. Rosenbaum, L. Vigilant, C. W. Kuzawa et T. S. Stoinski, « Caring for Infants is Associated with Increased Reproductive Success For Male Mountain Gorillas », *Scientific Reports*, 8(15223), 15 octobre 2018.

24. Y. Fernández-Jalvo, J. Carlos Díez, I. Cáceres et J. Russell, « Human Cannibalism in the Early Pleistocene of Europe (Gran Dolina, Sierra de Atapuerca, Burgos, Spain) », *Journal of Human Evolution*, 37(3-4), septembre 1999, p. 591-622.
25. Richardson examine explicitement le paradoxe de la mesure de la côte dans Lewis F. Richardson, « The Problem of Contiguity: An Appendix to Statistics of Deadly Quarrels », *General Systems: Yearbook of the Society for the Advancement of General Systems Theory*, 6(139), 1961, p. 139-187.
26. Mandelbrot s'est appuyé directement sur Richardson en s'inspirant de ses travaux sur les lignes de côte. Voir B. Mandelbrot, « How Long is the Coast of Britain? Statistical Self-Similarity and Fractional Dimension », *Science*, nouvelles séries, 156(3775), 5 mai 1967, p. 636-638.
27. Pour l'article original de Woese et Fox, voir C. R. Woese et G. E. Fox, « Phylogenetic Structure of the Prokaryotic Domain: The Primary Kingdoms », *Proceedings of the National Academy of Science, USA*, 74(11), novembre 1977, p. 5088-5090 ; https://doi.org/10.1073/pnas.74.11.5088. Pour plus d'informations sur la découverte des archées et du THG, voir David Quammen, *The Tangled Tree: A Radical New History of Life*, Londres, William Collins, 2018.
28. S. Gilbert, J. Sapp, A. Tauber, avec J. D. Thomson et S. C. Stearns (éd.), « A Symbiotic View of Life: We Have Never Been Individuals », *The Quarterly Review of Biology*, 87(4), décembre 2012, p. 325-341 ; https://doi.org/10.1086/668166.
29. Sur l'infection virale comme vecteur de l'ADN chez les humains, voir M. Varela, T. E. Spencer, M. Palmarini et F. Arnaud, « Friendly Viruses: the Special Relationship between Endogenous Retroviruses and Their Host », *Annals of the New York Academy of Sciences*, 1178(1), octobre 2009, p. 157-172 ; https://doi.org/10.1111/j.1749-6632.2009.05002.x. Sur le développement de l'utérus des mammifères, voir S. Mi, X. Lee, X. Lee *et al.*, « Syncytin is a Captive Retroviral Envelope Protein Involved in Human Placental Morphogenesis », *Nature*, 403, octobre 2000, p. 785-789 ; https://doi.org/10.1038/35001608. Pour l'origine spirochète – très discutée – des spermatozoïdes, voir Lynn Margulis, *Origin of Eukaryotic Cells*, New Haven, CT, Yale University Press, 1970.
30. Pour en savoir plus sur les fantômes de la symbiose, voir Connie Barlow, *The Ghosts of Evolution: Nonsensical Fruit, Missing Partners, and other Ecological Anachronisms*, New York, Basic Books, 2000.

31. Sur le lien entre le microbiome et le développement du cerveau, voir J. Cryan et T. Dinan, « Mind-Altering Microorganisms: The Impact of the Gut Microbiota on Brain and Behaviour », *Nature Reviews Neuroscience*, 13, octobre 2012, p. 701-712 ; https://doi.org/10.1038/nrn3346. Pour le microbiome et la maladie chez les personnes âgées, voir M. Claesson, I. Jeffery, S. Conde *et al.*, « Gut Microbiota Composition Correlates With Diet and Health in the Elderly », *Nature*, 488(7410), août 2012, p. 178-184 ; https://doi.org/10.1038/nature11319.
32. N.d.T : L'auteur reprend ici une invention de James Joyce dans *Ulysse* (*Frseeeeeeeefronnnng*). Nous choisissons de reproduire le son de la traduction française par Auguste Morel, revue par Valéry Larbaud, Stuart Gilbert et l'auteur, dans James Joyce, *Ulysse*, Paris, Gallimard, 1929.
33. D'après le séquençage génomique, *Rickettsia prowazekii*, la bactérie responsable du typhus, est le plus proche parent des mitochondries. Voir S. G. E. Andersson, C. G. Kurland, A. Zomorodipour, J. O. Andersson *et al.*, « The Genome Sequence of *Rickettsia prowazekii* and the Origin of Mitochondria », *Nature*, 396(6707), novembre 1998, p. 133-140 ; https://doi.org/10.1038/24094.
34. W. F. Doolittle, « Phylogenetic Classification and the Universal Tree », *Science*, 284(5423), juin 1999, p. 2124-2129 ; https://doi.org/10.1126/science.284.5423.2124.
35. Lynn Margulis, *The Symbiotic Planet: A New Look At Evolution*, Londres,Weidenfeld & Nicolson, 1998.
36. Sur la liste des 51 genres de Facebook, voir Brandon Griggs, « Facebook Goes Beyond "Male" And "Female" With New Gender Options », CNN, 13 février 2014 ; https://edition.cnn.com/2014/02/13/tech/social-media/facebook-gender-custom/index.html. Pour la liste des soixante et onze, voir Rhiannon Williams, « Facebook's 71 Gender Options Come to UK Users », *The Telegraph*, 27 juin 2014 ; https://www.telegraph.co.uk/technology/facebook/10930654/Facebooks-71-gender-options-come-to-UK-users.html. Sur l'annonce par Facebook d'un champ libre pour le genre, voir le post de Facebook Diversity du 26 février 2015 ; https://www.facebook.com/facebookdiversity/posts/774221582674346.
37. Lynn Margulis et Dorion Sagan, *Origins of Sex: Three Billion Years of Genetic Recombination*, New Haven, CT, Yale University Press, 1986.

CHAPITRE 4. VOIR COMME UNE PLANÈTE

1. Sur la fête des hirondelles, voir le site Wikipédia en grec (Stilpon Kyriakidis), « Language and folk culture of the modern Greeks », Association for the Distribution of Greek Letters, Athènes, 1946. Sur Letnik, voir « Leto – Old European Culture », blog, 27 janvier 2017 ; http://oldeuropeanculture.

blogspot.com/2017/01/leto.html. Pour des informations sur la migration des hirondelles en 2020, voir Tasos Kokkinidis, « Thousands of Swallows and Other Birds Die in Greece After Migration », *Greek Reporter*, 9 avril 2020 ; https://greece.greekreporter.com/2020/04/09/thousands-of-swallows-and-other-birds-die-in-greece-after-migration/ ; et Horatio Clare, « Where Have All the Swallows Gone? », *Daily Mail*, 23 juin 2020 ; https://www.dailymail.co.uk/news/article-8449275/Where-swallows-gone-Theyve-harbingers-summer-year-numbers-low.html.

2. E. Syrjämäki et T. Mustonen, *It is the Sámi who Own this Land. Sacred Landscapes and Oral Histories of the Jokkmokk Sámi*, Vaasa (Finlande), Snowchange Cooperative, 2013.
3. Craig Welch, « Half of All Species are on the Move – and We're Feeling It », *National Geographic*, 27 avril 2017 ; https://www.nationalgeographic.com/news/2017/04/climate-change-species-migration-disease/.
4. Pour un aperçu complet de la création et de la mise en œuvre du temps universel, voir Vanessa Ogle, *The Global Transformation of Time 1870-1950*, Cambridge, MA, Harvard University Press, 2015.
5. Tracy Kidder, *Eagle*, trad. Rose-Marie Vassallo-Villaneau, Paris, Flammarion, 1982. L'ingénieur rompu à la manipulation des nanosecondes se nommait Ed Rasala ; celui qui partit dans le Vermont se nommait Josh Rosen.
6. Pour plus de détails sur la série d'observations phénologiques Marsham, voir I. D. Margary, « The Marsham Phenological Record in Norfolk, 1736-1925, and Some Others », *Quarterly Journal of the Royal Meteorological Society*, 52(217), janvier 1926, p. 27-54 ; https://doi.org/10.1002/qj.49705221705. Pour une analyse, voir T. H. Sparks et P. D. Carey, « The Responses of Species to Climate Over Two Centuries: An Analysis of the Marsham Phenological Record, 1736-1947 », *Journal of Ecology*, 83(2), avril 1995, p. 321 ; http://doi.org/10.2307/2261570.
7. Pour plus d'informations sur le registre Marsham, la phénologie, les caribous et le temps technologique, voir James Bridle, « Phenological Mismatch », revue *e-flux*, juin 2019 ; https://www.e-flux.com/architecture/becoming-digital/273079/phenological-mismatch/.
8. Ce calcul est tiré de S. Loarie, P. Duffy, H. Hamilton *et al.*, « The Velocity of Climate Change », *Nature*, 462, 24 décembre 2009, p. 1052-1055 ; https://doi.org/10.1038/nature08649.
9. Pour une excellente introduction à la migration des forêts, voir L. F. Pitelka et le Plant Migration Workshop Group, « Plant Migration and Climate Change », *American Scientist*, 85(5), septembre-octobre 1997, p. 464-473.
10. S. Fei, J. M. Desprez, K. M. Potter, I. Jo, J. A. Knott et C. M. Oswalt, « Divergence of Species Responses to Climate Change », *Science Advances*, 3(5), 17 mai 2017, e1603055 ; https://doi.org/10.1126/sciadv.1603055.

11. L. Kullman, « Rapid Recent Range-margin Rise of Tree and Shrub Species in the Swedish Scandes », *Journal of Ecology*, 90(1), février 2002, p. 68-77 ; https://doi.org/10.1046/j.0022-0477.2001.00630.x.
12. K. Tape, M. Sturm et C. Racine, « The Evidence for Shrub Expansion in Northern Alaska and the Pan-Arctic », *Global Change Biology*, 12(4), avril 2006, p. 686-702 ; https://doi.org/10.1111/j.1365-2486.2006.01128.x.
13. Clement Reid, *The Origin of the British Flora*, Londres, Dulau & Co., 1899.
14. R. G. Pearson, « Climate Change and the Migration Capacity of Species », *Trends in Ecology & Evolution*, 21(3), mars 2006, p. 111-113 ; https://doi.org/10.1016/j.tree.2005.11.022.
15. K. D. Woods et M. B. Davis, « Paleoecology of Range Limits: Beech in the Upper Peninsula of Michigan », *Ecology*, 70(3), juin 1989, p. 681-696 ; https://doi.org/10.2307/1940219.
16. L. Kullman, « Norway Spruce Present in the Scandes Mountains, Sweden at 8000 BP: New Light on Holocene Tree Spread », *Global Ecology and Biogeography Letters*, 5(2), mars 1996, p. 94-101 ; https://doi.org/10.2307/2997447.
17. Schultz étudie les voies métaboliques des plantes et des animaux, et souligne le fait que de nombreuses interactions chimiques se produisent le long de voies similaires dans les deux règnes. Voir Jack C. Schultz, « Plants are Just Very Slow Animals », mars 2010 ; https://mospace.umsystem.edu/xmlui/handle/10355/6759.
18. La version que Richard Powers donne de cette fable est la première que j'ai entendue, mais l'histoire provient très probablement d'un épisode de la série originale *Star Trek*, intitulé « Wink of an Eye ». Elle est également citée par le neurobiologiste des plantes Stefano Mancuso, dans une interview avec Michael Pollan, « The Intelligent Plant », *New Yorker*, 15 décembre 2013 (https://www.newyorker.com/magazine/2013/12/23/the-intelligent-plant). C'est d'ailleurs peut-être de là que Richard Powers la tient.
19. Charles Darwin, avec la collaboration de son fils Francis Darwin, *The Power of Movement in Plants* (New York, D. Appleton and Company, 1887), trad. Édouard Heckel, *La Faculté motrice dans les plantes*, Paris, C. Reinwald, 1882.
20. Lettre de Charles Darwin à Alphonse de Candolle, 28 mai 1880, dans Francis Darwin (éd.), *The Life and Letters of Charles Darwin*, vol. II, Londres, John Murray, 1887, p. 506.
21. Sur les origines militaires d'Internet, voir Yasha Levine, *Surveillance Valley: The Secret Military History of the Internet*, Londres, Icon Books, 2019. Pour une critique du néolibéralisme de la Silicon Valley, voir Richard Barbrook et Andy Cameron, « The Californian Ideology », *Mute*, 1(3), 1er septembre 1995 ; http://www.metamute.org/editorial/articles/californian-ideology.

22. I. O. Buss, « Bird Detection by Radar », *The Auk*, 63(3), 1er juillet 1946, p. 315-318 ; https://doi.org/10.2307/4080116.
23. Pour un compte rendu des travaux de Varley et Lack, voir A. D. Fox et P. D. L. Beasley, « David Lack and the Birth of Radar Ornithology », *Archives of Natural History*, 37(2), octobre 2010, p. 325-332. Au sujet de l'expérience sur les goélands argentés, voir D. Lack et G. C. Varley, « Detection of Birds by Radar », *Nature*, 156(3963), 1945, p. 446.
24. Sur les expériences menées par Lack après la guerre, voir D. Lack, « Migration across the North Sea Studied by Radar. Part 1. Survey through the Year », *Ibis*, 101, 1959, p. 209-234 (et numéros suivants).
25. Pour des exemples, voir https://birdcast.info/forecast/understanding-radar-and-birds-part-1/. Pour des images en direct, voir https://radar.weather.gov/. Sur le suivi d'individus, voir B. Bruderer, T. Steuri et M. Baumgartner, « Short-Range High-Precision Surveillance of Nocturnal Migration and Tracking of Single Targets », *Israel Journal of Zoology*, 41(3), 1995, p. 207-220.
26. L'histoire de l'offre du NRO à la NASA est racontée dans Dennis Overbye, « Ex-Spy Telescope May Get New Identity as a Space Investigator », *New York Times*, 4 juin 2012.
27. Joel Achenbach, « NASA Gets Two Military Spy Telescopes for Astronomy », *Washington Post*, 4 juin 2012.
28. Geoff Brumfiel, « Trump Tweets Sensitive Surveillance Image of Iran », NPR, 30 août 2019.
29. Pour des exemples de ces images, voir « Mapping the Mighty Mangrove », NASA, décembre 2019 ; https://landsat.gsfc.nasa.gov/article/mapping-the-mighty-mangrove/ ; M. Arekhi, A. Yesil, U. Y. Ozkan et F. B. Sanli, « Detecting Treeline Dynamics in Response to Climate Warming Using Forest Stand Maps and Landsat Data in a Temperate Forest », *Forest Ecosystems*, 5(23), 11 mai 2018 ; https://doi.org/10.1186/s40663-018-0141-3 ; et G. Mancino, A. Nolè, F. Ripullone et A. Ferrara, « Landsat TM Imagery and NDVI Differencing to Detect Vegetation Change: Assessing Natural Forest Expansion in Basilicata, Southern Italy », *iForest – Biogeosciences and Forestry*, 7(2), avril 2014, p. 75-84 ; https://doi.org/10.3832/ifor0909-007.
30. Jean Epstein, *Photogénie de l'impondérable*, Paris, Éditions Corymbe, 1935, p. 9, 11, cité dans Teresa Castro, « The Mediated Plant », *e-flux Journal*, 102, septembre 2019 ; https://www.e-flux.com/journal/102/283819/the-mediated-plant/.

CHAPITRE 5. PARLER AUX ÉTRANGERS

1. Une sélection d'objets présentés lors de l'exposition, dont beaucoup de ceux qui sont mentionnés ici, est répertoriée sur le site Web de Il Paese di Cuccagna, I DEA, Matera capitale européenne de la culture 2019 ; https://www.

matera-basilicata2019.it/it/gallerie/category/153-i-dea-il-paese-di-cuccagna.html.

2. Pour plus de sortilèges et d'incantations, voir Ernesto De Martino, *Magic: A Theory from the South*, traduit en anglais par Dorothy Zinn (Londres, HAU Books, 2015), ainsi que l'œuvre maîtresse d'Ernesto De Martino, *Il mondo magico*, publiée en français dans une nouvelle traduction de Giordana Charuty sous le titre *Le Monde magique* (Paris, Bartillat, 2022).
3. L'« Hymne à Malandrina », une sélection montée d'enregistrements de chants de Viggianello, nommée d'après la chèvre la plus capricieuse de Francesco Caputo, est disponible à l'adresse https://vimeo.com/368478999.
4. L'article « Meet the Greater Honeyguide, the Bird That Understands Humans » de Purbita Saha et Claire Spottiswoode, 22 août 2016, Audubon.org ; https://www.audubon.org/news/meet-greater-honeyguide-bird-understands-humans, contient un lien vers un enregistrement de l'appel « brrrrr-hm ».
5. C. N. Spottiswoode, K. S. Begg et C. M. Begg, « Reciprocal Signaling in Honeyguide-Human Mutualism », *Science*, 353(6297), juillet 2016, p. 387-389 ; https://doi.org/10.1126/science.aaf4885.
6. C. A. Zappes, A. Andriolo, P. C. Simões-Lopes et A. P. M. Di Beneditto, « 'Human-Dolphin (*Tursiops Truncatus* Montagu, 1821) Cooperative Fishery' and its Influence on Cast Net Fishing Activities in Barra de Imbé/Tramandaí, Southern Brazil », *Ocean & Coastal Management*, 54(5), mai 2011, p. 427-432 ; https://doi.org/10.1016/j.ocecoaman.2011.02.003.
7. B. M. Wood, H. Pontzer, D. A. Raichlen et F. W. Marlowe, « Mutualism and Manipulation in Hadza-Honeyguide Interactions », *Evolution and Human Behavior*, 35(6), 1er novembre 2014, p. 540-546 ; https://doi.org/10.1016/j.evolhumbehav.2014.07.007.
8. Pour un enregistrement du sifflement des Hadza, voir le film de Theresa Lucrisia Bradley, *A Hadzabe Honey Hunt*, 2020 ; disponible sur https://www.youtube.com/watch?v=ubfkz3p8t6c. Pour la technique des Boran, voir H. A. Isack et H. U. Reyer, « Honeyguides and Honey Gatherers: Interspecific Communication in a Symbiotic Relationship », *Science*, 243(4896), 10 mars 1989, p. 1343-1346 ; https://doi.org/10.1126/science.243.4896.1343.
9. H. Kaplan, K. Hill, J. Lancaster et A. M. Hurtado, « A Theory of Human Life History Evolution: Diet, Intelligence, and Longevity », *Evolutionary Anthropology*, 9(4), 16 août 2000, p. 156-185 ; https://doi.org/10.1002/1520-6505(2000)9:4<156::aid-evan5>3.0.co;2-7.
10. Max Müller, *La Science du langage : cours professé à l'Institution royale de la Grande-Bretagne en l'année 1861*, trad. George Harris et Georges Perrot, 3e édition, revue et augmentée sur la 8e édition anglaise, Paris, Durand et Pedone-Lauriel, 1867.

11. J'ai entendu pour la première fois le *cantu a tenòre* dans un jardin public de Cagliari, où cette explication de leurs rôles m'a été donnée par l'un des groupes contemporains les plus connus, les Tenores di Bitti. Pour avoir une idée de son effet et une illustration de ces explications, voir le court métrage *Tenores di Bitti 'Mialinu Pira' a Belluno* ; https://www.youtube.com/watch?v=mMddrMMqm00.
12. Theodore Levin, *Where Rivers and Mountains Sing: Sound, Music, and Nomadism in Tuva and Beyond*, Bloomington, Indiana University Press, 2006.
13. Au cours des dernières décennies, il a été observé que le changement climatique provoquait des ruptures irrévocables entre le comportement évolué des espèces consistant à s'accorder aux signaux historiques de la saisonnalité et la disponibilité réelle des ressources fourragères et autres besoins (voir James Bridle, « Phenological Mismatch », revue *e-flux*, juin 2019). Il serait intéressant, voire accablant, de savoir si les chants touvains recèlent un témoignage oral de conditions climatiques disparues, tout comme les peintures de paysages dans l'Europe pré-XXe siècle ont témoigné de ciels avec une absence de pollution qu'aucun d'entre nous ne connaîtra jamais aujourd'hui.
14. Maurice Merleau-Ponty, *Le Visible et l'Invisible*, Paris, Gallimard, 1964. Je dois à David Abram et à son ouvrage *The Spell of the Sensuous: Perception and Language in a More-Than-Human World* (New York, Vintage, 1996) – traduit par Didier Demorcy et Isabelle Stengers sous le titre *Comment la terre s'est tue. Pour une écologie des sens* (Paris, La Découverte, 2013) – l'éclairage qu'il donne sur le travail de Merleau-Ponty sur le langage, ainsi que ses réflexions sur l'écriture, l'alphabet et la phénoménologie.
15. Je suis particulièrement reconnaissant à Einar Sneve Martinussen de m'avoir fait connaître l'histoire du mouvement de défense de l'Áltá, et à l'équipe European Everything de Joar Nango de m'avoir fait découvrir le joik – et je m'excuse également pour mon récit profondément réducteur de cette tradition. Pour en savoir plus sur le conflit d'Áltá et ses répercussions culturelles, voir l'ouvrage « Let the River Flow. The Sovereign Will and the Making of a New Worldliness », publié à l'occasion d'une exposition du même nom organisée à l'Office for Contemporary Art Norway, Oslo, avril-juin 2018.
16. Pour ces réflexions et d'autres sur la nature du langage écrit et de l'alphabet, je suis à nouveau redevable à David Abram et à son ouvrage *Comment la terre s'est tue*, *op. cit.*
17. Ces exemples sont tirés du livre du linguiste Sali Tagliamonte, *Variationist Sociolinguistics: Change, Observation, Interpretation* (Hoboken, NJ, Wiley-Blackwell, 2011). Les sources originales sont Ælfric, vers 1000, *Grammar*, xlviii. (Z) 279 ; Chaucer, *Prioress's Prologue and Tale* in CT. 5 (Harleian MS.) ; Shakespeare, *Beaucoup de bruit pour rien*, trad. Marcelle Sibon,

Paris, Flammarion, 1991. Titre original : *Much Ado About Nothing* (écrit en 1598-1599), acte IV, scène 1, texte original : *How now! Interjections? Why then, some be of laughing, as ah! ha! he!*

18. S. A. Tagliamonte et D. Denis, « Linguistic Ruin? Lol! Instant Messaging and Teen Language », *American Speech*, 83(1), mars 2008, p. 3-34 ; https://doi.org/10.1215/00031283-2008-001.
19. Voir, par exemple, Jennifer Lee, « I Think, Therefore IM », *New York Times*, 19 septembre 2002 ; http://www.nytimes.com/2002/09/19/technology/circuits/19MESS.html.
20. En racontant des anecdotes comme celle-ci, je me sens retomber dans une certaine technophobie et la crainte de voir se développer une forme de stupidité assistée par ordinateur. En même temps, je trouve assez amusant l'acharnement d'Excel à relier l'abstraction des acronymes génomiques à des événements terrestres, et un certain réconfort dans les questions qu'il nous pose sans cesse : « Est-ce bien cela que vous voulez dire ? Parce que, vous savez, les humains disent beaucoup de choses différentes. »
21. N.d.T. : L'alt-right désigne un courant politique d'extrême droite né aux États-Unis dans les années 2010. Ses militants sont très actifs sur les forums Internet et sur les réseaux sociaux.
22. Reuters, « "Master" and "Slave" Computer Labels Unacceptable, Officials Say », *CNN.com*, 26 novembre 2003 ; https://edition.cnn.com/2003/TECH/ptech/11/26/master.term.reut/.
23. Julia Horowitz, « Twitter and J. P. Morgan are Removing "Master", "Slave" and "Blacklist" from Their Code », CNN Business, 3 juillet 2020 ; https://edition.cnn.com/2020/07/03/tech/twitter-jpmorgan-slave-master-coding/index.html.
24. Ron Eglash, « Broken Metaphor: The Master-Slave Analogy in Technical Literature », *Technology and Culture*, 48(2), avril 2007, p. 360-369 ; https://doi.org/10.1353/tech.2007.0066.
25. Pour des chiffres sur les minorités ethniques dans le secteur de la tech, voir Sam Dean et Johana Bhuiyan, « Why are Black and Latino People Still Kept Out of the Tech Industry? », *Los Angeles Times*, 24 juin 2020 ; https://www.latimes.com/business/technology/story/2020-06-24/tech-started-publicly-taking-lack-of-diversity-seriously-in-2014-why-has-so-little-changed-for-black-workers. Pour des descriptions détaillées des préjugés raciaux et autres dans les outils technologiques, voir Virginia Eubanks, *Automating Inequality: How High-Tech Tools Profile, Police, and Punish the Poor* (New York, St Martin's Press, 2018) et Safiya Umoja Noble, *Algorithms of Oppression: How Search Engines Reinforce Racism* (New York, NYU Press, 2018).
26. Les deux autres lois, publiées pour la première fois dans Arthur C. Clarke, *Profiles of the Future* (Londres, Victor Gollancz, 1962), sont les suivantes : « Quand un savant reconnu mais vieillissant estime que quelque chose

est possible, il a presque certainement raison ; mais lorsqu'il déclare que quelque chose est impossible, il a très probablement tort » et « La seule façon de découvrir les limites du possible, c'est de s'aventurer un peu au-delà, dans l'impossible ».

27. Même le simple fait de nommer quelque chose قلب provoque des ruptures intéressantes dans l'infosphère : pour visiter le site Web du projet, il faut taper des caractères arabes et non latins, car il se trouve à l'adresse https://nas.sr/قلب/ – une adresse rendue possible par les normes multilingues qui ne sont entrées en vigueur sur le Web qu'en 2008. Le fait que ce processus longtemps retardé ait été appelé « internationalisation » en dit long sur les principes nationalistes implicites de l'Internet.
28. « Arabic Programming Language At Eyebeam: قلب Opens The World », AnimalNewYork.com, 24 janvier 2013 ; https://animalnewyork.com/2013/01/24/arabic-programming-language-at-eyebeam-قلب-opens-the-world/84%D8%A8-opens-the-world/.
29. Pour des exemples de programmes en Piet, voir https://www.dangermouse.net/esoteric/piet.html. Concernant l'Emojicode, voir https://www.emojicode.org/.
30. N.d.T : « Masturbation intellectuelle » pourrait être une traduction approximative de *brainfuck*, mot-valise en anglais composé des mots *brain* et *fuck*. Si vous voulez vous amuser avec Brainfuck, un composeur en ligne est disponible à l'adresse suivante http://www.bf.doleczek.pl/.
31. Pour les spécifications complètes de Ook !, voir https://www.dangermouse.net/esoteric/ook.html.
32. Pour la compréhension du ouistiti, voir S. Verma, K. Prateek, K. Pandia, N. Dawalatabad, R. Landman, J Sharma, M. Sur et H. A. Murthy, « Discovering Language in Marmoset Vocalization », *Proceedings, Interspeech 2017*, p. 2426-2430 ; https://doi.org/10.21437/Interspeech.2017-842. Pour explorer les archives de Google sur le chant des baleines, voir https://patternradio.withgoogle.com/. Pour les recherches sur les chiens de prairie, voir Jeff Rice, « 'Rodents' Talk Isn't Just "Cheep" », *Wired*, 6 octobre 2005 ; https://www.wired.com/2005/06/rodents-talk-isnt-just-cheep/.
33. Pour l'histoire de Roa, voir Konrad Lorenz, *Il parlait avec les mammifères, les oiseaux et les poissons*, Paris, Flammarion, 1968, p. 127-128 – mais le livre dans son ensemble est merveilleux.
34. Cela peut sembler injuste pour les perroquets, même si au moment où Lorenz écrivait ces lignes, les représentants de cette espèce n'avaient pas encore participé à autant d'études qu'aujourd'hui. En fait, il a été démontré que les perroquets gris d'Afrique font preuve de compétences cognitives, ce qui signifie qu'ils utilisent des mots appropriés en fonction des situations (voir E. N. Colbert-White, H. C. Hall et D. M. Fragaszy, « Variations in an African Grey Parrot's Speech Patterns Following Ignored and Denied

Requests », *Animal Cognition*, 19(3), mai 2016, p. 459-469 ; https://doi.org/10.1007/s10071-015-0946-1). Alex, un perroquet gris qui a accompagné l'éthologue Irene Pepperberg dans ses travaux pendant plus de trente ans, avait un vocabulaire de plus de cent mots, pouvait identifier des formes et des couleurs complexes ainsi que des concepts, et réagissait aux états émotionnels des chercheurs humains. Ses derniers mots, ceux-là mêmes qu'il prononçait chaque soir à Pepperberg lorsqu'elle quittait le laboratoire, furent : *You be good, I love you. See you tomorrow* (« Sois sage, je t'aime. À demain »). Irene M. Pepperberg, *Alex & Me: How a Scientist and a Parrot Discovered a Hidden World of Animal Intelligence and Formed a Deep Bond in the Process*, Londres, HarperCollins, 2008. Pour une approche bien différente de la communication avec les perroquets, vous pouvez écouter la musique de Hatebeak, groupe américain de death metal dont le chanteur est un perroquet gris nommé Waldo. Bien loin de nos précédentes excursions en zoomusicologie dans ce chapitre, la musique de Hatebeak a été décrite comme le son du « marteau-piqueur passé au compacteur ».

35. L'Ambassade des dauphins a fait l'objet de très peu de recherches, mais cet extrait du catalogue de la rétrospective Ant Farm de 2004 au Berkeley Art Museum ainsi que des liens vers d'autres documents sont disponibles sur Greg.org : https://greg.org/archive/2010/06/01/cue-the-dolphin-embassy.html.
36. John C. Lilly est une figure emblématique de la communication entre humains et dauphins, célèbre pour le delphinarium qu'il a construit sur l'île caribéenne de Saint Thomas. C'est là qu'avec Margaret Howe Lovatt il a mené pendant plusieurs années un programme de recherche sur l'intelligence des cétacés, qui impliquait de vivre en contact étroit avec des dauphins captifs et de réaliser sur eux des expériences dans des bassins de privation sensorielle (inventés par Lilly), qui consistaient notamment à leur insérer des électrodes dans le cerveau ou à leur injecter des doses massives de LSD. Bien que leurs travaux aient été relégués au second plan par les récits scabreux de la relation de Margaret Howe Lovatt avec l'un des dauphins, ils ont permis de révéler de nombreux aspects jusqu'alors inconnus de la physiognomonie des cétacés et de leurs capacités. Mais rien de tout cela ne saurait justifier les méthodes coercitives et les mauvais traitements, même les mieux intentionnés, qui faisaient partie intégrante du travail des deux cétologues.
37. Martín Abadi et David G. Andersen, « Learning to Protect Communications with Adversarial Neural Cryptography », ArXiv.org, 2016 ; https://arxiv.org/abs/1610.06918.
38. N.d.T. : Parfois appelés « robots conversationnels » en français.
39. Pour le compte rendu de Facebook sur ses propres expérimentations, voir Mike Lewis, Denis Yarats, Devi Parikh et Dhruv Batra, « Deal or No Deal?

Training AI Bots to Negotiate », Facebook Engineering, 14 juin 2017 ; https://engineering.fb.com/mlapplications/deal-or-no-deal-training-ai-bots-to-negotiate/, et Lewis *et al.*, « Deal or No Deal? End-to-End Learning for Negotiation Dialogues », ArXiv.org, 16 juin 2017 ; https://arxiv.org/pdf/1706.05125.pdf. Pour un compte rendu des variations linguistiques produites, voir Mark Wilson, « AI is Inventing Languages Humans Can't Understand. Should We Stop It? », Fast Company, 14 juillet 2017 ; https://www.fastcompany.com/90132632/ai-is-inventing-its-own-perfect-languages-should-we-let-it.

40. Pour une présentation générale de la langue Ebonics et des idiolectes noirs apparentés, voir John Russell Rickford et Russell John Rickford, *Spoken Soul: The Story of Black English*, New York, John Wiley, 2000. Je suis redevable à Eva Barbarossa pour ses observations sur le langage computationnel et son orientation vers les formes pronominales.
41. « L'auteur des graines d'acacia » (1974) est traduit en français dans Ursula K. Le Guin, *Les Quatre Vents du Désir*, Paris, Pocket, 1988. Je remercie Matt Webb d'avoir attiré mon attention sur cette nouvelle. Elle est à l'origine, au moins en partie, de ce livre.
42. Tyson Yunkaporta, *Sand Talk: How Indigenous Thinking Can Save the World*, Melbourne, Text Publishing, 2019. Pour un extrait du livre traitant de la vitalité des roches, voir « Friday Essay: Lessons From Stone. Indigenous Thinking and the Law », *The Conversation*, 5 septembre 2019 ; https://theconversation.com/friday-essay-lessons-from-stone-indigenous-thinking-and-the-law-122617.
43. Pour une analyse des formes de langage proches de la parole dans la messagerie instantanée, voir K. Ferrara, H. Brunner et G. Whittemore, « Interactive Written Discourse as an Emergent Register », *Written Communication*, 8(1), 1er janvier 1991, p. 8-34. Pour des recherches sur l'utilisation de la messagerie instantanée en arabe, voir D. Palfreyman et M. al Khalil, « "A Funky Language for Teenzz to Use" : Representing Gulf Arabic in Instant Messaging », *Journal of Computer-Mediated Communication*, 9(1), 2003, p. 23-44.
44. Naomi S. Baron, « Why Email Looks Like Speech: Proofreading Pedagogy and Public Face », dans Jean Aitchison et Diana M. Lewis (éd.), *New Media Language*, Londres, Routledge, 2003, p. 85-94.

CHAPITRE 6. MACHINES NON BINAIRES

1. Platon, *Apologie de Socrate*, 21 a-d.
2. A. M. Turing, « On Computable Numbers, With an Application to the *Entscheidungsproblem* » (1936), *Proceedings of the London Mathematical Society*, Series 2, 42, 1937, p. 230-265 ; https://doi.org/10.1112/plms/

s2-42.1.230. Traduction en français : A. M. Turing, *La Machine de Turing*, trad. Julien Basch et Patrice Blanchard, Paris, Seuil, 1999.

3. A. M. Turing, « Systems of Logic Based on Ordinals », *Proceedings of the London Mathematical Society*, Series 2, 45, 1939, p. 161-228.
4. B. Jack Copeland et Diane Proudfoot, « Alan Turing's Forgotten Ideas in Computer Science », *Scientific American*, 280(4), avril 1999, p. 98-103 ; https://doi.org/10.1038/scientificamerican0499-98.
5. Pour une description complète du fonctionnement et du comportement des tortues – et la citation de Lewis Carroll –, voir W. Grey Walter, « An Imitation of Life », *Scientific American*, mai 1950. Pour la rédaction de ce chapitre, je suis particulièrement redevable à Andrew Pickering, dont les travaux très fouillés sur les cybernéticiens britanniques Stafford Beer, Gordon Pask, Grey Walter et Ross Ashby figurent dans de nombreux articles et sont résumés dans *The Cybernetic Brain: Sketches of Another Futur*, Chicago, IL, University of Chicago Press, 2011.
6. W. Grey Walter, « An Imitation of Life », art. cité.
7. *Ibid.*
8. *Ibid.*
9. Pour remonter à l'origine du terme, voir Norbert Wiener, *Cybernetics: Or Control and Communication in the Animal and the Machine*, Cambridge, MA, MIT Press, 1948.
10. Pour une description de l'homéostat et de son fonctionnement, voir W. R. Ashby, « Design for a Brain », *Electrical Engineering*, 20, décembre 1948, p. 379-383.
11. W. Grey Walter, « An Imitation of Life », art. cité.
12. W. R. Ashby, « Design for a Brain », art. cité.
13. Pour le point de vue d'Andrew Pickering sur les esprits cybernétiques, voir A. Pickering, « Beyond Design: Cybernetics, Biological Computers and Hylozoism », *Synthese*, 168(3), juin 2009, p. 469-491 ; https://doi.org/10.1007/s11229-008-9446-z.
14. Hélas, le U ne représente rien d'excitant comme « Universel » ou *Unknowable* (« impossible à connaître » en anglais). Il fait référence à la description mathématique de Beer du fonctionnement de l'U-machine et de sa relation avec la T-Machine, qui traite les entrées, et la V-machine, qui traite les sorties.
15. S. Beer, « Towards the Automatic Factory », document présenté à un colloque organisé à l'université de l'Illinois en juin 1960, réédité dans Roger Harnden et Allenna Leonard (éd.), *How Many Grapes Went into the Wine? Stafford Beer on the Art and Science of Holistic Management* (New York : John Wiley, 1994), p. 163-225.
16. A. Pickering, « The Science of the Unknowable: Stafford Beer's Cybernetic Informatics », *Kybernetes*, 33(3/4), mars 2004, p. 499-521 ; https://doi.org/10.1108/03684920410523535.

17. Il existe peu d'informations sur les expériences de Beer sur les étangs, qui sont brièvement présentées dans le recueil de ses ouvrages, *How Many Grapes Went into the Wine? Stafford Beer on the Art and Science of Holistic Management*. Je suis redevable à Matt Webb d'avoir attiré mon attention sur ces expériences.
18. Sur les capacités de mémoire des myxomycètes, voir T. Saigusa, A. Tero, T. Nakagaki et Y. Kuramoto, « Amoebae Anticipate Periodic Events », *Physical Review Letters*, 100(1), 11 janvier 2008, no. 018101 ; https://doi.org/10.1103/PhysRevLett.100.018101.
19. A. Tero, S. Takagi, T. Saigusa, K. Ito, D. P. Bebber, M. D. Fricker, K. Yumiki, R. Kobayashi et T. Nakagaki, « Rules for Biologically Inspired Adaptive Network Design », *Science*, 327(5964), 22 janvier 2010, p. 439-442 ; https://doi.org/10.1126/science.1177894.
20. Il s'agit d'une généralisation du problème des sept ponts de Königsberg de Leonhard Euler, présenté dans la section sur les champignons et la théorie des réseaux au chapitre 2.
21. L. Zhu, S. J. Kim, M. Hara et M. Aono, « Remarkable Problem-Solving Ability of Unicellular Amoeboid Organism and its Mechanism », *Royal Society Open Science*, 5(12), 19 décembre 2018, no 180396 ; https://doi.org/10.1098/rsos.180396.
22. À vrai dire, 840 fois plus, mais quand même, c'est une moisissure. Un réseau de quatre villes n'a que 3 × 2 × ½ = 3 routes possibles ((n-1)! / 2), mais un réseau de huit villes a 7 × 6 × 5 × 4 × 3 × 2 × ½ = 2 520 routes différentes possibles.
23. Pour un aperçu de l'histoire de la recherche sur les memristors, voir « The Memristor Revisited », *Nature Electronics*, 1(261), mai 2018 ; https://doi.org/10.1038/s41928-018-0083-3.
24. Pour les recherches portant sur les capacités de mémorisation des myxomycètes, voir E. Gale, A. Adamatzky et B. de Lacy Costello, « Slime Mould Memristors », *BioNanoScience*, 5(1), 1er mars 2015, p. 1-8. Sur les plantes et les animaux en tant que memristors, voir A. Adamatzky, S. L. Harding, V. Erokhin, R. Mayne *et al.*, « Computers from Plants We Never Made: Speculations », ArXiv:1702.08889 [cs.ET], 28 février 2017.
25. La théorie des circuits de boules de billard est présentée dans E. Fredkin et T. Toffoli, « Conservative Logic », *International Journal of Theoretical Physics*, 21(3-4), avril 1982, p. 219-253 ; https://doi.org/10.1007/BF01857727.
26. À propos de l'ordinateur à crabes, voir Y. P. Gunji, Y. Nishiyama et A. Adamatzky, « Robust Soldier Crab Ball Gate », *Complex Systems*, 20(2), 15 juin 2011 ; https://doi.org/10.1063/1.3637777.
27. K. Nakajima, H. Hauser, T. Li et R. Pfeifer, « Information Processing via Physical Soft Body », *Scientific Reports*, 5, 27 mai 2015, no. 10487 ; https://doi.org/10.1038/srep10487.

28. C. Fernando et S. Sojakka, « Pattern Recognition in a Bucket », *Lecture Notes in Computer Science*, septembre 2003, p. 588-597 ; https://doi.org/10.1007/978-3-540-39432-7_63.
29. Pour de plus amples informations sur Lukianov et les ordinateurs hydrauliques soviétiques, voir O. Solovieva, « Water Machine Computers », *Science and Life*, 4, 2000 ; https://www.nkj.ru/archive/articles/7033/, et les archives du Musée polytechnique de Moscou sur http://web.archive.org/web/20120328115234/http://rus.polymus.ru/?h=relics&rel_id=9&mid=&aid=9&aid_prev=9.
30. Pour un exposé plus complet sur le modèle du bassin du Mississippi, voir Kristi Cheramie, « The Scale of Nature: Modeling the Mississippi River », *Places Journal*, mars 2011 ; https://placesjournal.org/article/the-scale-of-nature-modeling-the-mississippi-river/.
31. Pour les travaux de Rob Holmes et de Dredge Research Collaborative sur le Mississippi et d'autres paysages, voir http://m.ammoth.us/.
32. Pour le travail de Zach Blas, voir https://zachblas.info/works/queer-technologies/.
33. « A Genderqueer Activist Explains What it Means to be Nonbinary on the Gender Spectrum », Vox, 15 juin 2016 ; https://www.vox.com/2016/6/15/11906704/genderqueer-nonbinary-lgbtq.
34. Pour une introduction à la philosophie de l'*open source*, voir Lawrence Lessig, « Open Code and Open Societies: Values of Internet Governance », conférence Sibley à l'université de Géorgie, 16 février 1999 ; ou, pour un récit fictif de sa mise en œuvre réelle, je recommande Cory Doctorow, *Walkaway*, New York, Macmillan, 2017. Pour des exemples d'initiatives de traitement distribué, voir https://setiathome.berkeley.edu et https://foldingathome.org/. Les réseaux sociaux Mastodon et Scuttlebutt, le navigateur Web Beaker et la plateforme de visioconférences Jitsi.org sont de bons exemples de projets de réseaux fédérés et pair-à-pair.
35. N.d.T. : *Unknowing* en anglais.
36. Pour une description de l'algorithme Optometrist, voir E. A. Baltz, E. Trask, M. Binderbauer, *et al.*, « Achievement of Sustained Net Plasma Heating in a Fusion Experiment with the Optometrist Algorithm », *Scientific Reports*, 7(6425), 25 juillet 2017 ; https://doi.org/10.1038/s41598-017-06645-7. Pour en savoir plus sur ce type de coopération entre humains et machine learning, voir James Bridle, *Un nouvel âge de ténèbres. La technologie et la fin du futur*, chapitre 4, « Calcul », trad. Benjamin Saltel, Paris, Allia, 2022.
37. Pour une description complète du robot mobile contrôlé par un cafard, voir Garnet Hertz, *Cockroach Controlled Mobile Robot: Control and Communication in the Animal and the Machine*, vidéo, Concept Lab, 2008 ; http://www.conceptlab.com/roachbot/.

38. Pour plus d'informations sur le projet Cybersyn, voir Eden Medina, *Cybernetic Revolutionaries: Technology and Politics in Allende's Chile*, Cambridge, MA, MIT Press, 2011. La conférence donnée par Beer à la Manchester Business School en 1974 est visible à l'adresse https://www.youtube.com/watch?v=e_bXlEvygHg.

CHAPITRE 7. S'OUVRIR AU HASARD

1. Pour plus d'informations sur le rôle de la clepsydre et des autres objets, voir l'article de l'historien des médias disparus Julian Dibbell, « Info Tech of Ancient Athenian Democracy », disponible sur http://www.alamut.com/subj/artiface/deadMedia/agoraMuseum.html.
2. Voir Kerry Tomlinson, « How Random are "Random" Lottery Numbers? », *Archer Intelligence*, 30 mars 2016 ; https://archerint.com/how-random-are-random-lottery-numbers/.
3. Cela ne veut pas dire que personne n'a essayé. En 1980, un animateur de télévision, un technicien de studio et un responsable de la loterie ont réussi à truquer une machine à boules de la loterie de Pennsylvanie en introduisant deux boules plus légères parmi le lot, ce qui leur a permis de gagner 1,2 million de dollars (avant d'être confondus). Certaines loteries utilisent désormais des machines à rayons X et des balances sophistiquées pour tester les boules avant les tirages.
4. Pour une chronologie du développement d'ERNIE, voir « Meet Ernie », National Savings and Investments ; https://www.nsandi.com/ernie.
5. Sur l'origine de Lavarand, voir « Welcome to Lavarand! », Silicon Graphics, archivé à l'adresse https://web.archive.org/web/19971210213248/http://lavarand.sgi.com/. Sur son implémentation chez Cloudflare, voir Joshua Liebow Feeser, « Randomness 101: LavaRand in Production », Cloudflare, 6 novembre 2017 ; https://blog.cloudflare.com/randomness-101-lavarand-in-production/. Sur Hotbits, voir http://www.fourmilab.ch/hotbits/ ; et sur Random.org, voir https://www.random.org.
6. À ce sujet et pour d'autres détails sur le développement de la méthode de Monte-Carlo, ainsi que sur l'histoire de John et Klára von Neumann, voir George Dyson, *Turing's Cathedral: The Origins of the Digital Universe*, Londres, Allen Lane, 2012.
7. Marcel Duchamp, dont nous avons déjà croisé l'œuvre dans un chapitre précédent, fréquentait également les tables de jeu de Monte-Carlo. Lui aussi avait un « système » pour jouer au casino, qui consistait à lancer des dés pour décider où miser à la roulette. Il prétendait que ce système était efficace – bien que terriblement lent –, et en 1924, il réalisa une série de gravures portant la valeur de ses gains, appelées *Obligations pour la roulette*

de Monte-Carlo, qui étaient à la fois des œuvres d'art conceptuelles et des documents juridiques.

8. *Anyone who considers arithmetical methods of producing random digits is, of course, in a state of sin* (citation originale). John von Neumann, « Various Techniques Used in Connection with Random Digits », dans les actes d'un symposium organisé les 29 juin, 30 juin et 1er juillet 1949 à Los Angeles, en Californie, sous le parrainage de la RAND Corporation et du National Bureau of Standards, avec la coopération du Oak Ridge National Laboratory ; également publié dans A. S. Householder, G. E. Forsythe et H. H. Germond (éd.), *Monte Carlo Method* (Washington DC: US Government Printing Office, 1951), National Bureau of Standards Applied Mathematics Series 12.
9. RAND Corporation, *A Million Random Digits with 100,000 Normal Deviates*, Glencoe, Free Press, 1955 ; édition révisée en livre de poche Santa Monica, CA, RAND Corporation, 2001 ; https://www.rand.org/pubs/monograph_reports/MR1418.html. Pour plus de détails sur le procédé de génération des chiffres, voir George W. Brown, « History of RAND's Random Digits – Summary », dans Householder, Forsythe et Germond (éd.), *Monte Carlo Method, op. cit.*, p. 31-32 ; https://www.rand.org/content/dam/rand/pubs/papers/2008/P113.pdf.
10. Ces citations et les suivantes sont tirées de Kenneth Silverman, *Begin Again: A Biography of John Cage*, New York, Alfred Knopf, 2010 ; version poche, Evanston, IL, Northwestern University Press, 2012. Les détails présentés ici sont tirés de cet ouvrage et des propres écrits de Cage, en particulier John Cage, *Silence : conférences et écrits*, trad. Vincent Barras, Genève, Héros-Limite, 2003.
11. Hiller avait mis en place un sous-programme pseudo-aléatoire pour générer les entiers aléatoires d'ICHING, appelé ML3DST. Celui-ci combinait des fractions générées par un algorithme qui, bien que ne satisfaisant pas tout à fait à l'objectif de générer des nombres vraiment aléatoires, fut testé de manière approfondie pour s'assurer qu'il était suffisamment aléatoire pour l'application. Hiller aborde ICHING et ML3DST dans L. Hiller, « Programming the I-Ching Oracle », *Computer Studies in the Humanities and Verbal Behavior*, 3(3), octobre 1970, p. 130-143. Je suis redevable à Tiffany Funk pour ses commentaires et son aide à la compréhension de ce système.
12. Pour plus d'informations sur SAM et l'exposition Cybernetic Serendipity, voir Jasia Reichardt (éd.), *Cybernetic Serendipity. The Computer and the Arts*, numéro spécial de Studio International, Londres, Studio International Foundation, 1968.
13. Pour plus de détails sur l'origine et la conception de ces programmes, voir S. Husarik, « John Cage and LeJaren Hiller: HPSCHD, 1969 », *American Music*, 1(2), été 1983, p. 1-21 ; https://doi.org/10.2307/3051496 ; Tiffany Funk, « Zen and the Art of Software Performance: John Cage and Lejaren

A. Hiller Jr.'s HPSCHD (1967-1969) », thèse, université de l'Illinois à Chicago, 2016.

14. Voir « Explication de l'arithmétique binaire », dans C. I. Gerhardt (éd.), *Die mathematische Schriften von Gottfried Wilhelm Leibniz* (« Mathematical Works »), vol. 7, p. 223-227. Sur ses croyances religieuses et sa compréhension du *Yijing*, voir J. A. Ryan, « Leibniz' Binary System and Shao Yong's *Yijing* », *Philosophy East and West*, 46(1), janvier 1996, p. 59 ; https://doi.org/10.2307/1399337. Sur l'ordinateur de Leibniz, voir Ravi P. Agarwal et Syamal K. Sen, *Creators of Mathematical and Computational Sciences*, New York, Springer, 2014.
15. Sur les études des Grant aux Galápagos, voir Peter R. Grant et B. Rosemary Grant, *How and Why Species Multiply: The Radiation of Darwin's Finches*, Princeton, NJ, Princeton University Press, 2011.
16. Pour les travaux de John Tyler Bonner sur la part d'aléatoire dans l'évolution, avec une attention particulière à la taille et à la complexité des organismes, voir John Tyler Bonner, *Randomness in Evolution*, Princeton, NJ, Princeton University Press, 2013. Pour une défense vigoureuse de l'importance du hasard contre la domination de la sélection naturelle dans la théorie de l'évolution, voir M. Lynch, « The Frailty of Adaptive Hypotheses for the Origins of Organismal Complexity », *Proceedings of the National Academy of Sciences, USA*, 104 (Suppl 1), 15 mai 2007, p. 8597-8604 ; https://doi.org/10.1073/pnas.0702207104.
17. Pour un récit sur les voyages, les recherches et l'art de Haeckel, voir Andrea Wulf, *The Invention of Nature: The Adventures of Alexander von Humboldt, the Lost Hero of Science*, Londres, John Murray, 2016.
18. Mary Minihan, « Was Citizens' Assembly Best Way to Deal with Abortion Question? », *Irish Times*, 29 avril 2017.
19. Pour un plaidoyer en faveur du tirage au sort et des assemblées dans le processus politique, voir David Van Reybrouck, *Contre les élections*, trad. Philippe Noble et Isabelle Rosselin, Arles, Actes Sud, 2014. Pour un aperçu de la recherche scientifique sur la diversité cognitive, voir H. Landemore, « Deliberation, Cognitive Diversity, and Democratic Inclusiveness: An Epistemic Argument for the Random Selection of Representatives », *Synthese*, 190, mai 2013, p. 1209-1231 ; https://doi.org/10.1007/s11229-012-0062-6 ; et L. Hong et S. E. Page, « Groups of Diverse Problem Solvers Can Outperform Groups of High-Ability Problem Solvers », *Proceedings of the National Academy of Sciences, USA*, 101(46), 16 novembre 2004, p. 16385-16389 ; https://doi.org/10.1073/pnas.0403723101.
20. Pour des exemples de tirage au sort au Tamil Nadu, voir « All Eyes on Kudavolai Method of Elections », *The Hindu*, 25 septembre 2010 ; https://www.thehindu.com/news/cities/chennai/All-eyes-on-Kudavolai-method-of-elections/article16046086.ece. Sur la Confédération iroquoise, voir

Sergia C. Coffey, « The Influence of the Culture and Ideas of the Iroquois Confederacy on European Economic Thought », article présenté lors de la conférence de l'Eastern Economic Association, Washington DC, 2016.

CHAPITRE 8. SOLIDARITÉ

1. Pour un récit plus détaillé de la vie et de la mort de Topsy, voir Michael Daly, *Topsy: The Startling Story of the Crooked-Tailed Elephant, P. T. Barnum, and the American Wizard, Thomas Edison*, New York, Atlantic Monthly Press, 2013.
2. Sur les procès d'animaux en France et l'histoire de Barthélemy de Chasseneuz, voir Jeffrey St Clair, « Let Us Now Praise Infamous Animals », Counterpunch.org, 3 août 2018. Pour une histoire détaillée des procès d'animaux en Europe médiévale et ailleurs, voir E. P. Evans, *The Criminal Prosecution and Capital Punishment of Animals*, Clark, NJ, The Lawbook Exchange, 2009 (réimpression).
3. Jason Hribal, *Fear of the Animal Planet: The Hidden History of Animal Resistance*, Chico, CA, AK Press, 2011.
4. Pierre Kropotkine, *L'Entraide : un facteur de l'évolution*, Bruxelles, Aden, 2015.
5. Pour les recherches sur la démocratie chez le cerf rouge, voir L. Conradt et T. J. Roper, « Democracy in Animals: The Evolution of Shared Group Decisions », *Proceedings of the Royal Society B: Biological Sciences*, 274(1623), 22 septembre 2007 ; http://doi.org/10.1098/rspb.2007.0186. Sur les bisons, voir D. Wilson, « Altruism and Organism: Disentangling the Themes of Multilevel Selection Theory », *The American Naturalist*, 150(S1), juillet 1997, p. S122-S134 ; https://doi.org/10.1086/286053. Pour les pigeons porteurs de GPS sur le dos, voir M. Nagy, Z. Ákos, D. Biro et T. Vicsek, « Hierarchical Group Dynamics in Pigeon Flocks », *Nature*, 464(7290), 8 avril 2010, p. 890-893 ; https://doi.org/10.1038/nature08891 ; et sur les cafards, voir J. M. Amé, J. Halloy, C. Rivault, C. Detrain, J. L. Deneubourg, « Collegial Decision Making Based on Social Amplification Leads to Optimal Group Formation », *Proceedings of the National Academy of Sciences, USA*, 103(15), 11 avril 2006, p. 5835-5840 ; https://doi.org/10.1073/pnas.0507877103.
6. Pour plus de détails sur Frisch, Lindauer, la danse frétillante et ses implications politiques, voir Thomas D. Seeley, *La Démocratie chez les abeilles : un modèle de société*, trad. Jane Bulleyment, Versailles, Quae, 2010 – ouvrage auquel je suis profondément redevable pour les informations présentées ici.
7. Lorsque Hofstadter a écrit son livre, bon nombre des idées qu'il formulait sur les essaims d'abeilles et les colonies de fourmis étaient encore des conjectures, mais elles ont été confirmées par des études ultérieures. Pour l'original, voir Douglas R. Hofstadter, *Gödel, Escher, Bach : les brins d'une guirlande éternelle* ;

trad. Jacqueline Henry et Robert French, Paris, Inter-Ed, 1985. Pour une mise à jour sur le sujet, voir J. A. R. Marshall, R. Bogacz, A. Dornhaus, R. Planqué, T. Kovacs et N. R. Franks, « On Optimal Decision-Making in Brains and Social Insect Colonies », *Journal of the Royal Society, Interface*, 6(40), 6 novembre 2009 ; http://doi.org/10.1098/rsif.2008.0511.

8. Pour une explication complète de BeeAdHoc, voir H. Wedde, M. Farooq, T. Pannenbaecker, B. Vogel, C. Mueller, J. Meth et R. Jeruschkat, « BeeAd-Hoc: An Energy Efficient Routing Algorithm for Mobile Ad Hoc Networks Inspired by Bee Behavior », article présenté à la Genetic and Evolutionary Computation Conference (GECCO), 25-29 juin 2005, Washington DC, p. 153-160 ; https://doi.org/10.1145/1068009.1068034.
9. Pour en savoir plus sur le Nonhuman Rights Project, voir le site https://www.nonhumanrights.org/who-we-are/.
10. Une transcription complète des audiences devant la cour, *In the Matter of: Nonhuman Rights Project v. James Breheny, et al., Supreme Court of the State of New York*, 23 septembre 2019, peut être consultée à l'adresse https://www.nonhumanrights.org/content/uploads/92319-Happy-oral-arguments-corrected-transcript.pdf.
11. Pour l'explication donnée par la juge Tuitt, voir la décision de la Cour suprême de l'État de New York dans l'affaire *The Nonhuman Rights Project on behalf of Happy v. James Breheny, et al.*, 18 février 2020 ; https://www.nonhumanrights.org/content/uploads/HappyFeb182020.pdf.
12. La citation de l'Uttarakhand est tirée des arguments juridiques du NhRP ; pour plus de détails sur cette histoire, voir Saptarshi Ray, « Animals Accorded Same Rights as Humans in Indian State », *The Telegraph*, 5 juillet 2018 ; https://www.telegraph.co.uk/news/2018/07/05/animals-accorded-rights-humans-indian-national-park/.
13. Sur le cas de Cecilia, voir Merritt Clifton, « Argentinian Court Grants Zoo Chimp a Writ of Habeas Corpus », *Animals*, 24-7, 8 novembre 2016 ; https://www.animals24-7.org/2016/11/08/argentinian-court-grants-zoo-chimp-a-writ-of-habeas-corpus/. Pour le cas de Chucho, l'ours en Colombie, voir « Colombia's Constitutional Court Denies Habeas Corpus for Andean Bear », *The City Paper*, Bogota, 23 janvier 2020 ; https://thecitypaperbogota.com/news/colombias-constitutional-court-denies-habeas-corpus-for-andean-bear/.
14. Pour plus d'informations sur la déclaration des droits du fleuve par l'Inde, voir « Could Making the Ganges a "Person" Save India's Holiest River? », BBC News, 5 avril 2017 ; https://www.bbc.com/news/world-asia-india-39488527.
15. Sur la Constitution équatorienne, voir Mihnea Tanasescu, « The Rights of Nature in Ecuador: The Making of an Idea », *International Journal of Environmental Studies*, 70(6), décembre 2013, p. 846-861 ; https://doi.org/10.10

80/00207233.2013.845715. Sur la Colombie et la forêt amazonienne, voir Anastasia Moloney, « Colombia's Top Court Orders Government to Protect Amazon Forest in Landmark Case », Reuters, 6 avril 2018 ; https://www.reuters.com/article/us-colombia-deforestation-amazon-idUSKCN1HD21Y. Sur le fleuve Whanganui en Nouvelle-Zélande, voir Jeremy Lurgio, « Saving the Whanganui: Can Personhood Rescue a River? », *The Guardian*, 29 novembre 2019 ; https://www.theguardian.com/world/2019/nov/30/saving-the-whanganui-can-personhood-rescue-a-river.

16. Dr Erin O'Donnell, professeur de droit à l'université de Melbourne, citée dans l'article du *Guardian*, « Saving the Whanganui » (art. cité).
17. Les références à propos de l'apparence, de la conception et du statut juridique de Sophia sont trop nombreuses et décourageantes pour être toutes citées, mais vous pouvez les trouver avec votre moteur de recherche préféré. Si vous souhaitez obtenir plus d'informations à ce sujet, nous vous invitons à utiliser DuckDuckGo, qui est conçu pour protéger votre vie privée, ou Ecosia, qui utilise ses revenus publicitaires pour planter des arbres.
18. Au sujet de la résolution du Parlement européen, voir l'étude « Règles européennes de droit civil en robotique », Direction générale des politiques internes de l'Union (Parlement européen), décembre 2016 ; https://www.europarl.europa.eu/RegData/etudes/STUD/2016/571379/IPOL_STU(2016)571379_FR.pdf. Pour la lettre ouverte, voir http://www.robotics-openletter.eu/.
19. L'exemple des Télépathes est tiré de Sue Donaldson et Will Kymlicka, *Zoopolis: A Political Theory of Animal Rights* (Oxford, Oxford University Press, 2011), qui ont eux-mêmes été inspirés par le livre de Michael A. Fox, *The Case for Animal Experimentation: An Evolutionary and Ethical Perspective* (Oakland, CA, University of California Press, 1986). Ce livre est souvent cité comme une défense subtile du droit des êtres humains à utiliser les animaux à leur profit, mais lorsque Fox s'est rendu compte que les mêmes arguments pourraient être utilisés par une espèce extraterrestre pour asservir les humains, il l'a renié pour adopter une position favorable aux droits des animaux.
20. Les appels au développement d'une IA « amicale » émanent du Machine Intelligence Research Institute, cofondé par Eliezer Yudkowsky, qui est également à l'origine de la communauté LessWrong, mais ont été relayés par certains des pionniers des études universitaires et pratiques sur l'IA. Voir, par exemple, Stuart Russell et Peter Norvig, *Artificial Intelligence: A Modern Approach*, 3e éd. (Harlow, Pearson Education, 2016), le livre de référence sur le sujet, qui mentionne les préoccupations exprimées par Yudkowsky concernant la sécurité de l'IA.
21. Le « dilemme du tramway » (*trolley problem* en anglais) a été baptisé ainsi pour la première fois par la philosophe spécialisée en morale Judith

Jarvis Thomson dans « Killing, Letting Die, and the Trolley Problem », *The Monist*, 59(2), avril 1976, p. 204-217. Sa conclusion, à partir d'un certain nombre d'exemples, est qu'« il existe des circonstances dans lesquelles – même s'il est vrai que tuer est pire que laisser mourir – on peut choisir de tuer au lieu de laisser mourir ». La Moral Machine est accessible à l'adresse https://www.moralmachine.net.

22. Pour une analyse de la politique en matière d'éthique de Facebook, voir Anna Lauren Hoffmann, « Facebook Has a New Process for Discussing Ethics. But Is It Ethical? », *The Guardian*, 17 juin 2016 ; https://www.theguardian.com/technology/2016/jun/17/facebook-ethics-but-is-it-ethical. Sur l'échec du Conseil consultatif externe sur les technologies avancées de Google, voir Jane Wakefield, « Google's Ethics Board Shut Down », BBC News, 5 avril 2019 ; https://www.bbc.com/news/technology-47825833.
23. Cade Metz et Daisuke Wakabayashi, « Google Researcher Says She Was Fired Over Paper Highlighting Bias in A.I. », *The New York Times*, 3 décembre 2020.
24. Pour plus de détails sur la « non-identité » des plantes, et la manière dont elles bouleversent notre pensée sociale et politique, voir Michael Marder, *Plant-Thinking: A Philosophy of Vegetal Life*, New York, Columbia University Press, 2013.
25. Henri Bergson, *L'Évolution créatrice*, Paris, F. Alcan, 1907.
26. Je suis reconnaissant envers Anab Jain, et sa taxonomie des politiques du soin dans son texte « Calling for a More-Than-Human Politics », 19 février 2020, disponible à l'adresse https://superflux.in/index.php/calling-for-a-more-than-human-politics/.

CHAPITRE 9. L'INTERNET DES ANIMAUX

1. N.d.T. : « Coopération internationale pour la recherche animale utilisant l'espace ».
2. Pour un aperçu des techniques de pistage des animaux, voir L. David Mech, *Handbook of Animal Radio-Tracking* (Minneapolis, MN, University of Minnesota Press, 1983) et L. Mech et Shannon Barber-Meyer, « A Critique of Wildlife Radio-Tracking and its Use in National Parks », US National Park Service Report, 2002, p. 1-78. Pour le système de Cochran et Lord, voir W. W. Cochran et R. D. Lord, « A Radio-Tracking System for Wild Animals », *Journal of Wildlife Management*, 27(1), janvier 1963, p. 9-24 ; https://doi.org/10.2307/3797775.
3. Pour un bon aperçu de l'histoire d'Argos, voir Rebecca Morelle, « Argos: Keeping Track of the Planet », BBC News, 7 juin 2007 ; http://news.bbc.co.uk/1/hi/sci/tech/6701221.stm.

4. L'histoire de Pluie a été racontée à plusieurs reprises, notamment par Cornelia Dean, « Wandering Wolf Inspires Project », *The New York Times*, 23 mai 2006 ; https://www.nytimes.com/2006/05/23/science/earth/23wolf.html ; « Pluie the Wolf », 8 novembre 2017, National Park Service ; https://www.nps.gov/glac/learn/education/pluie-the-wolf.htm ; et « Pluie, the Wolf Who Inspired Carnivore Recovery Across the West », podcast *Wild Animals*, série 1, épisode 1, North Carolina Museum of Natural Sciences ; https://naturalsciences.org/research-collections/wild-animals-podcast.
5. Pour en savoir plus sur la création et l'histoire de l'initiative Y2Y, ainsi que sur les actions actuelles, voir https://y2y.net/about/vision-mission/history/. Pour une histoire et une définition plus larges des corridors écologiques, voir D. K. Rosenberg, B. R. Noon et E. C. Meslow, « Towards a Definition of Biological Corridor », dans J. A. Bissonette et P. R. Krausman (éd.), *Integrating People and Wildlife For a Sustainable Future*, International Wildlife Management Congress (Bethesda, MD, The Wildlife Society, 1995).
6. Voir l'épisode d'*À la Maison-Blanche*, saison 1, épisode 5, « Les fêlés et toutes ces femmes ».
7. La réserve naturelle de Sredneussuriisky a été créée en 2012 ; voir « New Corridor Links Amur Tiger Habitats in Russia and China », World Wide Fund for Nature, 19 octobre 2012 ; https://wwf.panda.org/?206504/new-corridor-links-amur-tiger-habitats-in-russia-and-china. Sur le Natuurbrug Zanderij Crailoo et les autres « écoponts » néerlandais, voir https://www.atlasobscura.com/places/natuurbrug-zanderij-crailoo/. Sur Tony et le corridor Ngare Ndare, voir Maurice O. Nyaligu et Susie Weeks, « An Elephant Corridor in a Fragmented Conservation Landscape: Preventing the Isolation of Mount Kenya National Park and National Reserve », *Parks: The International Journal of Protected Areas and Conservation*, 19(1), mars 2013, p. 91-101.
8. Sur la ceinture verte européenne, voir https://www.europeangreenbelt.org ; et Tony Paterson, « From Iron Curtain to Green Belt: How New Life Came to the Death Strip », *The Independent*, 17 mai 2009 ; https://www.independent.co.uk/environment/nature/from-iron-curtain-to-green-belt-how-new-life-came-to-the-death-strip-1686294.html. Sur la zone démilitarisée de Corée, voir Claire Harbage, « In Korean DMZ, Wildlife Thrives. Some Conservationists Worry Peace Could Disrupt It », NPR, 20 avril 2019 ; https://www.npr.org/2019/04/20/710054899/in-korean-dmz-wildlife-thrives-some-conservationists-worry-peace-could-disrupt-i. Sur la faune de Pripyat, voir « The Chernobyl Exclusion Zone is Arguably a Nature Preserve », BBC News, avril 2016 ; https://web.archive.org/web/20200315114228/http://www.bbc.com/earth/story/20160421-the-chernobyl-exclusion-zone-is-arguably-a-nature-reserve.
9. Sur l'autoroute des abeilles d'Oslo, voir Agence France Presse, « Oslo Creates World's First "Highway" to Protect Endangered Bees », *The Guardian*,

25 juin 2015 ; https://www.theguardian.com/environment/2015/jun/25/oslo-creates-worlds-first-highway-to-protect-endangered-bees ; et pour l'association gestionnaire, ByBi, voir https://bybi.no/. Pour l'Association norvégienne de la randonnée pédestre, voir https://english.dnt.no.

10. Au sujet de l'impact du mur à la frontière des États-Unis avec le Mexique sur la faune et la flore, voir Samuel Gilbert, « "An Incredible Scar" : The Harsh Toll of Trump's 400-Mile Wall Through National Parks », *The Guardian*, 31 octobre 2020 ; https://www.theguardian.com/environment/2020/oct/31/trump-border-wall-wilderness-wildlife-impact ; et Samuel Gilbert, « Trump's Border Wall Construction Threatens Survival of Jaguars in the US », *The Guardian*, 1er décembre 2020 ; https://www.theguardian.com/environment/2020/dec/01/trump-border-wall-threatens-jaguars-revival-arizona-sky-islands.
11. Pour plus de détails sur la faune menacée par le mur de l'apartheid, voir Miriam Deprez, « Even Animals Are Divided by Israel's Wall and Occupation Threats to the Local Environment », *Middle East Monitor*, 20 août 2018 ; https://www.middleeastmonitor.com/20180820-even-animals-are-divided-by-israels-wall-and-occupation-threats-to-the-local-environment/ ; et Vanessa O'Brien, « Israeli Army Opens West Bank Barrier For Animals », *DW News*, 2 novembre 2012 ; https://www.dw.com/en/israeli-army-opens-west-bank-barrier-for-animals/a-16351700.
12. Pour le récit de l'affaire par Thomas Wilner, voir « The Rule of Law Oral History Project: The Reminiscences of Thomas B. Wilner », Columbia University, 2010 ; http://www.columbia.edu/cu/libraries/inside/ccoh_assets/ccoh_8626509_transcript.pdf. Je suis reconnaissant à David Birkin de m'avoir signalé cette histoire. Outre les iguanes non humains, une société non humaine a parlé au nom des détenus, à savoir Hobby Lobby, une entreprise américaine qui avait obtenu des libertés religieuses refusées aux détenus de Guantánamo ; voir Philip J. Victor, « Gitmo Detainees' Lawyers Invoke Hobby Lobby Decision in Court Filing », *Al-Jazeera America*, 5 juillet 2014 ; http://america.aljazeera.com/articles/2014/7/5/hobby-lobby-guantanamo.html.
13. Pour une histoire de la faune sauvage et de l'I-80, et une vue d'ensemble de l'impact du climat et des autres facteurs affectant les migrations, voir Ben Guarino, « Safe Passages », *Washington Post*, 18 mars 2020 ; https://www.washingtonpost.com/graphics/2020/climate-solutions/wyoming-wildlife-corridor/.
14. Pour consulter les cartes et les données de la Wyoming Migration Initiative, voir le site https://migrationinitiative.org.
15. Pour plus de détails sur ICARUS, voir Andrew Curry, « The Internet of Animals That Could Help to Save Vanishing Wildlife », *Nature*,

16 octobre 2018 ; https://www.nature.com/articles/d41586-018-07036-2, et le site Internet d'ICARUS : https://www.icarus.mpg.de/en.

16. Pour plus d'informations sur les recherches menées par Sara Maxwell, voir « Mobile Protected Areas Needed to Protect Biodiversity in the High Seas », *Inside Ecology*, 17 janvier 2020 ; https://insideecology.com/2020/01/17/mobile-protected-areas-needed-to-protect-biodiversity-in-the-high-seas/.
17. *Ibid.* Concernant la proposition de mise en place d'aires marines protégées mobiles, voir Sara M. Maxwell, Kristina M. Gjerde, Melinda G. Conners et Larry B. Crowder, « Mobile Protected Areas for Biodiversity on the High Seas », *Science*, 367(6475), 17 janvier 2020, p. 252-254.
18. Sur les travaux d'ICARUS relatifs à l'Etna et à L'Aquila, voir université de Constance, « The Sixth Sense of Animals: An Early Warning System For Earthquakes? », *Phys.org News*, 3 juillet 2020 ; https://phys.org/news/2020-07-sixth-animals-early-earthquakes.html ; et *Animals' Early Warning System*, rapport ICARUS ; https://www.icarus.mpg.de/28810/animals-warning-sensors.
19. Pour plus de détails sur les prévisions et les calculs du projet Half-Earth, voir https://www.half-earthproject.org/. Pour en savoir plus sur E. O. Wilson et ses travaux, voir Tony Hiss, « Can the World Really Set Aside Half of the Planet for Wildlife? », *Smithsonian Magazine*, septembre 2014 ; https://www.smithsonianmag.com/science-nature/can-world-really-set-aside-half-planet-wildlife-180952379/?no-ist.
20. Tony Hiss, « Can the World Really Set Aside Half of the Planet for Wildlife? », art. cité.
21. Voir l'introduction de E. O. Wilson pour le Half-Earth Day 2020 sur https://www.half-earthproject.org/half-earth-day-2020-highlights/.

CONCLUSION. LA FERME DES MÉTAUX

1. Pour un historique de la recherche en exploitation agrominière, voir Rufus L. Chaney, Alan J. M. Baker et Jean Louis Morel, « The Long Road to Developing Agromining/Phytomining », in Antony van der Ent, Alan J. M. Baker, Guillaume Echevarria, Marie-Odile Simonnot et Jean Louis Morel (éd.), *Agromining: Farming for Metals*, New York, Springer, 2021, p. 1-22.
2. Dyna Rochmyaningsih, « The Rare Plants that "Bleed" Nickel », *BBC Future Planet*, 26 août 2020 ; https://www.bbc.com/future/article/20200825-indonesia-the-plants-that-mine-poisonous-metals ; D. L. Callahan, U. Roessner, V. Dumontet, A. M. De Livera, A. Doronila, A. J. Baker et S. D. Kolev, « Element and Metabolite Profiling of Nickel Hyperaccumulators from New Caledonia », *Phytochemistry*, 81, septembre 2012, p. 80-89 ; https://doi.org/10.1016/j.phytochem.2012.06.010 ; L. E. Bennett, J. L. Burkhead, K. L. Hale, N. Terry, M. Pilon et E. A. H. Pilon-Smits,

« Analysis of Transgenic Indian Mustard Plants for Phytoremediation of Metal-Contaminated Mine Tailings », *Journal of Environmental Quality*, 32 (2), mars-avril 2003, p. 432-440 ; https://doi.org/10.2134/jeq2003.0432 ; Joseph L. Fiegl, Bryan P. McDonnell, Jill A. Kostel, Mary E. Finster et Dr Kimberly Gray, *A Resource Guide: The Phytoremediation of Lead to Urban, Residential Soils*, site Web adapté d'un rapport de la Northwestern University (Evanston, IL, Northwestern University, 2011) ; https://web.archive.org/web/20110224034628/http://www.civil.northwestern.edu/ehe/html_kag/kimweb/MEOP/INDEX.HTM ; Li Jiang, Lei Wang, Shu-Yong Mu et Chang-Yan Tian, « *Apocynum venetum*: A Newly Found Lithium Accumulator », *Flora: Morphology, Distribution, Functional Ecology of Plants*, 209(5-6), juin 2014 ; https://doi.org/10.1016/j.flora.2014.03.007.

3. Marthe de Ferrer, « Scientists Have Taught Spinach to Send Emails and it Could Warn us About Climate Change », Euronews, 18 mars 2021 ; https://www.euronews.com/green/2021/02/01/scientists-have-taught-spinach-to-send-emails-and-it-could-warn-us-about-climate-change.
4. Emily Dreyfuss, « The Plan to Grab the World's Carbon With Supercharged Plants », *Wired*, 26 avril 2019 ; https://www.wired.com/story/the-plan-to-grab-the-worlds-carbon-with-supercharged-plants/.
5. Pour un exemple d'un projet de ce type, voir John Vidal, « How Bill Gates Aims to Clean Up the Planet », *The Observer*, 4 février 2018 ; https://www.theguardian.com/environment/2018/feb/04/carbon-emissions-negative-emissions-technologies-capture-storage-bill-gates.

Bibliographie

Les ouvrages suivants, qui ne sont pas tous explicitement mentionnés dans le texte, ont néanmoins été essentiels à l'élaboration de ma pensée et aux connaissances que j'ai acquises. Ils peuvent être considérés comme les illustres ancêtres de ce travail, et comme un terrain fertile pour des explorations complémentaires.

James Bridle

Edward Abbey, *Le Gang de la clef à molette*, trad. Pierre Guillaumin, Paris, Gallmeister, 2004

David Abram, *Comment la terre s'est tue. Pour une écologie des sens*, trad. Didier Demorcy et Isabelle Stengers, Paris, La Découverte, 2013

Andrew Adamatzky et Louis-Jose Lestocart (éd.), *Thoughts on Unconventional Computing*, Londres, Luniver Press, 2021

John Alec Baker, *Le Pèlerin*, trad. Élisabeth Gaspar, Paris, Gallimard, 1989

Karen Barad, *Meeting the Universe Halfway*, Durham, NC, Duke University Press, 2007

Jane Bennett, *Vibrant Matter: A Political Ecology of Things*, Durham, NC, Duke University Press Books, 2010

Hans Blohm, Stafford Beer et David Suzuki, *Pebbles to Computers: The Thread*, Toronto, Oxford University Press, 1987

John Tyler Bonner, *Randomness in Evolution*, Princeton, NJ, Princeton University Press, 2013

James Bradley, *Clade*, Londres, Titan Books, 2017

Federico Campagno, *Technic and Magic*, Londres, Bloomsbury Academic, 2018

Rachel Carson, *Printemps silencieux,* trad. Jean-François Gravrand, révisée par Baptiste Lanaspeze, Marseille, Wildproject, 2009

Eduardo Viveiros de Castro, *Métaphysiques cannibales. Lignes d'anthropologie post-structurale*, trad. Oiara Bonilla, Paris, Presses universitaires de France, 2009

Emanuele Coccia, *La Vie des plantes. Une métaphysique du mélange*, Paris, Payot, 2016

Susan Curran et Gordon Park, *Micro Man*, New York, MacMillan, 1982

Ernesto De Martino, *Italie du Sud et magie*, trad. Claude Poncet, Paris, Gallimard, 1963

T. J. Demos, *Decolonizing Nature: Contemporary Art and the Politics of Ecology*, Berlin, Sternberg Press, 2016

Eva Diaz, *The Experimenters: Chance and Design at Black Mountain College*, Chicago, University of Chicago Press, 2015

Susan Donaldson et Will Kymlicka, *Zoopolis. Une théorie politique des droits des animaux*, trad. Pierre Madelin, Paris, Alma, 2016

George Dyson, *Darwin among the Machines*, New York, Perseus, 1997

—, *Turing's Cathedral: The Origins of the Digital Universe*, Londres, Allen Lane, 2012

Claire Evans, *Broad Band*, New York, Portfolio, 2018

Charles Foster, *Dans la peau d'une bête. Quand un homme tente l'extraordinaire expérience de la vie animale*, trad. Thierry Piélat, Paris, JC Lattès, 2017

Monica Gagliano, *La femme qui tendait l'oreille aux plantes*, trad. Marion Jacquier, Paris, Payot, 2021

Amitav Ghosh, *Le Grand Dérangement. D'autres récits à l'ère de la crise climatique*, trad. Morgane Iserte et Nicolas Haeringer, Marseille, Wildproject, 2021

Peter Godfrey-Smith, *Le Prince des profondeurs. L'intelligence exceptionnelle des poulpes*, trad. Sophie Lem, Paris, Flammarion, 2018

Alexis Pauline Gumbs, *Undrowned: Black Feminist Lessons from Marine Mammals*, Londres, AK Press, 2021

Donna J. Haraway, *Quand les espèces se rencontrent*, trad. Fleur Courtois-L'Heureux, Paris, La Découverte, 2021

—, *Vivre avec le trouble*, trad. Vivien García, Vaulx-en-Velin, Les Éditions des mondes à faire, 2020

Roger Harnden et Allenna Leonard (éd.), *How Many Grapes Went Into the Wine: Stafford Beer on the Art and Science of Holistic Management*, New York, John Wiley & Sons, 1994

Graham Harvey, *Animism: Respecting the Living World*, Londres, C Hurst & Co, 2017

Stefan Helmreich, *Alien Ocean: Anthropological Voyages in Microbial Seas*, Los Angeles, University of California Press, 2008

Jason Hribal, *Fear of the Animal Planet: The Hidden History of Animal Resistance*, Oakland, AK Press, 2011

Aldous Huxley, *Île*, trad. Mathilde Treger, Paris, Plon, 1963

Humphrey Jennings, *Pandaemonium 1660-1886: The Coming of the Machine as Seen by Contemporary Observers*, Los Angeles, The Free Press, 1986

Tracy Kidder, *Eagle*, trad. Rose-Marie Vassallo-Villaneau, Paris, Flammarion, 1982

Robin Wall Kimmerer, *Tresser les herbes sacrées. Sagesse ancestrale, science et enseignements des plantes*, Vanves, Le Lotus et l'Éléphant, 2021

Barbara Kingsolver, *Dans la lumière*, trad. Martine Aubert, Paris, Payot, 2013

Eduardo Kohn, *Comment pensent les forêts. Vers une anthropologie au-delà de l'humain*, trad. Grégory Delaplace, Zones sensibles, 2017

Pierre Kropotkine, *L'Entraide. Un facteur de l'évolution*, Bruxelles, Aden, 2015

Bruno Latour, *Où atterrir ? Comment s'orienter en politique*, Paris, La Découverte, 2017

Ursula K. Le Guin, *Les Dépossédés*, trad. Henry-Luc Planchat, Paris, Robert Laffont, 2000

Konrad Lorenz, *King Solomons Ring*, Londres, Routledge, 2002

Robert Macfarlane, *Landmarks*, Londres, Hamish Hamilton, 2015

Andreas Malm, *L'Anthropocène contre l'histoire. Le réchauffement climatique à l'ère du capital*, trad. Étienne Dobenesque, Paris, La Fabrique, 2017

—, *Comment saboter un pipeline*, trad. Étienne Dobenesque, Paris, La Fabrique, 2020

Michael Marder, *La Pensée végétale. Une philosophie de la vie des plantes*, trad. Cassandre Gruyer, Dijon, Les Presses du réel, 2021

Lynn Margulis, *The Symbiotic Planet: A New Look at Evolution*, Londres, Weidenfeld & Nicolson, 1998

Shannon Mattern, *Code and Clay, Data and Dirt: Five Thousand Years of Urban Media*, Minneapolis, University of Minnesota Press, 2017

Pamela McCorduck, *Machines Who Think*, New York, W. H. Freeman & Co, 1979

Eden Medina, *Cybernetic Revolutionaries: Technology and Politics in Allende's Chile*, Cambridge, MA, MIT Press, 2014

Eva Meijer, *Animal Languages: The Secret Conversations of the Living World*, John Murray, 2019

—, *When Animals Speak: Toward an Interspecies Democracy*, New York, NYU Press, 2019

Timothy Morton, *Humankind: Solidarity with Non-Human People*, Londres et New York, Verso, 2019

Daniel Oberhaus, *Extraterrestrial Languages*, Cambridge, MA, MIT Press, 2019

Mark O'Connell, *Aventures chez les transhumanistes. Cyborgs, techno-utopistes, hackers et tous ceux qui veulent résoudre le modeste problème de la mort*, trad. Émilien Bernard, Paris, L'Échappée, 2018

Charles Patterson, *Un éternel Treblinka*, trad. Dominique Letellier, Paris, Calmann-Lévy, 2007

Fred Pearce, *The New Wild: Why Invasive Species Will be Nature's Salvation*, Boston, Beacon Press, 2015

Andrew Pickering, *The Cybernetic Brain*, Chicago, University of Chicago Press, 2011

Richard Powers, *L'Arbre-monde*, trad. Serge Chauvin, Paris, Le Cherche midi, 2018

David Quammen, *The Tangled Tree: A Radical New History of Life*, New York, Simon & Schuster, 2019

David Van Reybrouck, *Contre les élections*, trad. Philippe Noble et Isabelle Rosselin, Arles, Actes Sud, 2014

Kim Stanley Robinson, *The Ministry for the Future*, Londres, Orbit, 2021

Susan Schuppli, *Material Witness: Media, Forensics, Evidence*, Cambridge, MA, MIT Press, 2020

James C. Scott, *L'Œil de l'État. Moderniser, uniformiser, détruire*, trad. Olivier Ruchet, Paris, La Découverte, 2021

—, *Homo domesticus. Une histoire profonde des premiers États*, trad. Marc Saint-Upéry, Paris, La Découverte, 2019

Thomas D. Seeley, *La Démocratie chez les abeilles. Un modèle de société*, trad. Jane Bulleyment, Versailles, Éditions Quae, 2017

Kenneth Silverman, *Begin Again: A Biography of John Cage*, New York, Random House, 2010

Suzanne Simard, *À la recherche de l'arbre-mère. Découvrir la sagesse de la forêt*, trad. Laurence Le Charpentier, Malakoff, Dunod, 2022

Merlin Sheldrake, *Le Monde caché. Comment les champignons façonnent notre monde et influencent nos vies*, trad. Simon Jolibois, Paris, First éditions, 2021

Adrian Tchaikovsky, *Dans la toile du temps*, trad. Henry-Luc Planchat, Paris, Gallimard, 2019

Anna Lowenhaupt Tsing, *Le Champignon de la fin du monde. Sur la possibilité de vivre dans les ruines du capitalisme*, trad. Philippe Pignarre, Paris, La Découverte, 2017

Frans de Waal, *Sommes-nous trop bêtes pour comprendre l'intelligence des animaux ?*, trad. Lise Chemla et Paul Chemla, Arles, Actes Sud, 2018

Xiaowei Wang, *Blockchain Chicken Farm*, New York, Farrar, Straus and Giroux, 2020

Peter Wohlleben, *La Vie secrète des arbres*, trad. Corinne Tresca, Paris, Les Arènes, 2017

Andrea Wulf, *L'Invention de la nature. Les aventures d'Alexander von Humboldt*, trad. Florence Hertz, Paris, Libretto, 2022

Tyson Yunkaporta, *Sand talk : tracés sur le sable. Comment la sagesse indigène peut sauver le monde*, trad. Anne Delmas, Épinal, Véga, 2021

Remerciements

Je ne peux citer faute de place l'ensemble des ami.e.s et connaissances qui m'ont soumis des idées ou qui ont pris part aux discussions ayant abouti à la rédaction de ce livre. Je tiens cependant à remercier Lawrence Abu Hamdan, Nick Aikens, Tom Armitage, Eva Barbarossa, Zach Blas, Ingrid Burrington, Eduardo Cassina, Mat Dryhurst, Ben Eastham, Marco Ferrari, Kyriaki Goni, Tom Gordon-Martin, Holly Herndon, Samuel Hertz, Anab Jain, Julia Kaganskiy, Claudette Lauzon, Charlie Loyd, Jacob Moe, Julian Oliver, Matthew Plummer-Fernandez, Sascha Pohflepp (tu nous manques tellement), Angelika Sgouros, Merlin Sheldrake, William Skeaping, Kevin Slavin, Zachos Varfis, Ben Vickers, Chris Woebken et Lydia Xynogala. Je remercie également Andrew Adamatzky, Alexandra Elbakyan, Maria Konstantinou, Susan Simard et Martin Wikelski pour leur expertise et leur générosité.

Je suis particulièrement reconnaissant à Aslak Aamot Kjærulff, Einar Sneve Martinussen, Katherine Brydan, Rob Faure-Walker, Lucia Pietroiusti, Jonas Staal et Stefanos Levidis pour leur lecture minutieuse du manuscrit et leurs réflexions et suggestions.

Merci Telis et Rosemarie à Égine pour votre gentillesse et votre hospitalité au cours de ces années des plus étranges que nous venons de vivre. Merci à toutes celles et ceux d'Akrogialia et d'Aiákeion. Merci à Lila, Leonidas, Kostas et celles et ceux de Zagori. Merci à Joseph Grima, Chiara Siravo, Elisa Giuliano, Martha Schwindling, Antonio Elettrico et aux gens de Matera. Merci encore au Club Infrastructure et à tous les membres du Littoral Group.

Je remercie toutes celles et tous ceux qui m'ont invité à intervenir et qui m'ont écouté ces dernières années – et Deborah Rey-Burns pour tout son travail. Merci à Luca Barbeni à Nome, Janez Janša et Marcela Okretič à Aksioma, et Davor Mišković et Ivana Katic à Drugo More.

Je remercie Clemancy et Howard Gordon-Martin, pour Howard's End (et bien d'autres choses) ; John Bridle pour tout.

Je remercie mon agent, Antony Topping, ainsi que mon éditeur chez Penguin, Thomas Penn, pour leur enthousiasme et leur soutien à ce livre, ainsi que pour leurs notes et commentaires avisés. Merci à Eric Chinski chez FSG d'y avoir également cru. Merci à Jane Robertson pour ses talents d'éditrice et à Eva Hodgkin pour s'être occupée des droits sur les images. Merci à toutes les autres personnes qui ont donné de leur temps, de leur énergie et de leurs compétences à cette publication.

Je remercie le poulpe que j'ai rencontré ce matin, qui m'a fait un clin d'œil alors qu'il se trouvait sur un rocher, et les trois aigles qui sont passés au-dessus de moi, en glatissant, juste au moment où j'écrivais ces mots, pour me rappeler ma dette envers le monde et tous les êtres qui le peuplent.

Merci, par-dessus tout, à Navine et Zephyr pour être la plus grande inspiration et la plus profonde source d'amour que l'on puisse imaginer. Merci.

Athènes-Londres-Égine
juillet 2019-septembre 2021

Index

Liste des illustrations

p. 171 Deux figures tirées de l'ouvrage de Charles et Francis Darwin, *The Power of Movement in Plants*, retraçant le mouvement d'un chou sur une période de quarante-huit heures. *The Power of Movement in Plants* (Londres, John Murray, 1880).

p. 171 *La Mariée mise à nu par ses célibataires, même (Le Grand Verre)* de Marcel Duchamp, 1915-1923. © *Association Marcel Duchamp / ADAGP, Paris et DACS, Londres, 2021.*

p. 174 Image d'anges radar au lever du soleil le 1er septembre 1959. Figure extraite de W. G. Harper, « Detection of Bird Migration by Centimetric Radar. A Cause of Radar "Angels" », *Proceedings of the Royal Society of London B: Biological Sciences*, 149(937), 24 décembre 1958, p. 484-502. B149484-502 ; https://doi.org/10.1098/rspb.1958.0088.

p. 176 Mosaïque radar NEXRAD montrant des groupes d'oiseaux en vol, le 8 mai 2009, *National Centers for Environmental Information (NCEI).*

p. 180 Image Landsat en fausses couleurs montrant une petite partie du golfe de Carpentarie en Australie, en février 2009, *Geoscience Australia / USGS / NASA.*

p. 183 Images Landsat de la Basilicate, en Italie, (a) en 1984, (b) en 2010. Giuseppe Mancino *et al.*, « Landsat TM Imagery and NDVI Differencing to Detect Vegetation Change: Assessing Natural Forest Expansion in Basilicata, Southern Italy », *iForest – Biogeosciences and Forestry*, 7(2), p. 75-84, avril 2014, © 2014 *SISEF.*

p. 189 Giovanni Forte répondant au téléphone. *Image : James Bridle.*

p. 216 Plans de l'Ambassade des dauphins, Ant Farm, 1974. *Dessin de Curtis Schreier.*

p. 236 Grey Walter avec l'une de ses tortues devant sa niche, novembre 1953. *John Pratt / Keystone Features / Hulton Archive / Getty Images.*

p. 239 L'homéostat de W. Ross Ashby, 1948. *Mick Ashby, on behalf of the Estate of W. Ross Ashby / Wikimedia Creative Commons.*

p. 243 L'usine cybernétique de Stafford Beer. Réimprimé dans Beer, *How Many Grapes Went into the Wine? : Stafford Beer on the Art and Science of Holistic Management* (New York, Wiley, 1994).

p. 250 Cartographie du réseau ferroviaire de Tokyo par un myxomycète. A. Tero *et al.*, « Rules for Biologically Inspired Adaptive Network Design », *Science* (2010). https://www.science.org/doi/abs/10.1126/science.1177894.

p. 252 Myxomycètes déterminant les distances les plus courtes entre des « villes ». Zhu Liping, Kim Song-Ju, Hara Masahiko et Aono Masashi, « Remarkable Problem-solving Ability of Unicellular Amoeboid Organism and its Mechanism », *Royal Society Open Science*, vol. 5, nº 12 (2018). open sci.5180396180396.

p. 256 Ordinateur à crabes. Y.-P. Gunji, Y. Nishiyama, A. Adamatzky, T. E. Simos, G. Psihoyios, C. Tsitouras et Z. Anastassi, « Robust Soldier

Crab Ball Gate », *Complex Systems*, 20(2), 93 (2011) https://aip.scitation.org/doi/abs/10.1063/1.3637777. *© 2011, AIP Publishing.*

p. 259 Ordinateur à eau de Vladimir Lukianov, 1936. *Image reproduite avec l'aimable autorisation du Musée polytechnique de Moscou.*

p. 264 Technicien du modèle de la baie de Chesapeake au niveau d'un indicateur de marée situé sur l'Elizabeth River, à Portsmouth, en Virginie, août 1977. *Photo US Army Corps of Engineers, Waterways Experiment Station.*

p. 265 Image tirée du film *Supersurface*, 1972, produit par Superstudio. *Photo Archivio Toraldo di Francia © Filottrano.*

p. 267 Le MONIAC, construit par Bill Phillips en 1949. © *Science Museum Group.*

p. 275 Robot mobile contrôlé par un cafard, créé par Garnet Hertz. *Garnet Hertz, Cockroach Controlled Robot #1 (2004).* www.conceptlab.com/roachbot/

p. 282 Une clepsydre avec poignées et inscriptions restaurées, aquarelle de Piet de Jong. Source : Suzanne Young, « The American Excavations in the Athenian Agora: Sixteenth Report », *Hesperia*, vol. 8, nº 3 (juillet-septembre 1939), p. 274-284. https://doi.org/10.2307/146678.

p. 283 Un *ostracon* appelant au bannissement de Thémistocle (480-470 avant notre ère), musée de l'Agora antique, Athènes. *Image : James Bridle.*

p. 287 ERNIE 1, 1957. *Reproduit avec l'autorisation de National Savings and Investments (NS&I).*

p. 288 ERNIE 3, 1988. *Reproduit avec l'autorisation de National Savings and Investments (NS&I).*

p. 293 Première page du livre de la RAND Corporation, *A Million Random Digits with 100,000 Normal Deviates*, 1955. *A Million Random Digits with 100,000 Normal Deviates* (Santa Monica, CA, RAND Corporation, 2001).

p. 296 Hexagramme 52 du *Yijing* : 艮 (gèn) : « Rester immobile, montagne ». *Wikimedia Commons / Ben Finney.*

p. 301 Partition de John Cage pour *A Dip in the Lake: Ten Quicksteps, Sixty-Two Waltzes, and Fifty-Six Marches for Chicago and Vicinity*, 1978. *Collection Museum of Contemporary Art Chicago, don restreint du MCA Collectors Group, Men's Council, and Women's Board ; et National Endowment for the Arts Purchase Grant, 1982.19. Photo : © MCA Chicago.*

p. 310 Planches de radiolaires 61 et 71 tirées de *Kunstformen der Natur* d'Ernst Haeckel, 1904.

p. 337 Carte de Munich autour de l'Institut de zoologie montrant les trajectoires de vol de quatre essaims que Lindauer a pu suivre depuis leurs sites de regroupement dans le jardin de l'Institut jusqu'à de nouveaux sites (essaims 1-3) ou jusqu'à un lieu de repos intermédiaire (essaim 4).

Table

RÉALISATION : NORD COMPO À VILLENEUVE-D'ASCQ
IMPRESSION : NORMANDIE ROTO IMPRESSION S.A.S. À LONRAI
DÉPÔT LÉGAL : SEPTEMBRE 2023. N° 148007 (2302669)
IMPRIMÉ EN FRANCE